AF325727

HISTORIQUE

DU CONFLIT.

Historique
DU CONFLIT

DES DEUX PUISSANCES,

TEMPORELLE ET SPIRITUELLE,

DEPUIS LE RÈGNE DE CONSTANTIN JUSQU'A NOS JOURS ;

*Par F. P.***

TOME PREMIER.

Quæ..... Cæsari, quæ...... Deo.
ST.-MARC, CH. 12, V. 17.

PARIS,

CHEZ TENON, LIBRAIRE, RUE HAUTEFEUILLE, N.° 30.

1832.

AVANT-PROPOS.

Quoique la philosophie, **sur** la fin du dernier siècle, ait fait tous ses efforts pour détruire le sacerdoce chrétien, elle n'y est point parvenue; et il n'en est pas moins écrit dans tous les cœurs, que le pontife, que le prêtre, qui ne sortent point des limites de leur mission, sont des hommes qui bien que passibles de toutes les faiblesses humaines, sont revêtus d'un sublime caractère. Cependant, nous devons cet hommage à la vérité, que dans ces derniers temps, lassée de son esclavage de l'école, la philosophie a porté la main au flambeau de la vérité et l'a fait jeter son plus bel éclat. Heureuse si elle eût senti que la foi, pas mieux que la raison, n'a rien de semblable à un météore imaginaire, non plus qu'à un satellite de l'homme dans le monde moral, mais à un astre véritable.

Si ce n'était cette grave méprise que lui fit faire le juste sentiment de ses succès, le prêtre, le philosophe se donneraient la main, se prêteraient l'oreille, se donneraient tour-à-tour la parole, feraient échange de vérités, pour mieux vivre en communauté de lumières, envisageant, comme de concert, maintenant les sublimités de la religion, tout-à-l'heure les immenses richesses de la nature, sa toute-puissance, ses lois et les droits qu'elle constitue. Pourquoi faut-il que des préjugés aient empêché cet heureux accord?

Mais de sinples préjugés auraient-ils inspiré ce qu'inspire la haine? Entraîné par son talent, séduit par son génie, le philosophe, enthousiasmé de lui même, a donné la pourpre à sa propre raison; et abordant la foi, non plus avec une respectueuse indépendance, mais avec une jalouse fierté, il a dit du sceptre qu'elle porte, qu'il n'était que la verge qui fait trembler l'enfance, et comme s'il en eût fait la découverte, il s'est écrié

que le sacerdoce n'existait que par la crédu-
lité des peuples, et que le prêtre n'était qu'un
objet de convention.

Loin de l'ébranler, il n'eût porté qu'une
main d'enfant sur l'édifice religieux, si la
religion eut été aussi solidement établie dans
nos cœurs, qu'elle le fut autrefois dans les
cœurs de nos pères. Où est donc la cause de
cet affaiblissement ? serait-ce moins de mœurs,
serait-ce moins de savoir ? D'une part, si les
sciences physiques viennent de se donner un
éclat incomparable ; dans les sciences morales,
si on a pu atteindre, on ne pouvait dépasser le
degré de splendeur que s'acquit la philosophie
dans les beaux siècles où le christianisme fut si généreusement accueilli ; on peut
donc affirmer qu'en sortant de cette antique
nation, aujourd'hui et depuis lors si flétrie,
dont les enfans cependant peuvent compter
leurs aïeux jusqu'à l'origine du monde,
dès son entrée dans le monde social, la religion de Jésus de Nazareth fut reçue et
préconisée par ces rares génies dont l'éclat
à toujours marqué pour la raison les plus

belles époques du genre humain ; d'autre part,
a-t-il jamais pu y avoir moins de mœurs
que dans cette Asie si efféminée , dans cette
Rome alors si inpudique.

Si le clergé, à traverser les siècles , n'avait
rien perdu de l'esprit qui l'animait , lorsque
l'église déposa pour la dernière fois ces vêtemens couverts d'un noble sang qu'elle portait aux jours de ses combats , la religion
soutenue d'innombrables appuis n'eût rien
senti des secousses qu'on lui donna. Mais les
immenses richesses du clergé jointes au mauvais usage qu'il en fesait, car il donna dans
le luxe et dans le faste , et plus encore l'esprit de domination , le perdirent dans l'opinion des peuples ; et quelque respectable
qu'il fût par la pureté de ses mœurs, l'étendue de ses lumières, c'est sur lui que tombèrent
les premiers éclats de la foudre dans cette
tempête qui vient tout-à-l'heure de désoler
notre France; et de toutes les bouches , on
n'entendit sortir que des sentences d'exil ou
des arrêts de mort. Etrange perturbation
née des violents efforts qu'a fait spontanément

une nation , d'ailleurs généreuse , attachée à
la religion de ses pères, pour faire tomber
et fouler à son tour ce qui, pour s'exalter,
la tenait dans l'humiliation et la foulait
elle-même.

Cependant, n'attribuer au clergé que des
influences, ce serait lui contester ce qu'il a.
Sa domination, pour n'avoir rien de temporel, n'en est pas moins réelle : heureux s'il
eût toujours senti combien il importe à la
religion, combien il importe au bonheur des
peuples, combien quelquefois il peut lui
importer à lui même d'apporter partout cette
aménité d'administration, cette simplicité de
mœurs dont on lui fit un précepte, quand
on lui dit de n'être pas chez les peuples
comme sont les princes ou comme sont les
grands (1); lui défendant ainsi de se donner les manières de la grandeur, on le
préparait à user avec fruit pour les peuples,
et sans péril pour lui, de l'autorité suprème
dont il serait investi.

(1) Vos autem non sic; S.t Luc, ch. 22, v. 26.

Qu'on honore le sacerdoce malgré même la faiblesse de celui qui en est revêtu, s'il n'a le malheur de tomber dans de déplora-rables écarts, on le doit à son caractère; qu'on le décore, qu'on l'élève, qu'on le traite dans le civil à l'égard des grandeurs de l'état, c'est le faire sortir de la voie qu'on lui ouvrit, c'est ouvrir sur ses pas des chances et appeler les orages.

Dans la vue et l'espérance de contribuer à le mettre à couvert pour l'avenir, et peut-être pour le présent, des maux qui, comme par le passé, pourraient fondre sur lui, je me suis décidé à m'attacher sur ses pas dans la marche des siècles pour mieux éta-blir son pouvoir, et à le suivre dans la jouis-sance de ses droits, sans désavouer ses torts.

Ce n'est pas une incrimination que ce que je vais faire; il y a déjà nombre d'an-nées que j'en avais conçu le dessein; cependant, la crainte de molester, quoique ne voulant qu'être utile, m'avait plus d'une fois fait tomber la plume, lorsque m'occupant d'une question théologique, je fus, par entraînement, amené à la saisir de nouveau, et pour cette fois, plus fort de la pureté de mes intentions, je me suis senti plus de courage.

Le moindre résultat de mes travaux serait de faire sentir à tous les partis que le prêtre n'appartient à aucun et n'est que l'homme de la religion : puissé-je venger celle-ci de l'outrage qu'on lui a fait quand on a appelé le sacerdoce le parti-prêtre.

Dans les commencements, le trône n'eut long-temps que des foudres contre le sacerdoce. Quand la puissance ecclésiastique et la puissance civile se furent embrassées comme elles le firent avec tant d'éclat, elles contractèrent une telle intimité, que ne tenant pas compte des limites qui distinguaient leur domaine, leurs apanages parurent plus d'une fois sans leurs bornes tutélaires ; on les vit les confondre, et plus d'une fois en souffrir. Ainsi confondues à l'occasion même de leurs dèmélés, on a dit, dans les divers partis d'un de ces deux leviers de l'état, ce qu'on ne pouvait dire que de tous les deux. Le mouvement, la régularité du mécanisme, sont fondés sur l'influence msiultanée de tous les deux, et non sur le jeu particulier d'aucun d'eux.

Justifier cette assertion, ce n'est pas mon objet; je la regarde comme un principe, et j'en suppose mes lecteurs convaincus; 1.° par l'histoire qui nous montre la société subordonnée au sacerdoce et à l'empire; 2.° par la vérité de la religion qui, parce qu'elle les a si sagement circonscrits, ne craint pas de mettre à découvert les droits qu'elle a faits au sacerdoce, d'autant qu'elle a consacré aux yeux de ses enfans une large part à la puissance civile. Je rappellerai cependant l'un et l'autre, et cela dans mon introduction, et j'entrerai en matière sur mon unique sujet : recueillir dans l'histoire les époques et les matières de confusion pour mieux rendre incontestable la distinction de ce qui est de l'église et de ce qui est de l'état ; me voilà donc historien. Je dois, je le sais, être impartial et vrai ; je ferai mes efforts pour remplir cette tâche.

INTRODUCTION.

Avant de nous fixer sur une des rives du torrent des siècles, pour ne plus nous occuper qu'à tenir à découvert ou toujours signaler une importante limite, nous avons dû nous demander qui la posa et où on la posa.

Dans cette vue, nous allons établir cette vérité en deux chapitres, et nous les ferons suivre d'un troisième.

De la nécessité de la puissance civile ; son origine, sa mission, ses devoirs et ses droits ; telle sera la matière du premier chapitre.

De l'origine de la puissance ecclésiastique, sa mission, ses droits ; de la limite de l'une et de l'autre puissance ; telle sera la matière du second.

De l'action de la loi civile sur la loi naturelle ; ce sera la matière du troisième.

CHAPITRE PREMIER.

*De la Nécessité de la puissance civile ; son Ori-
gine , sa Mission , ses Devoirs et ses Droits.*

Si l'homme n'eût pas été destiné à vivre en
société , il lui eût suffi de l'influence des mœurs ,
qui , tantôt par d'heureux attraits , tantôt par le
remords , lui aurait appris jusqu'au dernier iôta
de la loi naturelle. Mais destiné à vivre avec
des semblables , entrant avec eux en société ,
cette loi a dû l'abandonner , en quelque sorte ,
pour ne le diriger que dans l'ensemble. Ainsi le
berger , la loi de son troupeau , ne conduit pas
en particulier une brebis ; il ne la conduit qu'en
les conduisant toutes. Il le fait encore dans ces
momens où l'indocile troupeau abandonne son
guide , vole où il ne devrait point aller et se disperse. S'il va , en effet , de la brebis à la brebis ,
ce n'est qu'un instant ; il la quitte tout aussitôt
qu'il l'arrête , parce qu'il tend de toutes ses forces
à n'arrêter que les masses. Ainsi se fait sentir à
l'individu en société l'action de la loi naturelle.

En effet, à vouloir de la vertu comme à ne pas en vouloir, on invoque l'exemple, on court à l'enseignement, et c'est toujours sous les enseignes de l'autorité que se rangent naturellement l'un et l'autre parti.

Fermant un instant les yeux sur l'autorité qui le maintient dans le bien ou l'y rappelle, celui-ci nous dira que ce qui l'attache à la vertu, ce sont ses indicibles attraits. Celui-là, détournant la pensée de ce caractère d'autorité qui l'inquiète, quittant le sentier de la vertu, nous dira que ce qui l'appelle ailleurs, c'est ce qu'il espère éprouver. Entraînés tous deux par le sentiment, quel est celui qui pourra nous convaincre ?

Rendons à la vérité un pénible hommage.

Frappé de l'ignorance du cœur comme de celle de l'esprit, il a toujours fallu des maîtres à l'homme pour lui apprendre ses devoirs. Aussi, s'il a toujours recherché les sages ou les philosophes, c'est parce qu'il en a espéré, non pas seulement des vérités de spéculation, mais bien des vérités de conduite ; il a voulu se rendre plus excusable dans ses déré-glemens, ou mieux éclairé sur ses devoirs.

Il ne saurait mieux conster de la nécessité du conseil pour éclairer la conscience, que dans l'histoire du cœur humain que l'on retrouve dans l'histoire des peuples. On voit à toutes les pages que c'est du maître au disciple que se sont conservées les traditions humaines sur la vertu, ainsi que sur le vice. Et à voir toute l'antiquité, grimpant le ténébreux abyme de l'ignorance pour en sortir, se partager à diverses enseignes, on ne peut se défendre de penser qu'à se grouper ainsi, elle n'a eu d'autre mobile que le sentiment de l'impuissance de l'homme privé dans son isolement. On sait aussi que le sage par excellence étant venu dans le monde, y a trouvé cette ancienne habitude de faire foule sur les pas du sage, et de l'entourer comme on se groupe autour d'un flambeau : tant on avait senti, et de longue main, la nécessité de l'asservissement de l'esprit particulier à l'esprit général. L'homme privé ne courait point à l'homme privé, mais à celui que préconisait l'opinion générale.

Dans ce long malaise du monde civilisé en matière de doctrine, tout démontre que l'homme en société sentait malgré lui qu'il ne trouverait pas en lui des lumières. L'auteur de la nature, par un entraînement marqué, pour ainsi dire, au coin de ses lois les plus générales, lui faisait sentir qu'il n'était né que pour tenir à un heureux ensemble. En effet, dans une longue enfance, la nature ne donne à l'homme pour se défendre que des cris ou des larmes, moyen trop impuissant pour repousser des ennemis, et qui ne saurait lui servir qu'à lui faire une société. Plus tard, si elle l'émancipe en quelque sorte, ce n'est pas tant à raison des forces qu'il se serait acquises, qu'à raison du sentiment profond qu'elle lui aurait donné du besoin où il est de rechercher les êtres qui lui ressemblent.

Chaque sujet dans les brutes a ce qu'il lui faut, parce qu'elle a destiné celles-ci à n'avoir chacune pour instinct que son intérêt propre. Mais pour l'homme, l'isolement est un état dont la prévision lui déplaît, et qu'elle a voulu empêcher en le forçant, dès l'enfance, à tendre la main à ses semblables, continuant toujours à les lui rendre utiles ou même nécessaires.

Tout est perdu pour l'homme dès l'instant qu'il a rompu avec ses semblables ou qu'il en a perdu la société. La certitude et la vérité ont rompu avec lui; la religion même de ses pères ne sera plus pour lui qu'une chimère, s'il ne continue à regarder pour vrai et pour certain ce qu'ils lui en ont transmis; et si, par conséquent, l'autorité a cessé d'être pour lui un oracle. Il faut, pour marcher sûrement, que partout l'homme donne la main à l'homme.

Ainsi, sur la foi de ce qu'on nous en dit, nous croyons avoir embrassé le parti de la vérité, et nous jouissons déjà de triompher avec elle; tandis que le silence de ceux qui nous ont entendus nous force à renouveler nos recherches dans le secret de notre pensée. L'amour de nous-mêmes peut bien quelquefois nous égarer jusqu'à nous faire prendre pour vrai ce qu'on regarderait comme douteux ; mais alors même nous sentons malgré nous le désir qu'on nous approuve. Mais à quoi bon la nature nous aurait-elle donné cette forte inclination à rechercher, en matière d'opinion, l'approbation de nos semblables, et à regarder comme portant le cachet de la vérité celle de nos idées, ou celui de nos aperçus qu'ils auront approuvé ? C'est que mieux encore que la lumière, la vérité n'est pas à un seul, à quelques-uns, mais à tous. La preuve qu'elle nous éclaire, c'est qu'elle éclaire les autres. Il faut qu'en leur indiquant ce que nous pensons apercevoir, elle le leur révèle ; sans quoi nos aperçus ne sont que des fantômes. La raison, sans ce concours impuissante, nous laisserait exposés à toutes les méprises, livrés à tous les doutes. Aussi a-t-on toujours vu que, pour le téméraire qui se sépare de cet ensemble, il n'est rien qui puisse s'opposer à ce qu'il professe telle doctrine qu'il lui plaira, et ne renverse en idée telle autre, fût-ce même la plus auguste. Mais sa pensée ainsi en dehors de la pensée commune, est comme sur la plage, et il ne peut que d'inutiles efforts pour la soutenir : il y a chose jugée, et, à moins d'être un maniaque sceptique, on ne saurait douter qu'on n'en reviendra pas.

A raison de l'extrême activité du sujet de la

pensée, on peut dire que l'humanité, une nation, une société, sont une assemblée délibérante, où la pensée de l'homme privé acquiert le caractère de vérité ou prend celui de l'erreur par la manière favorable ou défavorable avec laquelle elle est accueillie. Mais, d'une part, cette multitude d'erreurs qui a fatigué le monde, et qui, sans régner sur l'ensemble, a régné de contrée en contrée, prouve le danger qu'il y aurait à regarder comme un oracle l'esprit humain dans son individualité. D'autre part, l'universalité morale des suffrages n'ayant point toujours été contre l'erreur, qu'aurait trouvé l'homme dans la société ? qu'aurait-il apporté dans la solitude pour arriver à la vérité ou à la vertu ?

Quant à la première question, ne nous en occupons plus; elle est pour nous hors de sujet.

Quant à la seconde, nous observerons, avant d'aller plus avant, que nous ne l'envisageons que sous les rapports généraux de son opposition à tout ce qui n'est pas bien. Ainsi que la raison générale fait tôt ou tard justice de toutes les erreurs, et que ce n'est pas à l'unité, mais au nombre à décider de ce qui est vrai ; de même, ce n'est pas à la conscience d'un seul à décider ce qui est bien : elle peut en effet n'être pas vraie, n'être pas droite. Mais si, avant de l'en croire, il a fallu reconnaître cette conscience

pour exempte de défauts; comme on ne connaît
les défauts qu'en comparant ce qui les a à ce
qui ne les a pas, où sera le terme de comparaison, si ce n'est dans la conscience générale ?
Cependant, si arrivant le moment de s'abstenir
ou de faire, l'individu doit suivre la sienne,
tant que celle-ci ne s'explique pas, qu'il se doute
d'erreur ou qu'il ne s'en doute pas, devra-t-il
toujours réformer sa conscience sur celle-ci
lorsqu'elle s'expliquera ? Il est incontestable
que des vices, des préjugés généraux peuvent
sur l'ensemble ce que des préventions, des défauts
peuvent sur des particuliers. Dans l'hypothèse
de l'âge d'or de l'humanité, où les nations eussent
été sans préjugés et les hommes sans défauts, chacun
eût, sans erreur, trouvé en soi la règle de ses
actions. Il y a long-temps qu'il n'en est pas ainsi.
Dans l'état actuel des choses, de qui chacun rece-
vra-t-il, ou d'où lui viendra cette règle invariable?
est-ce du remords ? est-ce de la coutume ? est-ce
de la loi ? L'homme et le remords sont compa-
rables au sourd-muet qui fait effort contre
l'aveugle pour le retenir sur le bord de l'abyme.
Si l'aveugle persiste, le muet le tourmente; s'il
se désiste, le muet l'abandonne et le laisse tranquille, jusque-là même que l'aveugle voudra-t-il
lui tendre la main, celui-ci retire la sienne et
le force à ne compter que sur lui, n'ayant que

l'étonnante mission de ne voler à lui que lorsqu'il s'égare, et tant qu'il s'égare, et toutes les fois qu'il s'égare. Il ne peut autre chose que contrarier sa marche, en le tirant à lui, quoique légèrement, comme par le pan de l'habit. Le remords n'instruit pas, il retient; ne retient cependant qu'autant qu'on ne veut pas lui résister. Si on résiste, il se laisse entraîner, mais comme qui traîne un poids; on n'est plus aussi assuré, on n'a plus la même aisance : c'est là tout son effet. Ce n'est donc que par l'expérience du mal que le remords nous apprend le bien. A la vérité, à en avoir le projet, ou à l'approuver dans la pensée, on fait l'expérience du mal, et le remords se fait sentir. Mais combien de temps ne faudrait-il pas à cet admoniteur silencieux pour signaler tous les devoirs! D'ailleurs ne pouvant rompre le silence, il peut étonner celui à qui il se fait sentir ; mais ne lui disant rien de celui qui l'envoie, il le laisse ignorer qui avait commandé ou défendu ce qu'il le porte à faire ou ne pas faire, et le laisse ignorer, par conséquent, s'il y a commandement ou s'il n'y en a pas.

S'il a une origine auguste, ce n'est pas à la philosophie à la relever. Aussi inconstante que l'esprit de l'homme, on a vu qu'elle a presqu'autant changé de système que les hommes ont changé de costume ; en outre, elle n'est pas à la portée de tous les esprits.

I.2

Serait-ce à la religion révélée ? Mais d'abord elle ne fut pas de tous les temps. Quand elle mit pied à terre, elle se borna à gouverner une nation, ne s'aboucha qu'avec un peuple. Depuis elle a, il est vrai, merveilleusement étendu les faveurs de son règne; mais encore, il est beaucoup de nations qui n'en jouissent plus, bien des peuples chez qui elle n'a point pénétré. Chez les hommes qu'elle ne régit point, mettez de côté l'autorité des traditions paternelles, quelle devait être l'opinion sur le remords ? Une simple surprise, dont le meilleur effet était l'aveu de l'ignorance.

Non, sous le régime de la religion naturelle, dès que le père s'écartait des traditions de ses aïeux, dès que les enfans ne faisaient plus le même cas de l'enseignement de leur père, il n'était plus possible à l'homme de distinguer avec raison le bien d'avec le mal. Cette insuffisance, ou mieux, cette nullité du remords, sans l'enseignement paternel, sans les décisions patriarchales, est bien la preuve que la loi naturelle, comme une loi non promulguée, ne pouvait servir de rien pour maintenir ou réformer les mœurs. C'était comme un grand fleuve, dont les îlots devaient non seulement perdre de leur majesté, mais disparaître en les séparant de la source. Cette loi n'avait donc d'autres organes que le père et les aïeux.

Consacrons ces deux conséquences, qu'il fallait une promulgation, et à cette promulgation une sorte d'autorité dans celui qui la faisait ; en un mot, une souveraineté. Rappelons, en passant, que les plus célèbres philosophes de l'antiquité qui ont écrit en faveur de la morale, n'ont jamais cru mieux fortifier leurs maximes qu'en se servant des mots *décence, convenances*. Nous observerons que de telles maximes n'avaient, dès-lors, rien qui pût servir à reconnaître qu'en les trouvant, on était sur des traces de législation ou sur le sol de la loi ; les convenances pouvant être une chose de goût, comme un appendice des lois.

Voyons maintenant si, violant ou rejetant le saint dépôt des doctrines de famille, il y avait encore moyen d'imposer des devoirs à l'homme. C'est bien à ce sujet qu'on peut dire que la dépendance lui est d'autant plus nécessaire, qu'il aspire naturellement à l'indépendance. Toutes les passions qui sommeillent avec lui dans le berceau, en se développant à mesure qu'il avance dans la vie, ne lui font sentir que ses forces grandissent, que pour le porter avec véhémence à se donner ce qu'il n'a pas, à augmenter ce qu'il possède, et, s'il le faut, à recourir même à la violence. Aussi celle-ci a-t-elle fait le premier monarque qu'ait vu le monde.

Par les livres de Moïse suppléant à l'impuissance

de l'histoire, on va au delà de la barrière qu'elle ne peut outre-passer, et on voit que ce chaos qui la limite de toute part, a été l'intervalle qui sépare les deux bouts de la chaîne, une fois rompue, le délabrement et la renaissance de la société.

Dès que les cheveux blancs n'inspirèrent plus le même respect, on se trouva tout-à-coup à une distance immense des temps où de nombreux enfans, chef eux-mêmes d'innombrables familles, faisaient, par leur docilité, un monarque de leur père commun. La piété filiale, ce puissant ressort venant ainsi à casser, ne pouvant plus faire un tout d'innombrables parties, sépara davantage au lieu de réunir, parce qu'il ne contribua qu'à rendre mieux distinctes les petites familles. Celles-ci, jusque-là, n'en faisaient qu'une plus grande, et depuis lors elles ne furent que de nombreuses fractions. Ce ne fut plus au respect que commandait le grand âge, à signaler les supériorités sociales; celles-ci disparurent, et on tomba dans l'anarchie.

Bientôt l'unité d'intérêt, la nécessité du conseil, le désir de la gloire, inspirèrent, firent réussir le projet d'asservir. La fierté saisit le sceptre, et la crainte subit le joug. On avait méconnu tous les devoirs, il fallut, sur des bases imitées, reconstruire la société de ses propres débris. On n'interrogea pas la nature, on ne sut pas sa pensée, et on

ignora, ou du moins on feignit d'ignorer , excepté
pour le premier trait , que le gouvernement qui
s'approcherait le plus du gouvernement-modèle
qu'elle avait insinué , serait tel gouvernement
monarchique , où l'âge et la filiation transmet-
traient la couronne ; où la volonté de la loi serait
le mieux substituée à la volonté du prince , et
où la nation soumise au prince , non par servitude
mais par respect , non par crainte mais par
confiance , aurait auprès du prince comme un
conseil de famille.

Des préposés , des chef suprêmes , sur les ruines
de l'ancienne , firent une hiérarchie nouvelle , dont
l'esprit devait être bien différent , que l'on sentit
ou qu'on ne sentit pas que dans tous les cœurs
s'étaient rompus les vaisseaux de l'excellente sève
sociale. Tandis que la paternité avait régi les
adultes comme des hommes faits , le pouvoir les
traita comme des enfans qu'on ne pouvait régir ,
qu'on ne pouvait contraindre que par la terreur ,
qu'ils fussent hommes de bien ou qu'ils ne le
fussent pas. Ce n'était plus par la communication
et l'influence de l'autorité paternelle que la subordination et la supériorité pouvaient se maintenir ;
l'une et l'autre , dans le nouvel état de choses ,
ayant une origine que n'avouait pas la nature ,
devaient être forcées.

Le bruit , l'éclat des armes , les exagérations

du faste donnèrent au bandeau, qu'on appela depuis le diadême, de magiques effets ; jusque-là que celui dont la fortune en décora le front, n'ayant rien qui réveillât les impressions si douces de la paternité, on ne sentit bientôt plus en sa présence que le trouble de l'adoration : aussi ses descendans, ou même ses imitateurs, eurent-ils le fol orgueil de passer pour des dieux.

Le trône appela toutes les influences ; elles coulèrent de l'ombre où il était caché comme d'une source féconde, et avec elles tous les pouvoirs. On s'accoutuma à cette usurpation, et bientôt elle devint légitime. Mais qu'est-ce qu'on usurpa ? si ce n'est le droit de dominer toutes les volontés ; d'être, par conséquent, le sage de sa nation, le docteur de son peuple, le législateur de ses sujets. Sans cette triple conséquence, cette domination ne se serait jamais légitimée, quelque volontaire qu'eût été la subordination.

En effet, l'esclavage ne saurait être un état légitime pour l'homme ; il n'est pas né pour être esclave. S'il est né pour être dépendant, excepté la paternité, il n'est que la loi qui soit sa légitime souveraine. L'esclave ne peut rien légitimer, car dans l'histoire des diverses nations, il a passé devant la loi, pour une brute à figure humaine, dont le consentement ainsi que le refus étaient également indifférens. L'homme n'a jamais donc pu légitimer, par sa subordination, une domination quelconque, qu'autant qu'elle ne l'avilissait pas. Il a donc fallu que l'empire qu'on exerçait sur lui fût analogue à la noblesse de son être.

Il fallait donc que le prince fût le chef de son peuple pour autre chose que pour être à la tête de ses phalanges au jour des combats. S'il n'eût été que pour cela, il eût été indifférent à la société, comme une pierre bien taillée, bien disposée, mais de trop et destinée à ne servir que dans le cas d'une perturbation. En effet, repousser des ennemis, c'est empêcher que l'état de société ne périsse ; faire des conquêtes, c'est porter ailleurs l'état de société : ni l'un ni l'autre ne sont donc pas cet état.

Dira-t-on que la tâche du prince était de prendre parti pour les bons contre les méchans. Mais d'où les uns et les autres auraient-ils eu ce caractère ? S'il le leur imposait il faisait donc la loi ; s'il ne faisait que le reconnaître, il était donc évident.

La morale s'était donc conservée. Mais ce qui démontre qu'elle n'est point au-dessus des vicissitudes humaines, c'est le solennel aveu que fit un grand peuple en matière de devoir, envoyant, avec pompe, des commissaires à la recherche des lois. On peut même dire de ce peuple si célèbre, qu'à ne pas envoyer ses commissaires ailleurs que là où la civilisation régnait avec le plus d'éclat, il consacra ce principe, qu'il y a d'autant moins de morale qu'il y a plus de barbarie : funeste état où conduisent la servitude et l'indépendance !

Il fallait donc que le prince, dont la mission était de ramasser dans l'abîme de l'anarchie les débris de la société, fût la loi de son peuple. Et parce que ce grand œuvre ne se fait que par développement et d'époque en époque, ses successeurs durent jouir de cette imposante prérogative.

Le trône était par conséquent, d'origine, la chaire de la loi, et il l'a toujours été ; car les princes qui ont voulu autre chose que des couronnes militaires, ont ouvert ou continué à la jurisprudence son interminable carrière. On n'ignore pas qu'ils ne se sont pas seulement occupés de pénalité ; ils ont ordonné, défini, et ont fait une jurisprudence civile.

Qu'on en conçoive le sujet physiquement ou seulement moralement un, il faut à toutes les sociétés une conscience législative, et un organe public à cette conscience. Sans cet organe point de société : il n'y aurait que le despotisme qui pût réunir les hommes ; encore ne serait-ce que tant qu'il inspirerait la terreur. La force ne pouvant prescrire contre la faiblesse, il ne serait jamais nécessaire de protester contre les tyrans ; car il n'est que les bêtes de somme ou les brutes errantes qui, ayant non plus un chef mais un maître, ne puissent en changer; ou qui, n'en ayant pas, puissent appartenir au premier occupant.

Il doit être reconnu qu'en sortant du despotisme, si on ne veut de l'anarchie, on entre sous le régime des lois; régime que la nature réclame de toutes parts. En effet, où serait la cause que chez tous les peuples, à mesure que la civilisation pénétrant chez eux les faisait grandir, la société a senti qu'elle enfantait les lois? Oui, partout où un état a cessé d'être un vil assemblage d'automates, la société y a senti du malaise. Mais il a fallu l'aider dans son enfantement, quelquefois même le provoquer; et si des mains perfides ou inhabiles ont prolongé ses douleurs, elle s'est aperçue, elle a senti qu'elle n'avait plus à envisager que le moment de sa dissolution.

Ce penchant invincible qui porte les bons princes à donner à leurs sujets, et les peuples à s'imposer eux-mêmes le joug des lois, d'où leur vient-il? Le déiste nous dira que c'est de cette loi générale de développement, à laquelle sont soumises toutes les existences.

Nous voyons, il est vrai, que tout ce qui participe à la durée, ne dure que pour grandir, ne grandit que pour trouver dans cet agrandissement les causes d'une sorte de vieillesse et de destruction. On le dirait, l'homme a réfléchi sur toutes choses ses propres destinées : ainsi chaque prin-

temps a sa fleur, et chaque automne son fruit.
Accoutumé à ne se servir que de mots, parce
que les pensées lui manquent, le déiste nous
dira encore que le principe de ce penchant est
la puissance des choses. Encore demeurerait-il
constant que l'homme ne saurait être à lui même sa propre loi; que c'est de l'homme que
l'homme doit la recevoir; enfin que pour cela il
est nécessaire qu'il intervienne une puissance. Nous
ajouterons que n'importe le nom qu'on donnerait
à cette puissance, le législateur ne serait qu'un
simple organe, ou mieux, un noble secrétaire;
la pensée, la volonté du législateur, étant, comme
la pensée, la volonté de cette puissance quelconque, souveraine ordonnatrice.

Mais tous les esprits ne s'accordent pas d'un
système qui outrage si gratuitement l'être suprême.
Que serait-ce d'exclure le prince de la salle du
trône, le bannir, le confiner dans le cirque? Ne
serait-ce pas méconnaître la dignité de la pourpre,
de quelque éclat qu'elle brille, que de supposer
qu'on ne la porte que pour être le premier spec-
tateur ou le plus noble témoin? La volonté de
l'être suprême est la suprême loi. Naître, grandir, périr, voilà le résumé qui se renouvelle sans
cesse de tout ce qui se fait dans cet univers, en
vertu de son unique vouloir, avec tant de diversité, tant de précision, tant de généralité, tant

de constance, avec la rapidité des jours quelquefois, quelquefois avec la majestueuse lenteur des siècles. Il serait inexact de dire qu'il a laissé les nations naître, qu'il les a laissé périr. C'est lui qui les appela, et si elles ont péri, c'est qu'il les bannit de la scène du monde. Tant qu'il les y a souffertes, elles ont conservé la place qu'il leur donna, quelques chances qu'elles aient pu courir.

Si tout-à-coup la tranquille cité s'étonne de ne voir plus qu'ennemis du haut de ses remparts, il n'est que son courroux qu'elle ait à craindre. La mort dans les combats, la peste dans les cités, ne frappent que les victimes qu'il leur désigne. A la tête d'innombrables armées, égaux en bravoure et rivaux de conseil, les Pompée, les César, flottent entre la crainte et l'espoir ; mais tous deux ignorent l'événement du combat. C'est de lui que la victoire reçoit l'ordre de distinguer le vaincu par sa défaite, le vainqueur par son triomphe. Le perfide élément, la furibonde tempête, à disperser la flotte, ne suivent que ses desseins. Il mande les revers sur les pas du monarque, et la main de l'infâme licteur souille la tête des rois. Quand il veut, la rebellion, qui ne conduit qu'à l'échaffaud, est le chemin du trône ; pour tout dire en un mot, c'est sa providence, inépuisable en moyens, qui règle tous les événemens.

S'il n'était pas hors de notre sujet de nous en

occuper, nous prouverions cette vérité, qui fut toujours dans la pensée des enfans d'Israël, depuis que le Sina, tout éclairs, leur inspira tant de terreur, et qui, depuis le christianisme, règne sur tous les cœurs. L'idolâtre même, dans ses absurdes mystères, a rendu hommage à cette vérité. Ne sait-on pas que, malgré le bourbier du paganisme où le genre humain croupissait, elle inspira au génie ces nobles sentimens, ces belles pensées, ces brillantes images qui en ont immortalisé les écrits et l'ont mis en possession d'une palme incomparable ? Nous bornant à offrir le majestueux ensemble des tableaux inspirés et historiques, nous ne nous arrêterons pas à contempler cette Sion que les prophètes ont rendue si célèbre, et dont l'éclat, sans rien demander au génie, effacerait celui de l'olympe.

Mais pleins de cette pensée révélée que le repos n'est jamais nécessaire à la souveraine puissance ni à l'éternelle sagesse, parce que l'action pour elles est toujours sans lassitude, qu'elles évoquent sans cesse du néant et introduisent sur la scène du monde ce qui n'existait pas, et le coordonnent comme bon leur semble à des plans de justice ou de miséricorde (*), nous croirons superflu de chercher à établir que dans aucune société, ce

____

(*) Saint Jean, *chapitre* 5, *v.* 17.

n'est pas l'homme mais la divinité qui forme ou réforme les gouvernemens ; que c'est elle qui fait sentir le besoin d'entendre la loi ; que c'est elle enfin qui inspire aux princes de la faire parler à leurs sujets.

C'est la divinité qui nous a donné une sympathie naturelle pour tout ce qui est bien, par laquelle dégagés de passions, de préjugés et avec une ame droite, on ne manque jamais de reconnaître ce qui est honnête, ce qui est de l'équité, ce qui est de la religion. Mais malheureusement il n'est que trop vrai de dire du cœur humain, en matière de bien, qu'il est une boussole à qui nombre d'accidens et une infinité d'objets font perdre sa direction vers le pôle. Ainsi que le physique, le moral individualise les sujets de quelque manière qu'ils se réunissent. Aussi entre tous ceux que la même manière de voir a réunis, on peut affirmer qu'il n'en est pas deux qui aient la même manière de sentir. Chacun est affecté d'une manière qui lui est particulière. Cette diversité d'impression que chacun apporte partout avec le *moi*, et que ne saurait détruire l'identité de conjoncture, établit l'utilité et la nécessité du conseil ; car si, d'une part, le mal diffère du bien, comme l'erreur diffère de la vérité ; d'autre part, le bien se fait mieux sentir qu'apercevoir. S'il se découvre en effet à l'entendement comme il le faut pour

qu'il passe à la volonté, c'est avec la rapidité de
l'éclair. Les impressions du mal sont donc des
impressions de fiction; les impressions du bien sont
des impressions de réalité. Mais quoique diverses
en accessoires, elles ont une unité de fond qui,
n'ayant rien de fictif, fait qu'elles produisent une
susceptibilité à elles, succeptibilité qui ne s'efface
qu'à la longue, ou même point du tout, et que
réveille toujours le bien quand on y pense ou
qu'on en parle.

Si la lèpre des préjugés et le feu des passions
viennent, pour ainsi dire, à envelopper le cœur
d'une écorce; tant qu'elle dure, et suivant qu'elle
est compacte, elle l'empêche de sentir des impressions nouvelles. Alors les impressions que fait le
simple énoncé de ce qui est bien, sont négatives
dans les uns, plus ou moins prononcées dans les
autres, suivant la force des préjugés ou la violence
des passions. Cependant y a-t-il toujours plus de
probabilité que le bien sera senti, et par conséquent plutôt reconnu, dans le nombre que dans
l'unité?

Il serait en effet bien extraordinaire que l'unité
prévalût sur le nombre, par la sagesse et non
par la violence, par la vérité et non par la séduction, par la conviction et non par le fanatisme.
Penserait-t-elle trouver nombre d'esprits qui la
crussent exclusivement inaccessible aux pas-

sions, libre de préjugés ? Non sans doute, à moins que le sceptre qu'on lui verrait dans le monde moral ne lui vint d'une sublime origine ; comme il en est dans le monde politique de la couronne, qui ne perpétue le pouvoir que parce qu'elle est l'apanage d'une haute naissance.

Ainsi le Christ donne mission de porter à tous les peuples sa doctrine et sa loi. On s'en étonne parce qu'on le dit homme, c'est avec raison ; mais il est le verbe éternel, et il faut qu'on l'en croie ; il faut qu'on obéisse. Sa monarchie, qui ne s'établit pas comme les autres par des victoires, mais bien par les plus sanglantes défaites, car plus elle perd de sujets dans de cruels combats, plus elle étend son empire ; sa monarchie, qui s'insinue dans mille autres et les voit subir l'influence du temps sans la subir elle-même, ne se fait des sujets que par la force d'une pareille loi. Ici point de conseil, et c'est l'unique exemple qu'on ait jamais vu et que l'on puisse citer dans l'univers.

Avant et depuis, chez tous les peuples, si la loi parle aux sujets par leurs princes, elle ne dit rien aux princes que par le conseil. Les emportemens de l'arbitraire, les caprices de la souveraineté ne furent jamais de son goût, et n'ont paru nulle part avec son auguste caractère. Par les coups de main, le courage, le génie sont en possession de faire la loi ; mais en matière de bien et de mal, de juste et d'injuste, ils ne sauraient y prétendre. Ici les principes sont immuables, indélébiles, indestructibles : les efforts du génie, la la violence ne sauraient les ébranler.

Il n'est plus question de chercher à qui appartient le droit de les mettre en évidence, une fois reconnue l'existence d'une puissance souveraine chez toutes les nations. Que cette puissance ne soit pas une chimère, l'histoire le prouve assez. Qu'on se rappelle ce qu'elle dit des moyens que prirent Tarquin, par son fils, à Gabies ; Denis à Syracuse, César à Rome, pour arriver à la souveraine puissance.

Quelles que soient les formes de cette souveraineté, c'est au souverain à être législateur ; nous l'avons déjà reconnu, et, en cela, sa mission est divine : il n'a qu'à la bien remplir. Prince, il doit s'aider des lumières et de la prudence des sujets ; peuple, il doit écouter les accents de la loi. S'il ne ferme pas la bouche de ceux qu'il croit mériter le beau titre d'homme de bien, ils l'aideront infailliblement à la reconnaître à sa simplicité, sa noblesse, son inflexibilité, sa décence. D'après cela le peuple ne fait point la loi, le souverain ne la fait pas non plus ; ils ne font que la trouver.

Mais s'il arrive que cette loi apporte dans son application des obstacles au bien de la société, à qui appartient-il d'en juger ? A qui appartient-il d'y pourvoir ? Chez les nations en tutelle ou, pour mieux dire frappées de l'interdiction, la société condamnée à une éternelle enfance n'a que des pleurs ou le malaise en partage. Si elle souffre, c'est à celui dont elle n'est que la pupille à reconnaître son état de souffrance et à l'en faire sortir. Il en est le bras pour la défendre; il en est la personne entière : car s'il coule du sang humain dans ses veines les revers nationaux le feront rougir. Son front fût-il couronné de lauriers, les manières tristes, l'air malade de la patrie, l'empêcheront de connaître les délices du trône. Chez les peuples qui se régissent eux-mêmes, les maux, qu'on peut dire les maux de la société, ne réclament pas les secours avec moins de succès : la société y est, en même temps, le prince et le sujet, la patrie qui fait ses doléances, le prince qui les accueille, le riche qui propose, le pauvre qui accepte un fardeau.

Est-il à craindre que l'équité s'offense de leurs accords, ou qu'elle infirme leurs lois ? A-t-il été contre l'équité que l'homme libre demande à l'homme libre qu'il se dépouille de sa liberté; et, s'il y consentit, cet esclavage fut-il injuste ? Mais ce que pourrait le peuple, le prince le peut; et c'est dans ce sens que la législation civile peut n'être pas d'accord avec la loi naturelle, comme nous le prouverons par le témoignage de la législation mosaïque en certains chefs d'une opposition si tranchante. Si le prince ne pouvait pas ce que pourraient ses sujets sous tel autre régime, la monarchie serait le pire de tous les gouvernemens, et, pour ne le dire qu'en passant, elle est la meilleure esquisse du gouvernement-modèle de la nature ; car pour l'oligarchie, elle n'est que le multiple du despotisme. La démocratie n'a pour elle dans la nature aucun antécédent ; et, malgré toute la gloire dont elle a pu s'embellir, on ne peut s'empêcher de la craindre presque autant qu'on l'admire. On sait que lorsqu'elle n'a point eu des ennemis au dehors, comme si elle eût toujours été en passion, elle a assouvi sur elle-même ses propres fureurs. Presque pas des intervalles de paix, presque toujours en des guerres étrangères ou des guerres civiles, voilà toute sa vie. On sait combien Rome a vécu sous le régime de la démocratie : cinq siècles s'écoulèrent, et Rome ne vit qu'une fois, quelque mois seulement, les portes de la guerre fermées.

Le despotisme est l'opprobre des nations ; sous ses lois, ou plutôt ses caprices, la raison des peuples passe légalement pour éteinte. Barbare par caractère, cruel par habitude, il ne voit dans ses sujets que des automates destinés à servir à tous ses caprices, à subir toutes ses fureurs. En un mot, le despote est un tigre pensant, et les peuples ne sont pour lui qu'un imbécile troupeau.

Nous ne parlons pas de la dernière monarchie des Romains, qui ne fut qu'une monarchie militaire. Une semblable monarchie ne peut manquer de donner le jour au despotisme, souvent même dès son établissement. Si Auguste mérita le beau titre de père de la patrie, quels titres méritèrent Tibère, Caligula, Néron, Domitien, ces monstres à face d'homme !!!

CHAPITRE II.

De l'Origine de la puissance ecclésiastique, sa Mission, ses Droits, sa Limite.

Si dans l'individu il n'y avait point une conscience qui s'élève, à tort ou à raison, contre sa volonté, celle-ci serait, sans contredit, la règle invariable de ses actes, leur donnant, à elle seule, le beau caractère de bonté, d'honnêteté, d'équité, de justice, en un mot, de légitimité. Mais l'homme ne peut s'empêcher de sentir que ce principe, quoique si obscur quelquefois, est en possession de contester à la volonté sa souveraineté et même son indépendance. Et ce concours, ou ce conflit, sont tellement bien son élément, qu'il passe pour l'être le plus dépravé, si, quoi qu'il fasse, sa conscience ne l'applaudit pas ou ne l'accuse plus : telle a été la pénible alternative dans laquelle il s'est toujours senti. On peut dire qu'il est né pour être soumis à deux puissances distinctes, quelquefois rivales. Mais pour ces puissances si intimes à son être, il n'est que son cœur qui soit la chambre du conseil où s'élèvent et se vident tous les débats. Ne nous

étonnons donc point de le voir porter le cachet
de ses destinées, non plus seulement dans la solitude, mais dans le sein même de la société.

Depuis le christianisme on est insensiblement
venu où nous en sommes, à voir deux couronnes dans le même état, deux trônes dans
le même empire. Si le bâton pastoral n'a point
les formes du sceptre, non plus que la mitre
celles de la couronne, on sait que la plume et
la presse donnent au pontife le style des rois,
et que la chaire du pontife a pris les formes
du trône. Est-ce un droit, ou serait-ce un abus?
Ne recherchant que la vérité, nous nous sentons,
par conviction, invinciblement amenés à faire, en
rougissant, l'humble aveu que s'il y a l'un, il y
a l'autre.

Il y a droit, c'est incontestable. Qu'étaient les
magistrats, les généraux, les ambassadeurs des
Césars? Qu'étaient même les Césars à côté de
ces hommes de néant, il est vrai, mais que celui
dont les lois régissent la nature, dont l'empire
est l'univers, avait élevés, par prédilection, à la
dignité de ses ambassadeurs auprès du genre
humain.

Dieu ne leur donne point la pourpre, mais
il les investit de sa toute-puissance. Ils n'ont ni
couronne, ni suite pompeuse; bien plus, sortis
des rangs les plus obscurs de la société, ils ne

sauraient par eux-mêmes jeter aucun éclat. Aussi, dans plus d'une cité, à leurs vêtemens, leurs manières, ne les prendra-t-on que pour de vils étrangers; mais on les verra les arbitres de la vie et de la mort; la nature entière préconisera leur grandeur, et la mission qu'ils ont reçue de la céleste cour, jetant partout sa splendeur, tous les climats la réfléchiront comme une grande lumière.

Cependant, comme ce n'est pas pour eux qu'il leur donne cette majestueuse mission, et que s'ils pouvaient s'en attribuer de la gloire, il y perdrait de la sienne, il les maintiendra convaincus, et fera même voir avec éclat que pour tenir son sceptre, leur main de néant n'a pas changé de nature : témoin ce qu'on vit de si étonnantes merveilles dans l'espace d'un jour (*). Par une délivrance qu'ils ne pouvaient opérer que par un pouvoir aussi souverain que celui dont ils étaient revêtus, ils mirent à découvert ce que Pithon avait de si imposteur; et le traitant avec ce ton de commandement avec lequel on parle à un esclave, ils donnèrent le premier coup de sape au paganisme, firent sentir à ces prétendus dieux que le moment était venu où le ciel établirait leurs maîtres de faibles mortels, et qu'ainsi que

(*) Actes des apôtres, *chapitre* 16 *v.* 16 *et jusqu'à la fin.*

tel imposteur qu'on fait rouler et que l'on foule sur les marches d'un trône qu'il usurpa, leurs nouveaux maîtres les refouleraient dans les abîmes.

Mais parce que lorsqu'on décida de ramener les hommes de leurs grossières erreurs, on résolut, dans les cieux, de traiter l'homme avec les nobles ménagemens dus à sa liberté, quelle conviction qu'on lui ménage, de quelque prodige qu'on l'étonne pour le ramener au vrai Dieu, il demeure toujours libre de lui élever des autels, ou de continuer à se prostituer à d'infâmes divinités.

Aussi les maîtres de cette jeune Pythonisse si promptement rétablie dans son premier état, blessés dans leur cupidité, fermèrent les yeux à la lumière et inspirèrent leur injuste colère à cette multitude qui n'éprouvait encore que de la surprise. Ils en firent une foule de forcenés qui portèrent des mains sacriléges sur des hommes dont les œuvres éclatantes auraient dû leur faire admirer le suprême pouvoir.

Quoiqu'il permît qu'on méconnût dans ses envoyés leur vénérable caractère, celui qui règne dans les cieux ne pouvait manquer de se déclarer pour eux. Il le fit à ce moment où ils avaient rempli le double objet de leur importante mission : celui de se montrer ses ambassadeurs par leurs miracles et ses disciples par leurs vertus.

Une soudaine et grande lumière dissipa l'infâme obscurité des cachots. La terre trembla, et comme si Dieu n'eût pu souffrir que la vertu si indignement traitée fût plus long-temps enchaînée dans la demeure du crime, les chaînes se rompirent et toutes les portes furent ouvertes. Nous ne nous arrêterons pas à contempler ce nombre infini de merveilles qu'opérèrent à volonté les apôtres, ou que le ciel opéra en leur faveur partout où ils portèrent leurs pas.

Dans la rapide histoire qu'ils nous ont laissée de leurs vastes travaux, il ne manquerait pas de ces brillantes conjonctures où ils appelèrent les regards étonnés d'innombrables témoins par un imposant spectacle, celui d'avoir dans leurs mains le sceptre du monarque des cieux. Nous les verrions ici sonder les cœurs et d'un mot frapper de mort les coupables; là ordonner, et le boiteux et le paralytique et le malade et l'incurable sont guéris. Ailleurs, non plus seulement les malades recouvrent la santé, mais les morts recouvrent la vie. Laissons ces majestueuses vérités, qui ne seraient tout au plus à notre sujet qu'un accessoire plein de grandeur.

Retirer l'homme de la fange du crime et lui porter, de la part du Roi des Rois, des paroles de paix, voilà leur unique mission. Ce n'est que pour la remplir, qu'on leur donna le beau pouvoir de traiter en souverains la santé, la vie, la mort et la nature entière. Une fois l'homme ramené justifié, bien éclairé de ses devoirs, ils n'ont plus rien à faire qu'à le maintenir dans cet heureux état. A compter de sa conversion, leur ministère pour lui n'a plus rien que d'intérieur. C'est bien assez sans doute; mais ils n'ont d'autre tâche à remplir que celle de mandataires de la divine bonté. Tout le brillant de leur ministère a disparu et a fait place à une grandeur cachée qui ne se révèle qu'aux yeux de la foi : grandeur incomparable, que constitue le suprême mandat d'accueillir les regrets du coupable, d'offrir pour lui, à volonté, non plus une victime quelconque, mais une victime dont les cieux furent toujours la demeure, et dont le siége est le trône d'un dieu; grandeur qui, pour être cachée, n'en est pas moins réelle, et éclipse, aux yeux de l'ame religieuse, toute autre grandeur, quelque sensible qu'on la suppose.

C'est, en effet, une conséquence nécessaire de sa conviction en matière de foi, que chacun incline sa tête devant le pontife; et ce respect est presque autant une profession de foi qu'un hommage. Mais cette grandeur, en dehors de nos temples et des matières religieuses, n'est plus chez elle. Toute semblable à celle d'un prince qui, ailleurs que chez lui, garde l'incognito, elle est sans souveraineté, sans attributs, sans symboles; elle a dû être

et sans apanage et sans suite et sans pompe. Juges,
sacrificateurs et docteurs, voilà les grands titres,
mais les seuls, qui leur restent à la vénération
et à la docilité des peuples qui, réunis de tant
d'états divers, ont dû constituer une société
nouvelle; société qui, pour avoir sa forme de
gouvernement, ses magistrats, son souverain, son
corps enseignant, mais sans armes, sans échafauds,
ne devait pas moins durer toujours sans rien ôter
jamais à telles autres sociétés d'où lui venaient
ses sujets, n'ayant nullement pour mission de
remplacer aucune espèce de gouvernement. Il est
vrai que si de ses sujets il n'en était aucun qui
enfreignît les lois, il ne serait plus nécessaire de
licteurs, de cour de justice, pas même de monarque;
mais, comme les autres sociétés, celle-ci compte
des indifférens au bien public, elle compte aussi
des rebelles. Ses principes constitutifs ne sauraient
suffire à l'existence sociale; et, par conséquent, la
la société ne pouvant exister sans ses configu-
rations civiles, la société spirituelle ou religieuse,
en dehors des diverses sociétés civiles, ne saurait
durer. Cependant bien qu'incompatibles parce que
celle-ci, trop remplie de son avenir, exagère en
prétentions, et que la société civile a partout des
bases sacrées et un incontestable domaine, marquée au coin de l'éternité, elle est avec elles dans
les temps; elle n'en souffre pas. Ainsi, à

la naissance du monde, furent ensemble les élémens les plus incompatibles qui, sans s'associer, parce qu'ils ne pouvaient d'eux-mêmes changer de nature, ne se détruisaient pas. Et de même qu'à cette grande époque les corps célestes, destinés à embellir de leur éclat les régions les plus supérieures, étaient dans le chaos; ainsi dans ce monde les prédestinés sont-ils dans le chaos: l'œil de l'homme ne saurait les distinguer.

Qu'on mette à part ces élus destinés à être plus que des rois, et que devançant l'époque de leur gloire, par respect pour leurs années à venir, on les exalte comme des princes, qu'on les mette au-dessus des monarques, sans même s'enquérir s'ils y consentiront, mais enfin où les trouvera-t-on ? Pour les autres, se serait s'avouer en démence que d'en avoir la pensée.

Un grand pape, il est vrai, a dit, à ce sujet, qu'Ismaël était la figure de la société temporelle, Isaac celle de l'église; mais, malgré le respect qu'inspirent ses vertus, nous ne pouvons nous défendre de le faire observer, que cette vue allégorique manque d'exactitude dans son application. En effet, le premier, pour être fils de l'esclave, fut-il jamais moins libre que le second? Lui fut-il surtout jamais subordonné ? Préoccupé de cette pensée, que l'église est toute grande de ses destinées, on a souvent détourné de leur sens figuré, le plus naturel ou le plus universellement reconnu, des textes qui, s'entendant mieux dans le sens tropologique, ou dans le sens anagogique, ont été présentés comme une allégorie, c'est-à-dire comme une prophétie en image. Et quant à ceux qui, faisant une allégorie, semblaient se prêter à ce qu'on y entrevît le sujet favori qu'on aurait voulu y voir, ne faisant pas attention qu'à reprocher aux juifs d'entendre les prophéties en contre-sens, parce qu'ils ne voulaient voir dans leur messie qu'un roi comme le sont les rois de la terre, un conquérant comme l'ont été les Cyrus, les Alexandre, les Pompée, les César, on tombait dans le même inconvénient dans l'interprétation des figures, et on excédait l'allégorie : méprise d'autant plus grande que, ne pouvant s'empêcher de reconnaître que la royauté du christ n'ayant rien de semblable à celle des rois, c'était lui faire un empire terrestre, que de lui donner un sceptre qu'il n'avait point voulu, un diadème qu'il avait rejeté : c'était dans le mandataire outre-passer son mandat. Est-ce que les Pierre, les Paul, les Clément, les Corneille n'ont pas compris ce mandat ?

Cependant que le chef-lieu de l'église soit devenu une cour, il n'y a rien que de très-convenable. Qu'y a-t-il d'étonnant que celui qui est le vice-gérant de la divinité soit traité à l'égal des rois ? Nous ne nous arrêterons pas à justifier, dans son origine, le classement, dans les capitales d'empires, de la capitale de la chrétienté, cette antique Rome, qui a traversé tant de siècles avec tant de gloire. Reconnaissant dans le pontife de cette éternelle cité l'héritier de toute la majesté de l'apostolat, le possesseur de tout l'épiscopat dont les autres pontifes ne sont que jouissans, comme qui passe devant le plus majestueux et le plus riche édifice du monde, nous ne sentons que du respect et de l'admiration; mais, détournant tout aussitôt nos regards de ce site si imposant, n'envisageons plus que l'ensemble.

Remplacer par les prêtres les magistrats, par les pontifes les princes, les rois, les législateurs, c'eût été mettre l'église à la place de la monarchie; c'eût été entreprendre sur les volontés de son divin fondateur. Eût-il manqué de force pour se faire un empire ? Eût-il costumé en indigens ceux qu'il destinait à la pourpre ? Et quand il leur dit qu'en vertu de sa toute-puissance sur la terre et dans les cieux, il les envoie chez tous les peuples, leur donne-t-il pour mission de remplacer, nous ne dirons pas les bons princes, mais les tyrans ? Il les constitue maîtres et non législateurs : enseignez, leur dit-il : enseigner, commander ou prescrire, ne furent jamais synonymes.

Il leur avait dit, dans telle autre circonstance,

qu'il tiendrait pour délié dans les cieux ce qu'ils auraient délié sur la terre, et pour lié dans les cieux ce qu'ils auraient lié sur la terre. Et ce texte, qui est le fondement de toute la puissance ecclésiastique, a été l'occasion de tous les envahissemens qu'ont tentés les pontifes sur la puissance des rois. Les exagérations qu'il inspira furent à différentes époques, après les premiers siècles, la terreur des monarques. Rome alors sembla rétrograder; jusque-là que son pontife ne songeait plus qu'à appeler les tempêtes ou à lancer la foudre, et à donner le signal des combats. Comme s'il fût entré dans ses prérogatives de justifier les prophéties entendues dans le sens des rabbins, et de faire pour le christ à Rome ce que les Juifs demandaient du messie à Jérusalem.

Mais comment rendre un culte aux objets, aux lieux, aux monumens qu'a rendus si vénérables le véritable messie, et ne respirer que domination, que pompe et que grandeur? Bien qu'investi de toute gloire, témoin ce qu'il en révéla, il n'accepta que le roseau dans ce monde. Le sceptre et le roseau ne vont pas bien ensemble. On ne s'est sauvé du ridicule qu'à la faveur du respect que la foi porte, et à si juste titre, au sacerdoce nouveau. Cet égarement semble trouver son excuse dans le sentiment de sa noble mission. Néanmoins, il demeure bien incontestable qu'il y avait excès à prendre sur ces textes sacrés une attitude de rivalité. On devait toujours reconnaître comme un principe invariable, que celui qui l'institua ne voulut point que la puissance spirituelle pût jamais rien envahir sur la puissance temporelle, à moins qu'on ne supposât la plus profonde dissimulation dans le Dieu même de la vérité : blasphème qui ne saurait souiller la pensée des enfans de l'église.

Cette nouvelle venue, pour pénétrer dans tous les états, ainsi que l'avaient annoncé les prophètes, et que le dit si formellement le Dieu du calvaire, n'était donc nullement un nouveau prétendant, un adversaire dissimulé, un ennemi déguisé ; on n'avait pas à se tenir en garde : c'était un hôte de paix distingué et certes de céleste origine, et qui, loin de porter dans ses traits le cachet des passions humaines, venait tout exprès pour en guérir la plaie, en arrêter la fureur, et leur substituer la soumission, la modération, et la sage immobilité même de la vertu. C'est là l'immense carrière ouverte à ses travaux, le vaste champ de ses pouvoirs. Si la législation le compète, c'est en matière de culte et en matière de mœurs ; encore n'est-il souvent que simple historien de législation, ainsi qu'en points de foi. Mais il n'aurait pu être de son ressort de mouvoir la verge législative sur des matières de droit, non plus que d'avoir un glaive contre les méfaits : ces deux importants pouvoirs ont dû être en dehors de ses sublimes fonctions, pour ne pas en flétrir l'excellence par la poussière que l'un soulève et le sang que l'autre fait couler.

Oter ces deux pouvoirs à la puissance séculière, c'est la réduire au néant ; ne lui en laisser qu'un, c'est, sous la pourpre, lui imposer une odieuse livrée, celle du bourreau. Pourquoi dans l'histoire sacrée ne voit-on qu'une fois un légitime pontife légitime roi (*) ? car roi d'une contrée, les cieux le reconnurent comme pontife. Il est tellement seul sur cette scène historique, qu'il y est sans origine et sans progéniture. Ne peut-on pas dire de ce défaut si absolu de race, qu'on a voulu nous faire sentir que réunir le sacerdoce et l'empire avec légitimité, c'est un merveilleux qui n'est pas de ce monde ? Et certes, que l'on voie avec quel air de mépris l'apôtre des nations exhorte les fidèles à se donner des magistrats, tant il est dans l'enthousiasme de la future exaltation du chrétien (**).

(*) Melchisedech.

(**) 1 *Ep. aux Cor.*, ch. 6 : Contemptibiles constituete.

CHAPITRE III.

De l'Indépendance, sur certains points, de la loi civile sur la loi naturelle.

Que l'auteur de la nature, après les avoir enrichis de propriétés si diverses, ait donné pour régulateur aux êtres inanimés la nécessité (car c'est nécessairement que le chêne produit le gland, la vigne le raisin et l'amandier sa fleur); qu'il ait soumis les êtres animés, mais déraisonnables, à la puissance du sentiment ou de la sensation; c'est hors de notre sujet.

Quant à l'homme, à le douer de la raison, il n'avait à lui donner de régulateur qui fût digne de l'élévation de son être, que la puissance des mœurs ou la puissance des lois. Le législateur des Juifs nous en fournit la preuve dans son histoire de la chute de l'homme. On avait fait à l'homme une seule défense, et voilà bien la puissance des lois; il se sentit de la honte parce qu'il éprouva la révolte de la concupiscence, et voilà bien aussi la puissance des mœurs. On le bannit d'un séjour enchanté; on ne lui défendit rien; on ne lui commanda rien; on parut le traiter en cou-

pable qui n'avait plus qu'à subir le châtiment
de son crime, le dernier effort et comme le dernier
soupir de la loi; et, en effet, il n'y eut plus de
loi. Mais bientôt il en vit des exemples, et on lui
fit sentir que la puissance des mœurs était pour
lui toute pleine de vie.

Le premier meurtrier, roulant dans son esprit
d'homicides projets, sentait bien qu'il ne pouvait
sans crime tremper ses mains dans le sang de
son frère; car, s'il ne l'eût senti, à quoi bon lui
eût-on dit qu'il ne tenait qu'à lui de s'élever au-
dessus de ces funestes pensées ? Pourquoi hési-
te-t-il à commettre le crime ? Pourquoi veut-il
de la solitude pour le commettre quand il est
résolu ? Soit l'amour, soit la crainte, soit le
respect des parents, soit la conscience du mal,
quel que soit le principe de ces incertitudes et
de ce désir de n'être pas vu, il ne peut venir
que de l'influence des mœurs; influence toute
puissante, mais unique régulateur qu'eut le genre
humain dans cette triste enfance.

Plus tard une grande indignation engloutit tout
à la fois dans l'abîme, par le déluge, les rebelles
à ce régulateur. Éclatante vengeance ! Il ne
survécut à d'innombrables familles qu'une
seule famille, à tant de victimes qu'un seul juste
et le bien petit nombre de ses enfans. Il s'endort,
négligemment couvert, sans s'en apercevoir : il

en aura du regret ; mais d'où lui viendra-t-il ?
Il apprend à son réveil qu'un de ses petits enfans
en a souri, et il ne peut se défendre de n'ouvrir la bouche que pour le maudire et toute sa
postérité. Ce regret, cette indignation qui les lui
inspira ? Nous savons bien qu'environ le dernier
tiers de la vie, il fut admis aux entretiens avec
le Dieu de ses pères ; mais on ne nous dit pas
qu'il en reçut des lois. S'il en avait reçu, il les
aurait transmises.

Accablé de siècles, est-il descendu chez les morts?
Il vint au monde un homme incomparable qui
fixa sur lui, toute sa vie, la bienveillance des cieux.
Mais bien que généreux serviteur de son Dieu,
admirable par sa prompte docilité aux ordres qu'on
lui donna, soumis à d'héroïques épreuves, Abraham
ne reçut, la circoncision exceptée, que des
ordres personnels et même du moment. Pour le
reste, on le laissa à ce que nos saintes lettres
appellent sa justice et sa foi ; qui n'eurent d'autre
origine et d'autre principe conservateur, que ce
principe régisseur que Dieu, par les ressorts secrets
de sa providence, maintint et développa dans le
cœur de ceux qui méritèrent de lui qu'il les appelât
ses enfans.

Dieu multiplia d'une manière si prodigieuse les
descendans de ce juste qui lui avait tellement
plu, qu'il les destina à faire un grand corps de

nations qu'il choisit pour son peuple. Et comme, ainsi que l'a dit le sage, l'humiliation précède la gloire, il laissa, plusieurs siècles, languir dans une dure captivité cette nation à laquelle il réservait l'éclat d'une impérissable célébrité. Enfin, le moment de ses miséricordes, celui de ses augustes promesses est-il arrivé, tout un royaume retentit du bruit de ses merveilles; la terre résonne sous les pas de l'éternel, qui vient en rompre les chaînes, et ce peuple est délivré. Jeunes et vieux, femmes et enfans, tout suit un chef qu'il leur donne, les conduit et les arrête enfin au pied du Sina.

Les mœurs étaient devenues trop impuissantes, la corruption trop générale, il fallait donner à l'influence des mœurs un auxiliaire qui lui rendît toute sa force. C'est aussi à ce dépérissement des mœurs que commence le règne de la loi, sans cependant que la loi devienne l'unique force directrice, ou plutôt l'unique conseillère : car nous distinguerons ce qui est permis, défendu ou ordonné, en style de loi, et ce qui est défendu ou ordonné, en style de mœurs.

Nous verrons en effet la loi distinguer où la législation des mœurs ne distingue pas. Nous la verrons aussi, et c'est ce qui importe à notre sujet, permettre ce qu'aurait défendu la dernière. Nous ferons observer, comme première différence de l'une et de l'autre, que l'isolement et le caractère privé de ses actes n'affranchissent pas l'individu de la législation des mœurs; tandis qu'il n'est passible de la législation civile, que lorsque, par ses actions, il est en contact ou de concert avec ses semblables. La seconde différence, c'est que la loi ne défend ou ne commande rien sans prévoir l'infraction, de sorte qu'elle met toujours en regard les peines qu'elle réserve à l'infracteur. C'est avec ce double caractère que nous distinguerons, dans le code civil et religieux des Juifs, ce qui est de la législation des mœurs, sans être de la législation civile, et ce qui est uniquement de celle-ci : nous ne ferons cette investigation que d'une manière succinte, parce que, resserrée dans de justes bornes, elle nous conduira à notre but, et que, trop élargie, elle nous en éloignerait.

Ainsi, après la loi contre l'adultère, vient dans le Deutéronome (*), la loi pénale contre le viol, qui ne distingue pas l'opprimé de l'oppresseur, et les condamne à la peine de mort lorsque le théâtre du crime est un lieu public, et que la personne qui aura souffert cet outrage sans se plaindre, comme si elle eût consenti, était fiancée. Quant à la fille qui n'aurait point été fiancée, la loi ne distingue pas le théâtre du crime, ne lui inflige aucune peine que le théâtre soit public ou secret,

(*) *Chapitre 22, v. 23, 24, 26, 27, 28 et 29.*

qu'elle ait résisté ou non à la violence, autant du moins que sa faiblesse le permettrait ; et condamne l'oppresseur à l'épouser, le dépouillant du droit de la répudier jamais. Ici la loi ne distingue donc pas entre la coupable et celle qui ne l'est pas ; elle pourvoit avec autant de sollicitude à l'honneur de la première qu'à l'honneur de celle-ci. Mais où la loi civile ne distingue pas la législation des mœurs, où, en d'autres termes, la loi naturelle ne distingue-t-elle pas non plus ! Y a-t-il aux yeux de celle-ci la même difformité d'action, là où le viol n'a été consenti que par faiblesse et, à plus forte raison, où il n'a pas été consenti que là où il a été consenti sans opposition ?

Mais un désaccord bien plus frappant, c'est l'opposition des ỳ **23**, ou du moins **25** et **28** de ce chapitre, avec le ỳ **20** du chapitre **19**, du Lévitique, car, supposant la personne fiancée, si le viol se fût commis dans un lieu désert, l'oppresseur aurait dû subir le dernier supplice ; il ne le subira pas parce que la personne est esclave. Et qu'on ne dise pas que cette loi est fondée sur ce que l'esclave ne peut pas disposer de lui-même ; les fils de famille n'en étaient pas moins esclaves sous ce rapport, la loi le suppose (*), puisqu'elle oblige le corrupteur à racheter l'objet infortuné

(*) Deutéronome, *chapitre* 22, *v.* 29.

de sa passion, ou à dédommager (*) le malheureux père, si elle est coupable, comme l'indique le terme *seduit* de l'article législatif dernier cité, en la dotant dans ses mains, si toutefois il se refuse au mariage. Cette option est une peine infligée à la coupable, car dans le cas où elle la suppose innocente, la loi ne donne pas au père cette liberté (**). D'ailleurs, si le maître de l'esclave qui aurait voulu en être l'époux, avait usé de ses droits, venant à ne plus en vouloir, quoique ne pouvant pas être regardé comme corrupteur, il ne pouvait plus la retenir au nombre de ses esclaves, et lui ayant fait perdre son intégrité, il était obligé de lui rendre sa liberté et de la renvoyer libre (***). Pourquoi ne serait-il pas obligé et de lui racheter sa liberté si elle n'était pas son esclave, et de l'épouser après l'avoir rachetée ? Ici la loi traite toujours l'esclave violée comme coupable, parce qu'elle la condamne toujours à une peine correctionnelle. Cependant l'oppresseur n'a jamais, dans aucun cas, que cette même peine à subir ; elle est infamante, il est vrai, mais quelqu'infamante qu'on la suppose, elle ne saurait, même pour un homme libre, être mise en parallèle avec la

(*) Exode, *chapitre* 22, *v.* 16 *et* 17.

(**) Deutéronome, *chapitre* 22, *v.* 29.

(***) Deutéronome, *chapitre* 21, *v.* 11 *et* 14.

peine de mort. Au contraire, la loi civile protège la fille libre, quelque coupable qu'elle soit, puisque, sans la punir, elle couvre son infamie de l'honneur du mariage; car si la loi ne l'ordonne pas dans tous les cas, son vœu est-il du moins qu'il en soit toujours ainsi. Nous avons dit qu'elle condamne toujours la fille esclave corrompue par tel autre que son maître. En effet, non seulement il n'est pas de cas où elle ombrage son infamie, mais, de plus, elle la fait subir la même peine, qu'elle soit censée ou non avoir consenti. Ce mépris de la loi vient de ce qu'à ses yeux, l'esclave est sans honneur; mais du côté de la personne libre, l'action en est-elle moins criminelle?

Ce n'est pas ici le lieu de répondre à cette question bien différente de la précédente. Continuons à faire le relevé des points de désaccord, de l'une et de l'autre loi; il nous prépare à reconnaître qu'il n'est pas nécessaire à la loi civile d'être en harmonie avec la loi naturelle; et cela cependant aux yeux du Dieu de toute justice et de toute vérité.

La liberté du divorce en est encore la preuve. Il est remarquable que, dans le passage du nouveau testament qui le concerne, le sauveur attribue cette concession à Moïse, comme s'il était le législateur des Juifs, et qu'il n'eût fait qu'obtenir à ces lois la sanction divine. Cette liberté du divorce n'est donné qu'au mari (*), premier contraste avec l'équité naturelle, qui veut égalité de droits où il y a égalité de charges, d'avantages et de devoirs; en un mot, égalité de conditions. Cette liberté brise l'indissolubilité du mariage, seconde opposition. Cette indissolubilité cependant fut reconnue par le premier mari qui exista dans le monde, et l'historien sacré du premier âge ne nous fait jusque-là remarquer qu'elle ne fut nulle part méconnue; tandis que nous voyons que, pour la bigamie, il n'omet pas d'en fixer la première époque. Il était de la législation des mœurs, que le mariage ne fût jamais rompu du vivant des deux époux; il était aussi contraire à la loi naturelle que le mari répudiât la femme, ou que la femme abandonnât le mari, se donnant l'un une nouvelle épouse, et l'autre un nouvel époux : loi bien importante, qui prouve que la loi civile peut légitimer ce que la loi naturelle défend.

En effet, Notre-Seigneur, parlant du divorce, ne dit point qu'il fut défendu depuis Moïse, malgré la loi que celui-ci en avait fait; mais il ne fait qu'en rejeter la cause sur la corruption des mœurs, et, en souverain législateur, il rapporte cette loi pour ses nouveaux sujets. Ce retour à la loi naturelle prouve, 1.º que celle-ci réclamait tou-

---

(*) Continuateur de Josèphe, 3 t., p. 418.

jours contre cette violence de la loi civile; 2.º que tant que celle-ci subsistait dans sa vigueur, il n'y avait que celui qui est le principe de toute puissance législative qui pût la rétablir; 3.º que tant que sa suprême autorité n'est pas intervenue, ce que permettait la loi civile contre le vœu de la loi naturelle était vraiment licite. Mais si la loi civile pouvait *cohonester* ce qui était illicite, suivant la loi naturelle, pourquoi ne pourrait-elle pas légitimer et, par conséquent, rendre juste ce qui, en style de la loi naturelle, serait contraire à l'équité?

Le ɣ 3 du chapitre 18, ainsi que le ɣ 25 du chapitre 20 du Lévitique, pourraient former ici une difficulté, mais elle n'est pas sérieuse, parce qu'il n'est pas constant que ce fût par les lois civiles des différens peuples dont il est question que ces abominables incestes fussent permis (*). Par conséquent, l'expression « *non plus que selon ce qui passe chez eux pour légitime* » (**) ne doit s'entendre, à moins de preuve du contraire, que des usages et des coutumes. Les coutumes et les usages viennent de l'homme privé; les lois viennent d'une source bien autrement digne de respect.

(*) Lév., *chap.* 20, *v.* 23.

(**) Épître aux Rom., *chap.* 13 ɣ. 14

Quand même il serait question ici de lois, nous n'avons pas entendu méconnaître qu'il soit des matières sur lesquelles la loi naturelle serait tellement forte en opposition, que la loi civile ne pourrait leur donner qu'une sanction impuissante. Mais nous avons prouvé qu'en matière même importante, la loi civile peut être en opposition avec la loi naturelle, et rendre licite ce qui serait illicite. C'est tout ce que nous pouvons dire encore, et il paraît bien que nous ne pourrons dire autre chose.

Notre intention n'est pas de faire acquérir du terrain à la loi civile sur la loi naturelle, mais d'observer celui qu'elle a si légitimement acquis sous les yeux et le bon plaisir de l'auteur de toute la puissance des lois. Nous pensons bien que nous ne verrons pas que la loi civile ait *cohonesté* ce qui était contre l'honnêteté naturelle ; mais il suffit que nous ayons vu qu'elle ait rendu licite ce qui ne l'était pas, pour demander avec raison si elle ne pourrait pas rendre juste ce qui ne le serait pas, et commencer à lui soupçonner assez de force législative. En effet, l'indissolubilité primitive du mariage conférait aux deux époux, par l'unité morale qu'elle enfermait (*), des droits inaliénables de l'un sur l'autre, et réciproques.

(*) Genèse, *chapitre* 2, v. 24. Erunt duo in unâ carne.

Le divorce, par conséquent, n'aurait pu se faire, avant la loi, contre le gré de l'un des époux sans injustice à son égard. La loi civile a donc effacé le caractère d'injustice que maintenait dans cette séparation la loi naturelle. Ce qui était injuste a donc cessé de l'être dès que la loi civile est intervenue.

Maintenant il nous reste à prouver que, soit que Moïse ait lui même confectionné ses lois, soit qu'il n'ait été qu'un auguste mandataire, le législateur des Juifs, quoiqu'il en fasse mention, n'a pas fait passer dans le corps du droit civil tels préceptes de la loi naturelle.

Nous avons dit plus haut que ce qui distingue celle-ci, c'est qu'elle ne s'accompagne d'aucune pénalité, parce qu'elle n'a de supplice à infliger que celui du remords : elle accuse, juge, condamne et punit elle-même, et le coupable n'est le prévenu que dans le secret de sa propre pensée ; il n'est le patient que dans son cœur. Tandis que la loi civile, moins occupée, le dirait-on, de commander que de punir, a toujours eu des licteurs, absolue dans toutes ses dispositions, elle s'indigne de l'infraction, de sorte que l'on peut dire que le despotisme et l'habitude de la pénalité en forment le caractère.

Le ꝟ 15 et 17, chapitre 20 de l'Exode, sont sur la même matière ; mais l'un frappe l'injustice dans ce qu'elle a d'extérieur; l'autre la poursuit dans ses plus intimes retranchemens, et la frappe dans ce qu'elle a de plus caché; l'un s'en prend aux fruits, l'autre découvre la racine; l'un veut rendre stérile, l'autre veut faire mourir cette funeste plante. Il n'appartenait qu'à Dieu de prendre la coignée et la placer si bas. Le législateur civil dans les diverses nations, pédagogue impuissant, frappé de mutisme en présence des cœurs corrompus, n'a jamais eu d'autre parti que celui de frapper.

La promulgation de la loi mosaïque, faite au milieu des éclairs et au bruit du tonnerre, ne pouvait, il est vrai, qu'inspirer de l'effroi. Mais s'entourer d'un appareil si propre à inspirer une longue terreur, c'était avertir l'homme de sa corruption, si ce n'était pas le guérir; c'était l'amener bien efficacement à se tenir en garde contre tout ce qui pouvait alimenter le mal. Dès-lors il n'y avait plus d'indulgence à avoir s'il se rendait coupable, parce qu'à vouloir le mal, il devait en accepter les suites; et ce en conséquence de cette triste mais incontestable vérité, qu'il est bon à l'homme privé, meilleur encore à la société que le crime n'aperçoive nulle part que la verge ou le glaive, et que le coupable, qu'il cède au repentir ou qu'il résiste au remords, soit traité comme le bouc émissaire que l'on sacrifie, ou que l'on mène enchaîné dans un affreux désert. Telle en effet doit être pour le bien de la société la perspective du crime ; telle la lui fit le divin législateur dans la première société dont il daigna être non-seulement le Dieu mais le roi.

Ainsi si le ♈ 14 défend l'adultère, et que le ♈ 17 en défende le désir, le législateur ne parle encore qu'en souverain arbitre de l'homme, qui, parce qu'il sait bien que les moyens de punir, non plus que le moyen d'arrêter les progrès du mal, ne lui manqueront pas, se borne à dire en quelque sorte que c'est lui qui défendait ce que l'on savait bien n'avoir jamais été permis, redisant actuellement à toutes les oreilles ce qu'il avait jusque-là dit à tous les cœurs : témoin ce roi d'Égypte, prince infidèle, qui trembla parce qu'il se vit au moment de commettre le crime, et certes, c'était bien avant qu'on ne s'expliquât ainsi sur le Sina. Mais dans le Lévitique, chapitre 20, ♈ 10, ce n'est plus comme d'une action que l'on se bornerait à dire être défendue, qu'il est question de ce crime ; ce n'est pas non plus d'un crime de désir, la loi civile n'atteint pas jusque-là, mais d'un crime d'action. On n'en fait mention que pour en déterminer le supplice, et faire ainsi de l'une et de l'autre, de la défense et du supplice, la matière d'une loi civile.

Aucun des enfans d'Israël ne s'étonna pas sans

doute, qu'on lui dit qu'il prît garde de n'être jamais homicide. Il ne s'était jamais douté qu'il lui fût permis d'attenter à la vie de ses frères. Ainsi le ỵ 13 du chapitre 20 de l'Exode n'avait rien qui pût causer de la surprise. Le ỵ 12 du chapitre suivant n'eut rien non plus qui étonnât, parce qu'à changer d'empire, on s'attendait bien à ne pas changer à cet égard de lois civiles. Quel est le grossier Israélite qui, entendant promulguer les diverses ordonnances du chapitre 21 de l'Exode, aux deux dispositions pénales des ỵ 15 et 17, se serait persuadé qu'on ne lui imposait d'autre devoir par le précepte du ỵ 12 du chapitre 20, que d'éviter ces deux fautes? C'est donc bien encore la preuve que la loi civile, ne faisant pas cause commune avec la loi naturelle, répute quelquefois pour non coupable ce que celle-ci condamne. En effet, entre les deux fautes signalées par les deux ỵ du 21.ᵉ, si sévèrement punies, et la longue insoumission punie aussi de la peine de mort (*), il y a un long intervalle qui peut n'être comblé que par des fautes qui, pour être moins graves, n'en seraient pas moins des fautes contre l'ordonnance du ỵ 12, chapitre 20 de l'Exode. Et cependant devant la loi ses parens ne seraient pas admis à se plaindre.

(*) Deutéronome, *chapitre* 21, *v.* 18, 19, 20 et 21.

La loi civile ne blâme pas sans punir, c'est-à-dire qu'elle ne défend rien, sans que la défense porte avec elle un caractère de pénalité; elle n'instruit alors que pour contraindre, parce que l'ignorant ne l'occupe qu'un instant, l'indocile toujours. Elle ne professe pas; sa mission, sous ce rapport, n'est pas tant d'instruire que de contraindre. Si elle ne punissait pas ce qu'elle aurait blâmé, elle serait inutile et tomberait dans le mépris. Mais puisqu'elle ne blâme qu'elle ne punisse, si elle ne punit elle ne blâme donc pas. Il était donc des insoumissions, des expressions de dureté, des paroles irrévérentielles que la loi civile ne blâmait pas.

Ainsi encore pour fortifier ce principe, si la loi morale des Juifs pourvoyait au respect dû aux parens, combien plus encore devait-elle pourvoir à l'amour que les hommes doivent à Dieu? La reconnaissance et l'admiration dont tout Israël devait se sentir pénétré, quelques profonds qu'en fussent les sentimens, n'auraient pas suffi pour remplir le vuide qu'aurait laissé la loi. Témoin la funeste colonne qu'il fallut se hâter de réduire en poussière. Aussi si une première épreuve de la loi semble muette à cet égard et que Dieu parle à ce peuple, comme s'il se fût reposé sur sa reconnaissance, ou plutôt comme si Israël eût pu s'étonner qu'on eût pensé qu'il n'en aurait pas toujours, cette ingrate multitude entendit plus tard qu'on lui en ferait un devoir. On lui commanda les actions, les pensées, les sentimens de l'amour, et de l'amour le plus constant, le plus vif et le plus étendu; car on ne lui dit pas seulement : *tu aimeras*, mais (*) *tu aimeras le Seigneur ton Dieu, de toute ton ame, de tout ton cœur, et de toutes tes forces.*

Cependant l'idolâtre, le faux prophète, le devin, celui qui blasphème, le sacrilége (encore pour ce dernier semble-t-il que ce n'est qu'une seule espèce), sont les seuls coupables que reconnaisse la loi civile (**). Quant à ceux qui consultent les devins, Dieu ne veut pas que la loi civile les trouve digne des châtimens; il se réserve de les punir (***); on s'apercevra que son bras les a frappés de mort. Ils sont donc aussi coupables que les devins; mais le mal que l'esprit de divination fait à la société, en outrageant la religion, est tout imputable aux devins. Aussi Dieu ne soumit-il que ceux-ci à l'animadversion et à la vindicte de la société. Mais ceux qui les consultent, on ne les traduira ni devant le prêtre, ni devant le juge; on n'est pas même invité à

(*) Deutéronome, *chapitre* 6, *v.* 5.

(**) Deutéronome, *chapitre* 17, *v.* 13. Lévitique, *chapitre* 20, *v.* 27, *chapitre* 24, *v.* 16; *chapitre* 21, *v.* 9.

(***) Lévitique, *chapitre* 20, *v.* 6.

I. 8

rompre commerce avec eux le moins du monde. Tandis que l'ami doit s'élever contre l'ami, le frère contre le frère, le père contre le fils, l'époux contre l'épouse, les traduire en jugement dès qu'ils pourront les accuser d'avoir voulu secrètement les porter à l'idolâtrie, une simple exhortation, dont ils auraient été l'objet et dont ils fourniraient la preuve (*), suffit pour leur faire un devoir de rompre tous les nœuds, traduire les coupables devant leurs juges, les accompagner au supplice, et commencer eux-mêmes à leur donner la mort (**). D'où vient cette différence, si ce n'est que les derniers sont coupables devant la loi civile chez un peuple dont Dieu est le monarque, et que les autres ne sont coupables que devant Dieu et non pas devant le souverain, ou, en d'autres termes, aux yeux du père de la patrie ?

Nous pourrions pousser plus loin l'investigation de ce qui de loi naturelle devient loi civile, et de ce que peut faire subir à la loi naturelle la loi civile; arrêtons-nous pour la reprendre si le besoin l'exige, et abordons la question de l'usure.

Mais avant il n'est pas, ce nous semble, inu-

(*) Deutéronome, *chapitre* 17, *v.* 16.

(**) Deutéronome, *chapitre* 13, *v.* 6, 7, 8, 9 et 10.

tile d'observer que le mot *usure* n'ayant dans les passages que nous allons citer rien qui en fixe le sens à une perception d'intérêts en général, ou excessifs ou modérés, nous le prendrons, dans un sens indéterminé, pour l'excédent, quel qu'il soit, de ce que l'on reçoit sur la chose prêtée.

Le Lévitique (*) renfermerait-il une défense expresse ainsi que le Deutéronome (**), ces deux préceptes négatifs n'étant accompagnés d'aucune disposition pénale, ne peuvent être regardés comme faisant partie de la loi civile, d'après ce qui précède. Dieu n'a donc pas jugé à propos qu'il y eût aussi chez les Juifs des lois civiles qui défendissent, à cet égard, ce que défend la loi naturelle; c'est une présomption en faveur des lois civiles, qui seraient chez les diverses nations en opposition sur ce point à la loi naturelle.

Pourquoi, en effet, en serait-il autrement des mœurs ou des lois civiles des peuples voisins en cette matière, que de leurs mœurs et de leurs lois en matière d'inceste? Ces mœurs ou ces lois permettaient l'inceste, comme nous l'avons vu; et cependant Dieu ne se borna pas à reproduire la loi naturelle, il fit des lois civiles. Ainsi le Lévitique (***) faisant écho à la loi naturelle en

(*) *Chapitre* 23, *v.* 36.
(**) *Chapitre* 23, *v.* 20.
(***) *Chapitre* 18.

matière d'inceste et d'autres infamantes actions, comme le chapitre **25** du Lévitique et le **25** du Deutéronome en matière d'usure, on ne voit pas que ces dernières aient passé, ni en totalité ni en partie, dans le droit civil. On voit au contraire, par le chapitre **20** du Lévitique, que diverses défenses, rappelées au chapitre **18**, sont passées au droit civil, étant converties en lois civiles.

Dira-t-on que ces dernières étaient si révoltantes, et la loi naturelle si impuissante, qu'il fallait fortifier par la terreur la défense ? Mais dans l'opinion de ceux qui réprouvent l'intérêt et mettent sur le compte de celui-ci, quelque modéré qu'il soit, tout ce qu'a produit de maux ce qu'ils appellent usure, l'usure n'aurait-elle pas mérité d'être aussi réprimée ? Si le législateur n'estime les mœurs qu'en raison de ce qu'elle valent à la prospérité publique, il pensera sans doute que l'impudicité mérite qu'il saisisse le glaive ; elle couvre d'infamie tout ce qu'elle atteint, et outrage gravement la décence publique. Mais à laisser tomber ses regards sur cette usure qui couvre tout de ruine, excite la révolte, et ne vit que pour précipiter dans l'abîme la cité, la province, l'empire, le glaive lui tomberait-il des mains, ne devrait-il pas du moins courir à la verge ? Il faut nécessairement supposer que dans le temps de Moïse le mal que défend le Lévitique n'a pas été si grave, c'est-à-dire que le prêteur, d'une cupidité qui n'était rien moins qu'immodérée, se prêtait dans ses exigences à la pénible situation de celui qui empruntait.

Nous verrons plus tard s'il y avait de l'injustice si peu qu'on exigeât dans le prêt; il nous suffit maintenant, en supposant qu'il n'y eût pas en cela de l'équité, qu'il soit constant que cette injustice ne parut point assez grave au législateur pour lui réserver un supplice, ou même une pénalité correctionnelle. Aussi remarquons-nous avec intérêt (car certes ici l'intérêt nous est permis), que ce n'est pas par la pénalité, mais par l'attrait des récompenses qu'on porte le prêteur au désintéressement. On lui donne dans le Deutéronome, chapitre **23**, v **20**, la même récompense qu'à celui qui prenant le nid, laisse aller le triste oiseau si content tout à l'heure de couver les œufs ou de réchauffer les petits (*); car à celui-ci on dit en terminant : « *afin que vous soyez heureux* » *et que vous viviez long-temps* »; à l'autre on termine en disant : « *afin que vous prospériez* » *en toutes vos œuvres sur la terre que Dieu* » *va vous donner* ». Ce qui donnerait à penser

(*) Deutéronome, *chapitre* 22, *v.* 6 et 7.

qu'à raison peut-être de la modération de l'intérêt, le prêt désintéressé n'était pas tant un bien nécessaire, qu'un mieux désirable, et autorise à croire que la prohibition dans le chapitre dont il s'agit est plutôt une exhortation qu'une défense.

Mais dans le Lévitique, chapitre 25, le législateur y change de ton ; il prend les manières de la commination. Cette différence, qui est insuffisante pour donner à la nouvelle ordonnance le caractère propre de la loi civile, et la laisse par conséquent dans la nomenclature des préceptes non civils mais naturels, est accompagnée d'une différence qui ôte à ce précepte la généralité, qui semble d'abord convenir à l'ordonnance du Deutéronome. En effet, celle-ci n'est précédée d'aucune préface, tandis que dans le Lévitique, au chapitre précité (*), le ᵥ 35 est comme l'exposé des motifs et du cas de la défense. Ce n'est pas de tout emprunteur dont on entend parler ; on parle de celui qui est brisé de revers jusqu'à chercher une retraite, solliciter l'aumône ; ainsi l'indiquent les termes : « *si votre frère est devenu* » *fort pauvre, et qu'il ne puisse plus travailler* », qui commencent le ᵥ 35, et à ce verset le préambule de la loi.

Aussi ce qui suit est-il fait pour porter par

____

(*) *v.* 35, 36 et 37.

la crainte à ce que l'on exige , sans que cependant on inflige aucune peine au transgresseur. Ce qu'on dit à celui-ci de si propre à lui faire impression , c'est de craindre le Seigneur. C'est ainsi que parle par le remords la loi naturelle. Pourquoi ne pas se borner à cette commination pour les devins , les homicides , le séducteur de l'esclave, etc. , etc. ? Cette commination même n'est nullement civile , comme le sont les ν 4 et 5 du chapitre 20 non moins civils que religieux dans leur dispositions ; mais elle est toute religieuse à l'instar de celle des ν 29 et 30 du chapitre 23. Dans le cas par conséquent de la loi quoique si urgente , c'eût été une faute plus que graciable en matière de législation civile , que d'exiger quelque chose de plus que ce qu'on aurait prêté.

Mais, dira-t-on , l'usure est néanmoins toujours coupable. Il nous semble qu'on ne peut pas le conclure de ce passage. En effet, le louage est incontestablement bien licite; cependant celui qui exigerait une rétribution pour avoir fourni un secours indispensable, n'aurait pas mieux à dire en faveur de sa dure cupidité que le prêteur dont il s'agit ; ou il faudrait dire que laisser l'infortunité dans l'accablement de ses maux , ce serait moins dûr en matière de prêt qu'en matière de louage.

Aussi le Lévitique n'incriminant l'usure que

dans un cas, celui de l'indigence ne nous paraît pas faire autorité contre l'intérêt en général. Il n'est que le Deutéronome qui lui donne une couleur d'injustice parce qu'il semble plus négatif, comme plus général. Mais ce précepte, quelque négatif qu'on le suppose, n'ayant pas eu aux yeux du souverain législateur assez d'importance pour participer le moins du monde à l'action si répressive des lois civiles, n'est resté en dehors de cette législation que pour être abandonné à la sage discrétion de ceux qui sont destinés d'en haut pour être les organes civils de la loi naturelle, et peuvent contraindre en quelques points celle-ci à se prêter au bien commun de la société à laquelle, d'auguste mission, ils l'interprètent.

Témoin, le divorce qui, avant la loi Mosaïque, aurait blessé des droits incontestables, et qui est bien la preuve que le souverain arbitre de toutes choses reconnut que le bien commun d'une société peut exiger quelquefois qu'il devienne permis ou qu'il devienne juste de faire ce que défend l'équité naturelle; car le mode admirable dont l'auguste auteur du genre humain forma le lien conjugal, démontre jusqu'à l'évidence qu'il ne devait rompre que sous les coups de la mort. Aussi le premier époux le prit, pour ainsi dire, à témoin, qu'il avait reconnu la perpétuité de ces droits et cette perpétuité, qui la lui révéla, si non ce qui révèle à l'ame même la plus grossière, que l'injuste dépossession d'un bien, tant qu'elle n'est point légitimée, ne saurait en ôter le domaine. Cependant, non plus seulement la simple séparation, mais le divorce fut permis.

Il est donc constant qu'il peut arriver que le bien commun d'une société exige que la loi civile fasse subir des altérations à la loi naturelle, et qu'alors même la religion les consacre, car le second mari d'une épouse répudiée n'avait-il pas le droit, concevant des soupçons, de l'amener au pontife pour la soumetre à l'épreuve d'un effroyable anathême? On nous dira peut-être que le législateur d'Israël avait plus d'autorité que les législateurs ordinaires; mais nous avons établi qu'ils sont plus peut-être que des mandataires; ils sont les plénipotentiaires du suprême législateur.

Après avoir reconnu l'indépendance de la loi civile sur la loi naturelle, la limite de l'une et de l'autre puissance, il ne nous reste plus qu'à observer les entraves qu'elles se sont imposées, les funestes effets de leur désaccord, suite déplorable de l'ambitieuse rivalité de la puissance spirituelle et du caractère ombrageux de l'autorité séculière.

———

HISTORIQUE

DU CONFLIT.

CHAPITRE PREMIER.

Rome ne pouvait que se sentir fatiguée des soins de ce vaste empire qu'elle s'était conquise. Accablée sous le poids de tant de siècles de gloire et de grandeur, elle ne pouvait manquer de toucher à sa vieillesse, lorsqu'elle donna le jour à un homme qui devait lui surprendre sa gloire, ses conquêtes et même sa liberté. La dernière heure de son indépendance a-t-elle sonné, si tout à l'heure elle faisait trembler tous les peuples, elle est toute tremblante aux approches d'un jeune audacieux. Il était né pour l'asservir. Ainsi sentit-elle bientôt qu'on la dessaisissait des rênes de l'empire.

Mais ce qu'il y a de bien remarquable dans cette métamorphose de Rome en un seul homme, c'est que cet homme extraordinaire ne crut pas avoir atteint la hauteur de ses destinées, qu'il n'eût réuni en sa personne le sacerdoce et l'empire ; bien que l'empereur à rechercher les prérogatives du pontife, appelant par cette confusion de droits et de prérogatives le pontife à s'asseoir toujours sur le trône, ne prétendît autoriser celui-ci à se travestir jamais en empereur. Il donna ainsi à toutes les générations à venir cette importante leçon, que l'avilissement du sacerdoce ne saurait tourner à la prospérité des états.

Que Rome devenue sujette ait cependant goûté quelque bonheur ; que plus tard, traitée en vile esclave, elle ait essuyé les plus sanglans affronts, c'est à l'histoire à nous raconter ses maux et à nous peindre ses désastres. Tout ce que nous avons à dire de cette illustre cité pendant les trois siècles qui précédèrent l'avénement du christianisme à l'empire, c'est qu'à une poignée d'années de l'événement du calvaire, Pierre lui porta dans sa servitude d'incomparables consolations. Quelques-uns de ses enfans apprirent de lui, et de ceux-ci elle apprit ensuite elle-même, qu'en la substituant dans les cieux à la coupable Sion, on lui destinait une impérissable grandeur. On lui donna l'indéfectible dépôt de la doctrine des saints, et Pierre en mourant lui fit le plus beau legs qu'elle pût recevoir. Il serait hors de notre sujet de nous arrêter à contempler sa prudente fermeté, son noble courage à justifier de si hautes prérogatives, et son admirable sagesse à en exercer les droits. Courons à ce qui nous intéresse.

Oui, redisons-le, le sacerdoce, l'empire et la société font une indivisible unité, dont les fractions aussi impossibles qu'elles sont imaginaires, seraient-elles aussi réelles qu'on le voudrait, ne sauraient manquer de périr, tandis que dans l'ensemble elles s'embellissent. Ainsi que l'océan non-seulement n'a rien de tumultueux, mais conserve un calme plein de majesté tant que l'atmosphère qui l'environne conserve un heureux équilibre; de même la société ne saurait être ni plus grande, ni plus heureuse que lorsque ces deux puissances conservent un heureux accord; mais dès que l'équilibre est rompu, d'où qu'il se rompe, on se trouble et tout annonce une funeste perturbation.

Battue par les flots, assaillie par la tempête, dès qu'elle mit à la voile, la puissance ecclésiastique n'eut l'aperçu de son éclat avant le siècle de Constantin, que dans ces courts intervalles qui semblent bien plutôt destinés à unir qu'à séparer les orages. Nous la verrions exercer de hautes censures, bannir du sein de l'église, lancer des anathêmes, condamner des doctrines, faire des préceptes, et déployer son noble caractère, mais sans jamais outre-passer la sainte limite de son ressort. Elle savait que sa mission était de rétablir et de maintenir les mœurs, et que pour cela elle était en possession d'ordonner, de défendre et même de punir, quoique bien autrement que la puissance civile, qui ne pouvant qu'être en dehors d'un inviolable repaire, le cœur du coupable, ne sait qu'enchaîner, incarcérer, frapper contre la machine humaine ou la détruire.

Dès les commencemens de l'église, sa puissance était toute constituée, et n'avait besoin, ni de développement pour agrandir, ni d'acroissement pour se fortifier. Telle qu'on la fit, elle devait être toujours. Cependant si elle fut mise au-dessus des influences du temps, elle ne fut point affranchie du caprice des hommes, ainsi que le dépose l'histoire.

Constantin, par d'éclatans succès, a-t-il terrassé An 3 des compétiteurs, des rivaux, arrive sans obstacle à l'empire; il y trouve encore, tout dégoûtant du sang des héros du christianisme, le glaive qu'il remet dans le fourreau. Frappé de la majesté de la foi, dans l'enthousiasme des espérances des chrétiens, il les envisage comme d'illustres voyageurs qui courent à des trônes, et ceux qui les conduisent lui semblent en possession déjà d'une incomparable grandeur. Ne s'apercevant pas que la pensée qu'il en a ne saurait être en harmonie avec la pensée du divin auteur qui institua cette suprême hiérarchie, il excède en bienveillance s'il n'excède en respect ; car il en traite toujours les membres comme les princes traitent les princes, et même comme les rois traitent les princes qui doivent leur succéder.

Ce n'est pas à mander la fortune sur les pas An 322 du pontife qu'il mérite le plus d'être blâmé. C'était bien à la vérité placer dans le sanctuaire un écueil à toutes les vertus, comme ne le prouvèrent que trop les siècles suivants. Mais c'était ce qu'avait fait toute l'antiquité; car, excepté chez les nations encore barbares, le sacerdoce a joui chez tous les peuples de la splendeur, des richesses et d'honorables immunités. En outre, on peut dire qu'il est inné à l'homme de vouloir qu'il n'y ait rien de vulgaire dans ce qui approche pour lui de la divinité, parce qu'il ne veut rien de bas dans ce qui appelle ses hommages, et que dès que la religion lui parle, il sent que toucher le prêtre c'est toucher le Dieu.

Et certes, on ne peut nier que dans les cieux on n'ait voulu pour le prêtre de cette brillante réciprocité, puisque la seconde personne du céleste empire a dit si formellement de ses humbles mandataires, que le mépris qu'on en ferait retomberait sur elle (*). Constantin et ceux qui l'imitèrent n'ont fait en cela que ce qu'ils ont dû

______

(*) Qui vos spernit me spernit ; Saint Luc, chapitre 10, v. 16.

faire. Permettre à l'église de posséder, ce n'était dans le vrai que lui donner des lettres de naturalisation, sauf aux Aaron, aux Prêtres, aux Lévites, à se tenir en garde contre les influences si corruptrices de la fortune.

Mais dans sa loi sur les affranchissemens et surtout dans sa loi sur les causes judiciaires (*), cet illustre prince semble n'avoir plus aperçu de limites; car il met le pontife à la hauteur d'un chef d'état, permettant de courir à l'évêque, au mépris du magistrat en séance, et contraignant non plus seulement les officiers de celui-ci, mais le magistrat même à la sentence de l'évêque. Rien n'étonne dans ces excessives concessions, parce qu'à cette époque à jamais mémorable, toutes jeunes, l'une en liberté, l'autre en religion, la puissance ecclésiastique et la puissance civile se cherchent mutuellement, et ne se rencontrent que pour se tendre ou se donner la main. Elles agissent comme si elles fussent trop jeunes pour apercevoir dans leur déférence réciproque le germe d'un funeste désaccord; avec cette différence qu'ébahie de l'illustration que donnent au sacerdoce la sublimité de son mandat et la noblesse de son origine, la puissance séculière sembla penser plus d'une fois qu'elle lui devait le pas :

(*) Le Beau, tome premier, page 596.

dangereuse disposition , qui , plus tard , fit que
le pontife cessa d'être lui-même. L'ambition trouvant plus d'accès auprès de ces ames jusque-là
si élevées , les fit peu à peu déchoir de leur vertu,
n'avoir de goût que pour la pourpre , et les anges
du sanctuaire n'aspirèrent qu'à être des chefs de
cité, chefs de province , ainsi que nous le ferons
observer.

Mais notre but n'étant pas de prendre l'offensive contre l'épiscopat , l'objet de nos plus sincères
hommages , avant de reprendre le courant de nos
relevés , il nous paraît bon d'affirmer que nous
espérons qu'on ne remarquera pas que nous ayons
rien perdu de l'attitude inoffensive de l'observateur.
Nous ne sortirons pas des limites que dans cette
vue nous nous serions sévèrement prescrites , si le
respect que nous inspire la religion pour tout ce
qui la concerne n'était notre garant.

En possession du matériel imposant du gouvernement civil, moins encore cependant chef
d'état que père de la patrie, Constantin ne se
borna pas à terrasser les ennemis de sa puissance
ou de l'état, et ne mit pas toute sa gloire à
sortir de nobles périls tout couvert de lauriers.
A poser les armes et reprendre le sceptre, s'il fut
législateur, il ne le fut pas seulement pour lancer
la foudre contre le crime. Ne croyant pas que
ce fût sortir de son domaine que de faire des

lois, autrement qu'en matière d'administration, de pénalité et de justice, il en fit en matière de culte et pour la sanctification des dimanches. Dans ces dernières il fit plus qu'usurper l'initiative; car on y remarque le caractère de la dispense, puisqu'il autorise formellement certains travaux; et ce qui après cela serait bien plus digne de surprise, si ce n'était l'heureuse à la fois et dangereuse intimité dont nous avons parlé, c'est que le sacerdoce ne se récria pas. Trente ans après la mort de Constantin, les pères du concile de Laodicée furent les premiers qui, dans l'église, élevèrent la voix à ce sujet. Cependant, ordonnant de férier le samedi, ils se bornèrent à inviter les fidèles à sanctifier les dimanches, *si hoc eis placet vacent tanquàm christiani*, can. **29**.

On pourrait dire peut-être que les termes du concile sont une improbation de la loi dont nous parlons; mais en France, illustre portion de l'église d'occident, dans un concile tenu deux siècles après à Orléans, can. **21**, si, en style de première loi, c'est-à-dire, sans mentions d'autre précepte ou d'autre concile, on défend précisément ce qu'avait permis Constantin, il est remarquable que c'est pour un mieux qu'on le défend et non pour un bien, comme ce qui est mal : *de opere tamen rurali.... censuimus abstinendum, quò faciliùs orationis gratiâ vacent.* A peine alors l'empire d'occident venait-il de tomber, et la jurisprudence de l'empire était encore celle de ces contrées qui s'en étaient détachées.

Nous avons appelé, à cet égard, dispense la loi de Constantin, parce que les chrétiens n'ont jamais ignoré combien l'ordonnance sur le septième jour était sévère, et que regarder le dimanche comme le septième jour, au lieu du samedi, c'était tout au plus une affaire de nombres; d'ailleurs, ce qui prouve que l'église n'a pas cru que cette ordonnance n'affectât que le samedi, c'est que, lorsque elle a cru sa puissance au niveau de l'autorité séculière, elle en a pris, en cette matière, et les manières et le style : le second concile de Maron, tenu en 585, défend ces travaux sous des peines civiles.

Dans les belles années du glorieux règne de Constantin, le sacerdoce et l'empire vivaient de si bonne intelligence, que le sacerdoce fut comblé de faveurs; de son côté, il ne fut jamais en défaut. On peut même dire qu'il excéda, car on lui reproche d'avoir outre-passé les bornes d'une juste réciprocité. Ainsi, dans l'affaire des Donatistes, Rome (*) rendit sa sentence et envoya à l'empereur plus que le prononcé de son juge- An 313 ment. Dans ses sortes d'affaires elle était trop

____

(*) Fleuri, an 313.

au-dessus de toutes choses humaines pour être tenue à l'approbation du prince ; il était même dangereux, du moins pour l'avenir, de paraître en avoir recherché la sanction, et vraiment ce ne fut pas sans conséquence. Aussi pendant cette triste affaire, fut-il un moment où il fit le pontife, au grand étonnement de son siècle et des siècles suivans. Dans le concile de Nicée les pères du concile, qu'il traitait comme ses égaux, parurent le regarder mieux encore que comme l'un deux. Unis de sentiment de famille, le souverain, le pontife ne pouvaient qu'être ensemble, penser, agir de concert, et aucun ne se douta que tel qui n'aurait pas leur candeur pourrait soupçonner quelque chose de plus que de la sympathie, et en tirer un funeste parti.

Cette union si sympathique ne fut pas sans nuages, ou, du moins, sans occasionner de bien graves méprises pendant les jours du prince. Il se mêla des choses de foi ; il entreprit sur la discipline par obsession et par faiblesse ; il renouvela, vers la fin de ses jours, le scandale qu'il avait donné dans le commencement de son règne. En effet, il donna ordre au prélat de sa capitale de lever une excommunication, et certes en faveur d'un impudent, qui eut l'audace, pour mieux imposer, d'employer le parjure, et que la vengeance divine frappa, dès le lendemain, d'une manière éclatante. Il ne fut alors ni obéi, ni craint; il ne devait pas l'être : car outre qu'en cette matière, ce n'était pas à lui à commander, il ne tint pas à lui que l'hérésie ne triomphe.

Ce désaccord cependant, tout funeste qu'il pouvait devenir, ne prit jamais de caractère grave tant que vécut un prince dont le cœur ne faillit jamais aux yeux de l'église. Il n'en fut presque plus ainsi sous les règnes suivans, sous l'empire de la plupart des héritiers de sa puissance, qui ne le furent ni de sa foi, ni de sa sagesse. Ce qu'il avait fait, ne se tenant pas assez à l'écart du gouvernement de l'église, ou de son enseignement, devint un exemple funeste et à l'église et à l'état.

Et d'abord, Constance, qui eut tout au moins la cruelle faiblesse de laisser tremper dans le sang de ces proches la pourpre lorsqu'il s'en revêtit, ne parut bientôt être monté sur le trône que pour faire longuement sentir à ses sujets les cruelles suites de son défaut de caractère et de talents pour le gouvernement d'un vaste empire, et à l'église, les funestes caprices de son hérésie. Comme si la foi du prince devait être la foi du sujet, d'Antioche à Alexandrie, d'Alexandrie à Rome, de Rome à Constantinople, il ne fut point d'évêque qu'il ne voulut con-

An 337

traindre à adopter et enseigner ses erreurs. Et tant il s'attacha à faire triompher la doctrine qu'il avait embrassée, on peut douter qu'il ne confondît, en montant à l'empire, le trône et la chaire du pontife, le sceptre et le flambeau de la foi. Soit erreur, soit insensiblement, agissant dans l'empire en première personne de l'état, il agit dans l'église comme s'il eût pensé qu'il était le chef des pontifes. De même qu'il eut réuni ses magistrats, il convoqua des conciles, et fit sentir à tous les membres, mêmes les plus vénérables des ces augustes assemblées, que l'hérésie portait le diadème; qu'un barbare, un fourbe un infâme l'assistait de ses conseils.

An 341
346
355

Cependant, de même que c'est de la confusion des combats que naît la victoire, c'est aussi dans le désordre même que naissent les principes de l'ordre, à moins que de cette dernière perturbation, qui attaque pour le détruire le germe de l'existence dans ce qui la subit.

Aussi pourrions-nous remarquer comme des principes mis en évidence par les entreprises alors si perturbatrices de la puissance séculière, **1.**° que bien qu'il lui appartienne de confirmer l'élection des évêques, il ne lui appartient pas de les déposer; car, tant que dura la tempête et quelque violente quelle fut, on eut recours à des évêques pour déposer des évêques; **2.**° que lorsque les

An 359
341

troubles de l'église intéressent l'état, il lui appartient d'en procurer la paix; 3.º que lorsque les besoins de l'église réclament une décision de foi solennelle, c'est à la puissance séculière à lui indiquer le lieu d'où elle rende ses oracles; 4.º quant à cette décision, c'est bien sans doute quelquefois à la puissance séculière à la provoquer, mais ce n'est jamais à elle à la donner; elle doit la recevoir. Si celle qu'on lui donne ne la satisfait pas, ou si la prévoyant elle la craint, se serait, comme on le verra sous d'autres règnes, outrepasser inutilement toutes les bornes que de la donner. Il ne lui reste plus d'autre parti que d'essayer de faire prévariquer l'épiscopat, par qui seul, et comme par déposition, s'énonce la foi dans les causes solennelles, lorsqu'il est légitimement interrogé.

La mémorable et triste fin du célèbre concile An 359 de Rimini, dont les commencemens avaient été si glorieux, prouve jusqu'à l'évidence, que la puissance souveraine, par des séductions qui énervent les plus énergiques, des éclats de foudre qui portent partout la terreur, ou des vexations qui lassent le plus ferme courage, peut fermer à la vérité les bouches qui lui étaient les plus fidèles, et même leur faire articuler les accens de l'erreur.

Comme sous Constantin, à Nicée, de même

sous Constance, à Antioche, à Sardique, l'église,
représentée par sa plus noble portion, ne se borna
pas à des définitions ou décisions de foi ; elle fit
des lois : mais ces lois n'avaient rien d'une législation civile ; elle a, en effet, une législation à
elle : exiger des qualités, mettre des obstacles à
l'admission dans la cléricature, imposer des devoirs
même nouveaux à ceux qui y sont admis, régler
le mode et le plus ou moins de solennité de
la collation des ordres, déployer les censures
contre ses lévites ou même ses prélats ; ici elle
était chez elle et en plein droit ; elle pouvait,
sans inconvénient, exercer son redoutable pouvoir.
Mais à atteindre, soit par contre-conps, soit par
le fait, les laïques, à moins que d'hérésie ou de
schisme, on ne peut disconvenir qu'il lui a toujours
fallu une extrême réserve ; sans quoi, ce pouvoir,
qui ne lui avait été donné que pour relever ce
qui était abbattu et réédifier, n'aurait servi qu'à
achever de détruire ; sans quoi aussi, ce pouvoir
l'aurait faite sortir de ses propres limites, et lui
aurait ouvert la carrière des envahissemens ; ce qui
était bien éloigné de la pensée de son divin auteur,
ainsi que nous l'avons prouvé.

Déterminer les conditions, le mode de rentrée,
de réhabilitation, de réconciliation d'un excom-
munié, d'un interdit, d'un pénitent public ; faire à
cet égard des règles d'exception ; commander aux

prêtres de rester dans leur diocèse ; défendre aux prélats d'en sortir, d'ambitionner d'autres siéges, d'aller en cour, à moins que pour affaire importante et de leur église ; poser les degrés de la hiérarchie lévitique, attribuer à chacun de ses membres leurs fonctions et leurs droits, et leur départir, suivant leur élévation ou leur infériorité, la subordination ou le respect ; à compter de l'évêque convertir leur modeste demeure en cour de justice contre l'oppression, en faveur de l'innocent contre le coupable ; cette magistrature ne devant avoir de juridiction que dans l'ordre lévitique ; régler la forme des discussions, des jugemens ; permettre et limiter les appels ; se faire un code pénal dont les dispositions afflictives n'atteignaient, ni la liberté, ni les biens temporels que le coupable tiendrait d'ailleurs que de l'église ; priver le coupable, pour toujours ou temporairement, des honneurs qu'il en avait reçus ; défendre qu'on l'admette au céleste banquet, en certains cas pour un temps, en d'autres pour toujours ; ou bien encore, comme une mère, sans le mettre dehors, bannit d'auprès d'elle l'indocile enfant qui a mérité ses rigueurs, ordonner qu'il se tienne à l'entrée du temple auguste où elle réunit ses autres enfans ; enfin le bannir, non seulement d'auprès d'elle, mais de chez elle : voilà toutes les peines que l'église

I.

ait jamais pu infliger. Procurer la fidélité conjugale en sévissant contre l'infidélité lorsqu'elle serait publique ; faire régner la chasteté, la charité, la tempérance ; faire même, à cet égard, des préceptes nouveaux ; maintenir la décence dans le culte, lui donner de la majesté, établir des fêtes, en régler la célébration ; pourvoir à l'administration convenable des sacremens et à leur utile réception ; indulgente dans le baptême, sévère dans la pénitence, tremblante pour l'eucharistie, exigeante pour l'ordre, afin d'en maintenir la dignité ; circonspecte pour le mariage, pour en sauver la sainteté et en étendre les heureux liens.

Nous ferons observer qu'il ne lui appartient pas exclusivement de faire des lois sur cette matière, et que de grands inconvéniens seraient la suite inévitable de son désaccord, en ceci, avec l'autorité séculière. Celle-ci d'antique mission est l'architecte de la société ; elle est tenue et de réparer et d'embellir. Il faut qu'elle observe et le bien et le mal, et le bien et le mieux ; qu'elle connaisse de tous les matériaux : mais, entre tous, le mariage est des plus féconds en graves inconvénients et en résultats importans.

Nous pourrions ici demander pourquoi ce sacrement est le seul sur lequel les auteurs canoniques gardent le silence ; en effet, tandis que dans les évangiles on trouve l'institution du baptême, de l'eucharistie et de la pénitence, on lit dans les actes des apôtres le narré de la première ordination, et enfin, dans Saint Jude, la révélation des effets de l'extrême-onction et le rit de celle-ci. On connait, à la vérité, que le mariage a été élevé à la dignité de sacrement par Saint Paul; mais il n'en traite que pour l'appeler sacrement; c'est bien assez sans doute, pour ne pas douter qu'il ait été élevé à cette dignité. Mais comment on le reçoit, comment on l'administre; c'est ce qu'il ne dit point. Ce n'est nulle part, ni prescrit, ni raconté. Ce silence, qu'on ne saurait dire un oubli, car la matière était trop importante et l'inspiration de ces auteurs est trop constante pour croire à autre chose qu'à une omission volontaire; ce silence n'est-il pas une exhortation tacite à l'église de céder le pas en législation, à ce sujet, à l'autorité temporelle? Qu'elle puisse être elle-même législateur en cette matière, elle en a décidé; qu'elle soit tenue à des égards pour telle autre source de législation, c'est ce qu'elle n'a point dit, et c'est ce qui fait la matière de nos doutes. Qu'on ne nous accuse pas de mettre les Césars trop à leur aise; ce que nous avons dit du divorce nous justifie (*). Quant aux mariages

Introduction, chap. 3. p.

qui exigent une dispense pour être légitimes , ce
que nous avons dit de l'impuissance de la législation civile , pour cohonester ce qui serait
contraire à la pudeur , ou même à ses progrès ,
nous justifie encore (*). Mais ici on peut nous
demander compte de la facilité de certains pontifes
à donner de ces dispenses. Notre but n'étant
pas d'aborder le particulier , nous laisserons à
d'autres le soin de revendiquer , en faveur des
prélats ou des souverains pontifes, le droit de
délier : dangeureux élement d'un magnifique
pouvoir.

Nous n'avons rien à observer sur le premier
concile tenu par les apôtres à Jérusalem. Tout
le monde en connait le décret , frappant par son
caractère d'autorité et la matière toute religieuse
et morale. On n'en compte pas d'autres dans le
premier siècle. Il y avait déjà long-temps que
les apôtres avaient tous reçu la couronne promise
à leurs travaux, et déjà le second siècle s'était
écoulé de plus de moitié, lorsque l'hérésie força
l'église à s'expliquer.

Il y eut des conciles ; tout ce qu'on en sait,
c'est que l'hérésie fut démasquée , proscrite ,
anathématisée. Les débats qui s'élevèrent sur
la célébration de la Pàque donnèrent lieu plus

(*) Introduction chap. 3. p. 51

tard à des conciles à Césarée, à Rome, dans le Pont, dans les Gaules, à Ephèse; mais on n'y décida que cette question : quel jour se ferait la célébration de la Pâque. Une question qui n'était pas comme celle-ci, une question d'ordre et de discipline, mais qui touchant des matières de foi, appela dans le troisième siècle l'attention de l'église, excita toute la chaleur du zèle qu'inspire la foi. Il y eut des conciles tels que ceux d'Icône, Synnade et autres; mais les plus célèbres sont ceux qui furent tenus à Carthage sous la prélature de S^t. Cyprien et le pontificat des papes S^t. Corneille et S^t. Etienne.

Dans ces conciles, on repoussa, non par hérésie mais de bonne foi, les décisions de Rome. La doctrine de cette capitale du monde chrétien, communiquée avec force et même intimée, devint enfin la doctrine de toute l'église. Dans le concile tenu à Carthage en **251**, on ne s'occupa que du schisme et du mode d'admission et de réconciliation des nouveaux convertis ou des chrétiens tombés dans le crime de l'idolâtrie. Ce concile dont les actes furent envoyés à Rome, fut cause que la même année il en fut convoqué un dans cette même ville. En **252**, en **254**., Carthage vit de nouveaux conciles; mais on n'y traita que de la même matière.

Nous ne pousserons pas plus loin la nomenclature des conciles du troisième siècle; nous n'aurions rien à dire, parce que leurs canons ne sont pas venus jusqu'à nous, ou parce qu'ils n'en firent pas. Pour plus de clarté dans le tableau synoptique des conciles, nous en diviserons d'avance la matière en général dans les paragraphes suivants.

1.er §. De l'idolâtrie, de la superstition, de l'hérésie et du schisme.

2.me §. Fornication et incontinence cléricale et des vierges; moyens pour prévenir le fait et le soupçon de cette incontinence.

3.me §. Prostitution et ceux qui en font l'infâme trafic; péché contre nature.

4.me §. L'adultère et les crimes qui en sont la suite.

5.me §. Le divorce et la simple séparation, le divorce réel ou suivi d'un autre mariage; ce que les lois civiles ont quelquefois toléré.

6.me §. Le mariage et empêchements.

7.me §. Continence cléricale.

8.me §. Fiançailles rompues, souillées.

9.me §. Homicide, et autres actes de cruauté.

10.me §. Jeûnes.

11.me §. Défenses de trafic aux ecclésiastiques et d'offices séculiers.

12.me §. Faux témoignages.

13.me §. Usures.

14.me §. De la hiérarchie ecclésiastique , et ce qui la constitue ou la compète, ou se réfère à sa dignité.

15.me §. De l'administration et réception des sacremens ainsi que leur confection.

On a compris dans ce paragraphe tout article canonique pénal, parce qu'ils s'y réfèrent tous; cependant quand ils ont un rapport plus direct à un autre paragraphe , on ne les inscrit pas dans celui-ci.

On y a compris aussi tant que possible tout ce qui est relatif à la pénitence publique.

16.me §. Lieux et actes défendus au clergé.

17.me §. Prévision sur ce qui peut troubler le culte , favoriser la corruption des mœurs , porter atteinte au respect pour les choses saintes.

18.me §. Empêchemens dirimans.

19.me §. Juridiction des évêques sur les prêtres leurs diocésains.

Ce titre n'étant destiné qu'à l'insertion des canons qui ne renferment aucune lésion des droits de la puissance civile , quand il devra y avoir exception on le fera remarquer.

20.me §. Rubriques et tout ce qui a rapport aux cérémonies et à la célébration des offices.

21.me §. Irrégularités.

22. §. Conciles et synodes.

23.me §. Suprématie du souverain pontife.

24.me §. Translation des évêques et résidence, invasion et intrusion ou usurpation de pouvoirs.

25.me §. Droits ecclésiastiques des évêques et leurs devoirs.

26.me §. Recours donnés aux ecclésiastiques contre leurs évêques et contentieux.

27.me §. Lieux et jours attribués ou ôtés au culte public.

28.me §. Profession religieuse et ce qui peut en concerner les devoirs; profession publique de continence.

29.me §. Lieux et actes commandés au clergé.

30.me §. Lieux et actes défendus aux laïques sous des rapports religieux ou de vertu.

31.me §. Lieux et actes commandés aux laïques sous le même rapport que dans le paragraphe précédant.

32.me §. Biens ecclésiastiques, leur usage, leur administration, leur aliénation.

33.me §. Immunités ecclésiastiques.

34.me §. Union à son église et à son pasteur.

35.me §. Censures et leurs effets ecclésiastiques.

36.me §. Election et consécration de pontife.

Ouvrant maintenant le quatrième siècle, nous commencerons par le concile d'Elvire tenu environ l'an **301** (*), dont les canons **1, 2, 3, 22,**

(*) Cellier, tom. 3, pag. 65.

40, 41, 46, 51, 55, 57, 59, 60, 62, se réfèrent au 1.er §; les 2, 7, 15, 18, 30, 51, 66, 78, au 2.me §; les 12, 44, 71, au 3.me §; les 47, 63, 64, 65, 68, 69, 70, au 4.me §; les 8, 9, 10, 11, au 5.me §, et en ce point on peut voir comme l'église, sans blesser la puissance civile, s'élève contre toute violation du lien conjugal; car elle ne dit pas que les mariages, par suite de divorce, soient nuls; mais elle se borne à laisser entrevoir sa pensée par les peines rigoureuses qu'elle impose, refusant les sacremens, l'absolution même en cas de mort. Can. 8 et 9.

Les 14, 54 et 78, au 8.me §. Le concile fait aux évêques, aux prêtres et aux diacres, à ce sujet, des empêchemens, mais non encore des causes de nullité.

Le 14.me canon, qui semble avoir quelque rapport à des fiançailles souillées, suivies du mariage des deux coupables, ou suivies d'un mariage qui les casse, paraît confirmer l'opinion de ceux qui prétendent que les contractans sont les ministres, car, dans ce canon, on regarde les deux époux comme simplement coupables de mépris de la bénédiction nuptiale dans le premier cas; de fornication pour le second, pour l'acte commis avant la conclusion du mariage. Quoi qu'il en soit cependant du sens, ni ce canon, ni l'opinion qu'il favorise, ne sauraient nuire à la portion de puissance qu'a si véritablement l'église sur le mariage. Le 25 et 26.me au 10.me §; le 19.me au 11.me §; les 74 et 75.me au 12.me §. Dans le 9.me, qui se réfère au 11.me §, on met la dernière main à la décence de l'ordre ecclésiastique en défendant le trafic à ceux qui qui en sont les membres, à moins que dans une petite étendue de pays, les besoins du clergé ne permettant pas de lui fermer l'inconvenante pour lui, mais utile carrière de l'industrie et des offices séculiers. Les 15, 16, 17, 61.me au 6.me §, n'infligeant à cet égard que les peines qui sont de son ressort, si l'église s'occupe de ce crime, ce n'est que pour les cas où la loi civile se tait. Les   et 32.me au 14.me §; les 3, 4, 24, 30, 38, 59, 42, 48, 62, 77, 51.me, au 15.me §; le 27.me, au 16.me §; le 35.me, au 17.me §; le canon 20.me au 13.me §. Ce canon, qui prononce la sentence d'excommunication contre les usuriers laïques et la sentence de déposition contre les usuriers ecclésiastiques, ne peut pas être regardé comme élevant un conflit; en effet, sans donner les preuves que nous pourrions abondamment emprunter à la jurisprudence civile, nous nous bornerons à observer qu'en ceci, on ne peut pas dire que les pères de ce concile fussent en dehors de leur propre domaine, parce qu'encore la loi civile, sans se prononcer en faveur d'une exigence modérée, ne s'occupait qu'à mettre des bornes à l'insatiable et si funeste avidité du préteur. Le 35.me canon se rapporte au 17.me § ; le 43.me au 27.me §.

Ces pontifes pouvaient-ils mieux remplir le mandat de celui qui leur avait dit dans la personne de ses apôtres : votre doctrine, votre législation, vos mœurs seront le sel des peuples. Qu'avait à faire de cette législation la puissance civile ? Pouvait-elle en concevoir de l'ombrage ? C'était de la part de la puissance ecclésiastique, et sans sortir de chez elle, procurer le maintien de la puissance civile; les mœurs en effet sont la force et la vie de l'état.

Nous touchons maintenant à l'époque où les conciles cessèrent, à peu d'exceptions près, d'être convoqués par les pontifes ; on peut dire qu'ils ne le furent plus que par les chefs de l'état.

De là au concile de Nicée, il y en eut d'autres : ainsi le concile d'Arles, que Constantin assembla en 314 en cette ville, pour l'affaire de Cécilien, évêque de Carthage, à qui le schismatique Donat disputait la chaire épiscopale. Ce qu'il y a de plus remarquable dans les canons qui y furent dressés, c'est 1.° que par le 2.me, la juridiction des évêques sur le clergé, qui jusque-là n'avait été que locale, devint personnelle ; **2.**º le **10.**ᵐᵉ semble avoir été inspiré par le **9.**ᵐᵉ ℣ du chapitre **19.**ᵐᵉ de St.-Mathieu, entendu dans le sens des difficultés qu'on a faites quelquefois sur l'indissolubilité du mariage ; car le concile n'engage qu'à donner au mari de l'adultère le conseil de ne pas passer à de secondes noces, et non de lui en faire la défense. On dit à ce sujet que la loi civile alors le permettant, l'église n'osait se prononcer ; mais si, dans la pensée de l'église, le second lit, dans ce cas, était une couche adultère, aurait-elle pu se contenter du conseil ? C'est donc bien la preuve que l'église a cru quelque temps, en cette matière, à la toute-puissance, pour ainsi dire, de la loi civile sur la loi naturelle, sous le régime de laquelle le Dieu des chrétiens avait cependant si expressément replacé le mariage.

Le **12.**ᵐᶜ porte la privation de la communion ecclésiastique à imposer aux ecclésiastiques usuriers. A cette occasion nous corrigerons ce que nous avons dit dans notre traduction du **20.**ᵐᵉ canon du concile d'Elvire : ce n'est pas l'excommunication qui fut prononcée ; mais seulement on impose aux laïques coupables de ce délit, la privation de la communion sacramentelle. Ce qui avait occasionné notre méprise, c'est que nous avions cru apercevoir une grande disproportion entre la dégradation, la déposition des ecclésiastiques et la simple privation de la communion contre les laïques ; tel est le sens dans lequel on entend ce canon (*). Quant à l'opposition apparente de la loi civile et de ces canons, il en a été question.

Dans ce concile on traite aussi des matières des divers paragraphes. Le canon **22**.^me se réfère au **1**.er §; le canon **11**.me au **6**.me §; enfin le canon **14**.me au **11**.me § ; le **21**.me au **36**.me §.

Voilà encore un autre concile qu'on a respecté presqu'à l'égal des conciles généraux, dont les SS. Pontifes, à remplir avec tant de sagesse la noble tâche de législateur, ne firent nullement penser qu'ils eussent porté leurs regards sur l'état ainsi que sur l'église.

Environ cette époque il fut tenu un autre concile à Ancyre, métropole de la Galatie, où on dressa vingt-quatre canons : le **1**er, **2**, **3**, **4**, **5**, **6**, **7**, **8**, **9**, **12** et **23**.me sont sur la matière du **1**.er § ; les **16** et **19**.me sur celle du **2**.me § ; le **17** et **24**.me sur le **3**.me § ; le **20** et **21**.me sur le **4**.me § ; le **11**.me sur le **8**.me [§ ; le **10**.me sur le **7**.me § ; et enfin le **13**, **14**, **15** et **18**.me sur le **14**.me §.

Le seul canon **22**.me est sur une matière

____

(*) Cellier, tom. 3, pag. 670.

nouvelle dans la législation de l'église, celle de l'homicide volontaire que l'on soumet à une peine perpétuelle qui n'avait rien de nature à trahir le secret de la confession; la même peine étant infligée pour des crimes différents. *Ainsi les canons* **75**, **63**, **65**, **12** *et enfin* **6**.me *du concile d'Elvire et le* **16**.me *de ce même concile d'Ancyre infligent la même peine, mais pour d'autres crimes*; cette peine d'ailleurs est toute ecclésiastique. L'époque pour le théâtre où se dernier concile fut tenu ne pouvait pas encore donner lieu à des entreprises de la puissance ecclésiastique.

Il en est de même du concile de Néocésarée dans le Pont, dont le **3**.me canon nous semble obscur (*); le **2**.me fait pour la première fois, dans l'église, un empêchement de l'affinité du beau-frère et de la belle-sœur. Le concile d'Elvire n'en avait fait qu'un empêchement de simple défense *dans le* **61**.me *canon*. Sans doute que la législation ne disait rien sur cette matière. Nous avons cru devoir le penser, d'après ce que nous avons eu à observer à l'occasion du **8**.me canon du concile d'Elvire. Les autres canons purement ecclésiastiques ont du rapport avec les divers §§. Ce dernier concile est le seul dont

(*) De his qui, etc.

nous avions à rendre compte, avant d'ouvrir l'analyse du concile de Nicée.

Celui-ci, premier concile général et tenu environ an **524**, par **318** évêques de toute la chétienté, consacra **20** articles législatifs, dont les **10**, **11** et **13**.me appartiennent au **1**.er §; le **3**.me au **2**.me §; les **6**, **7**, **14** et **17**.me au **14**.me §, avec ce caractère de nouveauté au **17**.me, qu'il établit pour la première fois, dans l'église, la nécessité des démissoires dans les ordinations. Les **2**, **8**, **9**, **12** et **19**.me appartiennent au **15**.me §; le **4**.me au **56**.me §; les **15** et **16**.me au **19**.me §; les **20** et **5**.me au **24**.me §; le **20**.me au **20**.me §; le **1**.er au **2**.me §; enfin le **5**.me au **21**.me §; le **18**.me défend l'usure aux ecclésiastiques et appartient au **13**.me §.

Engageant le lecteur à se rappeler ce que nous avons dit, quoique brièvement, de ce canon (*), nous ajouterons qu'il est remarquable que l'indignation du concile vient de l'excès de l'intérêt exigé. Ce n'est pas se plaindre de l'intérêt en général, que se plaindre de l'exigeance du centième (**). On sait que le centième répond à

(*) Avant-propos, p. 10.

(**) Quoniam multi clerici avaritiæ causâ turpia lucra sectantes, obliti sunt divini præcepti quo dictum est : qui pecuniam suam non dedit ad usuram fenerantes centesimas exigant, statuit hoc sanctum concilium, ut si quis inventus fuerit post hanc defini-

12 p.^r % (**); intérêt exhorbitant, qui fut depuis
réduit au quart, par édit des empereurs, pour
les ecclésiastiques.

Qu'on ne dise pas qu'il n'est question de cet
intérêt spécial, que comme motif d'indignation
et non comme matière de précepte; car, à
faire d'abord une défense générale, le concile la
précise bientôt en disant si expressément qu'il
défend aussi l'usure du 7.me qu'on prélevait dans
le prêt en matière de grains. En outre, c'est
toujours aux ecclésiastiques que le concile s'adresse.
Ce n'était donc pas s'élever contre l'intérêt en
général, mais contre cet intérêt en particulier,
1.° à raison de la spécialité de la matière de la
défense; 2.° à raison de la spécialité du sujet
à qui cette défense était faite; car, le défendant
aux ecclésiastiques, ce concile ne dit rien des
laïques.

Dira-t-on qu'à Nicée, y ayant nombre d'évêques
de ceux qui 14 ans auparavant avaient assisté
au concile d'Elvire, où la défense faite en cette
matière fut générale, on crut qu'il n'était pas

tionem usuras accipere vel ex quolibet tali negocio turpia lucra
sectari vel etiam species frumentorum ad septublum dare, omnis
qui tale aliquid conatus fuerit ad questum, deficiatur à clero et
alienus ab ecclesiastico habeatur gradu.

(**) Corpus juris civilis in 4 partes distinctum.... Aureliopoli 1604.
codici lib. 4 titu. 32, not. 1.er, col... 294.

nécessaire de rappeler aux laïques cette défense? Mais pourquoi, quant aux ecclésiastiques, ne pas faire mention d'une défense du concile d'Elvire, comme faisant autorité, tandis que c'était l'usage dans ce même concile de Nicée?

En effet, traitant une matière qui avait été traitée dans le concile d'Arles, 22.me canon, on dit, canon 15.me, d'une licence qu'on voulait proscrire, qu'elle était contre la règle. Cette loi ne put être que celle du concile d'Arles, qui fut le premier qui s'en occupa. Sous le titre encore d'anciens statuts ecclésiastiques, on rappelle d'anciens réglemens dans le canon 46.me. A rejeter le 75.me canon, ainsi que le 65.me, le 66.me, le 63.me et autres du concile d'Elvire, comme trop durs, et à suivre l'esprit de moins de dureté du concile d'Arles, canon 14.me, on dit dans le canon 12.me qu'on suivra l'ancienne loi, traitant d'anciens réglemens le ménagement qu'avait introduit le concile d'Arles.

Ce silence du concile de Nicée, sur une matière commune aux deux conciles, est une présomption contre les PP. d'Elvire. Il donne à penser que dans l'opinion des PP. de Nicée, si on pouvait incriminer et foudroyer un excès de cupidité dans les prêteurs, on n'avait pas le droit de proscrire en général l'intérêt.

Quant aux laïques, nous dirait-on qu'ils

respectaient mieux la défense qui en avait été faite, et qu'il n'était besoin de la renouveler que contre les ecclésiastiques? Nous aimons mieux croire que l'église trouvait plus de respect pour ses volontés dans les ecclésiastiques, et cela ne fut-il pas, il était alors plus conforme à la prudence législative de supposer le mieux dans ses dispositions, et de prendre le côté le moins défavorable. D'ailleurs, quand même on n'aurait point eu ces vues de ménagement qu'inspire l'esprit de corps, on n'en aurait eu que plus de motifs pour alléguer une loi antérieure, à laquelle des laïques, chez qui naturellement on doit trouver plus de relâchement que dans les ecclésiastiques, auraient été plus soumis. Si le concile ne s'occupa pas des laïques, ce n'est donc pas qu'ils fussent moins déréglés sur cette matière. Mais pourquoi ne pas reverdir, à leur sujet, une loi que le mépris aurait déjà fait tomber en désuétude?

On nous dira peut-être que l'église toléra cet abus; mais l'église peut-elle tolérer ce qui est gravement opposé à la loi de dieu, ce que la la loi civile ne peut ni cohonester ni rendre juste? Elle n'a pas toléré les adultères, les incestes, etc., etc.

Pour n'avoir pas à nous occuper ensuite de cette matière, que du moins en passant, abordant d'avance les preuves contre l'intérêt autres que les conciles, prises de la tradition, nous dirons qu'il nous semble qu'on ne peut plus invoquer le témoignage des PP. à ce sujet (*). Nous regarderons comme douteux qu'on ait pu se servir avec autorité de leur témoignage, parce que les PP., ne faisant autorité que parce qu'ils sont regardés comme les organes de la tradition, n'ont pu être en possession de régner sur notre pensée que là où il a dû y avoir catholicité de mœurs ou de croyance. De plus, puisque là où il a dû y avoir de cette catholicité, on convient que leur autorité n'est pas une autorité de docteur, mais une autorité de témoin, on peut dire, et sans témérité ce nous semble, que leur concert, leur unanimité même ne seraient d'aucun poids pour convertir en précepte ce qui n'aurait été que de conseil.

Que, dans la matière présente, le passage de l'évangile qui s'y réfère si expressément ne soit pas un précepte, nous l'avons conclu (**) du silence du concile de Nicée. En effet, il ne paraît pas vraisemblable que ne pouvant être plus formel, les PP. de Nicée ne l'eussent invoqué. Si cependant l'autorité des pères et celles des conciles ont été si respectées, ce n'est pas

(*) Voir l'introduction, ch. 1.er, p. 16, p. 24 et suiv.; chap. 2.me, p. 37 et 39.
(*) Avant-propos, p. 10.

qu'elles n'aient dû l'être. La jurisprudence civile n'ayant pas expressément approuvé la perception de l'intérêt avant Constantin, elle était illégale. Jusqu'alors la législation n'envisageant que les excès, se bornait à restreindre; ainsi que nous pourrions le prouver, si nous ne craignions d'être entraînés trop au-delà de notre sujet.

Cette perception d'intérêt était-elle injuste? Nous ne le dirons pas; nous préférons nous taire sur cette vérité ou cette erreur, par la même raison. Néanmoins, nous achèverons de dire ce qu'il nous en semble : c'est élargir la tradition jusqu'à en fausser les limites, que de l'invoquer en matière de jurisprudence. Qu'on nous permette d'invoquer en preuve ces paroles si remarquables, sorties de la bouche du divin modèle de toutes les supériorités ecclésiastiques : « qui m'a donc établi juge en semblable matière » (*). En outre, ce n'étant point par vanité qu'on a donné aux puissances le droit de commander, les princes sont les organes civils de la loi naturelle. Arriverait-il que ce qu'ils disent à la société ne soit pas ce que dit à l'individu cette loi, pourvu qu'il ne conste pas que les mœurs ou le bien public ne comportent pas cet arbitraire (ce qu'on ne saurait être admis à sup-

---

(*) S. Luc, chap. 12, v. 14.

poser ; il faut de la certitude et non d'hypothèse); leur décision fait règle , leur volonté fait loi. Le divorce chez les juifs en est la preuve comme nous l'avons vu (*). Aussi si le législateur français n'a pas entendu se borner à tolérer , la question semble décidée, et nous le pensons, parce qu'il n'est pas vraisemblable qu'à être conçue dans les jours de **93** , et née dans nos troubles , ce soit à notre législation un titre et une époque qui puissent la faire passer pour mal assurée et timide , n'osant reposer le pied que là où elle aurait trouvé des vestiges.

Si l'article **1905** du code civil, au lieu d'être conçu en expressions explicitement impératives, est conçu en termes tolérants (car il commence par ces mots : il est permis); c'est que le législateur ne pouvait rien exprimer d'impératif sans prohiber le prêt gratuit; ce qui ne pouvait être son but. Il fallait seulement qu'il donnât un droit à percevoir des intérêts, et c'est ce qu'il a fait, en donnant à la perception des intérêts , sous le rapport sous lequel elle ne l'avait pas, un caractère légal.

Que la législation ait dû consacrer des barrières légales à la cupidité, en lui donnant une liberté qu'elle n'avait pas, le bien public l'a toujours

(*) Introduction , chap. 3. , p. 48. et suivantes.

exigé, l'exigera toujours. Aussi a-t-on vu dans les siècles passés et dans la plus lointaine antiquité, que cette cupidité, méconnaissant parfois les barrières qu'on avait élevées, faisait tant de ravages, que la colère du législateur en était à tel point qu'on ne pensait plus à relever d'anciennes bornes; on ne parlait que d'infamie et de bannissement. C'est ce qui fait que les traditions sociales semblent à quelques-uns défavorables à l'intérêt, tandis qu'elles n'ont de fiel que contre les excès. Reprenons notre revue des conciles.

Le concile d'Antioche dit de la Dédicace, tenu an **341** (*), dressa **25** canons : le **4, 5, 6, 8, 9, 10, 12, 14, 15, 18** et **19**.me se réfèrent au **14**.me §; le **11**.me, au **16**.me §; le **3**.me, au **9**.me §; le **20**.me, au **22**.me §; le **21, 16, 13, 17** et **22**.me, au **24**.me §; le **23, 24** et **25**.me, au **25**.me §; le **1**er, au **27**.me §, et enfin le **2**.me, au **35**.me §.

Les canons du concile de Sardique, tenu en **347**, se réfèrent; les **5, 6, 12, 18,** et **19**.me, au **14**.me §; le **13**.me, au **36**.me §; le **8** et **9**.me, au **16**.me §; le **3, 4** et **7**.me, au **23**.me §; les **1, 2, 17, 11, 15** et **20**.me, au **24**.me §; les **17** et **21**.me, au **26**.me §.

Les canons **6, 8, 9,** du premier concile de

Carthage, tenu an **349** (*), se réfèrent au **11**.me §; les **5** et **7**.me, au **14**.me §; le **1**er, au **15**.me §; le **15**.me, au **13**.me §. On voit dans ce canon avec quelle réserve l'église, en assemblée, porte en cette matière des décisions. Les expressions : *nemo contra prophetas , nemo contra evangelium sine periculo*.... canon **13**.me, prouvent que les PP. du concile n'avaient plus le sentiment de leur autorité. Il n'est pas étonnant qu'en dehors de sa juridiction, la législation de l'église perde son caractère. Les **5** et **4**.me, au **2**.me §; le **10**.me; au **22**.me §; le **11**.me, au **26**.me §.

Enfin, les **6, 7, 8, 9, 32, 33, 34, 35, 37, 38, 39**.me, des **59**.me canons du concile de Laodicée, tenu, à ce que l'on croit, en **350** (**), se réfèrent au **1**er §; les **1, 10, 31**.me, au **6**.me §; le **50**.me, au **10**.me §; le **5**.me, au **13**.me §.

Outre ce que nous avons dit, contre cette sorte de défense à l'article Nicée, nous observerons, quant à ce canon, que s'il condamne l'usure, c'est dans les ecclésiastiques; que même il ne la réprouve pas généralement (***). Les **15, 20,**

(*) Cellier , tom. 4. p. 706.
(**) Cellier , tom. 4. p. 725 , vers la fin.
(***) Non licere fœnerare ministris altaris , vel in sacerdotali ordine constitutis , vel lucra quæ sexcupla dicuntur. Ce dernier *vel* comme le premier *vel in sacerdotali*... est explicatif et non alternatif. Laodi., v. Carranza , p. 94.

21, 25, 56 et 57.me, au 14.me §; les 2, 5, 4, 11, 13, 14, 25, 26, 45, 47, 48, 49, 52, 53 et 58.me, au 15.me §; le 12.me, au 56.me §; 24, 27, 28, 56, 42, 43, 41, 44 et 54.me, se rapportent au 16.me §; le 50.me, au 17.me §; les 16, 47, 18, 49, 51 et 59.me, au 20.me §; le 40.me, au 22.me §; le 29.me, au 27.me §; le 55.me, au 50.me.

Revenons à nos observations historiques sur les deux puissances, champions de noble contenance, qui destinés à user leur existence dans le plus bel accord, ne peuvent plus, cependant, se rencontrer sans quelque démêlé. Nous avons déjà vu dans la première personne de l'état, l'empire ambitionner la suprématie du sacerdoce dans le sanctuaire de la foi. On entendit aussi le sacerdoce traiter le trône sinon de siège vulgaire, de siège du moins bien au dessous de lui. Qu'on lise la réponse si pleine de fierté de l'évêque Léonce, à laquelle il fit dire : que lui faisant la visite d'honneur qu'elle lui demandait, il voulait être assis, et elle debout, pour ne pas s'asseoir que par sa permision ; lui donnant le défi de lui faire trahir la majesté du caractère épiscopal. A quel degré d'élévation que se trouve le sacerdoce, on est tout constristé de tant de prétentions ; mais apprenant que c'est un des bannis de l'église qui a tenu cet étrange langage, on serait tout consolé, si l'ensemble des prélats qui désavouaient sa doctrine à traiter avec le chef de l'état, se fussent toujours rappelés de leur qualité de sujet. Telle est l'instabilité, même de la plus belle vertu, qu'elle a peine à ne céder en rien à l'entraînement de l'exemple, ou à ne rien sentir de la force des préjugés. A trente-deux ans de cette exquise politesse, l'illustre prélat de Tours, à la cour, à la table de son prince, donne la coupe à son prêtre plutôt qu'à l'empereur, et professe, en matière de simple urbanité, les mêmes maximes sur le sacerdoce, lui supposant le droit de conserver ailleurs que dans le temple ces manières toutes pleines de grandeur, cette contenance toute majestueuse que comportent ses sublimes fonctions. On oubliait que celui qui institua les évêques et l'ordre lévitique, fût si plein de la pensée de prévenir les saillies de l'orgueil que pourrait occasionner la sublimité de leur caractère; qu'il ne leur parlait que de troupeau, et ne les traitait que de simples bergers, saisissant toutes les occasions de les former au mépris de soi-même, à une humilité qui ne se démentit, ni dans les paroles, ni dans les actions, pas même dans les désirs. Les nouveaux Aaron reçoivent leur caractère auprès d'un autre Sina, pour accompagner les peuples qui leur sont confiés, peuvent-ils se croire au-dessus des Césars, ou même leurs égaux ? Moyse et Aaron, le le sacerdoce et l'empire ont la même origine, mais la part de Moïse n'est pas celle d'Aaron; et la verge de celui-ci ne fleurit que dans le sanctuaire. Leur chef invisible, vrai Moïse du nouvel Israël, les fera triompher de la puissance des rois, quand les maîtres des peuples voudront les empêcher de rompre un esclavage qui n'a rien de sensible, d'aller à un sacrifice, d'y recevoir la loi. Alors, sous de vulgaires habits, ils seront plus que des rois, mais jusqu'alors ils ne sont que des prêtres, c'est-à-dire, des hommes éminemment obligés à ne pas rechercher des hommages, et ce qui est mieux encore, à ne pas en vouloir. Entrent-ils en fonctions, ils n'ont jamais à craindre d'excéder en richesse, en élégance dans les vêtemens sacrés dont il leur est prescrit d'embellir leur personne; les cessent-ils, il leur est sévèrement prescrit de déposer ces mêmes vêtemens. L'assemblée des fidèles est leur monde : à en sortir, ils sont dans un monde auquel ils n'appartiennent pas, où tout doit leur rappeler leur caractère d'étrangers condamnés à y contrister les regards par la vétusté des formes et le lugubre des couleurs. En suivant les développemens de l'histoire, nous remarquerions, maintes et maintes fois, des écarts semblables à ceux dont nous venons de justifier le blâme. Mais de semblables jactances, ou de pareilles méprises, n'étant que personnelles, nous ne les ferons plus remarquer, à moins que, comme celles-ci, elles eussent lieu sur les sommités du monde social, pouvant de même être regardées comme l'expression de l'esprit du siècle par le défaut d'improbation, ou par les applaudissemens qui les auraient accueillies.

Il est donc constant qu'à cette époque, heureusement désaccoutumée, de faire par prudence un mystère de sa propre grandeur, comme au temps des Dioclétien, le sacerdoce suivait le sentiment de son excellence, et sentait malheureusement le besoin d'hommages et de moyens humains pour en relever l'éclat. Aussi se mettant si imprudemment en parallèle avec les colonnes de l'ordre social, excédant dans ses prétentions, il fut cause qu'on excéda dans de justes défiances, qu'on essaya de subordonner son influence, et même de la surprendre. N'est-ce pas ce qui dicta ces paroles si inouïes dans un concile, si déplacées dans la bouche d'un chef d'état, que fit entendre le fougueux Constance dans un concile à Milan : An 355. « eh bien ! ce que je veux, ce sont là les canons ; les évêques de Syrie m'obéissent quand je leur parle : obéissez ou vous serez exilés. » Il est vrai qu'une juste indignation de la part des évêques, mais exprimée avec trop peu d'égards, donna lieu à un commandement si étrange et à cette colère si véhémente, qui faillit faire des martyrs. Cependant la passion, quelque violente qu'elle fût, n'eût pas inspiré ce ton si impérieux, si elle n'eût trouvé dans le cœur de celui qu'elle faisait parler une ombre de supériorité qui ne pouvait venir que de ce que la puissance civile, si elle ne se jugeait au-dessus, tendait du moins sans cesse à s'y placer. Qu'est-ce qui aurait mérité au prince cette remontrance si pleine de vérités : « Dieu nous a enseignés » à le connaître, il ne nous y pas contraints : il » ne veut pas d'un consentement forcé ; il n'a pas » besoin d'une obéissance sans liberté ; il ne reçoit » pas une profession que le cœur désavoue. » Paroles remarquables qui caractérisent, d'une part, et l'esprit de l'église si éloigné de toute contrainte, et les coupables écarts d'un prince qui, se croyant le droit d'imposer à tous sa pensée, enseigne et dit je veux en enseignant, s'adressant même à ceux qui ont le droit de prendre de leur main, non point la verge si législative de Moïse, mais celle toute fleurie d'Aaron.

Entouré de prélats hérétiques qui, par adulation, s'étaient emparés de son esprit, il était le chef de ce synode ambulant, et fit pour la première fois sentir au monde chrétien avec combien de sagesse l'église avait déjà défendu aux prélats les entrées de la cour. La soif des distinctions, l'hérésie, l'esprit de parti, la faiblesse du chef de l'état, inspirèrent à cet égard à quelques-uns le mépris des canons; ils accoururent et furent auprès de lui comme un mauvais génie qui ne lui permettait de penser qu'à être aussi despote dans l'église qu'il l'était dans l'état. De là vinrent les persécutions inouïes qu'éprouvèrent, jusqu'à la fin de son règne ou à la fin de leur vie, les illustres, les saints, les doctes personnages qui faisaient alors la gloire de l'église. Ces premiers évêques de cour furent cause que la puissance civile fit en matière d'envahissement comme ses premières épreuves. Triste et mémorable époque des premières divisions de l'église, pendant lesquelles l'église et l'état, dans leurs vastes provinces, parurent éprouver les cruelles douleurs de leur dissolution, et ne sortirent de cette longue agonie que pour se sentir de la rivalité et de l'antipathie. Ce fut un levain qui fermenta toujours s'il ne produisit pas toujours de déplorables effets. L'église pensa rougir des outrages qu'elle avait reçus et le chrétien semblait avoir perdu l'estime des peuples quand Constance mourut.

A sa mort, le trône fut bien autrement occupé : le soldat sentit bientôt la puissante influence de la discipline militaire, vit s'ouvrir la carrière de la gloire, mais l'église vit un ennemi. Pour cette fois ce n'était point le schisme non plus que l'hérésie qui avaient surpris le sceptre. Abusé par la passion de la gloire, le prince régnant pensa qu'il ne pourrait pour lui tenter rien de plus glorieux, que d'abattre le christianisme et de relever la superstition. Par un inconcevable travers, il se persuada qu'il pourrait ce qui surpasse les forces humaines; il était si aveuglé qu'il ne s'apercevait pas qu'il déférait à la foi de Constantin l'hommage le moins équivoque, imprimant le sceau d'une jalouse infidélité à ses sentences de proscription, à ses arrêts de mort. En effet, si on égorgea des chrétiens, on protesta qu'on ne voulait pas de martyrs; on persécutait et on se donnait un faux air de punir. Ce règne fut un intervalle qui ne pouvait être caractérisé; mais il ne pouvait faire regretter le christianisme de Constance à des chrétiens généreux, à des ames sacerdotales. Il est vrai que celles-ci pouvaient redouter que le trône devenu un volcan ne vomît plus tard autre chose qu'une déplaisante fumée. Cependant, en attendant que se renouvelassent les confessions si glorieuses des temps passés, elles avaient la consolation de voir le sacerdoce rentré dans ses propres voies, quoique si dédaigneusement repoussé vers ses propres limites.

Il y demeura tout tremblant jusqu'à ce que Jovien, dès le premier instant de son avènement, dissipa ses alarmes. Prince plein de foi, plein de circonspection, de fermeté, mais qui à peine assis sur le trône expira, n'ayant pu que laisser entrevoir ce qu'on ne faisait encore que d'espérer lorsqu'on désespéra, Jovien avait déjà relevé le Sacerdoce, et avec assez de prudence, pour laisser fermées toutes les avenues que recherche avec tant d'avidité l'ambitieux, lorsqu'il fallut quitter la vie et laisser à un autre l'empire.

CHAPITRE II.

Suite jusqu'au règne de Théodose.

Valentinien qui lui succéda put passer à cet
égard pour avoir été le confident de ses hautes
pensées et de ses vues si pleines de sagesse. Sa
réponse à des évêques qui lui demandaient la permission de tenir un concile, consacre les principes
les plus sains et est vraiment une réponse modèle.
Elle prouve que s'il savait faire son affaire de ce
qui regarde la société, il ne le confondait pas avec
ce qui ne touche que la religion, et qu'il ne
sentait pas moins ce qui est de l'évêque pour bien
sentir ce qui est de l'empereur : « je ne dois entrer
» pour rien, dit-il, dans les affaires de doctrine ;
» vous êtes chargés de ce soin, assemblez-vous
» où vous jugerez à propos. » Il savait cependant
que le noble caractère dont le pontife est revêtu
n'ôte point à l'évêque en dehors de ses fonctions
sa qualité de sujet ; car l'hypocrite Auxence sur-
prit-il un instant sa religion, il ordonna que tel
autre orthodoxe et saint prélat sortît de Milan
où il était lui-même, et saint Hilaire obéit.

Que l'empereur ait reconnu que le chef de

l'état, comme tel, devait être étranger à des discussions de doctrine, que les seuls évêques devaient connaître de ces sortes d'affaires, ce sont de ces principes limites, dont l'expérience aurait toujours fait sentir la nécessité quand même la foi n'en aurait pas consacré l'existence ; de ces principes qu'il est beau de professer, qu'il est funeste de méconnaître. Ce qu'ajoute le sage Valentinien : que les évêques s'assemblent là où il leur plaira, pourrait être regardé comme une reconaissance du droit qu'auraient les pontifes de fixer le lieu de leur réunion sans le concours de la puissance séculière.

Qu'ils aient cette indépendance, nous aimons à le penser, nous le trouvons vraisemblable. L'histoire, à la vérité, ne la reconnaît pas, car, à moins que le temps où le sacerdoce profitait avec plus ou moins de succès des conjonctures, on a toujours vu qu'il avait à ce sujet une humble déférence. On pourrait dire que ce qui inspira cette déférence, c'est sans doute que dans ces conciles peuvent se former des orages qui ne peuvent être prévenus ou dissipés qu'à l'ombre ou par l'intervention de la puissance civile. Mais c'est mieux encore le défaut de simplicité, car Pierre fut de Jérusalem à Antioche, d'Antioche à Rome, de Rome encore à Jérusalem où il présida un concile ; l'empereur, les magistrats, les gouverneurs l'ignorèrent. De Claude à Constantin combien n'a-t-on pas tenu de conciles? Est-ce aux frais de l'empire et avec l'agrément de chefs si anti-chrétiens que furent tenus ce qu'on en compte dans les premiers siècles? Nous pensons, et c'est un aveu, que si l'église semble en tutelle et comme en minorité sous ce rapport, c'est le faste des temps qui en est cause.

Mais il faut le dire, vu le dépérissement des mœurs chrétiennes et par suite l'affaiblissement de la foi, ce retour à la simplicité de nos pères ne serait pas sans danger et tout au moins serait-il sans fruit. Il faut aujourd'hui tristement, c'est une nécessité, il faut supposer que les vertus du premier âge du christianisme ne sont pas de notre siècle. Il serait moins à espérer qu'elles s'attirassent du respect, qu'il ne serait à craindre que le dédain, la raillerie ne les déconsidèrent.

Il est si vrai néanmoins que ce que les hommes entreprennent de sur-ajouter à l'œuvre de dieu ne peut que la corrompre; qu'à peine y avait-il un demi-siècle des premières largesses dont Constantin combla le clergé, que ce corps avait perdu de son esprit, et que donnant dans le faste, il méritait la censure. Ammien, Prætestat se la permirent; celui-ci dans ses conversations, l'autre dans son histoire.

Cependant, quand Constantin tendit la main à l'église qui, jusque-là poursuivie, battue de verges, condamnée à périr, mais impérissable, vivait dans les tombeaux, alors la majesté de sa doctrine, l'éclat de ses vertus lui attirèrent toutes sortes d'hommages. Pour lui concilier tant de respect, il ne fut pas nécessaire de songer à des moyens humains. Sa hiérarchie était toute formée, tous les liens de société étaient faits : c'était un enfant de miracle, qui, à cet égard, n'avait point eu d'enfance. Ce n'est qu'à la voir marcher pour la première fois avec le siècle qu'on songea à lui assurer des égards. Elle fut traitée comme l'inspirait le constraste de son extrême simplicité, avec son incomparable grandeur. On pensa qu'il était nécessaire d'assortir son existence nouvelle avec ce quelle avait de si noble. On la combla, comme nous l'avons remarqué, d'immunités, de priviléges et de richesse, et cette pensée, le règne des princes les plus ennemis de la religion, n'empêcha pas que les bons princes ne se la transmissent ; on eut dit qu'ils la trouvaient sur le trône. Ils la suivirent tous avec plus ou moins de prudence les uns que les autres. Valentinien la suivit.

Constantin avait constitué les évêques magistrats libres, c'est-à-dire, qu'on pouvait ne pas en solliciter les arrêts ; mais suprêmes, puisque leur

sentence avait caractère de loi. Valentinien crut
qu'il était en son pouvoir d'ajouter à celle-ci
une autre investiture. Il les reconnut pour juges
naturels dans les causes de discipline et les
matières de foi (*). Il fit mieux sous un autre
rapport que n'avait fait Constantin : éprouvant
le même sentiment de bienveillance, il ne s'y
livra qu'avec plus de réserve. Montant sur le
trône presque après Julien, qui avait révoqué les
largesses impériales, il les renouvela. Mais voulant prévenir les abus, il déclara que certaines donations seraient nulles (**) ; montrant
ainsi qu'il appartient à la puissance séculière
d'imprimer le caractère d'injustice à ce qui ne
l'avait pas, puisqu'on ne pouvait plus profiter
de ces donations sans blesser les droits des
héritiers légitimes. Néanmoins sa législation ne
fut pas en tous points aussi irrépréhensible ;
il atteignit des matières qu'il ne lui appartenait
pas de toucher, telles que l'administration des
sacrements aux acteurs de théâtre (***). Il est
des matières où le concours des deux puissances
est si nécessaire qu'aucune des deux ne peut
exclusivement les traiter sans courir le danger
d'être accusée d'envahir ou d'usurper. Il était

(*) Lebeau, tom. 4., p. 43, vers la fin.
(**) Ibidem.
(***) Ibidem. p. 42 et 43.

sans doute du ressort de l'autorité civile de rendre possibles à ces nouveaux baptisés de se refuser à ce qui ne pouvait que flétrir leur sainte consécration. Leur état d'esclave exigeait du prince qu'il pensât à leur donner une liberté qu'ils n'avaient pas et qu'il pourvût aux intérêts de leur maître. Mais le moyen adopté par le législateur ne pouvait être pris dans la dispensation des choses saintes, sans sortir de son ressort. Le motif était louable, l'acte était répréhensible. Il semble l'avoir senti, car, s'il jette ici des regards paternels sur un infâme moribond, et que voulant à la fois en sanctifier l'agonie et sauver le respect dû à la majesté des sacrements, dès le premier pas il se trouve, sans s'en apercevoir, au-delà de son domaine. En semblable sujet, qui lui inspire ailleurs la même sollicitude, il accorde le même bienfait sans porter la moindre atteinte à l'autorité de l'église. En effet, voyant avec intérêt les filles des actrices assujéties à la condition de leur mère, il se borne à les rendre libres à cet égard.

Sa loi sur l'attribution à faire aux pauvres des amendes par sentences ecclésiastiques dans les causes ecclésiastiques, aurait surpris et nous aurions cru à de l'ombrage, si l'autorité qui infligeait ces amendes n'en avait pas eu, par concession, le pouvoir. On sait que la sentence ecclésiastique ne peut donner par elle-même une action civile contre le condamné, car elle n'a par elle-même rien de civil dans son efficacité. Le coupable qu'elle frappe ne serait pas civilement atteint, si pour le frapper elle n'avait invoqué de l'autorité civile l'indispensable concours. Aussi pouvons-nous dire que Valentinien ne faisait pas en ceci le législateur où il n'aurait pu le faire.

Ce prince fit, par une faiblesse que l'histoire ne lui a point pardonnée, une faute dont les suites furent fâcheuses à la société, déplorables pour l'église. Valens à qui il fit partager les délices, les dangers, les devoirs de la souveraineté, ne porta la pourpre que ponr jeter le trouble dans ses états. Les provinces de l'Orient faisaient son empire, et Constantinople vit arriver un autre Constance pis encore. Engagé par séduction dans l'arianisme, il s'engagea par serment à le soutenir, et le fit jusqu'à être sanguinaire. Nous ne rapporterons de son règne que les traits suivants. Traversant l'Asie, il arrive à Césarée. A peine entré avec toute sa pompe, le religieux appareil de nos cérémonies lui fit sentir dans l'église que la majesté de la religion était au-dessus de ces caprices. S'il avance pour déposer son offrande, la seule indifférence du clergé à la recevoir jusqu'à ce qu'en ait ordonné le saint évêque qui y préside est un coup de foudre qui le terrasse ; il faut qu'on accoure pour le soutenir. Mais dans la conjoncture, S. Basile, qui était la colonne et l'ornement de l'église, ne prit conseil que de la bonté et non de la fermeté de son âme, agissant bien différemment de l'évêque de Tomes, qui à l'entrée de Valens était sorti de son église. Ce n'est pas que Valens eût abandonné l'hérésie, il venait tout à l'heure de faire des martyrs ; et s'il parut s'adoucir, ce ne fut pas pour long-temps. Ce n'est pas non plus que le docte évêque eût trahi la foi : il eut à paraître devant le prince, et s'il ne le convertit pas, il lui fit une heureuse impression. La conduite de l'évêque de Tomes avait excité la fureur de Valens, et on vit s'ouvrir dans l'instant aux soutiens de la foi, aux fidèles, une sanglante carrière (*). La prudence de saint Basile calma, du moins quelques momens, la tempête. Avant et après cette preuve importante de sa condescendance, Basile eut l'honneur de confesser la foi ; il toucha même de fort près au martyre. Les cieux semblèrent réprouver l'impru-dente rudesse de l'évêque de Tomes, car il n'eut point cette gloire. Il serait inutile d'observer que saint Basile sut condescendre sans être tolérant,

(*) Lebeau, tom. 4, p. 56.

car il ne se confondit pas avec les ariens. Nous ne dirons plus rien de Valens, parce qu'il ne fut point législateur, il ne fut que tyran.

Gratien ne fit pas ainsi ; il pensait à son peuple et connaissait ses devoirs. Il détruisit sagement dans l'empire d'occident ce qu'avait fait Constantin. Ne permettant pas que les évêques fussent aussi magistrats, il ordonna qu'il n'y aurait que les juges ordinaires qui connaîtraient des causes civiles, renfermant la juridiction des prélats dans la limite des choses saintes. Ce n'est pas qu'il eût pour la religion moins d'estime que le prince dont nous venons de parler. Ainsi que le prouve sa sévérité contre les hérétiques, il fit des lois contre les donatistes et contre les hérétiques qui troublaient l'église par leurs désordres et l'affligeaient de leurs erreurs. Mais à le rappeler, notre intention n'est pas d'en faire l'occasion de traiter une question sans doute bien importante, parce qu'elle est hors de notre sujet : l'intolérance religieuse et ses bornes, la modération nécessaire à l'intolérance civile, ses excès, ses dangers.

L'erreur, la vérité sont invinciblement exclusives. En outre, plus il y a de lumières chez un peuple, plus on y sent qu'il est contraire à la raison que toutes les religions soient vraies ; que par conséquent, l'unité de société emporte l'unité du culte public, parce que la société veut passer

pour vrai dans sa croyance, à moins qu'elle ne
le puisse, comme lorsque dans le fait elle n'a
point de croyance dominante. On y sent aussi
qu'il n'appartient point à l'homme de constituer
la divinité, mais de la reconnaître, de décider
de son culte, mais d'en accueillir avec respect
toutes les formes; on y sent que celui qui est
dans l'erreur excite l'intérêt plutôt que l'indignation, appelle des égards plutôt que des rigueurs,
à moins que son erreur n'en ait fait un effronté
de la sentine des vices, ou ne soit un outrage
manifeste à la divinité, qu'il est urgent d'arrêter, important de punir. On y sent enfin que
la publicité du culte n'est pas une chose de
goût, mais de nécessité; car, sans cette publicité, le culte serait un outrage; la société n'o-
sant pas déférer publiquement à la divinité ses
hommages, passerait pour en rougir. Quel culte
alors plus impie! Quelle alternative d'encens et
de blasphème!!

CHAPITRE III.

Règne du grand Théodose.

Dès son avènement, Théodose fit dans cet esprit sa célèbre profession de foi, en forme de constitution impériale, mais en style d'indignation. Il en fit une seconde où il déploya toute sa sévérité, et frappa les coups dont il avait menacé dans précédente loi. S'il ne faisait qu'exercer une majestueuse prérogative du trône, il fit sentir, tout en déployant son despotique pouvoir en l'honneur de l'église, qu'il est dangereux de reconnaître cette prérogative, car elle peut tonner contre l'église comme elle tonnait alors contre ses ennemis. Sortons de l'ornière et reprenons la voie.

Théodose portant une ame élevée sur le même trône d'où la mort venait de précipiter l'imbécile Valens, sentit d'autant plus puissamment le besoin de faire cesser l'étrange confusion où il voyait l'empire, et les désordres qui le déchiraient. Ces désordres étant cependant plutôt de l'église que de l'état, il pensa que pour y remédier avec plus de succès, ou du moins par la force avec plus de justice, il fallait qu'il fit intervenir l'autorité d'un concile, et il le convoqua.

Il n'y avait pas encore un siècle que l'église et An 381 l'état s'étaient donné la main, et plus d'une fois on avait vu les chefs de l'état voulant des conciles : on les avait vu avoir en cela pour les pontifes des pensées de souverain; conserver jusque dans le domaine de l'église les hautes habitudes de la souveraineté, et ne pas se douter qu'ils agissaient alors plutôt en chef de l'église qu'en chef de l'état. Valentinien est le seul qui, à cet égard, ait ouvertement reconnu la limite que ne devrait jamais dépasser le chef de l'état. Si d'Auguste à Constantin les empereurs trouvaient sur le trône les insignes pontificaux depuis Constantin, comment aurait-on pu croire à un empereur pontife? Ainsi que nous l'avons déjà reconnu, les empereurs étant comme la personne de l'état, il leur appartient d'en apprécier les besoins, d'aviser à ce qu'on y pourvoie, lorsqu'ils ne peuvent y pourvoir eux-mêmes. Ils ont le droit de provoquer une convocation, mais ce n'est pas en leur nom qu'elle doit être faite. Ce qui est en leur pouvoir, c'est de fixer aux pontifes le lieu de leurs assemblées, et c'est un droit que l'église semble avoir toujours reconnu. Cependant nous devons à la vérité un aveu, c'est que l'histoire ne nous apprend pas que l'église ait regardé ces convocations comme un abus du pouvoir. Aussi respectant sa pensée, ou même sa déférence, malgré notre conviction, nous les regarderons comme légitimes, quant aux conciles que nous appelons nationaux.

Celui-ci devint œcuménique, mais il ne l'était point d'abord; il faudrait en effet du moins pour un concile œcuménique, que les états de l'empereur qui le convoquerait fussent avec l'église identiques en étendue. Une fois assemblés, les évêques convoqués traitèrent, comme à l'écart de l'autorité civile, les matières pour lesquelles on les avait assemblés. Une seule circonstance prouve, à cet égard, la circonspection que s'imposa Théodose. Un parti troublant cette imposante assemblée y prévalut contre le saint prélat de la ville impériale; Théodose n'était pas au concile, il était dans son palais; il n'était pas aux affaires, il était au milieu de la cour.

Quoiqu'il fût pour lui d'un grand intérêt de voir à la tête du riche clergé de Ste. Sophie le vénérable Grégoire, la vénération qu'il lui portait le fit enfin consentir aux instantes prières du pontife, il agréa sa démission. Les évêques furent invités, c'est-à-dire, eurent ordre de faire des choix, d'en faire une liste, et l'empereur choisit sur cette présentation. Voilà deux faits bien importans, qui marquent l'époque de la dépendance de l'église dans ses élections. Cette dépendance s'est soutenue, a passé dans les divers états, ou plutôt y a pris naissance, et le laps du temps l'a légitimée. Elle est cependant née d'une coupable cause. La flatterie, l'ambition, la timidité, la complaisance dont le clergé n'a pu se défendre à respirer l'air de la cour, lui ont fait perdre en liberté ce qu'il a cru gagner en considération. Et ce qui achève de prouver que les cours n'ont presque jamais été pour lui qu'une terre de scandale, c'est qu'il est peu de bons prélats que la contrainte ne les y ait retenus, ou que la persécution ne les en ait bannis.

Si notre but était de faire remarquer les développemens de la puissance ecclésiastique, envisagée seule, nous inscririons, en mémoires, sur nos tablettes que nous n'avons pas encore vu intervenir dans les élections le souverain pontife ; mais en compensation, nous aurions fait ressortir, dans nos développemens, les preuves de la juridiction romaine : juridiction qui a dû, nonobstant la distance des lieux et la difficulté des temps, se faire remarquer. L'église a dû être toujours une, et l'unité de doctrine et de sacrement ne pouvaient suffire à son unité. On sait que la foi, la doctrine en sont la lumière ; mais que de peuples divers éclaire le même jour ! Les sacremens, celui-ci est un bain d'une céleste vertu, celui-là un divin aliment ; tels purifient, tels autres confèrent un caractère d'honneur, communiquent un divin pouvoir et donnent un mandat, une force et pré-

parent à des combats, une vertu et font remplir
de dangereux devoirs. Cependant, pour avoir la
même hiérarchie, mais distincte dans l'ordre judiciaire, la même arme, le Belge et le Français ne
font-ils qu'un seul peuple ? Le même froment donne-
t-il l'unité de nation ? L'unité de discipline fait-elle
l'unité de l'armée chez ces peuples divers ? L'unité
de croyance, l'unité de législation, l'unité de
philosophie, l'unité de raison, l'unité d'éducation,
si l'on ne suppose l'unité de gouvernement, pourraient bien ne faire que de la rivalité, ne feraient
tout au plus que de la sympathie et non point de
l'unité. Ainsi, les cantons helvétiques n'ont l'unité
de nation, que parce qu'ils ont aussi l'unité de
gouvernement, car la mobilité de la présidence
n'importe point à cette dernière unité. Ce qui
prouve que l'église doit avoir cette unité de régime, c'est que sans cette unité, les églises des
diverses contrées ne faisant pas une église, mais
des églises diverses, le divin fondateur du christianisme n'aurait pas atteint son but, car il n'en
a voulu qu'une, non plusieurs ; il n'a jamais dit
mes églises, mais mon église. Notre but n'étant
pas de remarquer ce qui servirait de preuve à
cette unité, nous n'en traiterons pas ; revenons
donc à Théodose.

L'épiscopat lui inspirait tant de respect, qu'il
An 381 défendit aux magistrats d'appeler les évêques à

comparaître devant eux comme témoins. Il ne peut se défendre d'honorer à ce sujet d'un autre privilége le sacerdoce du second ordre, mais d'un style bien différent, et qui prouve à quelle distance dans sa pensée étaient l'un et l'autre, le prêtre et le pontife. A peu d'années de cette loi rendue à Constantinople, se passa sur les frontières de notre France le fait en sens contraire, ce semble de cette même opinion, et dont nous avons rendu compte. On dirait que le saint évêque de Tours aurait blâmé Théodose de peindre à si grands traits cette différence. Ce sont de ces matières sur lesquelles l'opinion ne peut être que variable; ce qu'il y a de certain, c'est qu'on ne saurait nier la distinction, non plus qu'apprécier, ni contester la différence.

C'est non seulement à faire ainsi les honneurs chez lui, que le prince accueillait le sacerdoce de la main dont il tenait le sceptre; c'est encore en toute rencontre. Il se maintint de bonne foi en possession d'un droit insensiblement usurpé, la convocation des conciles. Un second, un troisième concile à Constantinople, un à Aquilée, un à Rome, furent convoqués, le dernier par Gratien, les autres par Théodose. Celui-ci, dans le combat de l'église contre l'hérésie, se permettant le conseil, le commandement, comme s'il se fût agi de conduire à la victoire les sujets de l'empire contre les ennemis de l'état, laissa regretter que sa propre sagesse l'eût abandonné. On vit les ennemis de la foi se jouer de sa prudence, éluder sa fermeté, jusque-là qu'il parut convoquer les orthodoxes au gré des hérétiques, comme pour mettre enfin de la confusion dans les professions de foi (*). Il ne pouvait mieux faire sentir qu'à ne pas faire à la puissance souveraine le dépôt de la foi, on ne lui départit pas la sagesse avec laquelle le dépositaire devait veiller à cet inestimable dépôt. L'évêque d'Icone lui fit agréablement et profondément sentir l'indécence et presque le blasphème de sa condescendance.

Nous en sommes à une de ces époques marquées par l'affaiblissement de la puissance temporelle, occasionné alors en occident par l'inhabileté du prince et les ébranlemens que la société ressentit des efforts que faisait un aspirant à la tyrannie, quand il sortit de son néant comme un monstre du fond des eaux. Dans ces tristes conjonctures, la puissance ecclésiastique conçut le projet de son affranchissement ; d'abord elle ressaisit ce qu'on lui avait ôté. Il fut, en effet, tenu, sans l'aveu des souverains, des conciles dans les contrées occidentales de l'empire.

Les fétides erreurs que vomissait dans sa contrée

____

(*) Lebeau, tom. 5, p. 71.

l'infâme Prissilien, firent en Espagne une peste pour les esprits. Le clergé s'en alarma, et ne comprit jamais mieux toute la hauteur de son importante mission, celle de conserver les mœurs aussi bien que la foi : se sentant plus libre il s'abandonna comme par entraînement au zèle que lui inspirait le danger. Il se constitua non à l'ombre des forêts, non plus que dans les petits lieux, mais dans l'enceinte des villes en assemblées, où on ne résolut, dans une sainte indépendance, que la proscription d'une doctrine corruptrice, et le sage dessein de consacrer des moyens préservatifs par des préceptes nouveaux. Qu'importait à l'empire les canons qui furent dressés dans ces saintes assemblées ? Ils ne pouvaient introduire dans l'état rien de nouveau, sinon l'assainissement des esprits, le raffermissement des mœurs. C'était tout autant de vénérables académies, qui alimentaient la lampe de la vertu, pour en conserver à tous les âges, malgré la corruption du siècle, l'inestimable lumière.

C'est dans ces sortes de périls ou pour les mœurs ou pour la foi, qu'on reconnaît la puissance des esprits vitaux de l'église. Si l'erreur se fait des suppôts, la vérité, la vertu, donnent une impulsion : les chemins se couvrent, les cités se remplissent, et tout semble concourir à la célébration des conciles. Ainsi à Alexandrie, sous l'évêque Alexandre, l'erreur plusieurs fois fut-elle foudroyée. Alors cependant pour toucher de si près à l'aurore du beau siècle de Constantin, on en était encore presque partout dans les ténèbres du paganisme; mais on était au moins en possession de soutenir avec indépendance les intérêts de la foi. A l'époque où nous en sommes venus, il n'eut point suffi de ces droits non plus que de cet appel, par manière d'instinct, de la vérité à tous ses amis contre l'erreur, la supplique à Valentinien, par les évêques du Pont, prouve bien la dépendance du sacerdoce à cet égard. C'était donc que le sacerdoce était devenu libre, s'il lança avec autant de liberté ses anathèmes contre l'erreur naissante; s'il pourvut avec tant de liberté que de sagesse au maintien de la saine morale.

Le concile de Saragosse ne s'occupa que de ce double et si digne objet de la sollicitude de l'église. Les huit canons qu'il dressa sont des règles de circonstance pleines de sagesse et totalement en dehors d'une législation civile.

Celui de Bordeaux fut moins une assemblée qu'une cour, bien que ne sortant pas des bornes de la juridiction ecclésiastique dans ses discussions, non plus que dans ses arrêts. Instance y fut déposé. Les évêques y étaient si éloignés de rien entreprendre contre l'autorité temporelle, que par trop d'égards ils firent une faute dont ils furent généralement blâmés.

Nous devons néanmoins remarquer un fait qui précéda ce concile, et peut être regardé comme un trait caractéristique qui sert à mettre à découvert l'impuissance de la sainteté pour empêcher le zèle de sortir de ses propres limites. Le saint évêque de Bordeaux, agissant mieux en gouverneur de sa propre cité qu'en pontife, en fit fermer les portes quand, pour la première fois, l'audacieux hérésiarque se présenta. Les premiers siècles comptèrent leurs hérésies ; on eut dit que l'hérétique portait sur son front les symboles de son erreur, ou la flétrissure de son infâme doctrine : cependant le bannissait-on de la cité ? Fermait-on les portes des villes ? Tertullien, infidèle et dissolu, vivait à Carthage : enfant de l'église, prêtre et docteur, il y vécut. Devenu hérétique, devenu hérésiarque, il fut banni de l'église, sans sortir de sa cité où il passa jusqu'à sa mort le reste de ses jours et à la tête de ses sectaires. Si l'autorité séculière ne sévit pas contre lui, ce n'est pas seulement que les temps n'étaient pas encore venus où, au lieu de traiter l'église en ennemie, elle la regarderait comme sa sœur et presque sa pupille. C'est que Tertulien cessant de respecter la foi, ne cessait pas de respecter les mœurs. Dioclétien, dans sa haine contre l'église, confondant le saint et l'infâme, ne faisait grâce, il est vrai, pas mieux aux plus vertueux chrétiens qu'aux plus corrompus hérétiques ; mais il est remarquable que livrant à la hâche du bourreau les sectateurs de Manès, s'il motive son arrêt de mort sur la prétendue nécessité de soutenir la religion de ses pères, il ajoute que, pour ceux-ci, c'est encore pour défendre les mœurs de l'empire : preuve manifeste de la vérité de ce que nous avons dit sur l'intolérance civile.

Ce n'est pas seulement dans ce qu'on appelait encore alors la Gaule et l'Ibérie, que le sacerdoce se montrait en possession de son indépendance. Ce spectacle n'était nullement nouveau dans la province d'Afrique. Dans cette contrée, parce que sans doute il y était plus éloigné du centre de l'empire, et qu'il se trouvait dans une atmosphère totalement dégagée des funestes miasmes de la cour, le pontife fut constamment plus libre et même trop. Aussi les règlements du concile de Nicée sur la tenue des synodes et des conciles provinciaux, y furent plus constamment suivis que partout ailleurs jusqu'à l'invasion des Vandales. Aussi, si Carthage vit si fréquemment dans son enceinte une belle portion du sénat de l'église en session législative, elle put s'étonner un jour (*) que cette législature eût entrepris contre

(*) Fleury. tom. 3, in 8.°, p. 432.

l'autorité des Césars. Si l'histoire ne dit rien de cette surprise, c'est que les chrétiens, comme chrétiens, étaient de long-temps accoutumés à regarder, dans ces augustes réunions, les pontifes comme leur législateur. Ils recevaient avec foi toutes leurs décisions, avec soumission toutes leurs lois. Et bien que fidèles sujets de l'empire, il ne leur vint jamais dans la pensée qu'il fût besoin de la sanction du prince. Le prince même, qui n'ignorait pas que cette législature était périodiquement en session, n'en eut pas la pensée. Cependant un de ces conciles tenu pendant le sommeil des hommes d'état, offre des dispositions d'une pénalité qui n'a pu être du ressort d'une législature ecclésiastique, que par une usurpation évidente. Le canon 8.me du 2.me concile tenu An 390 dans cette antique cité, porta la peine du bannissement contre le prêtre insoumis et rebelle à l'évêque. Encore si les termes avaient pu être restreints à la déposition; mais après avoir dit : *locum amittat*, on ajoute *nihilominùs de civitate et congregatione in quâ fuerit longiùs repellatur* (*). Que l'on dise que l'évêque est le magistrat de ses prêtres, c'est néanmoins une usurpation qu'on ait pu prononcer une peine civile.

Quand ce concile fut tenu, on touchait de

(*) Cellier, tom. 5, p. 697.

si près à la décadence de l'empire, que Thédose, dont la mort en fixa l'époque, était sur le bord de la tombe, et ce qui prouve que cette province si séparée du reste de l'empire a dû se sentir avant cette mort de la caducité de l'état, c'est qu'on ne voit pas que les éminentes qualités de Théodose, qui redonnaient partout ailleurs la vie, la vigueur de la jeunesse et la gloire, s'y soient jamais faites sentir. Cette province paraissait n'être plus que le dernier objet de la sollicitude du prince. Bien plus, dans une circonstance il parut la regarder comme la sentine de l'état. Il envoya dans une portion de cette vaste contrée des barbares indisciplinés, dont le grand nombre lui inspirait des craintes. Et si quelques années plus tard il en admit d'autres dans le cœur de l'empire, il avait attendu d'en avoir adouci la férocité et déconcerté la fière indépendance. Il est donc plus que vraisemblable que lorsque ce concile fut tenu à Carthage, dans la province dont cette grande cité était la capitale, l'autorité civile devenue languissante, ne pouvant que trop facilement perdre le premier rang, le perdit. Ce qui achève la conviction, c'est que c'est la première fois que ce délit est puni d'une peine civile par la législation ecclésiastique.

En effet, le concile de Nicée, dans son **16**.me canon, n'emploie que la censure. Le canon **23**.me du **2.**^{me} concile d'Arles, ne consacre d'autre moyen de contrainte. Dans les sessions orthodoxes du concile d'Antioche, dit de la dédicace, on s'occupe du même délit; on sent que la censure peut être insuffisante et le bannissement commence à être regardé comme nécessaire : mais les rênes de l'état ne faisant encore que de tomber des mains de Constantin, la puissance impériale avait trop de majesté pour que les pontifes fissent autre chose qu'implorer ce qu'on appelle en style canonique le secours du bras séculier. Le canon qui en est le cinquième se termine ainsi : *is per externam potentiam ut seditiosus castigetur.* Mais en Afrique les évêques se crurent assez indépendants pour s'affranchir de ce recours, et imposèrent par eux-mêmes la peine du bannissement, de sorte qu'elle devint une peine canonique.

On demandera sans doute quels étaient les moyens physiques employés pour contraindre à subir la peine ; nous pouvons nous borner à faire observer que la puissance ecclésiastique s'étant donnée le premier rang, en jouissait sans se douter que la puissance civile eût de la répugnance à n'avoir plus par rapport à elle que le second. Ce canon du **2.**^{me} concile d'Afrique, dont la lettre renferme une entreprise manifeste contre l'autorité civile, est encore la seule tache à la législation de l'église. Il ne nous paraît pas hors

de propos d'observer que si l'église est irrépréhensible et immuable dans sa foi , elle n'est pas
invariable dans sa discipline. Aussi verrons-nous
en cette dernière matière se reproduire de semblables , s'introduire même de plus graves abus.
Le moment n'était pas encore venu , et depuis
l'origine du christianisme c'est la seule fois qu'on
a pu lui surprendre un style qui , disons le
dans son intérêt , disons-le avec un respectueux
courage , un style qui ne lui convient pas. Ce
canon excepté, toutes les lois qu'elle avait rendues ,
quelle rendait ; tous les règlemens qu'elle avait
consacrés , qu'elle consacrait ; étaient dignes d'elle
et de son divin fondateur. Nous pourrions signaler ici (*) la première époque de la continence du prêtre et nous efforcer de lui assurer
pour les temps où nous vivons le respect que
devrait lui concilier son antiquité. Nous aurions
en même-temps de nombreux matériaux pour
établir la différence des vœux du cloître et des
généreuses promesses du sanctuaire dont la nature ,
la nécessité , et par suite la perpétuité , sont si
bien indiquées dans les livres historiques de
l'ancienne loi (**). Le souverain pontife pour

(*) Canon 2.ᵉ même concile ; omnibus placet ut episcopi,
presbyteri et diaconi et qui sacramenta contractant ab uxoribus se
contineant. Carranza , p. , 119 ch.

(**) 1ʳ. liv. des rois , ch. 21 3 , 4 , 5 , et 6.

permettre qu'on se nourrisse d'un pain qui n'avait de sacré que sa destination, demande la continence: on lui répond qu'il n'a pu en être autrement. Mais ni l'un ni l'autre ne sont pas notre sujet.

Revenons sur nos pas et éloignons-nous de quelques années de la fin du quatrième siècle, pour assister aux glorieux débats de Saint-Ambroise avec une hérétique couronnée, l'impérieuse Justine, indigne femme, indigne mère, qui ne dut sa moitié An 385. de diadème qu'à des noces adultères, et ne vit l'exaltation d'un prince encore au berceau, que pour penser à tous les projets d'une odieuse régence. Plus tard, et elle venait tout-à-l'heure de recevoir du saint évêque de Milan un service des plus signalés, elle entra dans cette ville, sa capitale, oubliant les droits de la reconnaissance, et toute décidée à persécuter Ambroise, le sacrifier même; car si le saint évêque ne périt point dans ces dangereux démêlés, ce fut bien moins à l'humanité de la furibonde régente qu'il en fut redevable, qu'à la protection de celui qui eut assez de puissance pour mettre une barrière à la fureur des flots.

Hérétique, elle avait avec elle sa petite église toute constituée. Un scélérat, à qui l'hérésie tint lieu de mérite, et qui, comme s'il avait eu de pudeur quand on le consacra, ne voulut pas que son nom fût celui d'un évêque, était l'évêque à qui, dans Milan, elle voulait faire un troupeau et donner un temple. Alors, et de long-temps déjà, il était reconnu que l'évêque et non l'état avait le domaine des temples par la munificence des princes ; il fallut donc penser à obtenir, soit de gré, soit de force, ce qu'on n'avait pas. Ambroise fut mandé à la cour ; on pria, mais bientôt on ne connut que le commandement et la menace. Le ferme prélat, sans perdre le calme de sa belle âme, ne céda aux émotions qu'on lui faisait sentir, que pour s'efforcer d'ouvrir les yeux du jeune prince. Comme il était ainsi saintement occupé à soutenir avec un saint zèle et une respectueuse dignité les intérêts de la foi, les habitans presque tous catholiques de cette belle cité se persuadèrent que leur évêque courait de grands dangers ; tout-à-coup la scène changea : leur vif intérêt pour leur évêque et leur foi fit prendre aux orthodoxes les manières tumultueuses de la rebellion. C'est alors que le saint commença avec son beau caractère à mettre en évidence les bornes que doivent se prescrire le prêtre, le laïque dans leur résistance à l'action de la puissance civile, quand celle-ci attente à l'intégrité de la foi, à la majesté de la religion. Les troubles s'apaisèrent ; il fit voir, par ses exemples et ses exhortations, que cette résistance pour ne jamais céder, pas même sous la main du licteur, ne doit rien emprunter à l'insubordination ; car alors elle serait

coupable. Ne pas acquiescer, protester, ne pas
agir, voilà la seule étendue de la résistance religieuse telle que le mirent avec tant d'éclat au
grand jour et les vertus et les lumières du docte,
ferme et saint prélat de l'église de Milan. Que
l'empereur eût fait bâtir une église, Ambroise
ne pouvait s'y opposer. Qu'il demandât pour les
hérétiques une de ses églises au prélat, c'est ce
que celui-ci ne pouvait accorder. Il eût participé
à l'outrage que faisait à l'être suprême un culte
qui en était réprouvé. L'odieux de ce blasphème,
dont on l'aurait rendu coupable, faisait dans
l'évêque tout le principe de sa résistance et l'aliment de sa noble fermeté. A résister, sans s'y
exposer témérairement, il ne craignit jamais le
danger. Il ne s'occupa dans ses prévisions d'écarter
les périls que pour son troupeau, que pour le
trône, et même pour le téméraire hérétique. Les
soldats, fidèles à la foi de leur père, désertent
en foule les enseignes du prince qui les envoie
s'emparer d'une église, courent se réunir aux
fidèles, se réunir à l'évêque. S'il n'eût point
eu l'âme d'un prélat, que seraient devenus Justine
et le trop jeune empereur? Là où arrivent les
cohortes, qu'on eût trouvé si prêtes à défendre
la foi autrement que ne faisait l'évêque, on ne
pense qu'à la prière, on ne connaît que la prière.
Oui, les troubles ne furent prévenus que par la

prière et les exhortations du pontife! Sa prudence, cependant, ne pouvait empêcher tous les maux. Le peuple apprend que les hérétiques de la cour avaient pris possession d'une basilique; il se soulève, y accourt, les disperse; mais ne connaissant plus de frein dans l'excès de son indignation, il se livre à de coupables emportemens. Un prêtre arien va être victime; de moins exaltés s'empressent d'en aviser Ambroise qui offrait alors les saints mystères. Son âme frémit; il ne peut quitter, mais il envoie : le malheureux est sauvé, et les troubles encore s'apaisent. Le grand chambellan se laisse aller à d'indignes emportemens, menace le prélat de lui abattre la tête : « frappe, » dit Ambroise, tu feras l'office d'un eunuque, et moi celui d'un évêque. » Enfin son beau courage, sa prudente fermeté furent cette fois couronnés du succès; l'orage se dissipa. L'année d'après, le même courage, la même fermeté, la même prudence, en triomphèrent, et pour la vie du saint prélat.

Pendant les scandaleux débats dont la cour affligeait l'église, le jeune prince, sous la tutelle de sa fougueuse mère, eut quelque chose de la belle humeur de Constance. Il prit en quelque manière l'initiative en matière de foi. Plus réservé néanmoins que ne l'avait été Constance, et que ne le comportait son âge, sans doute parce que Justine, sa conseillère, trouvait partout d'insurmontables barrières, il se borna à donner aux ariens la publicité du culte. Ne blessa-t-il pas à cet égard la société autant que la religion, ainsi qu'on l'a vu par nos réflexions sur l'intolérance civile? Mais ce n'était là qu'un outrage qui ne pouvait nuire, ni à la foi du catholique ni à la tranquillité de l'état. Son erreur, avec des éclats plus ou moins modérés, continua jusqu'à ce moment où de nouveaux malheurs mirent inutilement en jeu la générosité d'Ambroise, et forcèrent le prince à se jeter dans les bras de Théodose. Celui-ci le convainquit, le ramena à An 387. la foi, et prépara le développement des belles qualités qui rendirent ce prince digne de l'empire.

C'est alors que Théodose vint pour la première fois dans l'occident, depuis son exaltation à l'empire ; et, ainsi que Justine et son fils, il eut à éprouver la fermeté et la sainte hardiesse d'Ambroise. Il était dans les destinées de celui-ci de soutenir les intérêts de la foi , de mettre dans son éclat la majesté du sacerdoce, de conserver aux règles de l'église leur inflexible rigueur, non seulement à l'égard des fidèles, à l'égard des princes même. Ailleurs que dans l'église, soumis , fidèle , respectueux , le plus dévoué sujet, il fit sentir dans l'église à Théodose que , dans l'église, Théodose était le sujet, Ambroise était

le prince : faisant ainsi apercevoir l'énorme différence, dans le sanctuaire, du sceptre que tient
le chef de l'empire, et du bâton de voyage
que tient dans ses mains le pontife. Voilà, mais
voilà seulement où les pontifes sont presque des
rois; avec cette différence qu'à suspendre les
sublimes fonctions du sanctuaire, ils ne peuvent
adresser la parole aux peuples que pour leur faire
respecter toutes les vertus sans doute; mais principalement les droits du père de famille, les devoirs
du frère et de la sœur, de l'ami et de l'ennemi,
les droits de l'époux et de l'épouse, du magistrat,
du souverain. Ils sont alors des hommes qui
n'appartiennent plus à la terre, et qui venus des
cieux, n'ont d'autre mission que de remettre dans
la ligne de ses devoirs celui qui s'en écarte, le
réconcilier avec son Dieu, ainsi que nous l'avons
déjà fait remarquer, et le faire obéir à la loi de
son prince en ce que cette loi n'a rien de contraire
aux mœurs ou à la foi.

Ne trouvant rien de ce qui se réfère à notre
sujet d'ici à la fin du règne de Théodose, nous
passerons à celui de ses enfans.

CHAPITRE IV.

Cinquième Siècle.

A passer des mains de Théodose dans les mains de ses enfans, l'empire perdit tout-à-coup de sa majesté et de sa consistance. De coupables ministres dans le délire de l'ambition n'eurent pas horreur d'appeler à leur secours les ennemis de l'état. Ils les enhardirent à violer les frontières, et des essaims de barbares envahirent l'empire presque de toutes parts. Rome et tout l'occident, Constantinople et toute l'Asie se virent exposés à toutes sortes d'insultes. La terreur, les alarmes furent le triste partage de cette vaste population composée de tant de peuples divers, et qu'avaient régi avec tant de bonheur les lois de Théodose. On passa ainsi nombre d'années sur les bords de l'abîme. On y était encore, lorsque le siècle qui finissait se termina, et le siècle qui le suivit commença par de nouvelles alarmes. Dans cette situation si convulsive où le pontife ne pouvait avoir d'autre pensée que de s'efforcer, par de ferventes prières, de détourner les derniers malheurs de l'état, on sent bien que le sacerdoce et l'empire ne pouvaient se commettre. Cependant il y eut quelques débats, et ce fugitif qu'avait accueilli Théodose, parce qu'il ne prévit pas que l'ingrat on le verrait lever un jour l'étendard contre son fils, ce fugitif, en bien indigne sujet, en fournit la première occassion.

Il demanda en maître à son prince un oratoire dans l'enceinte de la capitale contre les ordonnances du défunt empereur. Cette demande, si indécente dans les formes, car elle ne pouvait être plus impérieuse, donna au célèbre Chrysostôme le même sujet de déployer la fermeté de caractère, les richesses d'éloquence, qu'avait eues le Chrysostôme de l'occident ; avec cette différence que Justine voulait être impérieusement obéie, et que le jeune Arcade, à peine relevé de minorité, outre son incapacité pour soutenir les droits et l'autorité de la couronne, ne trouvant plus que des ennemis ou des rebelles, ne contraignait que par faiblesse le saint évêque à faire à Constantinople ce qu'avait fait saint Ambroise à Milan. Aussi le pontife n'eut qu'à soutenir le faible empereur.

Bientôt le saint prélat devint l'objet d'une odieuse et longue persécution. Mais comme son zèle contre les vices du siècle la lui suscita, les manœuvres que l'on se permit, les ressorts que fit mouvoir la méchante Eudoxie, le soulèvement du clergé, d'une certaine partie du moins du corps épiscopal, les bassesses des évêques de

cour qui favorisaient les vues de la fière et haineuse impératrice, la résignation, la constance,
et enfin la mort du saint pontife, ont trop du
personnel pour nous y arrêter ; cependant nous
ne pouvons passer sous silence l'ordonnance d'Arcade à ce sujet. Les catholiques regardant comme
illégitime le prélat qu'on leur donna dès l'exil de
Chrysostôme, désertaient les églises du nouvel élu,
et s'assemblaient ailleurs. Dans les villes où, en
déposant les évêques du parti de l'illustre victime,
on donna lieu à un schisme semblable, on voyait
de ces désertions. Les peuples s'assemblaient à la
porte des villes, ainsi que paraissaient l'autoriser
les lois des règnes précédents. Flétrissant les hérétiques, ces lois ne leur permettaient de se réunir
qu'en dehors de leurs cités. Arcade ne considé-
rant pas les dissidents comme des hérétiques,
pouvait s'occuper en souverain de cette dissidence,
mais il ne pouvait pas lui appartenir d'être législateur. Sa loi contre ces assemblées est un abus
de pouvoir.

L'orthodoxe, comme chrétien, ne relève que de
l'église ou du pontife, ainsi que, comme membre
de société, il ne relève que du prince ou de l'état.
La religion, l'état, ont leurs principes constitutifs
divers ; rien ne saurait être commun que dans
un légitime concours. Les confondre, c'est non
seulement les déplacer, c'est les altérer, les détruire.

Il est aussi ridicule en religion que le prince fasse ce qui ne compète que le pontife, que dans le civil il serait ridicule au pontife de faire le chef d'état. Dira-t-on que le vieil Arsance comme pontife, sollicitait ce concours du prince? Nous avons observé qu'il n'y avait qu'un concours légitime qui justifiât les actes du pouvoir.

C'est un de ces abus qui prouvent que s'il y a eu des avantages dans les recours au bras séculier, ce recours a donné aux princes une sorte de suzeraineté qu'on pouvait prévoir n'être pas toujours utile à la religion. Dans les trois premiers siècles on ne put pas même penser à la dangereuse utilité de ce recours; cependant il ne manqua ni de schismes, ni d'hérésies, et la religion ne perdit ni en pureté, ni en autorité, ni en catholicité. Le rescrit d'Aurélien contre Paul de Samosate à Antioche, ne saurait faire exemple, car il n'est pas dit que le légitime évêque fût intervenu, mais bien que les chrétiens prièrent l'empereur de connaître de cette affaire. Une puissante recommandation sans doute gracieusement accueillie, voilà tout le principe de cette décision dont on a tiré des conséquences forcées; car, parce qu'il renvoya les parties devant l'évêque de Rome, on a cru qu'il pensait que ce dernier pontife devait être le chef de l'église: comme si les préjugés pour sa capitale ne pouvaient lui inspirer ce que lui aurait dicté la connaissance de la hiérarchie de l'église. Ce qui prouve qu'il ne s'était pas mis à même de connaître le christianisme, c'est que loin de l'estimer il le persécuta.

Le fils aussi de Théodose le persécuta. Il fit déposer, il exila nombre d'évêques; il jeta nombre et nombre de chrétiens dans les cachots. Il voulait une réunion et il ne l'obtint pas. C'est qu'au lieu de l'insinuer, il l'ordonna. C'est mieux encore que parlant avec empire où il n'avait aucune autorité il n'était plus dans l'ordre. Rien n'est plus inutile que ce qui est hors de l'ordre. En dépit de ses violences, il mourut sans l'avoir obtenu. An 408.

Honorius, qui ne montra pas dans l'occident moins d'incapacité, prit chaleur pour les intérêts de l'église, et, quoique peu judicieux, il eut le bonheur de n'élever la voix que contre les ennemis de la foi. Dans les commencemens de son règne, il fit à bonne intention la méprise qu'avait fait tel autre de ses prédécesseurs : instituant les évêques seuls juges en matière de discipline An 408. et de foi. Plus tard, il renouvela la conversion de l'épiscopat en magistrature civile, telle que l'avaient faite Constantin et Valentinien, ainsi que nous l'avons remarqué; mais avec une différence; car il ne faisait des évêques, que des préfets du prétoire. A ce retour à d'anciennes ordonnances on aurait lieu de s'étonner du peu d'effet, de la faveur avec laquelle l'autorité temporelle accueillait la puissance ecclésiastique et du penchant de cette dernière à un travestissement séculier, si on ne savait qu'il y a dans celle-ci quelque chose de si naturellement antipathique à ces concessions, qu'il n'estpas surprenant qu'elles tombassent d'abord en vétusté. Enfin, vers le milieu de sa course et au sujet des troubles de l'église d'Arles, Honorius rendit une loi qui consomma, dans le civil, l'indépendance du clergé. Ne permettant plus d'accuser les membres de ce corps devant les magistrats civils, il fit pour les ecclésiastiques, en matière civile, un barreau à deux couleurs dans les appartemens de l'évêque. Cette loi de confusion, qui acheva l'œuvre de long-temps commencée de l'émancipation civile du clergé, mêlant les couleurs du sanctuaire avec celles de la magistrature, semble en la travestissant introduire dans le temporel la puissance ecclésiastique, et l'inviter à une nouvelle carrière : elle y entra. Pour mieux juger des progrès qu'elle y fera, remarquons dans les conciles les pas qu'elle avait déjà faits vers ce but où tout contribuait si bien à la diriger.

An 412.

On ne trouverait rien à relever dans les quatres canons du concile de Valence, dans l'ancien Dauphiné, tenu l'an **374** (*), dont le

(*) Nat. Alex., 4.me siècle, 1.re partie, p. 307.

1.er se réfère au 20.me § (*); le 2.me se réfère au 2.me §; le 4.me au 14.me §; le 3.me au 15.me §.

Dans le 2.me concile de Carthage, tenu en 390 (**), on dressa treize canons, dont les 4, 5, 6, 7, 8, 9 et 12.me se rapportent au 14.me §. Quant au 2.me canon, il en a été question, ainsi que du 8.me (***); mais ce dernier n'ayant pas été donné en entier par le canoniste Carranza (****), nous l'avons pris dans Cellier (*****); nous engageons le lecteur à revoir ce que nous avons dit. Le 3.me au 15.me §; le 10.me au 26.me §; le 11.me se rapporte au 24.me §; le 1er canon, improprement appelé ainsi, est une définition de foi.

Les 1, 21, 28, 41, 44.me canons du 3.me concile, tenu dans cette ville an 397 (******),

(*) Nat. Alex., 4.me siècle, 1.re partie, p. 307.

(**) Le Cellier, tom. 5, p. 694.

(***) P. 21.

(****) Placet ut si presbyter excommunicatus aut correctus à suo episcopo sacrificare præsompserit anathematisetur. Carranza, p. 110, v.º

(*****) Nec illud prætermittendum ut si quis forté presbyter ab episcopo suo correctus aut excommunicatus, tumore, vel superbiâ inflatus putaverit separatim deo sacrificia offerenda, vel aliud erigendum altare contra ecclesiasticam fidem, disciplinamque crediderit, non exeat impunitus; nihilominùs et de civitate et congregatione in quà fuerit, longiùs repellatur. Cellier, tom. 5, p. 697, notes.

(******) Nat. Alex., 4.me siècle, 1.re partie, p. 314.

rapport au 14.me §; les 4, 56, 29, 51, 32, 54, 55, 56 et 48.me, au 15.me §; le 39.me, au 56.me §; le 18.me, au 1er §; les 17, 25 et 33.me, au 2.me §; le 42.me, au 6.me §; le 19.me, au 7.me §; le 15.me, au 11.me §; le 16.me, au 13.me §. Ce canon défend toute perception d'intérêt, mais seulement aux ecclésiastiques, et, par conséquent, le silence gardé sur les laïques, conserve toute sa force contre cette défense, comme de droit naturel ou divin. En outre, les principes que nous avons établis (1), nous semblent montrer l'insuffisance de cette autorité. Les 42, 11, 13, 14 et 27.me, au 16.me §; le 30.me, au 17.me §; les 23, 24, 29 et 47.me, au 20 §; le 2.me au 22.me §; les 20, 37, 30, 42, 43 et 46.me, au 24.me §; les 3, 26, 51, 45 et 49.me, au 25.me §; les 7, 8, 9, 10 et 40me, au 26.me §; le 50.me est sur les livres canoniques.

Les 3, 4, 5, 6, 7, 8, 9, 10, 15, 22, 41, 54, 55, 56, 57, 60, 64, et jusqu'à 81; les 85, 86, 88, 90, 91.e canons du 4e. concile tenu à Carthage, en 398 (2), se réfèrent au 15 §; les 1 et 2.e, au 36.e §; les 61 et 62, au 35, §; les 54.e, 55, 56, 57, 58, 59,

____

(1) P.

(2) Le Cellier, tom. 10, p. 686.

40, 42, 43, 59, 63 et 67, 68, 69, au 14.e, §; les 71, 89, au 1r. §; les 46.e et 104.e au 2, §; le 64.e au 10, §; le 67 au 13, §; Ce canon fait de l'usure un empêchement à l'admission dans le clergé. Ce que nous avons dit du 13 canon du concile précédent lui est applicable. Les 16, 18, 19, 44, 45, 47, 48, 49, 50, 58, 70, 72, 73, 102.e canons se rapportent au 16 §; le 84 au 20 §; le 27, au 24.e § ; les 17, 20, 21, 23, 24, 25, 33, 97, au 25 §; les 28, 29, 30, 66, et 96, au 26.e §; le 65.e au 27.e §; les 11 et 18.e au 28.me §; les 14, 15, 51, 53, 52 au 29.me § ; les 87, 93, 94, 95, 98, 99 et 100.me au 30.me §; les 82 et 83.me, au 31.me §; les 52, 92, 101 et 103.me, au 32.me §.

Vient ensuite le concile de Tolède, tenu en 400 (*); on en répartira les 20 canons sous les divers titres indiqués, savoir : les 1.er, 6, 4, 16, 17 et 19.me, au 2.me §; les 2, 5, 8 et 20.me, au 14.me §; le 14.me, au 15.me §; les 15 et 18.me, au 35.me §; le 12.me, au 19.me §; les 10 et 11.me, au 25.me §; le 5.me, au 29.me §; le 9.me, au 31.me §; le 7.me canon permet aux ecclésiastiques mariés dont les femmes sont tombées dans l'incontinence d'user de toute

____

(1) Cellier, tom. 10, p. 708.

leur puissance de mari. Étendant même les limites de cette autorité, on leur permet de les enfermer dans leur maison, les enchaîner, les mettre au pain et à l'eau. (1) N'était-ce pas de la part de la puissance ecclésiastique dépasser ses propres limites? Cet abus de pouvoir ne venait que des immunités cléricales et des préjugés qui obsèdent naturellement le pontife au milieu de ses prêtres.

Enfin, en terminant cette revue des conciles qui ont précédé, par le 5e. concile de Carthage, sous la date de l'an 400 (2), on fera des 15e. canons qui y furent dressés la distribution suivante : le 1r. au 33 §; le 15e. au 1r. §; le 3e. au 7e §; le 11e. au 14e. §; le 6e. au 15e. §; Le 13e. au 19e. §; le 7e. au 22e. §; les 2e. 5e. et 10e. au 25e. §; le 12e. au 26e. §; le 14e. au 27e. §; le 4e. au 32e. §; le 8e. est sur la vacance des sièges, et enfin le 9e. est une injonction aux évêques de solliciter des empereurs le choix d'officiers civils appelés défenseurs. Le motif était digne de la charité chrétienne ; néanmoins c'était demander une émanation civile de la puissance de l'état.

Sous le faible Honorius tout étant en soulève-

(1) Placuit ut si quorumcunque clericorum uxores peccaverint..... accipiant mariti (præter necem) hanc potestatem custodiendi, ligandi in domo suâ, ad jejunia cogentes..... Carranza p. 128.

(2) Cellier, tom. 10, p. 696.

ment, les hérétiques participèrent à cet esprit de révolte, se croyant plus libres parce que le chef de l'empire ne pouvait être craint. Sans être cependant en révolte ouverte contre l'état et donnant à leurs efforts des couleurs religieuses, ils ne gardaient point de mesure. C'est ce qui porta le clergé de l'Afrique à solliciter le recours du prince.

Alors, si tout se passa, de la part de l'autorité spirituelle, avec tous les égards avec lesquels on aborde une supériorité, c'est que ce n'était pas sous des rapports de foi, mais sous des rapports de conciliation qu'on souhaitait des conciles. Aussi, cette imposante assemblée de tous les prélats de l'Afrique ne prit point les formes d'un concile, mais d'une académie, où, sous les yeux du mandataire du prince, l'erreur, la vérité devaient produire leurs titres. Aussi encore, le chef de cette réunion, bien que toute ecclésiastique, fut-il non un pontife, mais un secrétaire d'état. Ce fut le prince qui décida du parti orthodoxe; ce fut le prince qui blâma, condamna, flétrit les opiniâtres adversaires de ce parti; mais ce ne fut que pour le provoquer à un juste courroux qu'on semblait abandonner à sa décision les intérêts de la foi. Telles furent et la forme et la fin de la conférence dite de Carthage.

Qu'on ne pense pas, en effet, que l'épiscopat

eût sérieusement pris les voies d'une heureuse déférence. Il est vrai, cependant, qu'en ceci, s'il
le pouvait, il ne le devait pas. Heureux s'il n'en
fût pas sorti lorsqu'il était si convenable qu'il
s'y maintînt. Grandissant tous les jours dans
l'opinion des peuples par le merveilleux de sa
puissance, embelli par les munificences des princes,
élevé par tant de priviléges qui faisaient que les
membres du clergé avaient le dangereux avantage
d'être nationaux et de n'être pas sujets, l'épiscopat se sentait porté à une grandeur qui ne
lui appartenait pas par un entraînement dont il
ne pouvait se défendre, parce qu'il n'en soup-
An 415. connait plus le défaut.

Le désacord affligeant du saint évêque d'Alexandrie et du préfet de l'Egypte en est une preuve
qu'on ne saurait désavouer. Persuadés que ce que
nous allons dire trouvera son excuse dans cette
vérité, que les plus saints personnages paient par
quelque côté leur tribut à la faiblesse humaine,
nous ne tairons pas les tristes écarts d'un vénérable pontife, d'autant qu'ils ont quelque rapport
avec ce qu'on a vu de nos jours d'une mésintelligence, ou d'une affectation d'indépendance
qui a donné à penser aux enfans de l'église,
et fait gémir les sujets de l'état jusque dans
les moindres éminences de la hiérarchie ecclésiastique et de l'administration civile. Une seule

circonstance des troubles d'Alexandrie, l'innocence de l'infortuné qui donna lieu à ces déplorables désordres, prouve combien peu le saint pontife était sur ses gardes pour ne pas donner de l'ombrage à l'autorité. Celle-ci bien légitime et bien distincte devait-être respectée ; ne l'étant pas, elle dut sentir le malaise d'une jalouse sollicitude. Il est néanmoins vrai que par trop de précipitation, le préfet se donna les torts de l'arbitraire. Ce qui semblerait les atténuer, c'est qu'il est constant que du trône au plus simple des magistrats, à peu d'exceptions près, telle était encore l'ignorance de la souveraineté, qu'elle ne savait se soumettre les hommes, non plus que se les maintenir soumis par la prudence. L'innocente victime des emportemens du magistrat qui n'avait été indiquée à sa colère que par l'attachement que lui accordait l'évêque, bien qu'obscure, n'en fit pas moins passer, par l'exposé de son état, dans l'ame du pontife la dangereuse susceptibilité qui avait rendu la colère du magistrat si violente. Et cet infortuné servit de prétexte au plus étranges projets, occasionna les scènes les plus étranges. L'évêque a à sa main comme un formidable parti ; il oublie qu'il n'est le chef de cette multitude que pour en apaiser la fureur, éteindre chez elle les passions humaines et ne lui faire sentir que les impressions de la vertu. Abusé par ses propres faiblesses

il ne sait pas que sa plus belle prérogative est
de pouvoir avec tant de facilité remplir la noble
tâche du pacificateur. Il ignore la modération,
il ne connaît que la fierté. Il mande avec empire
ce qu'on lui indique de coupables; il ne fait pas
des exhortations, il intime avec menace les plus
impérieuses défenses d'exposer aucun chrétien
aux injustes violences de la susceptibilité du préfet.
Le motif ne pouvait être plus digne de son auguste caractère, et c'est aussi peut-être ce qui
l'abusa. L'indocile et perfide isréalite, qui ne sup-
porte qu'à grand'peine le joug de l'autorité civile,
s'offense de ce ton d'autorité; se prépare à laver
l'insulte dans le sang des chrétiens; tend le piège
à la faveur de la nuit; s'apprête à fondre sur
la proie, et dès l'aurore le sang coule à grands
flots. On s'échappe, on accourt, on le dit à
l'évêque : que fera-t-il ? Essaiera-t-il de la véhémence de l'éloquence pour briser et confondre
ces âmes si sanguinaires ? Ou bien, désespérant
triompher de leur férocité, aura-t-il recours à
l'autorité civile, à qui seule appartient le châtiment du crime et la répression des désordres? Verra-
t-il le préfet pour l'engager à donner la chasse à
ces tigres, ou les remettre à l'attache? Nous ne dirons
pas ce qu'il fit, nous sommes pressés de taire des
faiblesses qu'il déplora. L'oraison funèbre qu'il
fit de ce moine qui avait failli tuer le préfet,

les honneurs, le culte qu'il lui rendit, furent sa plus grossière méprise; ce fut aussi la dernière. Il en revint, pensa à se réconcilier avec le préfet, et fit pour cela de louables efforts. Il n'y avait rien eu de personnel de la part de l'évêque; on ne voit pas du moins dans l'histoire qu'à entreprendre contre l'autorité civile, il y fût amené par des sentimens antipathiques contre le magistrat. Tout concourt, au contraire, à faire penser qu'il n'était mu que par des vues d'ambition. Cependant ces écarts ne dépassèrent pas les limites de la cité qui en était le théâtre; ne s'apercevant pas d'un contraste aussi ridicule qu'affligeant, il pliait le genou devant l'empereur, et levait à tout propos la main contre son lieutenant. Ainsi que le préfet, il écrivit à l'empereur. La personne et les droits du chef de l'état étaient encore pour le clergé dans une région supérieure. L'élan qu'avait pris presque partout ce corps, ne l'élevait encore qu'au niveau de ces éminences d'état, qui concourent à supporter les marches du trône et forment le piédestal de l'empire. Y avait-il quelques débats, les empereurs pouvaient, avec succès, intervenir avec empire. Comme aussi y avait-il de la division dans le clergé et cette division était-elle de conséquence, les empereurs étaient pris et se donnaient pour arbitres.

On le vit en matière bien importante : l'exalta- ^{An 418.}

tion d'un souverain pontife, l'élection de Boniface, en fournit un bien grave sujet. A partager les suffrages, deux élus devinrent deux rivaux, et l'un d'eux presque tout aussitôt chef de parti. Il y avait un demi-siècle qu'Ursin avait donné un semblable scandale. L'autorité séculière n'en connut alors que pour le réprimer, elle s'abstint de juger, mais elle n'eut pas de cette heureuse réserve à l'époque dont nous parlons. Le préfet de Rome s'empara de l'affaire, disposant l'état de la question d'une manière favorable à ses penchants, il la soumet à l'empereur. On reconnut à la vérité, à la cour, qu'il n'appartenait qu'à un concile de décider de la légitimité ; mais l'indiscrétion, les violences, l'insubordination d'un indigne rival et de ses partisans, relevèrent la dignité de la tranquille attente de Boniface. On vit avec évidence où étaient l'injustice et le bon droit, où seraient le schismatique et le pontife. Cette évidence d'un schisme qui se trahit par son indiscrétion, parut dispenser de la convocation d'un concile, et ce fut la première fois en occident que le prince s'arrogea le droit de légitimer une élection ou de la répudier. Ce malheureux prince, qui paraîtrait avoir eu le talent de manier les rênes de l'état, s'il avait eu la force de les tenir en main, eut-il dans la conjoncture l'intention de se faire un droit ; c'est ce que pensèrent les empereurs, les rois qui lui succédèrent, c'est ce que l'histoire ne dit pas. Elle avait trop de choses à dire en matière d'incapacité, car elle ne voyait partout que dépérissement, délabrement de l'état, dislocation de l'empire.

Si, dès les commencemens de son règne, Honorius perdit les riches contrées de l'Espagne, plus tard, entr'autres démembremens, on lui enleva les belles provinces de notre France. Enfin, à peine fut-il descendu dans le tombeau, que l'Afrique An 423. fut envahie par les Vandales.

Dans les premières années de son successeur, il ne se passa rien d'ecclésiastique qui ne fût légitime. Une hérésie naissante éveilla la sollicitude des pontifes, exicta leur zèle. On écrivait pour la réfuter, et l'empereur convoqua à Ephèse le troisième concile général, ainsi que le prouvent An 431. la lettre de convocation, les actes du concile, et enfin la lettre du souverain pontife, tels que les rapporte un historien judicieux et des plus érudits (*). On voit aussi, d'après cet historien, que le prince a plus fait encore, car, à dire qu'il proscrivit les livres de Nestorius, cet historien semble dire que Théodose le jeune prit sur lui de condamner la doctrine de l'hérésiarque. Le conciliabule communément appelé le brigan-

(1) Natalis Alexander.

dage d'Éphèse, qu'on lui insinua de convoquer à titre de concile général, qu'il convoqua malgré les représentations des plus saints personnages de l'église, même des plus élevés, est une preuve qu'un empereur convoquant des conciles est une anomalie.

Cet empereur, qui ne fit ni le bien ni le mal que lorsqu'on le lui inspira, et fut toute sa vie un enfant sur le trône, fit place non pas à un fils, non plus qu'à un frère : une sœur lui succéda.

Admirable princesse qui releva, avec d'autant plus d'éclat qu'elle était plus élevée, ses rares qualités. Son exaltation lui fit une nécessité, sa puissance lui donna le pouvoir d'allier sans opposition à un vœu qui n'était pas ignoré un mariage public sans être dispensée. Elle fut approuvée de l'église, et les cieux lui donnèrent la sagesse et la force nécessaires pour ne pas manquer à son vœu jusque dans le sein des affections conjugales. Les Historiens de son temps, ecclésiastiques ou séculiers, lui rendent ce beau témoignage : que sa vertu, plus encore que la prudence de son choix, la garantit des moindres soupçons, alors, depuis et jusqu'à la fin de ces jours. Ce premier trait de sa vie politique, qui révèle et l'étendue de ses lumières et la trempe de son âme, prévient si bien en

sa faveur, que dès l'entrée de son imposante carrière, on sent qu'on est sorti du chaos. Aussi, dans
la suite de son règne, on n'est nullement surpris
qu'elle ait pour le chef de l'église les égards
qui lui sont dus et qu'aucun de ces prédécesseurs
n'avait eus.

Pulchérie donne sa main à Marcien, et le fait
asseoir sur le trône à ses côtés. Confondant leurs
qualités et leurs vertus, Pulchérie et Marcien ne
font toute leur vie qu'un empereur. Il venait
d'y avoir un concile général, lorsqu'ils montè-
rent sur le trône ; cependant ce qui s'était
passé tout-à-l'heure de si coupable à Ephèse
faisait désirer que l'église se rassemblât de nouveau. Pour juger de l'heureux accord qui régna An 451.
entre le souverain pontife et Marcien, on n'a
qu'à lire la lettre de Pulchérie à saint Léon, et
la lettre de saint Léon aux évêques. (*) La princesse engage le souverain pontife à prendre sa
part à la convocation, en écrivant aux différents
évêques de la chrétienté. Saint Léon, dans sa
lettre aux P.P. du concile, affirme que ce n'est
que d'après son consentement qu'ils ont été mandés
par l'empereur. Depuis que le christianisme devint dans l'empire la religion de l'état, le règne
de Constance excepté, c'est la première fois, non

(*) Natalis Alexander, 5.e siècle, tom. 2, p. 396.

dans l'église mais dans l'état, que le chef de l'église fut reconnu. Mais Constance traita le pontife de Rome comme chef de parti, bien mieux qu'il ne le regarda comme chef de l'église.

Tandis que dans les contrées orientales, la bienveillante sollicitude de Pulchérie et de Marcien rendait à la religion son ancien éclat, celle-ci ne pouvait que languir dans l'occident. Là on ne voyait presque plus que de grandes provinces, vastes lambeaux de l'ancien empire, converties en royaumes, ou même en renfermer plusieurs. Aussi la religion n'eut pas seulement à se défendre contre les hérésies, à se soutenir contre la corruption des mœurs, elle eut encore à essuyer les caprices de tels princes fanatiquement hérétiques. S'il n'en était pas ainsi dans les contrées que le ciel avait encore conservées à la famille régnante, c'est que l'impérieuse Placidie, sans avoir les qualités de la princesse qui gouvernait l'orient, impératrice elle-même et conseillère impérieuse de l'empereur dont elle était la mère, avait quelque connaissance de l'art de gouverner. La religion l'inspirait, mais on sait que le zèle pour ne pas déprécier les plus louables intentions ne doit rien avoir d'une fausse piété et doit être accompagné d'une exquise prudence. Comme pendant sa vie elle négligea l'éducation de son fils, elle le laissa en mourant An 450. asservi par la débauche.

Cependant on doit tenir compte à celui-ci de
la réforme importante qu'il essaya de faire subir An 452.
au clergé en matière de juridiction judiciaire.
Par les plaintes si fréquentes qu'on lui en adressa,
forcé de sentir que les évêques en fonction de
juges civils ne pouvaient être plus légitimement
nuisibles, il révoqua les ordonnances de ses
prédécesseurs à cet égard. Il déclara qu'à l'avenir
les tribunaux civils seraient exclusivement chargés
de toutes les causes civiles. Il est remarquable
que c'est lorsque encore l'empire malade se
soutenait et l'avant-veille du jour où il tomba,
que ces concessions qu'avaient fait aux évêques
les empereurs furent de nouveau révoquées. Le
désordre ne saurait prescrire contre l'ordre : l'un
altère et mortifie, l'autre répare et vivifie ; mais
ce n'est là que le cri d'un mourant qui sent
mieux sa décomposition qu'il n'est en état d'en
articuler ou d'en soutenir les remèdes.

Notre tâche étant de recueillir la vérité où
qu'elle se trouve, et contre qui qu'elle s'élève, nous
dirons qu'il fallait que de graves abus se fussent
introduits dans le clergé, puisqu'il se mérita de
solennelles et bien flétrissantes censures, telles
que l'en flétrit Valentinien par la loi dont il
vient d'être question. On y défend de poursuivre auprès des magistrats la délivrance des An 452.
lieux publics ; on paraît l'accuser d'une coupable

cupidité; **2.**° l'admission des mineurs aux ordres ou dans les cloîtres; **3.**° le trafic et les comptoirs aux ecclésiastiques; **4.**° on ordonne enfin pour l'évêque aux magistrats de ces égards qui flétrissent plus qu'ils n'honorent, soulevant un sentiment d'horreur, en laissant entrevoir ce que le législateur aperçoit, ce semble, sur le banc du crime.

A trois ans de cet éclat de foudre contre le clergé, Valentinien III sucomba sous les coups d'un assassin qui en voulait à son trône. Le nouvel empereur, comme sa victime, et à peine eut-il le temps de sentir son impuissance à soutenir le faix qu'il appelait une énorme grandeur, périt sous le fer d'un soldat qui brûlait de venger la veuve infortunée de la première victime.

A ce tragique événement, les barbares commencèrent à disposer de l'empire. Avitus fut leur premier essai. Sans talens, sans capacité, sans discernement, ses défauts l'isolèrent de ses sujets; il fut toujours à la merci de ceux qui l'avaient revêtu de la pourpre; aussi bientôt les despotiques auteurs de son exaltation le déposèrent-ils.

An 457. Ils élurent Majorien dont ils ignoraient les qualités si distinguées, qu'elles en concilièrent la docilité et le dévouement des peuples, jusque-là qu'il put concevoir et exécuter avec de beaux succès le projet de secouer le joug. Il parvint dès les premiers efforts à rendre en occident à l'empire son indépendance, sous la tente ou à la cour, il maniait avec habileté les rênes de l'état : presque toujours dans les camps, on ne le vit pas moins, et avec gloire, dans la carrière législative. Les adultères, les veuves, les religieuses, les jeunes religieux, les jeunes lévites furent les principaux objets de son indignation ou de sa sollicitude. Déjà régnaient de pernicieux abus qui faisaient des victimes et contraignirent la législation civile de pénétrer dans les cloîtres et dans le sanctuaire. Majorien défendit les vœux solennels dans les monastères des femmes avant l'âge de quarante ans, donna tant aux filles qui auraient été forcées de faire leur profession avant cet âge, qu'aux jeunes gens à qui on aurait par violence conféré les ordres sacrés. Une action civile contre les auteurs de cette violence renvoya de plein droit ces derniers devant les magistrats pour y être condamnés à des dommages et intérêts, et y entendre relaxer les victimes de leur coupable complaisance ou de leur cupidité. Ce qu'il y a de remarquable sur sa législation en cette matière, c'est qu'à déférer aux magistrats les ecclésiastiques coupables, il renvoie l'évêque seul devant le chef de l'église. Cette partie de sa loi eut-elle été conçue ainsi, si les envahissemens des barbares et le soulèvement des peuples n'avaient, avant son exaltation, converti en limites de l'empire les bornes de l'Italie, ou s'il ne les eût reculées plus tard qu'il ne rendit cette loi ? C'eût été bien autrement une profession de foi sur la suprématie du chef de l'église que ce que fit Aurélien. Il y a lieu de s'étonner que ces délits n'étant ni exclusivement civils, ni exclusivement ecclésiastiques, on ait voulu le référé au souverain pontife, qui ne pouvait imposer que des peines canoniques. C'était prononcer d'avance l'acquittement civil du coupable ; et, en cela, faire bien plus encore que d'abroger la loi de Valentinien, que nous avons cité tout-à-l'heure.

Ne peut-on pas dire à ces oscillations perpétuelles qui donnaient, ôtaient, donnaient encore pour ôter de nouveau, que le caractère de l'une et de l'autre puissance était dessiné. La puissance civile, agissant par les inspirations de son respect, ne pouvait se garantir d'une méfiance de rivalité ; c'était de sa part peu à peu donner les droits de César, annoncer le titre d'Auguste. La puissance ecclésiastique, recevant des ordonnances de priviléges, collatives d'autorité, après avoir souffert des ordonnances de retrait, à rétrograder, s'avancer de nouveau ne paraît-elle pas tour à tour sentir, oublier qu'elle n'est pas de la famille régnante.

Revenons quelques moments sur nos pas pour continuer notre revue des conciles.

Avant de passer à la revue des conciles du 5.ᵐᵉ siècle, nous réparerons deux omissions relatives à deux conciles omis. Le canon 14.ᵐᵉ du concile de Gangre, tenu l'an 380 (*), se rapporte au 5.ᵐᵉ §; les 9, 10 et 15.ᵐᵉ, au 6.ᵐᵉ §; les 18 et 19.ᵐᵉ, au 10.ᵐᵉ §; le 13.ᵐᵉ; au 17.ᵐᵉ §; les 12, 16 et 17.ᵐᵉ, au 30.ᵐᵉ; le 8.ᵐᵉ, au 32.ᵐᵉ §; les 5, 6, 7, 11 et 20.ᵐᵉ, au 34.ᵐᵉ §, et enfin le 4.ᵐᵉ canon de ce concile qui avertit les fidèles de ne pas se faire une peine d'assister à la messe des prêtres non continents est la preuve qu'encore à cette époque la continence cléricale n'était pas de rigueur (**).

Le 3.ᵐᵉ canon du concile de Sarragoce, tenu aussi l'an 380 (***), se rapporte au 15.ᵐᵉ §; le 1ᵉʳ, au 17.ᵐᵉ §; les 5, 6 et 7.ᵐᵉ, au 14.ᵐᵉ §; le 4.ᵐᵉ, au 34.ᵐᵉ §.

Ces omissions réparées, nous ouvrirons le 5.ᵉ siècle par le concile de Milève, tenu l'an 402 (****), dont le 17.ᵐᵉ canon se rapporte au 5.ᵐᵉ §; les 13 et 14.ᵐᵉ, au 14.ᵐᵉ §; le 23.ᵐᵉ, au

(*) Cellier, tom. 4, p. 735, vers la fin.

(**) Quicunque discernit à presbytero qui uxorem duxit quod non oporteat, eo ministrante, de oblatione percipere anathematisetur. Carranza, p. 68.

(***) Cellier, tom. 5, p. 633.

(****) Cellier, tom. 12, p. 691.

15.me §; les **9** et **10**.^{me}, au **22**.^{me} §; les **21**, **24** et **25**.^{me}, au **25**.^{me} §; le **22**.^{me}, au **26**.^{me} §; le **26**.^{me}, au **28**.^{me} §; le **16**.^{me}, au **32**.^{me} §; le **18**.^{me}, au **34**.^{me} §. Dans le **19**.^{me} canon, le concile se montre peut-être trop jaloux des immunités cléricales, défendant, sous peine de censure, d'appeler à l'empereur dans le contentieux. Dans le **20**.^e canon il exige des ecclésiastiques en voyage ce qu'on appelait autrefois des lettres formées, qui, à ce que l'on croit, n'étaient que des lettres de communion avec son évêque ou avec le métropolitain, délivrées par l'évêque au prêtre et par le métropolitain à l'évêque.

Les premiers ou **1**, **2**, **3** et **7**.^{me} canons du concile d'Ephèse, concile général, tenu l'an **431**, (*) se rapportent au **1**.^r §; les **4**.^{me}, **5** et 6 au **35**^{me} §; le **8**^{me}, au **24**^{me} §.

Les **23**^{me}, **24** et **28**^{me} canons du concile d'Orange, tenu l'an **441**, (**) se rapportent au **2**.^{me} §; le **22**.^{me}, au **7**.^{me} §; les **11**, **16**, **25**, **26** et **30**.^{me}, se rapportent au **14**.^{me} §; les **1**.^r, **2**, **3**, **12**, **4**, **14**, **15**, **18**, **19**, et **20**.^{me} se rapportent au **15**.^{me} §; les **8**.^{me} et **9**, au **19**.^{me} §; le **17**.^{me}, au **20**.^{me} §; le **29**.^{me}, au **22**.^{me} §; le **10**.^{me}, au **35**.^{me} §; le **21**.^{me}, au

(*) Nat. Alex., 5.me siècle, 1.re partie, p. 293.

(**) Cellier, tom. 13, p. 77.

26.me § ; le 27.me , au 28.me § ; le 6.me , au 32.me §. Dans le 5.me canon , le concile consacre l'inviolabilité d'asile accordée par les princes aux églises. Mais on observera que les termes du concile ne donnent nullement à penser que cette inviolabilité soit venue d'autre part que de la seule consécration du lieu. Dans le 7.me canon , ce même concile consacre l'inviolabilité de tutelle ou de protectorat accordée au clergé.

Dans le 30.me , il est à remarquer qu'on défend à des évêques , à qui le grand âge ou l'infirmité rendent leurs fonctions impossibles , de permettre à des prêtres de faire ces mêmes fonctions ; ce qui suppose qu'il y avait des évêques qui le souffraient. Dans cette hypothèse , on a été surpris que les pères de ce concile n'aient rien dit de l'invalidité des actes faits alors par les prêtres.

On observera qu'on a cru devoit corriger Carranza sur ce concile par Cellier (*).

Les 2 et 8.mes canons du concile tenu à Vaison en 442 (**) , se rapportent au 15.me § ; le 3.me , au 19.me § ; le 7.me , au 25.me § ; le 5.me , au 26.me § ; le 4.me , au 30.me § ; le 6.me , au 35.me §. Dans le 1.er canon on modifie

(*) Cellier , tom. 13 , p. 77.
(**) Longueval , liv. 4.me , année 441.

I. 22

la nécessité des lettres formées, exigées d'après le canon **20.**^{me} du concile de Milève. Dans le **10.**^{me}, on s'occupe des enfans trouvés, mais on ne prescrit rien qu'en vertu des lois civiles.

On a cru devoir corriger le canoniste déjà cité par Cellier (*) et Natalis Alexander (**).

Le second concile d'Arles, tenu l'an **443** (***), rendit divers canons que les canonistes n'ont pas tous rapportés, laissant de côté ceux qu'ils ont pensé que ce concile avait empruntés des conciles d'Orange et de Vaison; nous avons suivi les deux auteurs désignés. Les **10**, **11**, **23** et **25.**^{me}, se rapportent au **1.**^r §; les **3**, **4.**^{me}, se rapportent au **2.**^{me} §; le **27.**^{me}, au **6.**^{me} §; les **2** et **26.**^{me}, au **7.**^{me} §; le **24.**^{me}, au **12.**^{me} §; le **14.**^{me}, au **13.**^{me} §. Mais parce que dans ce canon, le concile, prohibant l'usure, n'adresse sa défense qu'aux ecclésiastiques, nous renvoyons le lecteur aux observations déjà faites en pareille matière. Les **16**, **17**, **21**, **22** et **31.**^{me}, au **15.**^{me} §; le **13.**^{me}, au **19.**^{me} §; le **1.**^r et le **7.**^{me}, au **21.**^e §; le **18** et **19.**^e, au **22.**^e §; les **20** et **28.**^e, au **30.**^e §.

Nous n'avons rien à dire des conciles d'Ephèse, tenus l'an **444**; d'Antioche, en **443**, et autres

(*) Cellier, tom 13, p. 784.
(**) Nat. Alex., 5.me siècle, 1.re partie, p. 734.
(***) Cellier, tom 13, p. 787.

dont il ne reste pas de canons ou qui n'en dressèrent pas (1). Le concile de Chalcédoine dressa, en 451 (2), 28 canons; nous n'en ferons pas la distribution aux divers §§. Le 29.ᵉ, que nous aimerions à distinguer, serait aussi le seul dont nous ferions mention, si l'on n'en contestait pas l'autorité. Il fait énergiquement sentir, sans la définir, la différence du sacerdoce proprement dit et de l'épiscopat. Nous avons dit ailleurs que cette différence pour être réelle n'en est pas moins difficile à préciser. L'autorité, à cet égard, comme si elle ne pouvait dire sa pensée, ne parle que par des hommages. C'est assez pour signaler sans équivoque une incontestable supériorité. Ce concile est celui qu'assemblèrent, ainsi que nous l'avons dit (3), d'un commun accord, S.ᵗ Léon, S.ᵗᵉ Pulchérie, Marcien, pour venger les évêques des outrages dont les avait accablés une hérésie triomphante, et renouveler contre celle-ci les justes anathèmes dont on l'avait flétrie dans le concile de Constantinople en 449 (4); cette hérésie était celle d'Eutichez.

(1) Cellier, tom. 14, p. 620 et suiv.
(2) Cellier, tom. 14, p. 651 et 679.
(3) ch. 4, p. 161.
(4) Nat. Alex., 5.ᵐᵉ siècle, 1.ʳᵉ partie, p. 321 et 331

CHAPITRE V.

Suite du cinquième Siècle.

Il était dans les destinées des romains que la chute de leur empire ne fût pas retardée ; aussi Majorien, seul capable du grand effort qu'il fallait faire pour le relever, par conséquent encore pour le soutenir, périt-il bientôt et le colosse tomba. Nous ne suivrons pas le courant des événemens politiques qui en amenèrent la chute et le brisèrent. Ils se passèrent en dehors du cercle dont nous nous sommes clos. Mais passant à Constantinople pour conserver la succession des règnes jusqu'au schisme des grecs, nous rattacherons à la durée de ces règnes, comme à leur époque, ce que nous aurions à remarquer dans l'occident. Dans cet intervalle, le royaume de notre belle France, qui sortit comme de dessous les réseaux de l'empire lorsqu'on le brisa, sera sorti de l'enfance, et nous transporterons chez nous le centre de nos observations.

Comme ces tristes événemens se passaient dans le viel empire, dans le sein de la paix, et quatre ans après l'illustre Pulchérie, que l'église vénère, An 457. le sage et glorieux Marcien cessa de vivre.

Léon de Thrace lui succéda; il fit des lois religieuses. Celle qu'il fit sur la célébration du dimanche est toute civile, mais celle qu'il publia contre la simonie ne l'est pas. Outre que le sujet en est tout ecclésiastique, l'élection des évêques, dans son préambule elle n'est que la traduction oratoire et législative de l'épître de saint Paul à Tite. Elle est moins civile encore dans sa pénalité; car elle inflige la dégradation. La loi de Léon contre les moines n'est pas une entreprise aussi manifeste : si elle impose en effet la clôture perpétuelle, ce qui est bien moins civil qu'ecclésiastique, c'est pour éviter les suites civiles et si funestes de leur influence sur les peuples. Cet empereur, bien que dans une conjoncture il choqua l'orgueil de l'empire et parut en méconnaître l'antique majesté, sut par sa capacité conserver à l'état toute sa consistance.

Son successeur, dès son élévation, ne justifia que trop la répugnance des peuples à l'accepter pour souverain; car, en premier lieu, s'il dut la An 474. facilité des premières voies à des femmes puissantes, ce fut par des intrigues conçues et concertées dans la débauche. En second lieu, s'il monta sur le trône en perfide et parricide, dès qu'on l'y vit, on ne vit plus qu'un monstre. Son règne offre un de ces caprices de fortune, ou plutôt de ces coups de maître de la providence qu'on regarde comme des phénomènes. Bientôt la honte, les revers précipitérent de toute la hauteur du trône celui qui tout-à-l'heure pouvait n'ouvrir la bouche que pour dicter des lois et recevoir toutes sortes d'hommages. Fugitif dans le sein de ses états, il fut tout-à-coup exposé à toutes sortes d'insultes; on eut dit que las de ses crimes, du bras dont il lance la foudre, celui qui brise à volonté les sceptres voulait sinon les punir, réveiller en lui du moins le remords. Mais comme si la dépravation des Grecs l'eût alors contraint d'abandonner cette âme de boue à sa corruption, ce tigre à sa férocité, il le rendit avec la même célérité à sa première fortune.

An 475.

An 477. Dans cet intervalle de revers, le prince qui occupa le trône continua la honte de l'empire. Maniant le sceptre qu'une force majeure avait mis dans sa stupide main, il jeta la terreur dans le sanctuaire, et voulut être despote en matière de doctrine, être obéi en matière de foi. Il ordonna aux évêques, sous peine de déposition, de renoncer à la foi de l'église. La menace et le commandement qu'il faisait ne pouvaient sortir tout au plus que de sainte Sophie et non jamais de son palais. Cependant il fut craint et extérieurement obéi d'un grand nombre. Nous bornant à gémir de cette faiblesse, nous n'en tirerons d'autre conséquence que celle que nous avons faite ressortir ailleurs d'un fait semblable (1) sous le règne de Constance. Notre simulacre d'empereur, prenant la fuite dès qu'il commence à craindre, termina par ce délire les tristes jours de son règne, et Zénon, qui ne méritait pas d'être plus heureux que lui, recouvra le sceptre.

Nous ne parlerons pas des désordres qu'occasionna Pierre le Foulon à Antioche, Elure à Alexandrie, non plus que du zèle trop ardent d'Acaie à Constantinople. Que Pierre le Foulon, Elure aient été des scélérats; qu'Acaie ait été un imprudent et même un novateur, il n'y a rien en cela que de bien étranger à notre but.

Avant la chute de Zénon, et dans l'étendue des contrées soumises à ses lois, nous n'avons rien à recueillir dans les événemens de son règne ; mais reportant nos regards vers les troubles de l'occident, nous y trouvons des objets qui les appellent.

Là, l'empire aux abois ne résitait à aucune main et s'en emparait qui en avait la pensée. Nepos, envoyé par la cour d'Orient dans le temps de Léon pour prendre la pourpre, n'eut qu'à se présenter. Oreste, qu'il faisait plus tard

____

(1) Chap. 1.er, p. 77 et 78.

son général, voulut-il être empereur, disposa du
sceptre avec autant de facilité que Népos avait
disposé de la pourpre. Mais l'empire fut si caduc,
qu'il rougit d'en garder le sceptre, le remit
dans la main d'un enfant, ceignit le front du dernier empereur qui ne porta le nom d'Auguste sur
le trône que pour qu'il en raisonne pour la dernière
fois. De sorte qu'on a pu dire que l'empire ne
devait tomber que lorsqu'on ne verrait plus dans
l'empereur qu'une vaine ombre d'Auguste.

Pendant cette agonie de l'état, on vit le sacerdoce (1) penser à soutenir la souveraineté dans
ses défaillances. Nombre d'évêques, s'érigeant en
gouverneurs dans une de nos anciennes provinces,
régirent leurs diocésains au nom de Népos pour
conserver à cet infortuné quelques lambeaux du
manteau impérial. N'était-ce pas donner une
entorse au bâton pastoral, que de s'en servir
au civil pour extraire comme de leur carrière
les matières de la justice distributive, légale,
vindicative? Etait-ce légitime à des évêques
d'emboucher ainsi le clairon des législateurs?
d'incruster à la mître la couronne? Le roi des
Hérules qui venait de briser l'empire et n'avait
le dessein de régner que sur l'Italie, s'il avait
eu l'ambition de faire passer les Alpes à ses

____

(1) Lebeau, tom. 8, p. 93.

enseignes, n'eut pas manqué de leur mettre
sous les yeux les débris d'un trône qu'ils voulaient croire debout et la sape qui l'avait brisé.
Ils auraient sans doute senti la futilité de leur
projet, et le ridicule de leur nouvelle fonction.
Ils les continuèrent jusqu'à la mort de Népos;
mais ce fantôme ayant disparu, ils regardèrent
comme légitime celui qu'ils avaient jusque-là
regardé comme usurpateur : comme si l'impuissance de le déposséder apposait le sceau de la
légitimité à son injuste possession. Embarrassés
de ses petites fractions des rênes de l'état, ils
les lui portèrent ; mais il n'en voulut pas et fit
passer les peuples qui leur étaient soumis sous
la domination des conquérants de la Gaule.

Syagrius, dans le nord de cette province, fit
les mêmes efforts pour empêcher les envahissements
des hérules, mais il n'était ni prélat, ni ecclésiastique; aussi fit-il plus encore, car il essaya
de la pourpre.

Dans le temps de cette violente fluctuation de
toutes les sommités sociales ou ecclésiastiques en
occident, Zénon revit ses palais, fit voler en souverain sur ses pas la poussière de Constantinople,
et remonta sur le trône. Il passa les cinq
premières années de son rétablissement à ourdir
en perfide la trame d'une basse politique; à
étonner sa cour par les coups d'essai d'une

âme sanguinaire ; à suivre les voies tortueuses
de l'hypocrisie où le jeta le remords joint à
son caractère.

Vint le moment où il essuya de la résistance
de la part du chef de l'église, en matière d'in-
titution épiscopale et au sujet d'un indigne
prélat, pour qui on était parvenu à capter sa fougueuse bienveillance. Il voulait le placer sur
le siège d'Alexandrie, et en sa faveur il sollicitait l'institution canonique auprès du souverain
pontife. Tant il est constant qu'on a de long-
temps reconnu qu'il est de l'apanage du chef de
l'église d'introniser les évêques, offensé de cette
résistance, dans l'ivresse de la souveraineté n'en
voyant pas les limites, il osa croire qu'il lui
suffisait de son souverain pouvoir pour franchir
la barrière. Dès ce premier pas, toujours dans
son délire comme s'il se fût aperçu non plus sur
le trône, mais sur la chaire d'un pontife sou-
An 483 verain, il en usurpa les droits. Il dressa une
profession de foi, et par hasard orthodoxe dans
le fond ; se donna gratuitement le ridicule de
convertir en salle de spectacle la salle du trône
pour y jouer le pontife. On eût dit qu'il se
donnait pour le flambeau de l'univers, l'éternel
écho de la vérité, lui l'esprit peut-être le plus
ignare, l'ame la plus basse, le cœur le plus
dépravé. Eût-il réuni les qualités les plus émi-

nentes, il n'en eut que mieux senti qu'en matière de doctrine, la pourpre ne le sauvait pas de la qualité de sujet ; ainsi que l'avaient senti les Constantin, les Théodose. Mais il adresse son édit aux laïques, aux ecclésiastiques, à des évêques ; ordonne à ces derniers de le souscrire. Cependant, par une bizarre inconséquence, ce n'est pas à des évêques qu'il ordonne d'installer un évêque, c'est à des gouverneurs, des préfets, des soldats. Faisant faire à la militaire une installation canonique, il met en évidence son indécente contre-façon de la prélature si promptement improvisée, si indignement soutenue.

Disposant des évêchés, il disposa aussi des provinces, mais ici il n'y avait pas abus de pouvoir ; sa politique ou plutôt celle du conseil ne fut pas en défaut. Il concéda l'Italie à un prince dont la valeur et le génie lui causaient des alarmes, dont la grandeur d'âme alors méritait bien un trône : Théodoric, vaillant prince, roi d'une branche de la nation des goths. An 487

Cette concession qui aurait bien légitimement choqué la délicatesse des peuples répudiés si elle ne les eût trouvés abâtardis, appuyée de la force des armes, passa pour légitime. Le nouveau souverain brisant une royauté, ramassant tout autour de Rome les anciens débris de l'empire, fonda sur cette capitale autrefois de l'univers

un modeste royaume qui ne s'étendit que jusques
aux Alpes et ne fut pas sans gloire. Prince modèle dans les premières années de son règne ;
il reconnut, en matière ecclésiastique, l'indépendance du sacerdoce, et consacra cette maxime, que
les rois n'ont aucun empire sur la religion. Sa
sage intervention pour apaiser les troubles qui
s'élevèrent à l'élection du pape Symmaque, prouve
que cette maxime était sortie de son cœur. L'en-
gagement qu'avait pris un homme d'état d'obtenir
d'Anastase II, souverain pontife, qu'il approuvât
le décret de Zénon, la mort d'Anastase, les
qualités personnelles de celui dont le nom venait
de sortir de l'urne sacrée, renversant le projet du
mandataire de Zénon, on souleva les esprits on
acheta des suffrages. Le schisme décidé à toutes
les scènes d'horreur qui furent toujours la suite
de ses caprices, profana l'urne sainte. Celle-ci
fut le canon d'alarmes, le nom qui en sortit fut
le signal du combat, et Rome se vit tout-à-coup
reportée à ces tristes époques où, déchirée par
la discorde et noyée dans son sang, elle fut
près de périr.

Il fallait bien que le prince qui se l'était soumise, s'il voulut conserver son illustre captive,
accourût et employât son suprême pouvoir ou
même la force des armes pour la délivrer d'entre
les mains de cette multitude de citoyens qui,

devenus barbares, s'acharnaient contre leur propre patrie. La question de la légitimité fut enfin soulevée, on la porta devant lui; mais restant en dehors des débats ecclésiastiques, quoique pris pour arbitre et pouvant à l'ombre d'un lit de justice faire des coups de main, il ne fit que l'arbitre et proclama légitime l'élection née de la majorité des suffrages. Plus tard, le schisme renouvela ses fureurs et dressa contre le légitime pontife un acte d'accusation; les démêlés soutenus en concile devinrent judiciaires.

On a dit que le concile qui fut convoqué aurait eu l'odieux d'un conciliabule, si le pape n'avait consenti la convocation. On a dit encore que le concile n'avait aucune juridiction, attendu que les juges étaient les subordonnés de l'accusé, et, en preuve, on cite les termes des pères de ce concile, on cite des écrits. Nous ne scruterons pas à ce sujet si l'église serait sans moyens pour sauver sa pudeur d'auprès d'un pontife coupable, parce qu'il fut reconnu qu'il ne l'était pas.

Le concile fut interrompu par les violences du parti rebelle; l'église gémit, se lasse de tant de discordes, elle porte ses doléances au prince par ses pontifes. La réponse royale ne se fait pas attendre; elle n'est pas l'énoncé d'un parti pris, non plus que le langage de l'indécision. Elle est une remontrance dont les termes sont inspirés par la conviction, que bien qu'il soit dans les droits et les devoirs du prince de contraindre les séditieux quelle que soit leur enseigne, les matières ecclésiastiques ne le compètent pas. « C'est votre devoir, » dit-on aux pontifes, de pacifier les troubles » de l'église; prenez tel parti que vous jugerez » à propos, pourvu que vous fassiez cesser une » discorde si scandaleuse. » Les pontifes se déclarèrent pour Symmaque; le roi donne ses ordres et le saint pontife est mis enfin en pleine possession de ses droits.

Nous avons dépassé la station que nous nous étions choisie, car nous en sommes aux premières années d'un autre siècle; pour ne pas interrompre une narration commencée, nous sommes allés un peu au-delà. Revenons sur nos pas, reportons nos regards vers l'orient pour y recueillir ce qui s'y est passé depuis la fameuse concession de Zénon à Théodoric jusqu'à la fin de ce siècle.

An 490

A compter de cette époque, Zénon, qui n'avait montré que des vices, acheva de se mériter la haine des peuples. S'abandonnant à son caractère cruel et soupçonneux, il faisait à volonté des victimes. Enfin la mort en délivra l'empire.

An 491

On vit alors sur le trône une de ces médiocrités qui, parce qu'elles laissent reprendre haleine, paraissent avoir un baume à toutes les plaies, quoiqu'elles aient les mains vides.

Le prince qui remplaça le défunt empereur n'avait aucun titre à lui succéder. Cependant, son exaltation conçue dans une anti-chambre trouva si peu d'obstacles, qu'à peine Zénon était-il dans le tombeau, qu'Anastase revêtit les insignes de la puissance souveraine. Que pendant son règne et pour la première fois un évêque ait pris les armes; que sous son règne et par son ordre on ait donné l'onction sainte du sacerdoce à un prince perdu de débauche, et qu'il voulait ainsi éloigner du trône, ce ne sont que des faits particuliers qui prouvent seulement que l'empire comptait dans le sacerdoce trois indignes sujets. Hérétique, il fit à son gré déposer le patriarche par des évêques en synode, qui dévoués à l'empereur jusqu'à la bassesse, trahirent leur conscience et déposèrent le prélat faussement accusé de tramer contre l'état. Cette violence est de nature à faire sentir combien il est facile aux princes d'abuser de leur pouvoir et combien dégénère l'épiscopat exposé à de hautes influences.

Parvenus maintenant là où le siècle finit, fixons un moment notre pensée sur les résultats de la marche simultanée des deux puissances. Gracieusement accueillie par la puissance civile sous Constantin, embellie de priviléges, enrichie de magnifiques largesses, traitée non plus seulement avec respect mais avec adulation , ce semble, invitée pour ainsi dire à partager la pourpre , la puissance ecclésiastique, comme si après tant de maux dont elle se voyait délivrée ne pouvait d'abord sentir que le bonheur de la paix , parut ne pas s'apercevoir qu'on l'introduisait sur la scène du monde avec l'appareil d'une grandeur qui n'était pas la sienne. Aussi son exaltation fut la première époque de sa chute. Dans le commerce des princes et des grands du monde elle ne pouvait que contraindre sa vertu à des manières mondaines. On peut dire que bien que douée de l'infaillibilité , elle ne fut jamais impeccable : cette vérité ôte la surprise qu'on éprouve à la voir donner dans le piège où le privilége et l'adulation la conduisent. Mais tout amène à reconnaître qu'à lui inspirer de prendre l'élan vers des objets qu'elle n'aurait jamais dû envisager, on fixa la grande époque de toutes ses faiblesses.

En effet , si dans la suite elle sortit de sa propre carrière , c'est qu'alors on lui en inspira la pensée. Admise à posséder ce que lui destinait la piété des chrétiens , elle fut en outre dotée avec magnificence. Jusque-là, on pouvait se reposer sur l'église du soin de se prémunir contre ces largesses. Elle eut , on ne peut le constester, encore de long-temps le bonheur de maintenir le clergé dans un noble détachement. Mais la plus grande faute que l'on commit, ce fut d'allier à l'épiscopat une suprême magistrature ; car les magistrats furent exposés à se sentir à volonté frappés d'incompétence sur un appel à l'évêque, comme l'avait été un gouverneur de la Judée sur un appel à César. Et ce qui est une contradiction manifeste, c'est qu'en même temps on ferma à tout le reste du clergé les entrées aux diverses fonctions civiles, pour ne pas le distraire de ses devoirs. N'est-ce pas que ce motif, quelque juste qu'il soit, n'a plus que les couleurs d'un prétexte, dès qu'à le consacrer pour les uns on le méconnaît pour les autres, des membres d'un même corps, dont les devoirs loin de diminuer croissent en raison de leur élévation ?

Cette confusion bizarre de la magistrature et du pontificat, effacée, renouvelée, dura enfin en occident jusqu'aux derniers jours de l'empire. Les immunités cléricales et la prééminence des pontifes sur tous les ordres ne pouvaient que jeter dans le clergé des semences de rivalité, lui ôter de ses vertus, l'implanter dans le civil. Ainsi se préparaient les années où lorsque en dehors des temples le clergé n'aurait dû être reconnu qu'à la beauté de sa vie, il devint un contraste vivant avec son institution et ses devoirs ; plus tard un banc de sable pour le vaisseau de l'état.

S'il gagna du temporel, il perdit de son domaine,

ainsi que nous l'avons observé. Esclave dans son enseignement, il ne pouvait presque plus exercer que sous le bon plaisir des princes la plus éclatante de ses prérogatives, celle de flétrir l'erreur. Et ce qui est d'autant plus déplorable, il perdit, sans même s'en douter, de l'esprit du sacerdoce. Que l'on compare notre célèbre Martin de Tours avec notre plus célèbre encore Vincent de Paul. Que l'on rappelle de nos livres sacrés les endroits (*) où tout respire le respect pour les princes, la soumission à leur souverain pouvoir sans aucune exception. Ces apôtres donnant le jour à l'église lui donnaient ses prêtres et ses évêques; cependant, ils faisaient tout courber sous le joug de la puissance civile. Que l'on compare par leurs épîtres leur manière de penser et d'écrire sur cette puissance, avec les pensées du saint pape Symmaque sur ce même sujet dans son épitre à l'empereur Anasthase. Ici tout respire l'indépendance, non des laïques, il est vrai, mais du sacerdoce. « Mettons, dit-il, en » parallèle l'empereur et le pontife, qui sont » d'abord aussi distants que les choses humaines » et les choses divines. Vous, empereur, c'est » du pontife que vous recevez le baptême, c'est » du pontife que vous recevez les sacremens, le » pontife est votre ressource. Vous en sollicitez

(*) 1.re épit. de St-Pierre, chapitre 2.e, ver. 13.e et suiv. St-Paul, 1.re épitre aux romains, chapitre, 13, ver. 1.er et suiv.

» les prières, vous en attendez la bénédiction,
» vous lui demandez qu'il vous remette en grâce
» avec votre dieu. Vous administrez les choses hu-
» maines, pour lui il est le dispensateur des choses
» divines, et c'est à vous-mêmes qu'il les dispense. »
Jusque-là le souverain pontife ne sort pas plus
de l'ordre que de la vérité; mais ce qui suit
est une tache au motif qui aurait pu lui inspirer ce qu'il avait déjà dit : « c'est pourquoi, pour
» ne pas le dire supérieur, je dirai que le
» pontife est certainement votre égal (*). » Voilà
donc à l'entrée du sixième siècle le sacerdoce,
bien que dépouillé des émanations de la puissance civile, voulant le rang et les honneurs de
cette même puissance. Voyons si cet esprit a
pénétré dans les conciles et ce qu'il a inspiré.

Dans le premier canon du concile, tenu à
Angers en 455 (**), l'épiscopat consacre les
traditions du concile de Milève sur les immunités cléricales, défendant aux ecclésiastiques
de décliner la juridiction de leur évêque dans
le contentieux. La puissance civile fut la première
cause de ce véritable abus d'autorité, qui inter-
disait, en matière civile, à des sujets de l'état leurs
juges naturels. On voit encore une autre preuve
que la bienveillance de l'autorité civile ne servit

(*) Nat. Alex., tom. 12, p. 10.
(**) Collier, tom. 15, p. 602.

à ces époques si reculées qu'à développer le caractère de la puissance ecclésiastique, car il fut défendu aux membres du clergé autres que les prélats, de s'absenter sans permission de leur évêque. Ce qui prouve à cet égard un abus d'autorité, c'est que supposant que ces ecclésiastiques ne fussent pas titulaires, il suffisait qu'en voyageant, ils ne fussent admis ailleurs à exercer leurs fonctions que sur les lettres formées qu'on s'était borné jusqu'alors à leur imposer l'obligation d'exhiber pour être admis à exercer les fonctions de leur ordre. Il y avait même un siècle qu'un concile en France avait beaucoup relâché la discipline à cet égard (*).

Le quatrième canon est une nouvelle preuve à ajouter à ce que nous avons dit sur le 4.me canon du concile de Gangre. Les mots, *sed si qui cœlibes non nisi à sororibus amittis aut matribus consolentur* portent la preuve jusqu'à l'évidence. Nous affirmerons à cet égard que notre intention, en recueillant ce genre de preuve, n'a été que de faire ressortir la substance des promesses cléricales et leur époque.

Le 6.me, au 6.me §; le 5.me, au 9.me §; le 9.me, au 19.me §; les 5.me, 7.me, 8.me au 28.me

(*) Cellier, tom. 13, p, 784, Not. 1., où le canon est transcrit.

§; les 2.me et 11.me, au 14.me §; le 10, au 35.me §; le 12.me, au 15.me §.

On observe que ce concile manquant dans le canoniste qu'on a adopté, on l'a pris dans Cellier et Longueval, tous deux d'accord. Il en est de même des conciles immédiatement suivants.

Dans le 13.me canon du 1.er concile de Tours, tenu l'an 461, (*) on prohibe l'usure. Mais nous ne ferons à cet égard aucune observation, parce que une défense qui n'est faite qu'aux ecclésiastiques, ne saurait être une difficulté nouvelle. Il est vrai que le motif en est pris dans les préceptes divins ; mais ce que nous avons établi ailleurs (**) demeure d'autant mieux dans son entier, qu'on reconnaît qu'en toute autre matière qu'en matière de foi, les conciles peuvent mal interpréter l'écriture sainte.

Les 2.me et 3.me canons se réfèrent au 2.me §; le 1.er, au 7.me §; le 13.me, au 13.me; les 10.me, 11.me, 12.me, au 19.me §; le 9.me, au 24.me §; les 4.me, 5.me, 6.me, 7.me et 8.me au 35.me §.

Dans son deuxième canon, le concile de Vannes, tenu en 465, permet, en cas d'adultère, de passer à de secondes noces ; nous nous bornerons à laisser parler un auteur respecté. « Ces P.P., dit-il, ont

(*) Cellier, tom. 15, p. 607.

(**) Introduction, ch. 3.

» mal interprété l'évangile, mais ils sont excusables
» d'avoir suivi le torrent, en consacrant une cou-
» tume tant en vigueur alors dans la France (*). »

Ce que nous avons dit du premier canon du concile d'Angers est applicable au 5.me et au 9.me canon du concile de Vannes. Mais le 6.me de ce dernier offre une disposition étonnante, qui prouve combien à cette époque la puissance ecclésiastique était sortie et de ses limites et de son caractère ; on condamne à un supplice le moine vagabond. (*). Les 4.me et 11.me canons se réfèrent au 2.me § ; le 2.me, au 5.me § ; le 1.er au 9.e § ; les 12.e 13.e et 16.e au 16.e § ; les 5.e et le 10.e au 19.me § ; le 15.e au 20.me § ; les 3.e et 14.e au 25.me §. De ce concile à la fin du 5.me siècle il en fut tenu d'autres ; mais il n'y fut question que de doctrines ou de faits personnels. Redressons-nous : parcourons le sentier de notre historique.

____

(**a) Nat. Alex., 5.me siècle, 1.re p., p. 750.

(2) Etiam verberibus coerceri. canon 6.e, Cellier, tom. 15, p. 610.

CHAPITRE VI.

Sixième Siècle.

D'autant mieux satisfait de la déposition du patriarche qu'il ignorait les vertus du prélat qu'il fit élire, il parut tourner ses vues du côté des intérêts de l'état. On eut dit qu'Anastase donnait de belles espérances ; on le vit restreindre dans de justes bornes l'autorité de certains magistrats. Bientôt fuyant à toute jambe parce qu'une pierre avait manqué l'atteindre , laissant une garde fidèle aux prises avec des séditieux plus audacieux que redoutables , il fit voir que la valeur du soldat et le mérite du capitaine sauvent toujours le prince de son incapacité.

Cependant ce faible prince, un jour qu'il maniait le sceptre , dans un moment de bonté , se An 501 fit à l'instant des droits éternels à la reconnaissance publique par l'abolition d'un odieux impôt dont l'origine se perdait déjà dans les siècles. Il n'avait suivi en cela que les inspirations de son cœur , car pour de la sagesse il n'en apporta pas sur le trône. Il l'avait prouvé , il le prouva en nombre de circonstances de son règne. Il vit de la gloire à outrager l'empire , parce qu'il mit de la magnificence à en révéler la faiblesse. La difficulté qu'il apercevait à en conserver le domaine, lui fit refuser la possession d'un détroit qui par son importance devait être regardé comme le boulevard de l'empire. C'en serait assez pour mettre en évidence combien pouvait être funeste au bien public la petitesse de ses vues jointes à sa faiblesse.

Nous pourrions, entr'autres faits, rappeler ce qu'il fit subir de son injuste colère à une malheureuse province ; injustice qu'il n'eut point fait malgré son imbécille inégalité de caractère, si ce n'eût été le fanatisme. On sait que partisan de l'erreur, il ne donna jamais mieux carrière à tous ses vices, que dans ses démêlés en matière de doctrine. Ce fait étant presque autant civil que religieux, passons à des faits plus caractérisés.

Se persuadant sans doute qu'en brûlant les actes d'un concile où 630 pontifes avaient condamné son erreur, il la vengerait et la dégagerait de l'anathème, il usa de violence contre le saint évêque de sa capitale qui conservait pour son église le dépôt des actes de ce concile. S'abandonnant à sa haine contre le saint prélat, il le fit déposer. S'il eut été plus judicieux et moins fanatique, on eût dit que l'élection qu'il fit faire pour le remplacer n'était que le calcul de sa haine contre les orthodoxes. Il fit en effet asseoir sur la chaire où tout-à-l'heure on avait vu briller tant de vertus, le prêtre le plus indigne, le sujet le plus infâme. Triste résultat des droits qu'avait commencé à s'arroger la puissance séculière sur la déposition et l'élection des pontifes.

Il se hâta d'introniser ce Timothée d'une étrange façon, qui, quelque ignorant qu'il fût, ne pouvait plus ouvrir les livres sacrés sans y trouver son nom en tête de ses devoirs, et qui cependant ne rougissait pas de porter à l'autel une âme livrée aux plus injustes caprices, non plus que dans ces vêtemens les preuves sanglantes de sa férocité.

A peine avait-il consommé cet acte de sagesse, Anasthase, à qui les bornes étroites de son génie auraient bien permis qu'à Sainte-Sophie, il se crut dans le cirque, fit monter à la tribune un ministre d'état pour y lire une profession de foi que sous peine de la vie il fallait qu'on adopte. En effet, ainsi que le cortège de ce docteur de haut parage se composait non d'ecclésiastiques mais de soldats, ses preuves furent non des arguments mais des arrêts de mort. Le soldat, si exposé à excéder dans son obéissance, parce que bien qu'humain, officieux dans les cités, il n'est plus sous les drapeaux et dans les camps qu'une machine à commandement, fit voler le trait. Il dégaîna le glaive contre des nationaux, des concitadins, des amis, des parens, et les voûtes sacrées qui tout-à-l'heure ne retentissaient que de saints cantiques, ne retentirent plus que des cris des blessés et des tristes accents des mourants. L'indignation soulevant tous les esprits, on évacua l'enceinte sacrée et l'opprimé fit trembler l'oppresseur. Celui-ci ne vit d'autre moyen de raffermir le diadême que d'être suppliant. C'est là le dernier trait de ce beau caractère qu'il avait apporté sur le trône.

Il ne calma cette sédition que pour exciter d'autres désordres. Ne pouvant se déprendre du projet de faire triompher l'erreur, il ne connut que la violence qui ne pouvait que lui créer des dangers. Il continua sa dangereuse carrière jusqu'à An 518 sa mort, qui, parce qu'elle fut l'œuvre de la nature, fut le miracle de son règne; elle ouvrit à l'église des années de paix.

Justin ne fut pas plutôt assis sur le trône, que voyant l'état gravement affecté des dissentions qu'avait fomentées l'empereur, fit tomber, avec mesure cependant, son indignation sur les fauteurs de tant de désordres. Flétrissant les hérétiques, il rendit à l'église la liberté dont elle avait besoin pour faire elle-même justice de toutes les erreurs.

An 518 Le patriarche de Constantinople assembla des évêques, celui de Jérusalem, en appela auprès de lui, et dans ces conciles on mit de l'empressement, même de l'enthousiasme à venger la foi des outrages qu'elle avait reçus. On humilia l'hérésie, en préconisant l'époque des anathèmes dont on l'avait battue, et exaltant le concile qui l'avait si solennellement confondue, celui de Chalcédoine.

L'église de Tyr et les évêques qui s'y trouvaient réunis, le clergé d'Antioche, des évêques de telle autre province, se félicitèrent du retour pour la foi à des jours de paix et envoyèrent à Constantinople l'expression de leur joie, celle de leurs vœux et celle de leur espérance.

On vit encore la puissance séculière s'occuper de doctrines; mais ce n'est point une faute à elle, elle y fut invitée. Le pontife de la capitale pria l'empereur d'ordonner que le nom du concile de Chalcédoine fût rétabli dans les dyptiques. On sait que les dyptiques étaient des tables ecclésiastiques, où d'abord on n'inscrivait que des personne vivantes ou défuntes qui étaient éminentes par leur dignité ecclésiastique et leur vertu, ou l'avaient été plus tard; on y inscrivait les conciles et même le nom de l'empereur.

Quand Justin monta sur le trône, il trouva l'église de Constantinople séparée, non de vœu mais de fait, de l'église de Rome, et par suite la presque totalité de l'orient démembré de l'église. Lui appartenait-il de faire tomber le mur de séparation qu'avaient violemment élevé des mains schismatiques ? Ou bien devait-il se borner à seconder la main des pontifes ? L'initiative ne pouvait appartenir qu'à la puissance ecclésiastique. Le concours pouvait bien être actif et même influent. C'est ce qu'il fut de la part de Justin. An 519 Aussi le pape, qui le premier en avait écrit à l'empereur, eut enfin le bonheur de réussir dans ce qu'avaient inutilement tenté plusieurs de ses prédécesseurs, ce qu'il avait lui-même, mais envain, ainsi qu'il devait s'y attendre, entâmé avec Anastase.

Justin, aussi dévoué à la foi qu'Anastase avait eu de la passion pour l'hérésie, ne borna pas là An 523 son zèle. Il fit des lois pour frapper une hérésie corruptrice, et flétrir toutes les autres. Il lui fallut de la prudence pour ne pas irriter la susceptibilité d'un prince voisin, qui étant parvenu à implanter dans le cœur de l'ancien empire une nation barbare, avait eu la gloire d'être le maître de Rome, il en était le roi. Encore même l'empereur excita-t-il le mécontentement de ce prince. Il y eut à cet égard échange d'observations de Théodoric à Justin.

Cette correspondance est remarquable pour la beauté des principes. Bien que l'empereur eût excepté d'une partie de ses rigueurs, les sujets naturels de Théodoric, celui-ci arien et portant un vif intérêt à tout ce qui partageait son erreur, soit étrangers, soit nationaux, s'empressa de se

plaindre. Il écrivit à Justin : « que prétendre
» dominer sur les esprits c'était usurper les droits
» de la divinité ; que par la nature même des
» choses la puissance des plus grands princes se
» borne à la police extérieure ; qu'ils ne sont en
» droit de punir que ceux qui troublent l'ordre
» public dont ils sont les conservateurs , et qu'en
» bonne politique l'hérésie la plus dangereuse est
» celle d'un prince qui sépare de lui une partie
» de ses sujets uniquement parce qu'ils ne croient
» pas ce qu'il croit lui-même. » Si ce prince avait
reconnu ce que nous avons cru devoir reconnaître
en principe dans ce que nous avons dit (*) de
l'intolérance civile , il ne manquerait rien à ce
bel aveu des devoirs d'un souverain. Ce principe
Justin , l'a invoqué ; aussi donnerons-nous sa ré-
ponce. Il répondit : « qu'il ne prétendait pas gêner
» les consciences, mais qu'il était le maître de
» choisir ceux par qui il voulait être servi , et
» que l'ordre public exigeant l'uniformité du culte
» extérieur , il était en droit de n'ouvrir les églises
» qu'à ceux qui s'accordaient avec lui dans les
» exercices de religion. » Sa dernière phrase si
pleine de vérités, a fixé toute notre attention ; elle
nous a paru une justification ou mieux une pièce
de conviction en faveur de ce que nous venons

(1) Ch. 2, P. 120 et 121.

de rappeler tout-à-l'heure , sauf que nous n'entendons pas par culte extérieur l'exercice du culte dans des temples , mais l'exercice extérieur du culte. On a vu cette différence avant le concordat de 1801 pour le catholicisme alors seulement toléré. Mais les premières expressions de Justin nous ont défavorablement surpris ; le droit qu'elles consacrent , outre le danger d'un désordre civil , peut amener l'hérétique à une coupable dissimulation.

La preuve de cette affligeante vérité ne se fait pas attendre dans l'histoire. L'année d'après, Théodoric , dont la bienveillance pour les ariens ne pouvait être plus active , députa à l'empereur pour demander grâce pour eux non un chambellan ou tel autre dignitaire de l'état mais le chef même de l'église : néanmoins qu'était cette mission et qu'allait demander le souverain pontife ? Que l'on rendît les églises aux ariens , qu'on leur permît le culte public, que par conséquent dans le civil , on mît l'hérétique à l'égal de l'orthodoxe. Le saint pape avait un motif digne de lui , celui de prévenir d'affligeantes représailles dans les états de Théodoric. Mais quelque juste que fut le motif , il n'ôta rien de sa répugnance à l'objet de sa mission. On lui fit des menaces ; on lui ordonnait , il fallut obéir. La sévérité de Justin avait déjà fait changer de caractère à

Théodoric. Nous ne dirons rien des actions de cruauté qui souillèrent la fin de son règne ; il touchait de bien près à l'extrême limite de sa carrière, quand il devint cruel et cessa d'être juste ; car il n'y avait que treize mois qu'il avait fait mourir dans les cachots le saint pontife de retour de sa mission, lorsqu'il succomba lui-même, et à ce que l'on dit, dévoré de chagrin, tourmenté par le remords.

Justin, qui ne lui survécut que d'une année, laissa le trône vacant, et Justinien l'occupa. Avant ce changement presque simultané de sou- An 527 verain, dans les deux cours de Rome et de Constantinople, depuis les dernières années d'Anastase, il ne s'était rien passé dans l'occident. Notre France ne nous offre aucune particularité, si ce n'est que les conciles s'assemblaient à la volonté du souverain comme à la volonté des pontifes. Ce beau royaume ne fesait encore que de sortir en petites fractions toutes organisées d'entre les décombres de l'empire, lorsque Clovis conçut en ambitieux, exécuta en conquérant le projet d'en être l'unique roi. A la mort de ce prince, le souverain pouvoir ne fut pas l'apanage d'un seul. Mais comme pendant les jours de son règne, de même sous les princes qui lui succédèrent, les deux puissances se donnèrent la main, elles contractèrent une alliance à laquelle ne portèrent aucune atteinte, ni les vices de l'esprit, ni les défauts de caractère, ni les vices du cœur. Nous n'aurions pas moins à faire des observations sur les conciles tenus alors en France, nous les renvoyons à notre résumé.

C'est entre les deux époques de la seconde chûte de la maison de Bourgogne, et la conquête de Thuringe par les enfans de Clovis, que Justinien monta sur le trône. Il fit ce qu'avait fait An 527 Théodose, sa profession de foi, et prit contre les hérésies une attitude menaçante. Nous ne pouvons rien dire du style de cette profession de foi n'ayant pu la lire nulle part. Nous n'avons trouvé que la lettre qu'il écrivit au pape, qui est renfermée dans le corps du droit dit de Justinien, sous le titre de 9.ᵉ novelle. C'est un monument en faveur de la suprématie du souverain pontife sur toute la chrétienté. Quoique Justinien ne fut pas fauteur de l'esprit de schisme que son oncle avait fait cesser, comme chef suprême de cette cité où l'esprit du schisme avait si effrontément levé la tête, on peut dire qu'il a mis dans cette pièce le pompeux du repentir, ou mieux celui de l'enthousiasme. On le reconnaît dès les premières expressions. « Ainsi, dit-il, » qu'en matière de législation, l'ancienne Rome » est notre souveraine, de même en religion et » par son pontife la regardons-nous et la regarde-

» t-on comme notre reine ». (*) Si cette lettre nous a paru d'un grand poids, ce n'est pas tant à raison de la conjoncture où elle est née, que parce qu'insérée dans le corps du droit, écrite par le chef de l'état, elle est une attestation des plus solennelles de la foi des chrétiens sur ce point de doctrine.

A le voir monter sur le trône aussi rempli d'estime pour les dignitaires ecclésiastiques, les évêques pouvaient tout espérer de lui, même ce qu'il ne leur devait pas. Car à l'exemple de Constantin, et dès les premières années de son règne, il fit des pontifes tout autant de magistrats. (**) Mieux encore, puisqu'il les investit d'une inspection judiciaire. Aussi on vit se renouveler ce qui par le laps du temps avait cessé en orient, ce que Gratien avait si impérieusement fait cesser en occident. Quelque respect qu'on ait pour le pontife, on ne peut se défendre du regret qu'il ait accepté de pareilles concessions. C'était bien au chef de l'état à ne pas faire largesse de ses pouvoirs et à ne pas contraindre à des airs de rivale une puissance réelle; mais celle-ci ne devait jamais reposer la main sur des matières civiles,

---

(*) Ut legum originem anterior Roma sortita est, ita et summi pontificatus apicem apud eam nemo est qui dubitet.

(**) Novell. 86. Dont nous n'avons pas trouvé la date, nous avons cru de voir lui donner celle de M. Lebeau.

I.   26

parce que n'ayant point été affranchie des faiblesses de l'humanité, elle ne pouvait sortir que de son caractère, en se laissant entraîner à faire autre chose que ce qui était de sa mission.

Justinien, qui avait pourvu à ce que les pontifes ne fussent pas non seulement sans priviléges, mais sans autorité chez lui, n'attendit pas qu'on pensât à lui faire dans l'église des honneurs et à lui déférer des pouvoirs; il parla en législateur où il ne pouvait l'être. Dans la loi qui est la 123.ᵉ nov.ᵉ, il aborde en souverain les matières ecclésiastiques. Dans le chapitre 1, l'élection des pontifes; le chapitre 9, la résidence des évêques; le chapitre 10, la tenue des synodes, dans lequel même il tombe dans un tel abus de pouvoir, que de sa main il lance les foudres de l'église. Le chapitre 11.ᵉ dans lequel il prescrit à l'évêque, voulant excommunier l'époque de cette censure; le chapitre 12.ᵉ, la capacité des ecclésiastiques; le chapitre 13.ᵉ l'âge des ordinats; le chapitre 16.ᵉ la simonie; le 32.ᵉ défend aux laïques les processions sans être accompagnés du clergé. Le 24.ᵉ règle l'élection des abbés dans leur monastère. Le 56.ᵉ est sur les dortoirs dans les monastères; le 40.ᵉ la profession religieuse dans ses effets sur le mariage, et à ce sujet le prince fait plus qu'il ne peut, plus que ne pourrait faire l'église, il convertit la profession reli-

gieuse précédée du mariage consommé, en empêchement dirimant.

Relevant les méprises de l'empereur, nous ne par-
lerions pas du supplice qu'il fit subir à deux évêques
de mœurs dissolues, si d'une part le style de An 529
l'histoire civile sur une circonstance, de l'autre
le silence qu'en a gardé l'histoire ecclésiastique,
ne nous avaient donné à penser que la déposition
de ces deux coupables prélats avait été prononcée
par qui n'en avait pas le droit, (*) le préfet
de Constantinople.

Environ cette époque, ce prince fit voir com- An 530
bien un excès d'intolérance peut être nuisible et
à l'église et à l'état : à l'état par une désertion
qui en l'affaiblissant ne pourrait manquer de lui
être funeste ; à l'église par une hypocrisie désho-
norante pour la religion.

Revenons à la législation de Justinien. Nous
observerons que ce qu'en dit un auteur distingué (**) n'est qu'une vaine excuse. Il entend
justifier le prince du reproche d'envahissement
sur la puissance ecclésiastique, parce qu'en plusieurs endroits de ses novelles il déclare qu'il n'a
fait que suivre les vestiges d'ancienne législation.
Mais était-ce à lui à les suivre et à les faire

(*) Lebeau, tom. 9., p. 56.
(**) Nat. Alex. tom. 11, p. 460. et suiv.

reparaître ? Ce qu'ajoute cet auteur (*) est une inutilité ou un argument contre lui : l'église, dit-il, a approuvé les novelles. » Cette approbation n'était pas nécessaire si le prince avait le droit de commander en cette matière; si elle était nécessaire il ne l'avait pas.

Ce prince, qui, en montant sur le trône, eut le bonheur d'apercevoir le mérite et de s'en servir, eut alors un revers dont les suites se continuèrent pendant la moitié de son règne, se firent même sentir au-delà. Il partagea la première place de l'empire avec une femme qui ne pouvait avoir pour titre à cet honneur que des qualités toutes physiques. Les saletés de son origine, la corruption des mœurs dont elle ne rougissait pas, auraient dû l'en exclure et la faire oublier dans sa fange; il n'en fut pas ainsi. L'empereur à qui le trône tenait lieu de mérite parce que s'il n'avait pas des vices bien caractérisés, il n'avait pas non plus des vertus bien dessinées, compromit ses destinées et celle de l'état. Il fut assez fort pour ne pas se laisser réduire en servitude ; il fut assez faible pour ne pas maintenir la nouvelle souveraine dans une juste dépendance par rapport à lui. Et certes encore qu'était-elle ! Si en un moment de péril, elle eut du-courage jus-

(*) P. 462.

qu'à l'héroïsme; elle était trop fière pour supporter jusqu'à la pensée de sa chûte. Vrai Protée, elle semblait quelquefois aller au bien, mais ce ne pouvait être la vertu qui l'y portait : il ne pouvait sortir de cet âme de boue, d'ailleurs de long-temps exercée dans la séduction, que de perfides inspirations. La violence dont elle usa après avoir An 534 inutilement tenté de l'odieuse calomnie contre le secrétaire de l'empereur, donne bien à penser ce dont elle était capable. Il ne tint pas à elle que le schisme ne se réveillât dans Constantinople; elle le fomenta à Alexandrie.

Tandis que l'empereur avait peine à résister à ses influences, et qu'en orient l'église pouvait en concevoir des alarmes, celle-ci en occident et principalement en Italie, était plus heureuse; on y voyait le miracle d'une femme tellement au dessus des faiblesses de son sexe et même de l'humanité, que portant le diadème, elle révéla tant de force et de sagesse, qu'elle a pu passer pour le modèle des rois. Hérétique comme son père, la fille de Théodoric eut le bonheur de maintenir en paix, à l'ombre de ses lois, l'église et l'hérésie. La mort violente de cette princesse serait une tache à sa mémoire, si le défaut de conseil qui en fut le principe ne portait pas son excuse. Ce parent qu'elle appela à partager le trône après la

mort de son fils eut l'ame assez dépravée
pour n'accueillir le bienfait que pour mieux suivre
un projet, fruit d'une vieille haine et de la plus
noire ingratitude. Ne connaissant pas dans Théodat
une dureté à l'épreuve de tous les bienfaits, ne
se doutant pas qu'il fût perfide, Amulafonte pouvait bien penser que sa bonté ne serait pas
imprudente. Ses prévisions cependant furent cruellement en défaut. A quelques mois du bienfait,
le tigre qu'elle pensait avoir adouci, se fit un
An 535 jeu de sa mort. Cette princesse, la gloire de l'occident, venait de succomber, lorsque l'impératrice
imposait à une des premières églises de la chrétienté un évêque de sa façon.

Dans ce même temps, l'empereur se livrant à
son penchant pour les discussions ecclésiastiques,
fesait à meilleure intention ce qu'avait fait Constance, dont il répéta cependant les indignes
paroles : « soyez de mon avis ou je vous enverrai
» aux extrêmités de l'empire.« Mais jusque-là
ce n'est pas comme Zénon, prendre législativement l'initiative en matière de doctrine ; c'était
révéler le penchant de la puissance civile à être
souveraine partout. C'était faire parler ce penchant,
mais non le faire agir. On eut dit sans doute
à l'entendre que l'hérésie avait à espérer de lui,
son caractère cependant ne se démentit pas. Las
des dissensions civiles qui déchiraient Alexandrie,

à propos d'évêques nommés, il rappela les deux compétiteurs. Il en désigna le successeur, à qui il fit donner l'onction sainte, et lui confia des vastes pouvoirs dans le civil, pour éloigner des charges les hérétiques; il attribuait à ceux-ci les désordres qu'il avait fallu réprimer. Mais outre cette inconstance de caractère dans le prince, est-ce religion, est-ce paresse, que prendre dans le clergé le mandataire pour une mission toute civile? Les suites ne furent pas de nature à ce que le prince se félicitât d'avoir si bien placé sa confiance; car il fallut bientôt exiler le mandataire Paul en même temps qu'évêque. Ce ne fut que dans celui-ci le défaut de qualités joint à un vice de caractère qui firent révoquer le mandat. L'aurait-il rempli avec éloge, il n'y aurait pas moins eu de la confusion dans sa mission et une espèce de désordre; il ne doit pas appartenir à un évêque de constituer des officiers civils, ou de faire des magistrats. Nous devons observer que nous n'entendons parler ici que des évêques sujets, et non des pontifes monarques, engageant le lecteur à se rappeler ce que nous avons dit ailleurs des S.P. (*) Quant aux autres évêques princes, tels qu'il en existait dans le dernier siècle en Allemagne, il n'en existe plus.

(*) Introd. ch. 2., p. 36 et 37.

A cette époque les dépositions étaient fréquentes, elles se fesaient presque au gré de l'empereur. Le pontife de Constantinople étant mort , ce fut pour l'impératrice une nouvelle occasion de mettre la main en semblable matière. Elle ne pouvait faire que de mauvais présents ; car de même qu'il suffisait qu'on devint l'objet de sa haine , pour inspirer par cela seul la confiance qu'on n'était pas sans titre à l'estime publique , il suffisait qu'on fut l'objet de sa bienveillance pour tenir en suspens tous les esprits , malgré les plus belles apparences de vertu. Celui qui avait reçu des grâces par cet odieux canal ne pouvait manquer de donner à penser , qu'il ne tarderait pas à se mériter la haine publique , ou tout au moins le mépris.

Sous l'influence de ses insinuations on a l'intimation de ses volontés , on ne voyait aucun obstacle pas même dans les plus saintes lois. Dans la conjoncture, celui qu'elle voulait établir à Constantinople avait une église à conduire et les canons s'opposaient à ce qu'il fût transféré : mais le trône a ses prestiges ; Théodora le voulut , l'évêque fut transféré. Deux ans après , l'indigne pontife ayant levé le masque , laissa à découvert son hypocrite hérésie ; il fut , mais canoniquement , An 535 déposé.

L'église dut alors ce triomphe à son chef. Le souverain pontife en mission auprès de l'empereur, par le roi de Rome, saisit l'occasion avec autant d'indépendance que de fermeté, il révéla toute l'étendue de ses propres droits, et en fit réjaillir l'éclat jusques sur les marches du trône, bien que si distant de sa propre ville, et qu'il se vit dans l'enceinte d'une vaste cité où l'on ne voyait plus qu'obéissance servile ou despotique pouvoir. Étant dans les terres soumises aux lois de l'église, et parce qu'il était le monarque de celle-ci, il pouvait parler en souverain ; toutefois dans les matières seulement ecclésiastiques ; il menaça le nouvel évêque de la capitale de la déposition s'il ne faisait sa profession de foi. Persévérant dans ses énergiques projets, sa fermeté le fit triompher de toutes les résistances ; l'impératrice vit son évêque banni, déposé et remplacé par un homme à qui elle n'aurait pas donné son suffrage. Le souverain pontife qui ne devait plus revoir l'Italie se préparait à quitter Constantinople ; il remit après l'ordination du nouvel évêque de cette ville le reste des affaires dans les mains de l'empereur.

Peut-être est-ce là la cause que Justinien, dans sa novelle 42.ᵉ, paraît confirmer la déposition d'Antime, la condamnation de Sévère et autres, prononçant contre eux la peine du banissement. Le prononcé de la peine était de son ressort ; mais la confirmation de la sentence d'un concile ne lui appartenait pas. Il avait bien convoqué ce concile (1), mais il y avait déjà des siècles que la puissance temporelle s'était arrogée ce droit; elle faisait donc alors un pas de plus.

An 537

La même année, Rome devint veuve de son pontife et l'église perdit son chef; il fallut penser à remplacer cette perte; alors on y éprouva ce qu'on éprouvait presque partout ailleurs et depuis longues années. Le souverain temporel de cette capitale du monde chrétien autrefois si souveraine voulut désigner le pontife, il le désigna; et pour cette fois ce ne fut pas le clergé qui élut, il ne fit qu'obéir; Rome fut d'autant plus esclave, qu'on lui imposa son évêque. Sous Honorius, on avait porté les premiers coups; (2) le despotisme de Théodat ne se serait pas contenté de la confirmation de l'élu. Le saint pape n'en fut pas moins digne de tous les suffrages; il vécut en digne successeur de saint Pierre et mourut en héros; l'exil termina sa carrière.

A peine s'était-il assis sur la chaire du pontife, que se préparait un autre événement. Un aspirant à la même dignité, ayant vu mourir le dernier pape venu à Constantinople et que remplaçait si bien le pontife Silvère, prit ses mesures, vendit sa foi à l'indigne impératrice, qui, sans foi comme

(1) Fleury, tom. 5, liv. 32, § 55.
(2) Historique, ch. 4, p. 157 et 158.

sans mœurs, s'engagea à le faire chef de l'église. Ce fut là un arrêt de mort contre le souverain pontife, qui loin d'être révoqué ne tarda pas à être exécuté. Vigile part de Constantinople muni des promesses de l'impératrice, aborde les côtes de l'Italie, vient à Rome et dresse au vénérable Silvère le piège convenu. Le pontife s'indignant de ce qu'on lui demandait, protesta de sa fermeté et annonça la funeste issue de ces débats. Vigile part pour Constantinople, en repart, retourne à Rome ; la trame touchait à sa fin. Les femmes les plus dépravées de l'empire et les plus méchantes se donnèrent la main ; l'une comme souveraine, et l'autre comme sujette, mais femme du nouveau conquérant de l'Italie. Le pontife ne pouvait manquer d'être perdu, tandis que Justinien pouvant se reposer sur Bélisaire du succès des ses armes perdait son temps à faire le docteur avec les évêques qui l'entouraient, Théodora donnait à son insu des ordres au souverain pontife, l'envoyait en exil, décidait de son successeur. Bélisaire de son coté trop crédule ou trop faible mari, se mêlant des affaires de l'église, flétrissait par sa dureté, sa fourberie, sa tyrannie, la gloire dont il brillait d'ailleurs par les plus magnifiques exploits. Vigile enfin atteignit le but de son ambition. Silvère vécut encore quelques momens, et lança contre

lui ses anathèmes ; jamais sans doute on ne vit
éclater une plus juste indignation. Enfin l'empereur, dont l'ignorance favorisait tant de crimes,
instruit de tout ce qui se passait, donna ses
ordres pour rétablir le banni, bannir l'usurpateur. Mais Vigile, sans employer ni le fer
ni le poison, prit ses mesures et Silvère
mourut (*).

An 540   On vit alors un prodige, effet des divines
promesses à l'église de Rome ; Vigile avait promis de soutenir l'hérésie, n'étant monté à la
chaire pontificale que par le crime ; il avait
déjà exécuté d'hérétiques engagemens dans l'intervalle du bannissement, à la mort de Silvère.
A cette mort, légitime pontife, légitime chef
de l'église, il n'eut pas plutôt le sentiment de
sa légitimité qu'il ne connut que les anathèmes
contre l'hérésie à laquelle cependant il avait
promis toutes ses faveurs. Et cette femme, dont
les sourdes intrigues, cette autre dont la puissance
avait fait réussir ses projets, ne le virent en
possession de ce qu'il avait désiré que pour être
cruellement trompées dans leur attente. Elles
le virent intrépidement fidèle à ses nouveaux

(1) Nous avons suivi pour la chronologie Baronius et Nat.
parce qu'il nous a paru qu'il y avait de la mort d'Agapit à
la mort de Silvère trop d'événemens pour neuf mois seulement
de la mort d'Agapit à la fin de l'année, époque de la mort de
Silvère, d'après Lebeau, tom. 9, p. 487

devoirs. Fleuri a terni ce beau retour de Vigile (1), nous avons cru devoir le redresser par Baronius, (2) par Natalis Alexander (3) et par Lebeau (4).

Nous sommes trop près de notre France pour passer sous silence une procédure ecclésiastique de haute importance. L'évêque de Riez, souillant le caractère épiscopal par les honteux désordres d'un infâme commerce, Saint-Césaire convoqua les évêques de la province. Ce concile déposa l'évêque de Riez, et le confina dans un monastère; (5) sur l'appel par l'évêque déposé en cour de Rome, le pape écrivit à Saint-Césaire. Nous ne rapporterons de cette lettre que le passage suivant. « Vous eussiez mieux » fait de ne pas permettre qu'après son appel on » fit rien contre sa personne; car si l'on met en » exécution la première sentence, de quoi sert-» il de faire de nouvelles informations? Ajoutez » à cela que, quand même il n'aurait pas » réclamé contre ce jugement, il lui était libre, » selon les canons, de choisir une vie privée » plutôt que d'embrasser l'austérité de la vie » religieuse. »

L'esprit du dernier paragraphe de notre cita-

(1) Fleuri, liv. 32, § 58.
(2) Année 540, plane mutatus est in alterum virum.
(3) Natalis Alex., tom. 12, pag. 32.
(4) Lebeau, liv. 44, § 49.ᵐᵉ sur la fin.
(5) Longueval, liv. 6, année 535.

tion est bien différent de celui qui dicta à un de nos prélats une mesure des plus arbitraires contre un de ses prêtres. Il est vrai que ce prêtre si digne jusque-là eut le malheur en écrivant de s'abandonner avec trop peu de réserve à un juste mécontentement, et manqua aux égards qu'il devait à un magistrat qui, quoique ne gérant qu'un consulat de campagne, n'en était ni moins exigeant ni plus poli. Mais à retirer à ce pauvre prêtre son titre et le bannir de sa paroisse, on lui défendit d'y reposer le pied; jusque-là que cet infortuné à la traverser pour se rendre à sa nouvelle destination, refusa de condescendre aux pressantes sollicitations de ses estimables amis. Avouant les expressions si absolues de sa lettre de cachet, trop ému, il se borna à leur serrer la main.

Saint-Césaire, par trop de zèle pour la discipline ainsi que pour les mœurs, excédait en sévérité, outre-passait la limite de son pouvoir. Aussi, malgré son incontestable sainteté, il se mérita qu'on le réprimandât. Il est à présumer qu'il laissa cette affaire au jugement du souverain pontife qui lui en avait écrit; du moins n'en est-il plus question dans l'histoire. Il vécut encore quelques années, et sa mort est à compter de ces débats, le seul événement de sa vie que les historiens nous transmettent.

Quand le moment fut venu, son remplacement donna lieu de la part de la cour ecclésiastique romaine, sur le pallium, à des explications qui surprennent. Le souverain pontife An 543 répondit à la demande qu'on lui en faisait selon l'usage, qu'il fallait le consentement de l'empereur. Rome allait essuyer un bien triste événement : prise par un barbare qui, venu de l'Afrique pour se l'asservir, ne comptait que des victoires, elle fut au moment de son entière destruction. Délivrée de ce péril, elle repassa sous les lois de ses anciens maîtres, de sorte qu'à l'indiction de cette réponse, on peut dire que Vigile, souverain pontife, avait pour souverain l'empereur de Constantinople. Mais pourquoi vouloir le consentement de l'empereur pour accorder une grâce purement ecclésiastique? Pourquoi demande-t-on le consentement lorsque le prélat qui la sollicite ne saurait dans le civil relever de l'empereur? La ville d'Arles n'était plus ni grecque ni romaine, elle était française. On a dit que ce n'était pas une exigeance de l'empereur, mais une mesure de prudence. (1) C'était, dit on, de la part du pontife, pour ne pas donner lieu à des soupçons, en donnant des priviléges, des honneurs, à des évêques étrangers à l'empire

____

(1) Longueval, tom. 2, in 8.°, p. 40.

et sur la recommandation de leur prince. Cette prudence devait-elle porter atteinte à l'indépendance de l'église? C'est ainsi que naissent les droits bientôt les plus incontestables. On voit en effet que cette condescendance servit de titre dans peu : le successeur de Saint-Césaire étant mort, le nouvel évêque envoyant pour demander le pallium, donna ordre qu'on fût d'abord à Constatinople pour solliciter l'agrément de l'empereur.

Cependant il faut le reconnaître, l'église ne courait sous le rapport du fait aucun danger à perdre en ceci de son indépendance. Bien qu'assujétie dans la distribution de priviléges et distinctions, dont l'effet n'était rien moins qu'ecclésiastique, elle pouvait ne rien perdre de ses véritables droits. C'était à elle à se les maintenir dans toute leur étendue; car, là où les principes sont hors de discussion, la fermeté tôt ou tard vide tous les différents. Il n'en est pas de même sous le rapport du droit; il semble qu'à raison de l'ambition innée à la puissance temporelle, faire à cet égard de semblable démarches, c'est ouvrir la porte à des envahissements. Si nous avons dit que distribuer de ces grâces, ce n'était pas ecclésiastique, c'est qu'à distribuer des costumes uniquement costumes d'honneurs, on a marché sur les traces de la puissance civile qui donne

des cordons bleus, des cordons rouges et ne con-
fère en les donnant que d'inutiles honneurs.
N'ayant plus rien à relever des événements qui
se fussent passés chez nous, que nous n'ayons
repris notre fil historique dont nous avions laissé
le bout à Constantinople, nous le reprendrons;
mais avant, nous rendrons compte des actes de
la législation ecclésiastique.

Pour ne pas faire cette distribution monotone
des divers canons des conciles dans les divers
paragraphes, nous omettrons à l'avenir les conciles qui ne donneraient lieu qu'à cette distribution, et quant à ceux où nous trouverions,
dans quelques canons, à faire des observations
sur leurs dispositions, nous nous bornerons à
n'en citer que ces canons. Le concile d'Agde,
tenu en 506 (1), est le premier dont nous
ayons à traiter.

Ce que nous avons dit des 5.me et 9.me canon
du concile de Vannes, est applicable au 8.me
canon de ce concile d'Agde.

Le 20.me canon est remarquable en ce que
ce n'est pas par la censure qu'on contraint les
membres du clergé à observer les canons, mais
par la violence. On y donne pouvoir à l'archi-
diacre de faire couper par force les cheveux aux

(1) Cellier, tom. 13, P. 656.

ecclésiastiques qui négligeraient de les tenir coupés.

On ne dira rien sur le canon 32.me, qui défend à des ecclésiastiques le recours à des juges séculiers; nous avons eu occasion de dire à cet égard notre pensée.

Dans son 38.me canon, ce concile est tombé dans le même abus d'autorité dont il a été question dans le résumé du concile de Vannes, au sujet du sixième canon de ce concile.

Le 39.me, qui se rapporte au 2.me §, nous avait semblé d'abord fixer l'époque de la continence cléricale, car il commence par ces mois : *præsbyteri, diacones, subdiacones, vel deinceps quibus ducendi uxores licentia non est.* Mais le 9.me canon de ce même concile prouve le contraire, car il commence par ces mots : *placuit, ut si diacones aut præsbyteri conjugati ad torum uxorum suarum redire voluerint.*

Pour ne plus nous en occuper, nous croyons devoir fixer vers le milieu du 6.me siècle l'époque rigoureuse de la continence cléricale. Elle a donc 1200 ans d'antiquité; pourrait-elle être plus respectable

Quoique nous n'ayons pas suivi le canoniste qui nous a servi dans les autres conciles, nous exposerons un canon que nous n'avons trouvé que chez lui, et qui y est sous le n.º 33.

Si episcopus , aut præsbyter , aut diacones , capitale crimen commiserit , aut chartam falsaverit , aut falsum testimonium dixerit , ab officio depositus in monasterium detrudatur et ibi quandiù vixerit laïcam tantùm modò communionem accipiat.

Il paraît que par ce canon le concile tombe dans un abus d'autorité et usurpe sur les droits de la puissance civile en mettant les coupables , et de sa propre autorité, à couvert de la vindicte des lois; à moins qu'il ne fût question ici d'un crime occulte; mais encore cette sorte d'incarcération du coupable serait-elle en dehors des limites de la puissance qui en inflige la peine.

Le 2.ᵉ canon est contre le rapt. Ce crime (1) est à la vérité bien digne de toute la rigueur des lois. Mais on inflige au ravisseur un châtiment que la puissance civile pouvait seule infliger. On peut croire que comme c'est en conséquence du droit d'asile que le ravisseur réfugié dans les églises échappe à la peine de mort , il fut fait une sorte de transaction entre les deux puissances pour commuer la peine, et que sans doute il fut convenu que le coupable ne perdrait pas la vie , mais ne conserverait pas la liberté et serait fait esclave. Néanmoins, quelle harmonie

____

(1) Cellier , tom. 15, p. 669.

que l'on suppose entre les chefs de l'état et les pontifes, on ne saurait disconvenir que cette disposition législative n'était pas du ressort de la puissance ecclésiastique.

Dans le 4.e canon, on défend d'admettre dans le clergé les séculiers, à moins que sur l'ordre du prince, ou la permission des magistrats. Et on maintient sous la puissance de l'évêque les enfans de ceux qui sont ou qui furent dans le clergé. Outre que c'était constituer un servage en faveur de l'évêque, de quel droit pouvait-on attacher des hommes comme à la glèbe du sanctuaire (1)?

An 516   Le 3.e canon est une défense pure et simple (2) aux ecclésiastiques en matière d'usure. Ce que nous avons dit sur le défaut d'autorité de l'église, comme ne pouvant soutenir la loi naturelle contre la loi civile, à ce sujet (3), nous dispense de toute observation.

Le 4.e et le 10.e canon sont la preuve que la demeure de l'évêque, des prêtres, celle même des clercs, étaient de vrais palais de justice (4);

(1) Ita ut filii clericorum, id est patrum, avorum ac proavorum, quos supradicto ordini parentum constat observationi subjunctos, in episcoporum potestate ac districtione consistant. Canon 4, Cellier, tom. 15, P. 671.

(2) Cellier, tom. 15, P. 677.

(3) Introduction, ch. 2, historique ch., art. concile de Nicée.

(4) Nullus, episcoporum, aut præsbyterorum vel clericorum, die dominicâ audeat judicare; cœteris autem diebus, convenientibus personnis licentiam judicandi quæ justa sunt. Cellier, tom. 15. p. 678.

mais le pontife trouva-t-il jamais dans son mandat qu'il fût destiné à être magistrat.

Nous n'avons rien trouvé dans le concile Dépone, ou Yène, dans le Belay, qui ne se rapporte aux divers §§, et qui nous ait paru ou exiger une justification ou devoir être blâmé. Ce concile fut tenu an 517.

Les évêques dans le concile (1) tenu à Lyon en 517, par le 5.me canon, prirent la résolution de quitter leur sièges et se renfermer dans des monastères, si on voulait leur faire violence, pour ne prendre leurs fonctions qu'après que le roi frappé de cette sorte d'interdit, cesserait d'accorder sa protection à des incestueux de haut rang qu'ils avaient condamnés. Cette résolution digne des plus saints évêques, mais peut-être imprudente, nous montre pour la première fois, dans notre France, la puissance ecclésiastique prenant l'offensive contre la puissance séculière.

Nous n'avons rien à dire non plus des canons du concile de Lérida (en Espagne) tenu en 524 (2); les divers canons qui y furent dressés se rapportent aux divers §§. La même année, le clergé espagnol s'assembla encore à Valence (2). On y fit six canons, dont aucun ne peut donner

(1) Cellier, tom. 16., p. 654.
(2) idem   idem   Page. 666.

lieu à des observations. Seulement, rappelant ce que nons avons dit du 4.me canon du premier concile d'Orléans, nous ferons observer au sujet du 6.me canon du concile de Valence, qu'il paraît que la juridiction personnelle du clergé du 1.er ordre sur le clergé du 2.me vient d'un principe injuste; principe qui ne vit plus que dans ses suites, savoir que les clercs étaient les serfs de l'évêque. On veut dans ce concile pour la collation des divers ordres les démissoires de l'évêque diocésain, c'est-à-dire, sa permission. Pourquoi ne suffirait-il pas de son témoignage; on nous dira peut-être que l'affranchissement de cette dépendance donnerait lieu au vagabondage des prêtres; mais si l'on suppose au prêtre l'esprit et les vertus de son état, on n'a pas à le craindre; si on ne le suppose pas, il suffirait qu'en dehors de leurs diocèses, les prêtres fussent astreints, avant qui leur fut permis d'exercer leurs fonctions, à exhiber une attestation de leur évêque. Ce serait la seule manière convenable dont les évêques pussent ouvrir ou fermer ce qu'ils appellent les portes de leur diocèse. Style et mode d'administration, un peu flétris dans le chapitre 22.me, ⍭ 26 selon St.-Lúc, et dans la 1.re épître de St.-Pierre, ch. 5, ⍭ 2 et 3.

La même année, en France, des évêques s'assemblèrent à Arles; nous ne dirons rien de leurs canons, parce que nous n'aurions qu'à les distribuer dans les divers §§. Le 4.me et dernier proscrit ce qu'on appelait le vagabondage des prêtres ; sans doute par la même raison que les évêques se défendaient de sortir de leur diocèse, ils devaient le défendre aux prêtres ; nous venons d'émettre notre pensée sur cette question. Nous nous bornerons à remarquer que le mot vagabond convertit en invective, par sa dureté, un principe qu'avait consacré toute l'antiquité.

Nous étant prescrit de passer outre quand nous rencontrerions, comme sur nos pas, des conciles où on n'aurait rien décidé en matière de discipline, mais seulement en matière de foi, nous ne parlerons pas du 2.me concile d'Orange, en 529, où on ne s'occupa qu'à prémunir la foi contre les atteintes de l'hérésie.

Le premier concile de Vaison, même année, met, par voie d'exhortation, le clergé à même de se livrer à l'éducation des jeunes aspirants à la cléricature. Ce n'est pas un nouveau droit qu'on s'arroge, mais un devoir de famille qu'on reconnaît ; on cite des exemples, on allègue des motifs.

Ce que nous venons d'exposer sur les conciles de Valence, d'Arles et de Vaison, quoique ne se référant pas à notre sujet, trouve son excuse dans une sorte d'actualité de question. Quand il en sera ainsi, nous sortirons également du cercle dont nous sommes circonscrits.

Jamais les conciles provinciaux ou nationaux ne furent plus nombreux que dans ce siècle; on ne s'assemblait quelquefois qu'avec l'agrément du souverain, et il paraît que c'était principalement pour les conciles nationaux qu'on demandait aux princes leur consentement; mais on peut dire que l'église qui fut toujours en pleine vigueur, avait cependant alors, et à cet égard, quelque chose de plus vivant et de plus libre dans ses mouvements.

Il était alors reçu comme un usage digne d'éloge que des parents se dépossédant de leurs enfants pour les consacrer au service des autels, les amenassent à leur évêque pour le constituer leur père, ainsi que l'avaient fait les vertueux parents de Samuel. De là vint sur cette tendre progéniture cléricale une véritable servitude, car, bien que parvenus à un âge mûr, on permit à ces enfans de disposer de leur cœur; leur personne, ainsi que leurs enfans n'appartenaient pas moins au clergé : servitude qui donnait à la nouvelle loi un faux air de l'ancienne, et ne contribua pas peu à de graves abus, notamment à faire prendre les mauvaises manières du despotisme à la sainte autorité des prélats.

C'est de cette translation morale de la paternité qu'advint au clergé le devoir dont nous avons parlé au sujet du concile de Vaison, et même le droit de pourvoir par lui-même à cette éducation de l'enfance et de la jeunesse, de ceux qui étaient destinés à lui succéder un jour dans tous ses devoirs. Cette perspective de succession pouvait bien à elle seule établir l'un et l'autre, le droit et le devoir ; le 2.e concile de Tolède, tenu en 531 (1), les consacre dans le1.^{er} canon.

Dans le 2.e concile d'Orléans, en 533 (2), et par le 18.e canon (3), on interdit pour l'avenir, et on le casse d'avance, le mariage des Juifs avec les chrétiens ; mais la puissance civile avait pris les devants (4) par une loi datée de 388.

Il est moins incertain dans tel autre concile, celui de Clermont (en Auvergne, aujourd'hui département du Puy-de-Dôme) en 535 (5) qu'il y ait eu conflit. Le canon 8.e que nous n'avons trouvé que dans Le Cellier, sans texte, défend de constituer des juifs juges des chrétiens. La diversité de religion peut bien justifier des doutes sur l'intégrité des magistrats, quand surtout cette diversité inspire de la haine, mais était-ce

(1) Cellier, tom. 16, p. 693.
(2) Cellier, tom. 16, pag. 709.
(3) Carranza, pag. 226 (ce canoniste diffère de Cellier par le nombre des canons ; il en donne 22, et Cellier n'en compte que 21, et de plus ces numéros d'ordre diffèrent en moins d'une unité.
(4) Loi de Théodose et Valentinien, cad., lib. 1.er, titre 9
(5) Cellier, tom. 16, 712, et Longueval, liv. 6, an 535.

à la puissance ecclésiastique à ôter la liberté du choix de ses auxiliaires à la puissance civile? Le commandement lui convenait bien moins que que les formes déprécatives ou les doléances ; les employant, les prélats auraient conservé cette généreuse contenance de défenseurs des peuples, qu'ils pouvaient si bien se donner.

Cette marche progressive d'envahissement est encore sensible dans le 3.e concile d'Orléans en 538 (1). Le 7.e canon est bien excusable à raison de l'énormité du crime qu'il punit, l'incontinence cléricale jointe à l'adultère ; mais on convertit pour le punir les monastères en maisons d'arrêt où l'on condamne le coupable, une fois déposé, à une réclusion perpétuelle. Cette pénalité ne pouvait être du ressort de l'église. Cette vérité est même un principe consacré par la cour romaine ; on peut s'en convaincre dans la lettre du souverain pontife Agapit à saint Césaire (2).

Le canon 21 réserve au concile la connaissance et le jugement des crimes d'état commis par les ecclésiastiques.

Voilà bien l'église envahissant l'existence civile, et devenant un état dans un état. Ses sujets, à commencer par le clergé, sont tellement à elle, qu'elle les constitue inviolables ;

____

(1) Cellier, tom. 16, pag. 725.
(2) Historique, chap. 6, p. 213.

et que l'état ne pouvant plus les traiter comme ses membres, ne peut les regarder comme sujets à la puissance qui le régit. L'état en reçoit-il une insulte quelque grave qu'on la suppose, car il s'agit d'un crime public et peu ordinaire, celui d'une conspiration même écrite; l'état ne peut que solliciter le châtiment du coupable; la vindicte ne lui appartient plus. Si dans la société civile les grands se rendent coupables d'un crime, les lois réclament leur supplice. Si l'équité, si la justice règnent, quelque soit leur élévation, le crime a détruit leur fortune, et dévoré leur gloire : les chaînes, les cachots, l'échafaud, voilà les stations de leur nouvelle carrière. L'ecclésiastique, le prêtre, le pontife, parce qu'ils appartiennent au sacerdoce, et qu'ils en ont reçu ou doivent en recevoir le sublime caractère, échappent au courroux des lois. Ils sont traduits en effet devant une magistrature, bien différente de celle qui est chargée dans l'état de venger les lois; qui n'a ni mission ni caractère pour exécuter cette vengeance; qui, n'importe combien qu'elle s'indigne, ne peut que les laisser impunis. Dira-t-on que la sublimité du sacerdoce réclame cette impunité? C'est abuser des termes; cette sublimité demande l'innocence et non l'impunité. Il est si constant que le clergé faisait alors dans la même société civile, non plus une modeste et vertueuse portion de l'état, mais un état dans l'état, que les laïques ayant des droits ou des choses à contester à des membres du clergé, devaient subir la sentence de l'évêque; le clergé n'ayant plus pour juges naturels que les pontifes en matière de droit comme en matière de délit.

Le **32**.me canon de ce même concile défend aux laïques de traduire les membres du clergé devant les magistrats civils si l'évêque ne le permet. Mais c'est la puissance civile qui fut cause elle-même des prétentions si inopportunes de la puissance ecclésiastique par les immunités qu'elle (1) consentit. Elle n'avait et n'a jamais eu qu'à s'en prendre à elle-même dans l'insulte qu'on lui fit, d'ailleurs il est vrai que sous l'empire et les yeux de Justinien, mais enfin qu'on lui fit, de la croire indigne de punir des coupables qui ne l'étaient que pour l'avoir offensée, quelque gravement d'ailleurs qu'il l'eussent offensée.

Cette permission de l'évêque donnée au laïque d'amener les ecclésiastiques devant le juge civil est une sorte d'extradition. Dans l'origine, parce qu'alors il n'avait pas de costume, le clergé, comme tel, était une société invisible partout ailleurs que dans les temples, à moins que par

(1) Entr'autres preuves de priviléges, voir le code de Justinien, nov. 83.

ses vertus ou le souvenir de ses nobles fonctions. Mais depuis il était devenu une société civile, ayant sa législation civile. Nous avons vu en effet des dispositions d'une pénalité civile dans son code pénal; il avait ses magistrats, sa constitution. Oui, le clergé s'était obtenu ou donné cette existence.

Chaque jour lui faisait perdre l'esprit de son institution. Cette institution avait placé chez lui les deux mobiles de toute société, la supériorité et la subordination. Mais ils ne devaient avoir aucun effet civil; ils essuyèrent l'influence du temps, et alors et plus tard l'ambition, l'esprit de corps dans les uns, le relâchement dans les autres, leur firent prendre à tous des manières, des prétentions toutes civiles. On peut dire qu'ils devinrent une nation à part dans les diverses nations. Les rois ne furent plus leurs princes que pour en recevoir des faveurs, des honneurs et des grâces. Les pontifes ne furent plus seulement leurs pontifes, ils furent leurs princes. Étrange renversement, qui a fait que le clergé n'a inspiré que de la crainte ou de l'envie, lorsqu'il n'aurait jamais dû inspirer que de l'estime et de la confiance.

On a dit que le clergé sans honneurs serait aussi sans estime. Sa foi, ses vertus, ses fonctions, lui tiendraient toujours lieu de rang et de richesses, et lui assigneraient dans l'opinion des peuples qui ne seraient point athées une place distinguée. Chez les autres, le faste et les honneurs ne feraient que lui attirer une censure d'autant plus amère. Cependant, si le but de son institution repousse dans le sacerdoce le faste; l'élévation de son ministère repousse aussi les haillons. L'indigence du prêtre blesserait autant la décence publique, qu'elle offenserait la majesté même de la religion. Il est entre les peuples et la divinité; s'il doit être modeste, il ne peut être ignoble.

Il n'est pas nécessaire d'avertir le lecteur que nous n'avons entendu parler encore que des temps passés.

Nous ne parlerons pas du 28.ᵐᵉ canon, il en a été question ailleurs.

Nous passerons sous silence le concile de Barcelonne, tenu en 540; (1) les canons qui y furent dressés, ne peuvent donner lieu à aucune analyse.

Le 29.ᵐᵉ canon du 4.ᵐᵉ concile d'Orléans, tenu l'année d'après, (2) contient une disposition législative qui n'était pas du ressort, et que les historiens ecclésiastiques ont voulu excuser, donnant à penser que les PP. s'étaient entendus

(1) Cellier, tom. 16, pag. 731.
(2) Cellier, tom. 16, pag. 732.

avec la puissance civile (1). L'histoire se tait cependant sur le matériel de cette excuse. On prononce dans ce canon la peine du bannissement contre les femmes avec qui les ecclésiastiques seraient tombés dans l'incontinence.

Les premières dispositions du 31.me canon, qu'on trouve plus clairement exposées dans Carranza (2) que dans *Le Cellier*, ne sont pas une entreprise contre la puissance civile; une loi rendue sous le 11.me consulat d'Honorius et de Constantius, sous la date de l'an 417 (3), condamne à perdre ses esclaves chrétiens le juif qui voulait les faire apostasier et affranchit ces esclaves. Mais les dernières dispositions de ce canon, qui déclarent nul l'affranchissement qu'aurait fait le juif en faveur de l'apostat, n'avaient à cette époque aucun antécédent dans la législation civile; car dans la loi que nous avons citée, le législateur fait tomber le poids de sa colère sur le juif et affranchit l'esclave. Il paraît bien que cette loi suppose qu'on n'a pas tenu à l'égard de l'esclave la promesse d'affranchissement dont les appas avaient fait parvenir le juif à le circonscrire; (4) mais il n'en est pas moins constant que cette tentative d'apostasie dénoncée

(1) Nat. Alex., tom. 12, pag. 268.

(2) Pag. 237, can. 19.

(3) Cod. lib. 1 . tit. 10

(4) Ipso servo propræmio libertate donando.

à l'autorite , devenait , qu'elle eût réussi ou non , un titre pour l'esclave à son affranchissement. Dans ce concile, au contraire, on prive de sa liberté l'esclave apostat que le juif aurait affranchi. Il méritait d'être puni, si toutefois il n'était pas mieux d'avoir, à son sujet, de la pitié que de l'indignation. Mais était-ce à la puissance ecclésiastique à dire à un homme libre , vous serez esclave? Combien qu'il méritât cette infamie , elle manquait de de pouvoir pour l'en flétrir.

Le 5.me concile d'Orléans , tenu en 549; ne donnerait lieu à aucune observation(1) , si ce n'était que dans le 10.e canon , rapporté par un historien dont la critique éclairée garantit la véracité , (2) le clergé de France fixe l'époque de l'intervention de nos rois dans les élections des évêques sous Théodose ; (3) ce fut la puissance civile qui s'en arrogea le droit. En France, ce furent les évêques qui légitimèrent une usurpation ou conférèrent un droit. Nous n'avons rien à dire du 2.me concile de Clermont en 549 (4) , non plus que du concile de Tours en 550 (5) ; on n'a donné les canons ni de l'un ni de l'autre.

(1) Cellier, tom. 16, pag. 737 , Nat. Alex. , au 6.me siècle *
tom. 12, pag. 269

(2) Nat. Alex. , 6.me siècle , tom. 12, pag. 271.

(3) Historique, ch. 3, p. 224 et 225.

(4) Cellier, tom. 16 , pag. 741.

(5) Cellier, tom. 16 , pag. 741.

CHAPITRE VII.

Suite du sixième siècle.

L'ÉCLAT que fit le souverain pontife à Constantinople (1), et qui releva si bien toute la majesté de la chaire de Pierre, ouvrit par son époque à Justinien, pour quelques années, une brillante carrière, et le vieil empire sembla renaître.

Déjà Rome avait souri à la victoire de son vainqueur autant que pouvait le permettre une longue habitude de l'esclavage, et les goths ne pouvaient plus faire à son ancienne gloire cette grande insulte, de se vanter quelle leur fut soumise, lorsqu'on vit à Constantinople ce pontife qu'elle n'avait vu qu'à regret s'éloigner de ses murs (2). On brisa dans l'Afrique le joug des vandales, et les lois romaines y reprirent leur ancienne vigueur; la Sicile fut reconquise. L'occident s'étonna de revoir flotter dans ses contrées l'antique drapeau des Césars : en un mot leurs successeurs, les grecs, parurent revendiquer toute la gloire des romains; mais ce ne fut qu'un météore qui ne fit que paraître. Il fixa

(1) Tome 1.er, p.
(2) Lebeau, tom. 9, p. 385 et 486.

I.

tous les regards et appela la pensée de tous. Nombre d'années se passèrent, et on ne s'occupait plus de ces questions qui avaient excité tant de troubles, que le vaisseau de l'état faillit en être renversé.

Cependant cette désastreuse manie n'était alors qu'assoupie; bientôt, comme qui s'éveille, elle reprit de plus fort. Il devint bientôt nécessaire d'assembler un concile général de tous les évêques, et c'est un évêque qui sans autre moyen que le crédit dont il jouissait à la cour excita la tempête. On lui avait donné à cet égard un funeste exemple; on peut dire aussi que Justinien qui se mêlant d'anathématiser souffla partout la discorde, ne fut que la cause innocente de tant de troubles.

Dans le commencement de son règne, un vénérable solitaire à qui l'église défère et plus que d'aujourd'hui solennellement des honneurs, était venu du fond de la Palestine pour signaler au juste courroux de l'empereur des hommes qui loin de n'aspirer qu'à être des modèles contemplatifs, soulevés contre leur s.ᵗ abbé, troublèrent sa solitude par toutes sortes d'excès; ce recours au bras séculier fut la première cause des troubles dont nous allons rendre compte.

Sa mort, à le mettre en possession d'une éternelle couronne, venait-elle de mettre fin à toutes les sollicitudes de St. Sabas, une hérésie qu'il avait réprimée (1), releva hardiment la tête et excita de graves désordres (2). Les solitaires orthodoxes suivirent avec entraînement la voie que déjà on leur avait ouverte, et envoyèrent des députés non à des évêques, non plus qu'au souverain pontife, mais au chef de l'état. Leur supplique ne tendait sans doute pas à une décision de foi, tel en fut l'événement. Les moines rebelles avaient mis dans leurs intérêts cet évêque dont nous avons parlé, Théodore, évêque de Césarée; par son ascendant sur l'impératrice, il déjouait toutes les mesures, et fermait toutes les avenues; et si la vérité parvint à être accueillie de l'empereur et à exciter son indignation, ce fut l'envoyé de Rome, près la cour de Constantinople, qui éluda toutes les mesures prises pour l'empêcher.

On fit connaître au prince les désordres si graves dont on avait à se plaindre; à raison de son penchant à passer dans l'église pour en être le flambeau, il ne songea pas à prendre des moyens, il ne songea qu'à faire le docteur. Et vraisemblablement persuadé qu'il lui appartenait d'élever le premier la voix pour condamner l'erreur, il crut que le remède à tant de maux était d'anathématiser une hérésie dont on venait

(1) Fleury, livre 32.eme, § 29.
(2) Fleury, livre 33.eme, § 3.eme.

de lui dénoncer le turbulent caractère, et se borna à la proscrire. Les évêques souscrivirent à cet anathême et le grain de sable qu'on avait lancé avec tant de ridicule contre l'erreur devint aussi meurtrier que le cailloux. Jusqu'alors cette hérésie avait mieux été signalée que proscrite, et la vaste érudition d'Origène dont elle était l'enfant lui donnait toujours du crédit; mais elle ne survécut pas de long-temps à ce soulèvement contr'elle de toute l'église, dont l'empereur n'avait fait pour ainsi dire que donner le signal.

Elle n'avait encore inspiré que de l'insubordination, elle ne pouvait manquer de porter atteinte bientôt à toutes les vertus, car elle soutenait la préexistence des ames (1), leur éternelle transmigration (2); elle enseignait que les peines non plus que les récompenses de l'autre vie n'étaient que temporaires et même en quelque sorte imaginaires (3); ne respectant pas mieux le dogme de la trinité que les autres dogmes (4), elle avait plus fait que préparer les voies à l'arianisme; on peut dire qu'elle lui donna le jour.

Pélage, depuis souverain pontife mais alors seulement diacre accrédité par l'église romaine

(1) Nat. Alex., tom. 3, 1.re partie, p. 105, n.° 2.
(2) Idem ,   idem,   idem, p. 106, n.° 6.
(3) Idem ,   idem ,   idem, p. 106, n.° 45 et 6, p. 107, n. 8.
(4) Idem ,   idem,   idem, p. 104, § 2.

près la cour de Constantinople, qui avait voulu faire agir l'empereur, et qui par événement n'avait fait que le faire parler, excita cependant la jalousie de Théodore, et la scène changea. Celui-ci regardant comme un revers personnel la confusion des partisans d'Origène, apprit avec colère les événemens. Il était origéniste, mais ce qui le constituait en passion était moins le fonds de son opinion, qu'un aveugle désir de vengeance, puisqu'à prendre les armes, il courut sur les ariens, et on savait que les ariens pouvaient compter Origène au nombre de leurs aïeux. En outre, quelle invraisemblance y aurait-il à supposer que la honte de l'inutilité de son patronage fut dans le moment son unique mobile ? Quoi qu'il en soit de ce qui le mit en si funeste chaleur, fixons notre attention sur les tristes résultats de la passion qui l'agite.

En courtisan consommé, il ne se plaint pas. Le bien public lui semble exiger que le prince s'occupe de l'hérétique et de l'orthodoxe ; pour les mettre d'accord il convertit en conseil ce qui faisait l'objet de ses vœux et les soumet à la sagesse du prince. Par cet artifice, il s'empara si bien de son esprit, qu'il le fit sous la pourpre jouer le pontife avec autant de sérieux que si sa tête eût blanchi sous la mitre. Aussi enthousiaste qu'il était crédule, l'empereur vit de la

gloire à réformer un concile, comme il y en
aurait eu à imposer le joug à des nations belli-
queuses.

Cependant, quel interêt si majeur pouvait-il y
avoir dans les questions de fait dont il fit la
matière d'un édit, pour ne penser qu'à l'église,
dont les intérêts ne le regardaient pas; tandis
qu'il oubliait l'état qui allait à la vérité jeter
un grand éclat, dernier effort de vie qui devait
bientôt laisser se manifester de toutes parts les
symptômes alarmans d'une extrême vieillesse?
Ce n'est pas que l'état dut bientôt périr; on sait
qu'il tombe d'une belle adolescence à la caducité,
et qu'il périt ou qu'il revint de celle-ci à la première, suivant que l'imbécille main de l'incapable
fait la trame de ses destinées, ou que le fil de
celle-ci est tombé dans les mains du génie; il
était tombé dans les mains de Bélisaire et de
Narsès pour être bientôt repris.

Les questions auxquelles l'empereur donna tant
de gravité et qui excitèrent des débats qui eurent
encore une toute autre importance, étaient prises
des actes du concile assemblé en **451** à Calcédoine. On y lisait que Théodoret, évêque de Cyr
(1), sur sa profession de foi et les anathèmes qu'il
prononça contre Nestorius, fut proclamé évêque

(1) Nat. Alex., 5.me siècle, 1.re p.^e, p. 642.

catholique et rétabli dans son siège, sans que l'on vit dans ces mêmes actes aucune mention de la condamnation des écrits de cet évêque (1) favorable au nestorianisme. On y voyait aussi qu'il avait été procédé de la même manière pour rétablir sur son siège de la ville d'Edesse l'évêque Ibas (2) sans qu'il fût question de la lettre qu'il avait écrite contre saint Cyrille. Un auteur à ce sujet dit qu'on pensa dans ce concile que la fin de cette lettre corrigeait les erreurs qu'elle semblait d'ailleurs contenir (3). Le défaut de condamnation des écrits de ces deux évêques qui avaient abjuré l'erreur dont on les avait si obstinément accusés, et des écrits d'un troisième évêque dont nous allons parler, servit de projectile à Théodore de Césarée pour troubler toute l'église, et qui pour mieux atteindre son but le mit dans les mains de l'empereur. La condamnation d'Origène en blessant son amour propre si profondément lui montre non seulement la main, mais le moyen dont il devait se servir, puisqu'il venait d'être et si nouvellement et si généralement reconnu que la mort ne mettait plus les hommes en dehors de tous les débats. Faisant condamner les écrits de Théodoret, de Théodore, de Mop-

---

(1) Nat. Alex., 5.me siècle, 2.e p.e, p. 252 et suiv.
(2) Idem, idem, idem, 1.re p.e, p. 379.
(3) Cellier, tom. 13, p. 443.

sueste et la lettre d'Ibas, il pensait faire déchoir
un concile, se venger ainsi de la chute de son
idole et de l'église de Rome, qui lui en avait
occasionné le chagrin. Il fallait tromper l'empereur; il était d'autant plus sûr de l'imposture,
que Justinien avait un tel attrait pour les matières
de doctrine, qu'on a pu dire qu'il mettait toute sa
gloire non à forcer les cités, à reculer les bornes de
l'empire, à donner de la vie, de la force à un
gouvernement, mais à soutenir un parti en combat de docteurs. Le fourbe prélat fut assez habile
pour se jouer de son ignorance sans qu'il s'en
aperçut. Les partisans d'Eutichés dont l'hérésie
avait été si énergiquement condamnée dans le
concile de Calcédoine, 5.ème session (1), n'étaient
sans doute pas d'humeur à recevoir ce concile
après la simple condamnation des écrits dont nous
avons parlé; ces hérétiques étaient d'une ardente
opiniâtreté (2). Les deux auteurs de ces écrits,
vivant à l'époque de ce concile, avaient été
contraints de dire anathème à Eutichés aussi bien
qu'à Nestorius, et l'avaient fait (3). Il devait être
évident que les acéphales n'étaient pas de caractère
à justifier les espérances que donnait si hardiment
Théodore à Justinien; cependant Théodore le

(1) Nat. Alex. 5.ème siecle, 1.re p.e p. 376.
(2) Idem, idem, idem, idem. p. 423.
(3) Nat. Alex., 5.me siècle, 1.re p.e, p. 379; 2.me p.e, p. 352.

persuada. Il rendit un édit qui ne fut célèbre que par les troubles qu'il excita et qui le rendirent persécuteur (1).

Cet édit quoique reçu par quelques-unes des grandes églises de l'orient trouva dans les autres églises de cette immense partie du monde et dans tout l'occident de grandes oppositions, et les débats devinrent si graves, qu'il fallut que l'église en décidât; il fallut un concile et certes un concile de toute la chrétienté : Justinien, comme tant d'autres de ses prédecesseurs, fit encore en ceci le pontife, et il le convoqua (2).

Il ne saurait être sans intérêt de rapporter un passage de la lettre de l'empereur au concile : « Nous vous avons interrogé sur les trois chapitres, » dit-il, aux évêques (leur rappelant sans doute » sa lettre de convocation); nous avons approuvé » votre réponse, nous avons été charmés de votre » empressement à confesser la vraie doctrine et à » repousser l'erreur » Voilà donc un empereur juge en matière de foi, donnant en conséquence aux pontifes ou le blâme ou l'éloge ! Est-ce d'un empereur ? Il fallut cependant rétrograder (3) non qu'on employât la violence ou la rébellion, mais la fermeté. Ce prince fut contraint de rap-

(1) Lebeau, tom. 10, p. 496.
(2) Nat. Alex., tom 12.e, p. 574.
(3) Idem.   idem.   p. 588.

porter son édit et de laisser au concile convoqué la décision de ces points de doctrine qui, tout minces qu'ils auraient dû être toujours, avaient acquis tant de poids.

An 553   Enfin le concile fut ouvert (1), et selon les vœux si inconsidérés du prince, les trois chapitres furent condamnés ; néanmoins le concile s'il condamna la personne et les écrits du seul évêque qui n'avait pu comparaître devant le concile de Calcédoine (il était mort en **428** environ) (**2**), ne condamna que les écrits et non la personne des deux autres évêques rétablis à Calcédoine (**3**), de sorte qu'on ne porta aucune atteinte à l'autorité du concile tenu en cette dernière ville. Justinien n'avait pas eu cette prudence *(4)*, et le parti qui l'excitait l'avait jugé trop novice dans le gouvernent de l'église, pour ne pas compter sur son imprudence à cet égard. Aussi espérait-il de rentrer dans le sein de l'Eglise, mais de rejeter la boue sur le concile qui l'en avait couvert : il fut déçu.

Nous avons dit que l'empereur entraîné par un zèle si mal entendu en dehors de toutes les

(1) Lebeau, tom. 10, p. 500. Fleury, liv. 33. § 43. Cellier tom. 16 p. 749.

(2) Cellier, tom 10 p. 428.

(3) Nat. Alex. tom. 12 p. 99.

(4) Fleury, liv. 33.ᵉ § 21 vers la fin. Baronius, an 552.

limites, devint persécuteur ; en effet, avant la célébration du concile et sur la seule épreuve de son édit, il déposa, il exila des évêques, il fit couler le sang, regardant le souverain pontife comme un despote regarde ses sujets ; sans respect comme sans égards, il le manda, et le chef de toute l'église si humblement aux ordres du chef de l'état, là où le chef de l'état, non sans doute sur le trône mais dans sa propre conscience eût dû lui être soumis, dut quitter son troupeau, sortir de Rome, de l'Italie et courir les périls de la mer. Heureux si à Constantinople, il n'eut pas trouvé d'autre danger ! la puissance civile ne sait se départir nulle part de son absolutisme. Il fallut après le concile user de la même violence. Il ne s'agissait plus d'intimer la doctrine de l'empereur, il fallait faire accueillir partout les décisions d'un concile ; pourquoi cependant ne pas laisser l'église à elle même ? Elle n'a pas dans sa mission de faire triompher la foi, non plus que d'assurer la discipline par la force des armes, la crainte de l'exil ou la terreur des échafauds. Ses censures, faibles moyens en apparence, sont les seuls traits qu'on lui donna contre l'erreur, quand on lui affirma qu'elle en serait toujours victorieuse. Peut-être ces violences avaient-elles un principe, celui du recours au bras séculier. Funeste recours ! il a accoutumé les princes , dans les temps et les lieux pour la puissance temporelle de la pleine force , à se regarder comme les tuteurs de l'église , et à se donner pour celle-ci des airs de commandement , ces manières d'autorité que se donne si facilement le tuteur à l'égard de sa pupille , et dont il ne peut se défendre ; témoin ce qui se passa à la mort de Vigile souverain pontife. L'élection de son successeur fixa l'époque où les empereurs s'arrogèrent le droit qu'ils n'avaient jamais eu de confirmer le le nouvel élu (1) ; on en voit la preuve, quoique un peu plus tard, dans l'histoire ecclésiastique (2).

Pélage venait de monter sur la chaire de Rome , lorsqu'il eut à faire à un de nos rois sa profession de foi ; tant les troubles nés à Constantinople s'étaient étendus ; son exaltation avait fait concevoir des alarmes à l'église de France ! on fut rassuré. Le souverain pontife établit son vicaire apostolique , l'évêque d'Arles; on avait vu cet évêque présider à des conciles que par continuation d'un vieil abus les princes avaient convoqués.

Si ce n'est pas au pontife à se mêler des matières civiles, on peut dire qu'il n'appartient pas aux princes en matière ecclésiastique d'agir ou de parler en maître; l'évêque d'Arles et un évêque de

(1) Lebeau tom. 10 p. 507.
(2) Fleury , liv. 34. § 34.

sa province étant en désaccord, le roi renvoya l'évêque et le vicaire apostolique devant un suffragant de ce dernier; c'était méconnaître la hiérarchie ecclésiastique et outrager le saint siège dans sa prééminence. Le pape en adressa au Roi même sa plainte mais en termes qui de nature à relever les droits méconnus ne pouvaient blesser la majesté du prince (1). Une seule expression semble contraster avec les vrais principes, sur la distinction des pouvoirs; mais le sacerdoce et l'empire conservaient si bien entr'eux des rapports de famille, qu'il n'est pas étonnant que sans vouloir étendre sa haute suprématie au delà de son véritable domaine, le souverain pontife ne se soit pas tellement tenu en garde contre le sentiment qu'il ne pouvait qu'éprouver. Aussi, parle-t-il en père et non en maître : « confiant, dit-il, dans votre reli- « gion, nous vous demandons avec un amour « paternel... » Cependant, il faut en convenir, à rapprocher de cette lettre tel passage de tel autre, du même pontife au même roi, on ne peut que se sentir de l'embarras à justifier cette expression de paternelle tendresse. On sait que dans cette dernière lettre antérieure à la première, le pape avait dit au roi, en parlant de l'empereur alors régnant « l'empereur votre

An 557

---

(1) Longueval, liv. 6., p. 432., tom. 2.

« père n'a donné aucune atteinte......» (1). Le pape prend donc pour lui le titre qu'il donne à l'empereur ; nous nous sommes demandé si cette paternité si réelle dans le spirituel, serait devenue un habit de déguisement ? N'ayant que des mots, nous attendrons des faits ; les événemens nous l'apprendront.

L'autorité, cependant de Childebert, ne se sentait d'aucune suzeraineté dans son exercice, pas mieux que dans le droit. Elle était forte ; aussi pendant les années de ce prince, les deux puissances étaient merveilleusement unies ; ce qui est encore plus digne de remarque, c'est que dans ce royaume alors si peuplé de saints prélats, la déférence, les manières respectueuses, les supplications, en un mot, ce qui caractérise l'infériorité, étaient le style et les manières de la puissance ecclésiastique à l'égard de la puissance civile : « vous savez, très-religieux prince, avec » quelle fidélité je vous ai toujours servi ; main- » tenant que ma fin approche, consolez-moi, et » m'accordez la grâce que je vous demande. Demandez ce qu'il vous plaira, dit le roi, vous l'obtiendrez. Je vous supplie donc, reprit le moribond, que Nicet soit mon successeur............ « Que la volonté de Dieu soit faite, dit le roi » (2).

(1) Longueval liv. 6., p. 459. du 2. tom.
(2) Longueval, liv. 6. ou tom. 2, p. 464.

Tel est l'entretien qu'un saint évêque de Lyon eut, au lit de la mort, avec ce prince qui était venu le voir. Si nous avons rapporté textuellement ce passage de l'histoire ecclésiastique, ce n'a pas été pour en tirer la fausse conséquence, que, de l'aveu des saints, la puissance ecclésiastique est en tout subordonnée à la puissance civile ; il conste seulement de ce passage, 1.º que si dans l'exercice de leurs fonctions, toute grandeur a disparu devant la leur, hors de là ils n'étaient que sujets ; 2.º la vérité de ce que nous avons dit ailleurs (1).

Ici l'histoire commence à découvrir l'époque pour notre France du droit pour nos rois de nommer les évêques ; nous parlerons plus tard de ce droit, et nous nous permettrons avec plus d'à-propos de dire notre pensée (2). Pour la première fois, un prince français menace de casser une élection, et la confirmant donne des ordres pour la consécration de l'élu ; voilà donc pour la première fois, un roi qui a pu dire à un prélat, ce que dit S.t Paul à un évêque : « Je vous ai établi (3). » On voit déjà qu'à l'ombre de la monarchie française, naissaient les mêmes abus qui étaient nés sous les lois

(1) P. 39.
(2) An 869
(3) Épit. à Tim. ch. 1. v. 5.

de l'empire. Ce qui le confirme, c'est que ce qu'avait déjà défait Gratien, ce qu'avait rétabli Honorius, ce qu'avait fait disparaître Valentinien, ce qu'avaient fait oublier la chute, la dislocation, le brisement de l'empire, les guerres, soit du dedans soit du dehors, que ne manque jamais d'occasionner la renaissance du pouvoir, Clotaire le renouvela ; les évêques furent pourvus d'une suprême magistrature, ayant droit de réformer la sentence des magistrats (1). Ce prince confirme dans cette constitution toutes les immunités qu'avaient accordé au clergé plusieurs de ses prédécesseurs, et s'élève avec force contre le dérèglement des mœurs qui multipliait les crimes de ses états ; on dirait qu'il voulait ressaisir par les faveurs et par une sage législation ce que lui faisaient perdre ses vices. Nous avons mieux aimé le penser ainsi que d'adopter la pensée d'un historien qui nous dit que cette constitution n'est due qu'au désir de rassurer le clergé qu'avait pu alarmer la dissolution du prince. Le clergé pouvait bien faire désirer son estime, mais il ne pouvait inspirer de la crainte. Ce prince, en législation, marchait sur les traces de Justinien, qui, ainsi que nous l'avons observé, (2) convertit dans ses états la chaire pontificale en

(1) Nat. Alex. tom. 12, p. 483. Longueval, tom. 2, p. 489.
(2) P. 201

lit de justice; faveur, qui ne pouvait manquer de mettre tôt ou tard l'humilité des prélats à de rudes épreuves.

Si dans l'occident, cette vénération pour les évêques trouvait son excuse, et même en quelque sorte sa justice dans leur sainteté, il n'eu était pas ainsi dans l'orient, où le clergé épiait toujours le moment de s'abandonner au souffle de la faveur, et n'aspirait qu'à exercer sur les têtes couronnées une influence qui fut si souvent funeste à l'église, et quelquefois à l'état. Mais là, outre les autres causes, on peut dire que le climat sans doute donnait presque à tous les princes un faible pour les doctrines. Constantin, Théodore n'en furent pas exempts; on sait ce que se permirent Constance, Honorius et autres. Nous avons vu tout à l'heure ce qu'un semblable penchant fit faire à Justinien.

Nous l'avons laissé sur ce beau théâtre où il avait manqué convertir en dissensions civiles des disputes religieuses, donnant à l'église de si fortes commotions que l'état ne pouvait que les sentir. Depuis, plusieurs années se passèrent où la difficulté et le sérieux des conjonctures suspendirent ces débats, du moins l'histoire ne s'en occupe plus; elle s'attache à suivre les généraux, dont les uns par leur incapacité font du côté de la Perse péricliter l'empire, et dont les autres, par leur funeste mésintelligence d'un côté et leur génie de l'autre, donnent du dépit à la victoire, et la fixent mais péniblement et, comme malgré elle, à leur drapeau. L'histoire donne de justes regrets à l'injuste disgrâce de Bélisaire, commence à nous montrer, en certaines contrées, les peuples insoumis, et après nous avoir attristé des suites déplorables de l'indolence et des caprices de l'empereur, elle nous le signale venant de saisir et tenant avec orgueil les bannières de l'hérésie (1).

Il venait de faire sa doctrine de l'erreur des incorruptibles (2); mais en empereur il eut été messéant, c'est incontestable, qu'il n'eut vu à ses entours qu'une hérétique minorité; ainsi que sa volonté fait loi dans l'état, sa foi ne doit-elle pas faire règle dans l'église? On dresse un édit et pour le soutenir, la persécution suit de près. Dès le premier pas dans la nouvelle carrière, on eut à faire avec le patriarche, et parce qu'il refusa de recevoir l'édit, il fallut penser à une déposition; on trouva des évêques: le pouvoir n'a jamais manqué d'auxiliaires ou de suppôts, et on crut procéder canoniquement, parce que des évêques le déposèrent, comme si le droit-canon permettait à des évêques la prévarication, l'injustice, l'arbitraire. La persécution s'étendit; le patriarche d'Antioche,

(1) Lebeau, tom. 11 p. 131.
(2) Idem et Fleury liv. 34.ᵉ § 8.ᵉ

menacé par les émissaires du prince, se disposait à l'exil, lorsqu'enfin la mort de Justinien mit fin à son étrange manière d'enseigner (1).

Si les rênes de l'état tombèrent encore en plus mauvaises mains, c'est principalement que Justin eut le malheur de trouver dans Sophie, ce qu'avait eu Justinien dans la trop influente Théodora. Le nouvel empereur parut d'abord s'engager dans la même carrière; pensant qu'il était à propos qu'il fit sa profession de foi, il fit un édit qu'il adressa à tous les chrétiens soutenant contre les hérésies et surtout les dernières les deux mystères de la trinité et de l'incarnation (2). Il fit quelques belles actions à son avénement et prit en montant sur le trône une généreuse démarche; ce fut là le dernier effort de ce qu'on lui avait cru de qualités distinguées. L'histoire n'a plus que des reproches à lui adresser; elle ne suit ses pas que pour les marquer chacun par une faute nouvelle; il n'est pas jusqu'aux éclairs de vertu qui sortent de ce repaire des vices, qui ne lui servent pour exercer sa redoutable censure. Aussi nous l'a-t-elle montrée un instant suivant dans sa législation et dans le bien les traces de Justinien; tout aussitôt elle nous le fait entendre invectivant contre l'indis-

(1) Lebeau, tom. 11 p. 135. Baronius, tom. 2.* p. 40*
(2) Fleury, liv. 34.ᵉᵐᵉ § 11.ᵉᵐᵉ.

solubilité du mariage, ne s'apercevant pas dans son rêve impudique, qu'il ôte à la société le seul caractère de stabilité, que la nature, la raison, la religion lui reconnaissent. Oubliant le caractère de celui qui avait défendu de toucher au lien qui unit les époux (1), comme s'il pouvait le permettre (2), il permet le divorce. Cette loi suprême, à laquelle l'impudique Justin venait de s'efforcer de porter atteinte, n'était pas mieux respectée par les rois de France. Il y avait déjà long-temps, à peu d'exceptions près, qu'à leur cour on ne connaissait plus de mœurs : l'adultère la bigamie, l'inceste, le rapt, le sacrilége faisaient toute leur vie. Cependant l'histoire ne nous dit pas qu'ils aient fait autre chose que laisser exister l'ancienne législation romaine.

Lorsque Justin monta sur le trône à Constantinople, il y avait trois ans que Paris avait changé de souverain. Pendant ces trois années, on vit des conciles assemblés en Espagne, d'autres en France qu'on appelait encore les Gaules ; un seul incident d'une affaire ecclésiastique a fixé notre attention. Le St. archevêque de Bordeaux (Léonce) assembla les évêques de sa province, pour prononcer la déposition d'un de ses suffragants, et envoya au roi pour lui notifier la

---

(1) Quod Deus conjunxit homo non separet. S.t Math. ch. 19.
(2) Voir tom. 1.er p. p. 49 et 50.

décision du concile ; le style du message est tout
à fait nouveau , quoi qu'en dise un historien
érudit (1). « Seigneur, lui dit-on , le siège apostolique vous salue...........» avez-vous été à Rome,
dit le roi............« c'est votre père Léonce qui
« vous salue..... (2) ». L'explication est toute aussi
surprenante ; avec des principes qui inspirent cette
manière de parler on ne manquerait pas d'arriver
à méconnaître tous les droits, et à se trouver
dans sa pensée au dessus de tout. Il n'y a ici
que le style de blâmable , car la déposition et
la fermeté avec laquelle on voulait la soutenir ne
pouvait être plus légitime. Emérius , l'évêque
déposé , avait été fait évêque de Saintes sur le
simple décret de Clotaire, père du roi régnant.
Le roi traita avec ignominie celui qu'on avait chargé
de cette dangereuse mission, et celle-ci n'eut
d'autre effet que le scandale du rétablissement ,
par la force, de l'évêque de Saintes et d'une sentence pénale portée contre le s.t évêque de
Bordeaux et les membres du concile qu'il avait
présidé. C'est aussi la première époque en France
où la puissance ecclésiastique a subi le courroux
de la puissance civile. Dans les premières années
du règne suivant, deux évêques se méritèrent An 567
les plus sévères censures , et appelèrent l'animad-

<hr>

(1) Fleury , liv. 34.e § 2.e
(2) Longueval , tom. 3.ème p. 9.

version de l'autorité ; mais la puissance royale n'intervint qu'avec les justes égards qu'elle doit à la puissance ecclésiastique , lorsque celle-ci lui tend ou lui donne la main , là où le pouvant elles doivent toutes les deux concourir. Dans cette affaire, on renouvela ce qu'on avait vu de temps en temps jusqu'alors , et dans les siècles les plus reculés , qu'on observait dans les contrées les plus lointaines : un appel à Rome in- intervint et suspendit l'indignation du monarque , celles des évêques et les censures d'un concile.

Tant il est vrai que la chaire de Pierre renou- vela dès sa fondation et pour toujours, mais dans le spirituel , les plus belles années de la jeunesse de Rome, celle-ci jouit , dans ce vaste ressort de l'u- nivers chrétien, d'une prérogative toute semblable à celle qu'elle s'était acquise par ses glorieuses victoires sur tous les peuples du monde, qu'on lui avait conservée même au jour de ses humi- liations , car esclave elle en jouissait dans la per- sonne de ses maîtres , qu'elle ne perdit que lorsqu'à travers les siècles , les usurpateurs de sa puis- sance eurent tellement usé celle-ci , qu'il ne lui resta que sa gloire. Comme autrefois, ce ne fut jamais en vain que jusque sous le glaive on dise j'en appelle à César; de même chez les chrétiens , à moins que les temps de troubles , ou d'injustes caprices de l'autorité civile, dans le contentieux purement ecclésiastique, on n'entendit jamais en vain le prévenu, le condamné même protester de son appel au pontife de la sublime cité.

Le souverain pontife est sous ce rapport haut justicier de l'église, mais celle-ci n'étant plus infaillible dans le contentieux, on ne saurait s'étonner que Rome quelquefois se méprenne. Dans la conjoncture, les deux évêques très-justement frappés de censures, en imposèrent au souverain pontife, et bien que bien coupable on les crut innocents.

La prudence y pourvut, ils méritèrent d'être flétris par de nouveaux arrêts.

Ainsi que nous venons de le voir, Rome dans le spirituel jetait tout son ancien éclat. Mais en compensation le moment était déjà venu où elle devait être dépouillée de son antique grandeur, et contrainte d'expier son orgueil passé dans les humiliations. Les évènemens se pressaient, il ne fallut pour hâter de nouvelles angoisses, d'autres ignominies, que les travers d'une femme qui ne pouvait être plus haineuse, qui ne pouvait réunir plus de bassesse à plus de fierté, qui ne pouvait être plus puissante. Elle partageait le trône, et s'était acquise sur Justin un ascendant à l'épreuve de toutes les fluctuations d'une cour. L'histoire ne nous dit point quel fut le principe de la haine qu'elle conçut pour le malheur de Rome, contre le valeureux vieillard qui, à travers mille périls et avec son épée, était parvenu à arracher l'Italie d'entre les mille mains des barbares. Sans égards pour une vie si glorieuse, sans respect pour une vieillesse plus glorieuse encore, cette fougueuse souveraine, avec autant d'imprudence que d'impudeur, jeta de l'ignominie sur une tête qui n'avait blanchi que dans les combats, et dont les cheveux, quand elle n'eût pas été si près du tombeau, n'auraient pu suffire à compter ses victoires. D'un seul coup, par l'excessive colère qu'elle inspira à cet illustre mais trop sensible vieillard, elle le fit flétrir toute sa gloire et rejeter Rome au plus fort de la tempête (1). Rome en sortit cependant, mais si entièrement sujette que depuis lors jusqu'au moment où deux siècles après les Français la conquirent, il ne lui resta rien de son ancienne pompe; les mandataires de l'empire lui préférèrent constamment pour leur résidence une autre cité.

Nous ne suivrons pas le torrent qui va détacher l'Italie presque entièrement et avec tant de fracas du reste de l'empire; ce serait outrepasser les limites que nous nous sommes imposées, que de recueillir les événements politiques. Si nous nous étions proposé d'observer les résultats du choc des peuples sur les nations civilisées,

(1) Lebeau, tom. 11, p. 171 et suiv.

l'époque ne manquerait pas d'intérêt, car de toutes parts la barbarie et la civilisation en étaient venues aux mains.

Justin voyait les tristes évènemens de son règne avec encore plus d'insouciance que n'en avait eu Justinien; dans le temps que les Lombadrs sur la Germanie et l'Italie, les Maures sur l'Afrique, tentaient avec succès ce qu'avait fait les Vandales et annonçaient comme les Goths, qu'ils voulaient conquérir; les Perses avaient repris les armes, et Justin ne perdait rien en sécurité, en fierté, pas même en volupté. Ces tremblemens d'états ne firent sur son ame abrutie aucune impression; il fallut pour cette dernière guerre, nommer des généraux, on sait comme il fut éclairé dans le choix, sage dans les préparatifs. Ces bruits de guerre, qui sans alarmer un prince capable de tenir tête à tant d'ennemis, lui eussent donné de la sollicitude, loin d'en donner à Justin, ne purent le distraire de ses plaisirs, ni le faire sortir du fonds de son palais, où le tenaient attaché des habitudes, qui lui venaient plutôt de sa dépravation du cœur que de sa faiblesse d'esprit. Il faut le dire, il était excusable; ce dernier vice était si considérable, que vindicatif par caractère, sans délicatesse sur les moyens, il avait cependant besoin qu'on lui rappelle les divers sujets de vengeance. Aussi à raison du triste état de sa tête, passerons-

An 571 nous sous silence les autres écarts que fit sous son règne la puissance civile, ne disant rien des injustes vexations qu'il fit éprouver au vénérable patriarche d'Antioche (1). Nous ajouterons néanmoins que le droit qu'on a laissé prendre aux princes, ou qu'ils ont usurpé sur les élections, ne pouvait manquer de donner lieu à de graves abus : ce n'est pas la première fois que l'histoire les accuse; si dans la circonstance elle fait remonter la haine de Justin contre le patriarche, au refus qu'avait fait celui-ci, dans le temps, d'acquiescer à des exigeances de simonie.

Il aurait toujours fallu à Justin d'énergiques conseils. On sait que la fermeté du magistrat à défendre l'opprimé, et la juste colère avec laquelle le préfet venait reclamer d'entre ses bras l'oppresseur, loin de lui déplaire, ne trouvèrent que des applaudissemens et donnèrent lieu à une belle protestation : peut-être Justin commençait-il à se reconnaître dans ses désordres; l'histoire, en effet, change de ton à son égard, et nous le montre avec complaisance, descendant volontairement du trône, choisissant entre les plus dignes sujets pour donner un chef à l'empire (2).

Le nouvel empereur s'occupant avec succès à remplacer l'incapacité par le génie, changeant le

---

(1) Lebeau, tom. 11, p. 195.
(2) Lebeau, tom. 11, p. 238.

chef de l'armée, la renouvela, et fixa glorieusement les chances de la guerre. Presque toujours heureuses, les armées parurent avoir retrouvé les vieilles armes qui avaient autrefois fait subir le joug à l'univers. L'état, ruiné dans toutes les branches de l'administration, sentit qu'on le rappelait à la vie, prit même une certaine vigueur; c'est, dans le vrai, une résurection qu'opéra Tibère. Combien que l'élèvent sa magnanimité, sa bonté, sa justice, sa fermeté et surtout ce talent, d'ailleurs si rare, qui lui faisait apprécier ou juger les hommes avec tant de justice et de vérité, nous ne nous arrêtons pas à jouir de cette belle vue de la renaissance d'un grand état, que relève Tibère, d'une main dont l'habileté fait toute la puissance. Comme il le faisait sortir de ses ruines, et que, l'en faisant sortir, il lui rendait son éclat, la mort vint le surprendre.

S'il ne savait pas avoir de l'orgueil, il avait trop de lumières pour ne pas craindre un si proche avenir; d'ailleurs rien n'égalait sa tendre compassion pour l'état; et sur le bord de la tombe il médite avec sang-froid quelques momens, sur le passé. Généreusement occupé à chercher le mérite, il le trouve; sa magnanimité se soutient, il ramasse toutes ses forces, se soulève, le proclame, console ses sujets, exhorte, encourage, donne des avis, fait ses derniers adieux. Le deuil

An 582 est général, des larmes sincères coulent de tous les yeux ; Maurice est reconnu , mais sans applaudissemens.

Le prince digne objet de tant de regrets , dont le règne avait été un rare bienfait , rendit à l'église un service qui n'avait en apparence rien de signalé ; le patriarche dont les vertus ne pouvaient être contestées , un moment séduit par les illusions de l'erreur , ne s'apercevait pas que , lassé peut-être de n'avoir que des organes impurs , l'hérésie , par surprise , allait se servir de sa voix. Il soutenait une des ridicules erreurs qu'avait avancé si gravement Origène , dans ses aberrations de génie (1). S'il eut mérité d'être moins respecté de l'empereur, s'il l'eut moins respecté lui-même , ce n'eut pas été à huis clos qu'on l'eut convaincu de son erreur. S'il avait eu moins de vertu , tombé par surprise dans l'hérésie, il l'aurait soutenue par opiniâtreté ; et si une fois il en avait relevé l'étendart , si souvent abattu, nul doute qu'il eut causé à l'église de nouvelles fatigues et peut-être de cruels combats.

Chaque siècle , outre son erreur de goût, a dans certains esprits , une disposition constante à recevoir avec enthousiasme les nouvelles doctrines, ou même un rajeunissement de doctrines

____

(1) Fleury , liv. 34.me , § 37.e, Nat. Alex. , 3.e siècle, tom. 1.er p. 106 , n.o 7.

anciennes ; ainsi Hiérax , sur la fin du 3ᵉᵐᵉ siècle , s'emparant des traditions de Théodote le banquier (1) , qui avait ouvert son école vers la fin du deuxième siècle , y ajouta ce qu'il avait adopté de Tatien (2) et des principes à lui. Par ce mélange il fit revivre une hérésie qui tombait dans l'oubli. C'est ainsi que les Hiéracites , en **286** environ , rappelèrent avec succès à d'antiques enseignes , dont on s'était dégoûté (3) , ces esprits peu réservés ou peu clairvoyans , que l'erreur trouve toujours en disponibilité chez les peuples divers.

C'est ainsi qu'un autre Paul de Samosate rouvrit , dans le septième siècle , la sentine de Manès (4). On ne saurait donc douter combien étaient justes les alarmes que pouvaient inspirer à des esprits sages , l'erreur du patriarche ; car , outre les partisans qu'elle aurait eus d'elle-même , des vertus qui commandaient le respect à qui même portait le diadème , l'auraient faite passer dans beaucoup d'esprits pour une vérité. Le nonce apostolique qui devait jouir si glorieusement de la plénitude de l'apostolat , eut , malgré son vaste savoir , la douleur de n'avoir avec le patriarche que d'inutiles

(1) Nat. Alex. , 3.ᵉ siècle , 1.ʳᵉ p. , p. 96 , n.º 6. 2.ᵐᵉ siècle , 1.ʳᵉ p. , p. 42.
(2) Nat. Alex. , 2.ᵐᵉ siècle , 1.ʳᵉ partie , p. 33 , n.º 2 et 3.
(3) Celles des alogiens v. la carte cronologique de M.ʳ Arnault.
(4) Nat. Alex. , 7.ᵉ siècle , ou tom. 13 , p. 77.

débats. Saints tous deux, car s'il n'en est qu'un à qui l'église adresse des vœux, tous deux l'église les vénère, ils se séparèrent avec l'amertume que se font sentir par contact, l'hérétique et l'orthodoxe, déjà la censure sur les lèvres ou du moins dans le cœur (1). L'empereur persuadé de la bonne foi du patriarche, le manda et engagea de nouveau le nonce à entrer en conférence ; mais il usa si sagement de l'ascendant que lui donnait sa bienveillance, que l'hérésie reconnue, avouée, abjurée, fut étouffée comme dans le berceau (2). Combien ce prince n'était-il pas digne que l'église aussi pleure à son tombeau.

Les premières années de l'empereur qui lui succéda ouvrirent à l'église de France une aire nouvelle. Les prélats imposèrent la dîme à l'imitation des souverains, à qui on ne saurait contester le droit d'établir des impôts (3). Il sera question en son lieu de cette innovation (4). La puissance ecclésiastique se donnait alors ses plus grands dévelopemens. Si on considère isolément de ses suites, qui par événement furent heureuses, l'interdit de Rouen par l'évêque de Bayeux, on ne peut que s'étonner que le sacerdoce se soit cru assez de

(1) Fleury, liv. 34.e, § 37.
(2) Lebeau, tom. 11, p. 284.
(3) Longueval, tom. 3, p. 174.
(4) Plus bas, article conciles

pouvoir pour ôter à toute une cité l'exercice du culte.

C'est ainsi que le pontife sortant tout à coup de sa sainte obscurité, pouvait se méprendre sur son caractère, et donner à la puissance civile un funeste défi. Quel plus dangereux point de départ pour ouvrir une carrière de rivalité ! Cet homme, dont on ne pouvait dans les temples fixer l'éclatante sublimité, et qui, d'institution divine, ne devait ailleurs laisser apercevoir de son être presque divin que les vertus, apparaissait à tous les yeux muni par la censure, comme d'un sceptre pour plonger à volonté dans le deuil toutes les familles et bouleverser des états. Mais n'était-ce pas cesser de n'être que prince des prêtres, simple chef d'un ordre sublime ? Il commençait à être chef des peuples. Le saint évêque de Rouen venait d'expirer presque sous les coups des assassins, qui avaient eu l'audace sacrilége de le frapper dans le sanctuaire ; le desir, quelque juste qu'il fût, de connaître si une femme atroce qui, pour le malheur des contrées soumises à ses caprices, s'était trop long-temps assise auprès d'un de nos rois, en un mot si l'infâme Frédégonde avait fait périr le généreux Prétextat, ou s'il avait péri de la main d'une de ses ouailles, ne pouvait justifier le violent parti de fermer tous les temples et réduire des milliers de chrétiens, à monter en vain les degrés de la porte sainte. Cependant le prompt effet de cette violente mesure la fit passer pour bonne ; aussi en essaya-t-on dans les siècles suivants et tellement, que la puissance civile en conçut des alarmes.

Jusques là, le temps pour celle-ci, de se déprendre des manières d'une imprudente sympathie , n'était pas encore venu. Aussi voyait-on les pontifes se jeter dans le civil comme par invasion, ou même y entrer sans se douter qu'ils n'étaient plus chez eux. L'évêque de Bayeux , qui avait lancé l'interdit, se permit d'ordonner des arrestations (1). Il y avait peu d'années qu'un des rois de France , blâmant le nouvel essort de l'ordre lévitique, parut craindre que le pontife ne tendît à être élevé sur le pavois (2); vraiment le moment en semblait être venu. Car, d'un coté , dans cette vaste étendue de pays que séparent les Alpes du reste de l'Europe, les deux autorités prenant l'offensive ou se donnant la main, se mettaient de niveau. Nous l'avons vu pour la France , nous le verrons pour l'Espagne , lorsqu'il sera question de la résolution d'un concile rapporté par Baronius (3) et confirmé par tels autres historiens.

De l'autre côté les déchiremens de l'Italie (4)

(1) Longueval, tom. 3 , p. 193.
(2) Fleury , liv. 34 , § 40 , vers la fin.
(3) Année 589.
(4) Lebeau , tom. 11 , p. 504.

et l'ineptie, la nonchalance ou l'infidélité des man- An 593
dataires de l'empire poussaient, malgré lui, le chef de l'église dans les voies temporelles de la souveraineté. Il y conservait le sentiment de sa dépendance pour le chef de l'état, lorsque même irrésistiblement excité par des désastres, sa charité lui faisait faire l'entière épreuve de la sollicitude des princes, en temps de guerre ou de calamité. C'est le témoignage que lui rend l'historien qui nous en a fourni la preuve. Ce saint pontife si digne de régner, et qui le voulait cependant si peu, ne laissait languir aucun de ses devoirs. Il les remplissait avec une égalité de zèle, qui ne pouvait lui venir que d'une véritable vertu. Au-dessus de toute censure, parcequ'elle ne pouvait être qu'injuste, il s'abandonnait sans réserve à sa charité, dans ces conjonctures où une ame moins élevée que la sienne eût craint ce qu'en aurait pensé l'envie.

Un ambitieux qui, par l'importance de son siège, occupait le second rang dans la chrétienté, le fit penser aux droits de sa dignité, aussi nécessaires à la perpétuité de l'église que sublimes; car l'unité de celle-ci ne repose que sur ces droits. Le patriarche de Constantinople, sans prétendre peut-être en avoir l'autorité, prit pour la première fois le titre séduisant d'évêque universel que Justinien, entraîné par son faible pour sa capitale, n'avait pas craint de mettre en tête des nouvelles qu'il adressait aux patriarches de son temps (1). S.t Grégoire, en digne chef de l'église, ne pouvait manquer de s'opposer à ce qui en menaçait les principes constitutifs ; il le fit avec tant de prudence, qu'abordant des matières qui ne pouvaient qu'offenser la susceptibilité de l'empereur, il évita de la blesser. Le patriarche ne se départit pas de ce titre d'orgueil et le légua à ses successeurs. Le véritable évêque universel, sans changer de sentiment, cessa de contester et se borna à donner un grand exemple d'humilité, en prenant un titre qui pour être des plus humbles n'en avait pas moins le mérite de constater cette universalité qu'on semblait lui contester. Le titre au contraire si fastueux qu'ambitionnaient avec tant de chaleur les patriarches de Constantinople, ne fut bientôt qu'un vain nom, qui ne servit plus qu'à ternir leur vertu ou à mettre leurs vices plus à découvert.

De ces débats à la fin de ce siècle et au-delà jusque à la naissance d'une hérésie dont nous signalerons l'époque, le vaste théâtre de l'empire, d'ailleurs si chargé d'evénemens, assailli d'ennemis, paraissait quelquefois s'affaiser sous le poids des ruines toujours sanglant, toujours tremblant,

---

(1) Novellis, 3., 4., 5., 7., 16., etc.

ne nous offre aucun fait qui nous arrête. Contraints de passer outre, nous laisserons à leur stupeur les peuples témoins et victimes de tant de scènes sanglantes. Ici nous allons faire un repos pour nous occuper des conciles.

Depuis l'an 550 jusqu'à l'an 557, il fut tenu des conciles ; il ne doit pas ici en être fait mention, il n'y fut communément question que des matières de foi, ou même de simples controverses, telles que la condamnation des trois chapitres, qui n'eut de l'importance que parce que les empereurs s'en mêlèrent, ainsi qu'il l'a été dit en son lieu. Renversant les principes pour se donner le droit d'intervenir dans les affaires de l'église, ils en cherchaient à tous propos l'occasion. Voulant quelquefois le bien, le pire était le résultat de leurs moyens, toujours, ou du moins presque toujours.

A Paris s'assembla un 5.ᵉᵐᵉ concile (1) ; à la prière de plusieurs évêques, Childebert le convoqua (2) ; ce ridicule était devenu un droit. Ce qu'on nous apprend du 8ᵉᵐᵉ canon est de nature à plaire. Par son indépendance, les P. P. y relèvent contre même l'autorité royale les droits de l'église dans la nomination des évêques (3).

____

(1) Cellier, tom. 16 p. 775.
(2) Longueval, tom. 2.ᵉ ou 8.ᵉ p. 481.
(3) Cellier, tom. 16 p. 776.

Dans les premiers canons, les évêques devenus juges et partie, exercent ecclésiastiquement une action civile contre les usurpateurs des biens ecclésiastiques. Dans le 9.me, ils se reconnaissent le droit d'exempter des fonctions du fisc les affranchis. Si le mot fisc avait alors les mêmes acceptions qu'aujourd'hui, c'était un empiètement manifeste. D'après ce qu'en rapportent les historiens, il régnait une grande harmonie entre les deux puissances; mais dans ces dépositions législatives, la confusion de leurs droits, aurait-elle été plus volontaire, ne pouvait être plus évidente.

An 563   Le concile tenu à Pragues (1) ne nous a donné aucun sujet à de nouveaux aveux.

An 567   Quatre ans après il fut tenu à Lyon (2) un concile dont le 2.eme canon exempte des formalités prescrites par le droit civil, les testamens des membres du clergé soit en faveur des églises, soit en faveur des particuliers (3). Etonnante disposition, qui offre le singulier point de vue de tout le clergé, non seulement inférieur mais pupille par rapport aux conciles (en effet il s'agit du temporel); en outre, elle est une entreprise

(1) Cellier, tom. 16 p. 779.

(2) Carranza, p. 244, concile 6.e. Cet auteur attribue par erreur au 1.r concile de Paris, ce qui appartient au 3.e. Il donne en effet pour époque à son premier concile de Paris, le pontificat de Pélage qui ne monta sur la chaire de Saint-Pierre qu'en 555, et premier concile de Paris avait été tenu en 361, le 2.e en 553.

(3) Cellier tom. 16, p. 783. Nat. Alex. tom. 12, p. 282.

contre la puissance civile, à qui seule il appartient de statuer sur les dernières volontés des mourans.

Il est à croire que les deux puissances étaient d'accord, il n'est pas moins vrai que de leur concert à tout confondre, il ne pouvait résulter que la législation ecclésiastique prît à bon droit les manières de la législation civile, que surtout jamais elle en eût le pouvoir. Tout au plus pouvait-on regarder ce canon comme une solennelle décision de cas de consience, qui ne devait avoir ni le rang ni le style d'une disposition législative.

Le 2.ᵉᵐᵉ concile de Tours (1), dans son 5.ᵉᵐᵉ An 567 canon (2), renferme un décret en matière de mendicité, dont le but, outre d'obliger à l'aumône, est d'empêcher le vagabondage des indigens Sur cette dernière matière, les conciles ne peuvent que faire des exhortations, aussi pouvons-nous dire que les expressions du concile de Tours n'ont rien d'impératif (3). Dans les canons **24, 25** et **26** le concile s'abandonne à sa plus grande indignation contre les usurpateurs des biens ecclésiastiques, et ne taisant pas le motif de leur sainte colère, les évêques relèvent la fin qu'a eue l'église quand elle a voulu être propriétaire : le

(1) Longueval, liv. 7.
(2) Cellier. tom. 16 p. 785.
(3) Quò fiet ut ipsi pauperes. . . . . non vagentur.

soulagement des pauvres (1). Un but si digne d'elle faisait à ses ministres des devoirs qu'ils n'ont pu méconnaître sans prévariquer, qu'ils n'ont pu remplir, qu'ils n'en aient acquis sur tous les cœurs, du riche comme de l'indigent, une bien noble influence.

An 572   Un autre concile à Pragues (2) dressa nombre de canons, mais uniquement en matière de simonie.

An 577   Nous nous bornerons à dire du 5.ème concile de Paris (3), que par la révoltante fourberie du prince régnant, il fut un brigandage. La fermeté des pontifes n'ayant pu être abattue, leur religion fut surprise, et l'innocence abusée par de perfides conseils consentit à s'avouer coupable. Celle-ci fut victime de bien indignes prélats, qui convenables suppôts du perfide monarque, partagèrent avec lui l'odieux de ses fallacieuses manœuvres et la joie de son infâme triomphe. Nouvelle preuve à réunir à tant d'autres du malheur qu'il y a eu pour l'église à laisser prendre aux princes tant d'ascendant sur les pontifes en concile, que si souvent ils ont si injustement regardés comme une assemblée de sujets, ou comme des réunions destinées à servir leurs caprices. Saint Prétextat,

(2) Cellier, tom. 16, p. 789.
(3) Cellier, tsm. 16, p. 790.
(1) Longueval, 3.ᵉ t., p. 71.

évêque de Rouen, calomnieusement accusé d'un crime d'état, fut cette victime; il fut jeté dans les cachots, battu, exilé. Saint Grégoire de Tours, qui en soutint avec tant de fermeté l'innocence, ne put le sauver; la déception paralysa toute leur énergie.

Il fut bientôt lui même traduit devant un autre concile tenu à Braîne, comme accusé de calomnie contre une méchante princesse; mais dans ce concile, le prince ne trouva pas de prévaricateur, les évêques ne faiblirent pas, l'innocence fut énergiquement soutenue (1).

Dans le 1.er concile de Mâcon, on fit plusieurs canons qui ne peuvent être regardés comme règles canoniques (2). Ils sont vraiment des lois de simple police, ou même d'administration; la matière en est toute civile. Ainsi le canon 13.e défend de constituer des Juifs magistrats ou receveurs d'impôts, ce qui donne à supposer que c'était par élection populaire que se faisaient ces nominations, à moins qu'on ne préfère penser que les évêques adressaient au Roi même leur défense; ce qui serait aussi surprenant dans la forme que dans le fond. Dans le 14.e on défend aux Juifs de paraître dans les rues depuis le jeudi-saint jusqu'au jour de Pâques; les israélites

____

(1) Longueval, tom. 3. p. 103.
(2) Idem, idem, p. 120. Cellier, tom. 16, p. 797.

s'étaient sans doute mérité cette sévérité; mais s'il était dans les attributions et les devoirs de la puissance ecclésiastique d'applaudir qu'on eût pris contr'eux la verge, ce n'était pas à elle à la saisir ou à la manier.

Le canon 16 permet de racheter les esclaves chrétiens d'entre les juifs, et vraisemblablement contre le gré de leur maître; il y aurait eu sans cela du ridicule à le permettre; combien que l'esclavage soit de sa nature une insulte manifeste à la noblesse de l'espèce humaine, cette disposition législative, consacrée dans le temps où il était légalement en vigueur, était une violation du droit de propriété. Il n'y avait que le législateur civil qui eut le pouvoir d'altérer les propriétés ou même d'en dépouiller; encore fallait-il que ce fut dans l'intérêt général et non selon ses caprices. Il est à présumer que le prince et le concile furent d'accord; cependant, outre que sans confusion, les pontifes ne pouvaient porter pareille ordonnance, pas mieux que ne le peuvent les conseils du législateur, ou même ses secrétaires, c'était de leur part reconnaître qu'il est des cas où ce qui est injuste cesse de l'être, quand ainsi le veut la puissance civile. D'autres canons portant défense aux ecclésiastiques de parures mondaines, ou de porter, devant les magistrats civils, leurs différends avec des ecclésiastiques , infligent des peines civiles , et certes d'une sévérité qui se ressent de la barbarie des premiers siècles de notre monarchie , et est empreinte du servage du clergé du second ordre (1). Un auteur de grand mérite nous semble avoir confondu , en ce qu'il insinue que la seconde peine n'était que ce que l'on sait être un exercice de mortification dans les cloîtres.(2) Mais le concile avait mieux en vue l'infamie , que les douleurs du patient, puisqu'en infligeant la peine , il distingue entre le coupable s'il est dans les ordres inférieurs ou dans les ordres sacrés.

Le temps était bien venu où par un entraînement dont elle ne soupçonnait sans doute pas le défaut , la puissance ecclésiastique devait outrepasser les bornes; les preuves en sont et d'un caractère nouveau et d'une évidence piquante. Dans les canons du 2.me concile de Mâcon (3) An 585 dans le 1.er canon, on ordonne sous diverses peines de célébrer le dimanche. Il ne saurait appartenir à une législation plus évidemment mixte d'accompagner d'une pénalité civile un précepte ecclésiastique. On commande le respect

(1) Carranza , canon 3.e , la réclusion au pain et à l'eau , canon. 5.e la bastonnade.
(2) Nat. Alex, tom. 12 , p. 291 et 293.
(3) Cellier , tom. 16 , p. 801. Longueval, liv. 8 , p. 173. Carranza p. 295 v.

I.

de ce saint jour sous peine de l'exclusion du barreau si le délinquant est avocat; sous peine de bastonnade, s'il est esclave ou paysan (1). Que le prince, par un édit, eût imposé ces sortes de peines, dans ces temps de barbarie, ne pouvant y avoir de cruauté, il n'y aurait eu que de l'ordre. Dans le 5.me canon, le concile faisant allusion à la loi mosaïque, établit la dîme; voilà pour la première fois, l'église levant des impôts: aurait-elle moins existé, aurait-elle moins eu de splendeur? Il faut en convenir, cependant les motifs qu'allèguent les pontifes pour introduire cette innovation étaient bien dignes de leur sollicitude pastorale; c'est pour les pauvres, disent-ils, qu'ils décrètent cet impôt; nous nous servons avec d'autant plus d'à-propos de cette dernière expression, que si jusqu'alors c'était un usage, comme l'insinuent les P.P. de ce concile, quelque religieusement observé qu'on le suppose dans les premiers siècles de l'église, il ne pouvait faire des droits, ni constituer des obligations, tandis qu'à compter de ce concile, les peuples y furent astreints sous peine d'excommunication. C'était donc à titre de délégation en faveur des pauvres, que le clergé voulut être saisi de la dîme. Nous ne dirons pas combien dans la suite le clergé

____

(1) Longueval, le Cellier.

s'est montré infidèle à un mandat, qu'il parut
plus tard n'avoir imaginé que pour se donner
de l'or; mais appartenait-il aux pontifes d'imposer cette délégation ? Toute délégation doit essentiellement être libre; il n'y a que la violence
qui supplée, à sa manière, à la liberté des parties par la force matérielle ou le vouloir de
l'autorité; il y avait donc ici violence, puisque
la délégation n'existe que par le fait de ceux qui
s'en investissent; en outre, opéra-t-elle son effet?
Le 11.me canon de ce même concile, où on recommande l'hospitalité, fait présumer que le but
de la fameuse loi de la dîme n'était que se-
condairement de mettre le clergé en possession
de distribuer aux pauvres les aumônes des peuples. S'il en était ainsi, ce que nous avons dit de
ce motif ne conserverait de vérité que sous le
rapport de la confusion qu'on avait fait du prétexte
avec le vrai motif de la loi; car, avant de rendre celle-ci, et comme par conclusion, après
l'avoir rendue, le concile en énumère les causes (1),
et place ce prétexte de niveau avec un autre
motif, qui seul semble avoir tous les caractères
d'un principe déterminant. On se propose d'ôter
toute sollicitude au clergé pour le rendre plus
dispos à ses fonctions. Excellente fin, mais le

____

(1) Carranza, p. 260, v.e, can. 5.

moyen est-il aussi excellent ? Est-il surtout légitime , puisque les PP. s'appuient du parallèle de la loi mosaïque pour asseoir l'existence du nouvel ordre lévitique sur les bases de l'ancien ; qu'il nous soit permis de dire de ce rapprochement qu'il ne faisait point parallèle, mais contraste. Où est le Moïse qui adjuge aux lévites un droit héréditaire sur les sueurs du pauvre, comme sur les riches revenus de l'homme puissant ? Aaron ne rendit pas la loi dont il devait jouir. Où sont ces lévites dépossédés par la loi de tout héritage, et qui n'ont d'autre moyen d'existence, que la portion des fruits que la loi par compensation ordonne aux propriétaires de leur donner ? Les membres du nouveau sacerdoce étaient-ils inhabiles à hériter , à posséder ? Il est aisé de sentir qu'il appartient à de hautes convenances que l'existence du clergé soit par l'état noblement assise , mais cette beauté d'existence ne saurait soutenir son éclat avec les moindres vices dans les moyens. Introduite néanmoins par l'insinuation , négligée , relevée par la terreur , la dîme fut désormais si fermement établie, que d'âge en âge, religieusement soumis , les peuples la subirent. Elle devint pour le prêtre comme un fief sacré , dont les titres semblaient écrits en caractères indélébiles sur la glèbe de de tous les fonds de terre, de tous les patrimoines, et il n'a fallu rien moins pour la détruire que l'épouvantable tempête où notre France a manqué périr. Il n'en existe plus rien, le laboureur est libre dans ses dons, mais pour n'être plus sous le régime de la violence, est-il dispensé de concourir à la splendeur du culte, à l'entretien du prêtre ? Si la religion l'inspire, il fera librement son offrande, et c'est le meilleur tribut ; si elle ne ne l'inspire pas, du moins n'est-il plus à craindre qu'on le pousse au blasphème. . . . . ! Il est d'autant moins étonnant que la puissance ecclésiastique se méritât qu'on la compare au lierre, qui prenant pour lui la subsistance de l'arbre sur lequel il s'appuie, ne grandit qu'il n'embrasse toutes ses branches et l'étouffe en le serrant. Douée d'une éternelle constitution, elle voyait à ses côtés la puissance civile éprouver toutes les vicissitudes qu'éprouve ce qui est destiné à périr, alternative de force et de faiblesse, d'enfance et de caducité ; tandis qu'elle se sentait toujours les forces qu'on se sent au beau milieu de la vie ; immobile au sein de la mobilité même, impérissable elle-même où tôt ou tard on voyait tout périr, il ne lui était que trop facile de concevoir d'injustes préjugés. C'est là, il n'y a pas à en douter, ce qui inspira le réglement en matière de préséance et d'honneurs qu'on lit dans le 15.e canon de ce même concile (1), où on ordonna aux voyageurs à cheval qui rencontrent un ecclésiastique à pied, de descendre de cheval pour saluer l'ecclésiastique. Nous avons de plus à relever la défense que fait le concile dans le 12.ᵉ canon (2) aux magistrats de juger les causes des veuves ou des orphelins, sans en avoir prévenu l'évêque, qui assistera en personne ou par un mandataire ; pour gérer une bien louable tutelle, c'était se donner le droit de mettre le magistrat en surveillance.

Le Roi de France fit une constitution pour confirmer, dit-on, ces canons (3); s'il les confirmait tous, son ordonnance n'eut été qu'un rendu, ces canons n'étaient pas de son ressort; ainsi le 6ᵉ qui ordonne aux prêtres de célébrer à jeun, le 15ᵉᵐᵉ qui défend aux évêques d'avoir des chiens de chasse ou des oiseaux de proie. A en juger d'après les fragments qu'en donne un des auteurs que nous avons cité, (4) on peut la croire dictée par la terreur qu'inspiraient les calamités publiques. Sous ce point de vue, on est plus étonné de voir le prince baiser avec tant de respect la main du pontife; on ne l'est pas non plus, que pouvant jusqu'à un certain point le regarder comme

(1) Carranza, gros format in 18, p. 262 v.º. Cellier tom. 16, p. 803. Longueval. liv. 8, p. 177.
(2) Cellier, tom. 16 p. , 802.
(3) Cellier, tom. 16, p. 803. Longueval, liv. 8, p. 185.
(4) Longueval.

le sauveur de l'état par ses vertus jointes à sa
haute mission, il aille même jusqu'à le regarder
comme en étant de droit, le régulateur ne voyant
pas que c'était excéder en gratitude et en respect
que de confondre dans la même personne des
pouvoirs à qui on ne donna aucune couleur,
parce qu'ils ne furent pas destinés à être sensibles,
avec les pouvoirs que recouvre la pourpre. Dans
cet édit, le roi semble se borner à dire à ses
sujets ce qu'ont ordonné les pontifes, ne faisant
pas de nouvelles lois où les pontifes en avaient
fait de nouvelles; il est le héros, et le pontife
est le législateur. Ce qui ne manquerait pas
aujourd'hui de ridicule ne causait alors aucune
surprise; les princes chrétiens, surtout en France,
accoutumaient les peuples à les voir faire plus
que des conseillers de leurs évêques, et ceux-ci
s'accoutumaient si bien à user de ce nouveau
pouvoir, qu'on peut dire qu'il était presque passé
en principe, que, dans le civil, l'évêque était
aussi législateur. On voit encore de ces exemples d'une législation travestie, dans un concile
tenu à Narbonne (1); dans le 9.me canon, on An 589
défend aux juifs un mode de sépulture, et en
cas de délit, on leur impose une amende. On
condamne dans le 4.me canon, au fouet, l'esclave

____

(1) Cellier, tom. 16, p. 815.

qui violera la loi du dimanche; dans le 13.ᵐᵉ, à être battu de verges, le jeune aspirant au sacerdoce qui aura manqué d'égard à un de ses anciens (1). Dans le 13ᵐᵉ, on condamne, aux verges, l'esclave qui, par superstition, se serait abstenu du travail le jeudi ; enfin, dans le 14.ᵐᵉ, non seulement on défend de consulter les sorciers ou les devins, mais on ordonne que ceux-ci soient vendus au profit des pauvres. On dit qu'il n'y a pas ici entreprise de la puissance ecclésiastique sur les droits et le domaines de la puissance civile, parce que les dépositaires de celle-ci ou ses auxiliaires étaient dans le concile. Mais pourquoi ce mutisme dans les choses de sa compétence ? D'ailleurs, pouvait-il suffire de cette présence pour convertir, en législation civile, une législation dont les auteurs ne pouvaient voir dans le mandat que leur avait transmis de vénérables devanciers, qu'ils eussent le droit d'imposer aux peuples une pénalité de coaction. Ils sont à la fois princes et magistrats, mais ils ne peuvent eux-mêmes punir de rebelles ou de coupables sujets, et doivent toujours, quant à la peine ou à l'exécution de leurs arrêts, en référer à la suprême autorité qui les institua. En les élevant, on les marque d'un sublime caractère,

____

(1) Cellier, tom. 16, p. 815. . . . . . .

on ne leur donne ni costume, ni emblême qui le révèle, et on réunit dans leur parole tous les pouvoirs qu'on leur donne, toute la force dont on les investit. La seule verge législative qu'on leur confie, c'est l'anathème (1); encore ne doivent-ils pas en user pour prescrire ce qui leur plaira, mais les hautes volontés de leur maître (2), volontés de culte ou volonté de vertu. Dans le concile convoqué à Tolède par le roi des Goths (3), d'accord avec le prince, les PP. firent les législateurs dans le civil. Dans le 5.me canon, on condamne certaines femmes de mauvaise vie, et pour certains motifs, à être vendues : singulière pénalité, mais qui alors n'avait rien d'étonnant, l'esclavage était encore en vigueur. Dans le 13.me canon, on défend aux clercs ou ecclésiastiques de porter leurs différends ailleurs que devant l'évêque, et pour mieux s'assurer par la crainte leur docilité. Sur ce point, on casse d'avance toute sentence d'un juge laïque; le 14.me défend aux juifs de se donner des épouses chrétiennes; dans le 17.me, on constitue les prêtres commissaires de haute justice. On dit que le roi approuva ces réglemens, c'est bien à croire; mais il ne suf-

____

(1) Erit legatum et in cœlis; Mathieu, cha. 16., v. 19.
(2) Quœcunque mandavit vobis. . . . Mathieu, cha. 28, v. 20
(3) Nat Alex., tom. 12, p. 305.

fit pas de cet accord pour justifier les PP. d'avoir ainsi élevé la voix en matière civile. De là à la fin du 6.ᵐᵉ siècle, nous n'avons plus de conciles qui nous arrêtent. Déjà s'approchent pour les Grecs de bien tristes événements.

CHAPITRE VIII.

Septième Siècle.

Le nouveau siècle venait de s'ouvrir lorsque sur les bords du Danube se forma contre Maurice un An 602 violent orage; les suites en furent des plus tragiques et si rapides, qu'en peu de jours, la tête de ce prince sur laquelle on avait vu briller avec tant de sérénité l'éclat de la majesté impériale, fut exposée sur une pique aux insultes de ses indignes sujets. L'histoire ne fait à ce prince si digne de respects autre reproche que d'avoir eu trop de peine à mettre la main au trésor de l'état. Mais laissons passer la tempête qui commence par teindre d'un sang auguste un des bords du Bosphore, et ne finira pas que l'autre bord ne rougisse du sang impur du monstre qui la causée et de ses suppôts. Qu'importeraient à notre but les cruautés et les infamies de Phocas? Sortons de l'empire pour n'y rentrer qu'à la suite d'un héros qui doit fouler aux pieds le monstre et ramener du moins pour l'état d'heureuses années.

Rentrés dans l'occident, nous retrouvons à Rome le vénérable chef de l'église que nous y avons laissé, et qui sans être sur un trône, et sans vou-

loir y être , faisait par les inspirations d'une charité
toute pure ce qu'il y aurait fait ; soit qu'on le
considère traitant avec le chef de l'état ou ses
représentants , soit qu'on le voie tout occupé
à arrêter le glaive des Lombards , on ne voit pas
que sa vertu se démente. On dirait qu'il fut un
moment , mais pour nos rois , où par excès de
bienveillance, il méconnut une limite au-delà de
laquelle on ne l'avait jamais vu. A la sollicitation
de Brunauld qui venait de fonder à Autun une
maison de charité , il accorde à cet hospice des
priviléges et termine ses lettres apostoliques par
une étonnante imprécation , voulant que tout
ce qui contreviendra soit dépouillé de sa dignité
ou même perdre sa couronne , car il est aussi
menaçant contre les princes qu'il semble sévère
contre les pontifes.

Il parait que la reine avait demandé cette
commination (1) ; celle-ci est alors empruntée
dans la pensée du saint pontife , elle n'est pas
moins étrange. Ce qu'il y a néanmoins de caractéristique , c'est qu'une semblable manière d'aborder les princes et les rois , devint dans la suite
une chose de ton , de forme et de goût pour les
souverains pontifes(2). Mais ce qui prouve combien
elle est répréhensible , c'est que pour en excuser

(1) Longueval , tom. 3 , p. 307.
(2) Nat. Alex. , tom. 12, p. 205.

l'usage, de graves auteurs sont réduits à dire que sans doute elle ne fut jamais que ce qu'elle était de leur temps, c'est-à-dire, chose de style (1). Telle n'est pas la pensée de Baronius dont on connaît d'ailleurs le mérite; il cite ce passage de la lettre de saint Grégoire en preuve de l'énorme puissance du siége apostolique (2); excédant en respect et en dévoûment pour l'église romaine, comme quelquefois le fils pour la mère, il ne s'apercevait pas d'une double méprise. Il suppose à saint Grégoire des vues qu'il n'avait pas (3), à l'église un pouvoir qu'elle n'a pas reçu. Une circonstance que Baronius n'a vraisemblablement pas ignorée, quoiqu'il l'ait passée sous silence, devait l'empêcher de convertir une simple phrase en monumens. Environ cette époque, il s'éleva d'indignes débats entre An 603 deux évêques insulaires et sujets de l'empire; le pape en ayant bien le droit, interposa son autorité; mais apprenant que l'empereur avait été informé de l'affaire, il envoya sa sentence au nonce apostolique, lui prescrivant de la soumettre à l'empereur, la lui faire agréer, en obtenir qu'il fasse intervenir son suprême pouvoir. Nous n'avons pas cru qu'on pût penser que

(1) Nat. Alex., tom. 12, p. 205.
(2) Année 603 vers la fin.
(3) Nat. Alex., tom. 12, p. 205.

la puissance temporelle fut pour la cour romaine pendant les années de Grégoire, un objet de mépris ou même d'une ambitieuse envie, et avec d'autant plus de raison, d'après cela, que le souverain pontife donne pour motif à tant de ménagemens qu'on pourrait le soupçonner de manquer d'estime ou de respect pour les chefs d'états.

Ce n'est pas par ce passage que nous venons de justifier, qu'on peut juger de la marche progressive de la puissance spirituelle; c'est bien plutôt, comme nous l'avons dit, parce qu'à compter du moment, l'expression devint usitée sous les successeurs du S.t Pontife. C'est bien encore par le jugement, que le même et si vénérable chef de l'église romaine rendit, la même année, au sujet de la déposition de deux évêques d'Espagne, la sentence; elle n'était définitive que sous des rapports conditionnels, en ce qu'on se borna à décider de la peine à prononcer contre les coupables, et c'est dans la définition de la peine, que le juge bien que suprême, dépassa ses pouvoirs. Si l'ancien évêque avait été injustement déposé, il devait être rétabli; le nouvel évêque devait lui être remis pour être par lui jeté dans les cachots, ou par lui encore être banni de l'Espagne et exilé à Rome, et les évêques, auteurs de l'injuste déposition, devaient pour quelque temps être confinés dans des monastères (1). L'incarcération, le bannissement, sous le rapport de celui qui en inflige la peine, sont évidemment un abus du pouvoir, une entreprise sur les droits de l'autorité véritablement compétente, quelqu'entraînement de zèle que l'on suppose, à moins qu'on n'entende dans le sens du conseil, ce que nous aurions entendu dans un sens législatif.

Le Pape était alors à la fin de sa glorieuse carrière. Son successeur, profitant de la mésintelligence du patriarche de Constantinople avec An 604 l'indigne Phocas, obtint facilement de celui-ci un décret qui, comme tant d'autres faits, prouve que les deux puissances n'avaient pas des idées fixes sur leurs propres droits, ou ne les suivaient pas. Elles nous ont semblé plus d'une fois n'avoir pour mobile, que ce qu'on nous permettra d'appeler un instinct de conjonctures. Phocas ordonne que le pontiferomain prenne seul le titre d'évêque universel (2). S'il se fût borné à défendre au patriarche de Constantinople de se décorer de ce titre, le décret n'aurait rien qui surprenne ; il ne pouvait appartenir à l'empereur de décerner des titres ecclésiastiques ; il lui appartenait de les défendre à la prière de qui de droit.

Il n'était pas sans exemple que les plus saints

(1) Fleury, liv. 36, § 48.
(2) Fleury, liv. 36, § 52 ; Baronius, année 606.

prélats compromissent leur dignité par des ménagemens; il ne l'était pas non plus qu'à bonne
intention et sous l'influence de toute leur vertu,
ils portassent atteinte à une autre autorité que
la leur. Saint Jean l'aumônier, dont le mérite
était si éclatant quand on l'éleva sur la chaire
patriarchale d'Alexandrie, et dont les vertus se
soutenant toujours lui assurèrent le respect des
peuples, fut souvent poussé par son zèle au-delà de
la limite pendant sa prélature. On cite de lui une
ordonnance portant prohibition de faux poids et de
fausses mesures, et confiscation de leurs biens
aux contrevenants. (1)

Ce n'était pas seulement dans ces climats
lointains qu'on voyait le sacerdoce méconnaître
son domaine; on entendit à Sens un vénérable
pontife répondre à la plainte du commandant
de place, que « l'évêque étant chargé d'instruire
les peuples et les grands de la terre des ordres de
de Dieu, c'était plutôt aux grands à venir lui
rendre leurs devoirs, qu'à lui de les prévenir » (2);
ce n'était pas, à la vérité, sortir de chez soi,
mais c'était bien chez soi prendre la pourpre.
Il y avait vérité à raison de la splendeur du
sacerdoce si véritablement éblouissante aux yeux
des chrétiens; il y avait exagération; ou plutôt

----

(1) Fleury, liv. 37, § 12.
(2) Longueval, tom. 3, 355.

méprise, car nul n'a pu ignorer, surtout les
saints, comme était ce pontife, que de précepte
divin, qui se voit si magnifiquement pourvu et
se trouve si haut, doit faire concourir toutes
les vertus à se prémunir contre soi-même (1).
Aussi l'exil fut-il d'abord la suite de cette réponse,
mais momentanément ; la providence qui avait
tout promptement pris la verge, s'abandonna
tout-à-l'heure à des maternelles habitudes, celle
de dédommager la vertu qu'elle a puni de ses
faiblesses. Environ cette époque, Clotaire, alors
seul prince régnant, fit une constitution pour An 615
confirmer les canons d'un concile national qu'il
venait de convoquer et presque de tenir à Paris.
Il sera question, ailleurs, de ces canons ; le
prince ordonne l'observance des canons, tant de
ce concile que des conciles précédents (2) ; voilà
bien les pontifes convertis en législateurs civils
et le prince hérault public et de haute livrée de
cette législation. Il achève sa constitution en ra-
pelant ses droits sur les élections ecclésiastiques ;
à ce propos, où il ouvre la porte à des abus
en facilitant la brigue, car il dispense de l'agrément du prince quand l'élu est officier du palais ;
de sorte que dès l'élection, on peut passer outre
à l'ordination ; où il envahit, substituant la no-

(1) Qui major est fiat sicut minor.
(2) Longueval, tom. 3, p. 361.

I.   37

mination royale à la forme des élections , et c'est plus vraisemblable. Il est à remarquer que par cette substitution , le prince se constitue dans l'église , comme il l'est dans l'état (1) , seul organe légal de la conscience publique , puisque la conscience publique ne parlant jusqu'ici du mérite que par les élections n'en parlera plus , ou du moins sera censée n'en parler plus que par le prince.

Bien qu'il soit hors de notre sujet d'aborder des questions purement théologiques , nous saisirons l'occasion d'occuper quelques moments le lecteur de la validité ou de l'invalidité des mariages alors entièrement clandestins. Nous trouverons dans les termes de la constitution dont nous parlons , dressée sous les yeux et par les conseils des pontifes, une preuve que la seule convention réciproque de se prendre pour époux faisait le mariage, que les cérémonies dont on accompagnait quelquefois cette convention n'étaient, de leur nature, que des accessoires, à qui l'une et l'autre législation, le pouvant, ont donné exclusivement le sceau de la légitimité , et cela pour éloigner de notre berceau l'infamie, et consacrer les droits de la naissance.

On défend dans cette constitution , sous peine

_____

(1) Tom. 1.ᵉʳ, introd.n, chap. 1.ᵉʳ , p. 16 et 24.

de mort, d'épouser des vierges ou des veuves consacrées à Dieu; et si le mariage s'est fait dans l'église, les parties auront grâce de la vie, mais elles seront séparées, exilées, et leurs biens seront confisqués (1). Le silence de l'histoire sur les suites du scandale des religieuses de Ste Croix, que malgré leurs vœux on vit en plein concile en si triste état (2), prouve bien qu'il n'était pas question dans la constitution de Clotaire d'un crime qui n'eut pas été permanent; mais on sait qu'une union quelconque, c-à-d, quelque innocente qu'elle fût, quelque coupable qu'on la suppose si on ne la regarde comme mariage, n'a de soi ni stabilité ni permanence. Pourquoi punit-on de mort le scandale de ces pécheurs publics qui se sont mariés ailleurs que dans l'église; s'il n'y a pas mariage aux yeux du législateur, pourquoi n'aurait-il pas pris d'autres moyens que la mort pour faire cesser ces désordres; s'il y avait mariage, on conçoit que dans sa colère il ait voué à la mort des sujets, que par trop de précipitation il voyait sans remède indissolublement unis par le lien du crime. La grâce de la vie accordée aux coupables dans le cas où leur mariage se soit fait dans l'église, ne peut venir que du droit d'asile accordé aux églises; s'il n'en était point ainsi, on n'aurait

(1) Longueval, tom. 3, p. 362.
(2)   Idem.   idem.

fait grâce qu'aux plus coupables, ceux qui à la violation d'un vœu, auraient réuni la profanation d'un sacrement. Mais c'est assez de cette question qui ne nous a arrêté qu'à la faveur du penchant que nous inspire une opinion de l'école.

Ce que nous avons dit plus haut sur les droits que s'arrogeait insensiblement la puissance civile en matière de dignités ecclésiastiques, ne tarda pas à se vérifier, sinon dans son entier, du moins en partie, et certes d'une manière assez choquante, à l'occasion de S.t Didier quand il fut promu à l'évêché de Cahors. Le principe de l'élection fut reconnu, mais confirmant l'élection, le prince se déclare le dépositaire et presque le possesseur de ces sortes de dignités. « Nous devons ne don- « ner les dignités, dit le Roi dans son ordonnance, « qu'à ceux . . . . (1) » Bien plus faut-il pourvoir à la consécration de l'élu, le métropolitain attend, non plus de savoir qu'il n'y a point d'opposition à l'élection déjà faite, mais bien les ordres du Roi. En effet on expédia au métropolitain des lettres patentes, où le prince fixait le jour de la consécration et pourvoyait à la solennité. Il ordonne que la cérémonie se fasse le jour de Pâques, et que le consécrateur, pour plus de solennité, s'entoure de tous ses suffragants.

An 629

---

(1) Longueval , tom. 3 , p. 413.

Dans ces premiers siècles où les communications avec l'église mère ne pouvaient être ni promptes ni régulières, il n'est pas étonnant que la puissance d'institution s'exerçât par le métropolitain pour ses suffragants et par le synode pour le métropolitain; mais cette puissance pouvait-elle jamais se confondre, indirectement même, avec la puissance séculière? Toute juridiction ecclésiastique émane de l'église et ne peut être donnée que par elle ou par son chef; par elle quand elle tient ses états, par son chef quand elle ne les tient pas. Elle est société, comme telle elle est une; comme telle elle a les mêmes droits que toute société; lui imposer ses diverses supériorités, ou gêner celles-ci dans leurs fonctions, c'est lui surprendre ses droits; ce qui se passe de nos jours constate cette vérité. On ne s'est pas contenté en matière de culte d'élever la bannière de la tolérance, on en a pris une autre qui n'a pas de nom et dont la confusion fait non seulement le fond, mais l'ordonnance de toutes les couleurs; qu'arrive-t-il? C'est qu'à dire qu'on veut faire marcher de pair tous les cultes, on laisse le catholicisme dans l'esclavage. Nomme-t-on les ministres des autres cultes, tandis que les cures et les évêchés ne sont donnés chez nous que par le prince? C'est, il faut en convenir, un vice de beaucoup antérieur à l'époque où nous vivons,

mais ce n'est pas moins un vice; l'élection par
les chanoines, sauf à obtenir ensuite du chef de
de l'église l'institution canonique, nous semblerait
le mode le plus naturel, il ne nous appartient
pas de le soutenir; quant aux cures, pourquoi
ne pas les abandonner à la nomination de l'é-
vêque; toutefois néanmoins consacrant le principe
de l'inamovibilité.

An 638 Quelques années après que le Roi de France
avait si positivement pris le commandement dans
le sanctuaire, à l'occasion de la consécration
d'un évêque, il le continua et d'une façon assez
singulière; il commanda que les juifs se fissent
chrétiens (1). Voulant faire entrer les hommes
dans l'église, il parle en chef de file comme
s'il se fût agi de faire prendre les armes; il impose
le baptême comme on impose des tributs et traite
les évêques en officiers du palais, car il ne pouvait y avoir pour les Juifs de la contrainte à
recevoir le baptême, qu'il n'y en eut pour l'é-
vêque à le donner, genre d'apostolat qui n'était
pas nouveau et qui outre son odieux ordinaire,
réunissait le ridicule du motif à l'odieux de la
forme. Le prince alarmé des nouvelles qui lui
venaient de Constantinople crut que cette mesure
était le meilleur moyen pour éviter que les cir-
concis ne lui enlèvent le sceptre.

(1) Longueval, tom. 3, p. 434.

Par tant d'entreprises, la puissance civile avait tellement fait courber sous le joug le sacerdoce, que fallait-il ? Flétrir une hérésie naissante, et s'opposer à ses progrès ; ce ne fut pas à des pontifes qu'on eut recours, mais au Roi. Il passait alors pour constant, qu'il appartenait au prince de juger de l'à-propos et de la nécessité de faire parler l'église pour décider de l'erreur ou de la vérité ; jusques là l'église avait le bâillon.

A propos de cette hérésie nous quitterons l'occident pour rentrer dans la capitale de l'empire ; nous en étions sortis par un sentiment d'horreur, quand un homme immoral jusqu'à la brutalité, sans talens comme sans nom, saisit le sceptre. Que pouvait-on attendre du nouveau règne ; quand on apprit que l'insubordination, l'insolence du soldat l'avaient fait chercher dans la boue, l'homme qu'on le voyait donner pour chef à l'état, quand on vit le nouveau prince portant la pourpre avec les mauvaises façons et la grossière allure d'un barbare, ne s'asseoir sur le trône qu'il ne l'eût inondé de sang ? La fortune des particuliers, l'illustration des familles, la vie de leurs chefs, de leurs membres, l'honneur des femmes, furent pendant huit ans le déplorable jouet du monstre que la furibonde soldatesque avait élevé sur le pavois. Enfin le ciel irrité contre les Grecs s'apaisa, et il survint un homme qui, recevant le sceptre des mains de la victime, fut quelques années tout éclat, fut même alors un héros. Avant de le devenir ou plutôt de se relever, il parut ruiner toutes les espérances qu'on avait conçues de lui à son avènement. Héraclius montant sur le trône, semblait avoir disparu après y être monté ; un mariage incestueux put quelques moments inspirer des alarmes sur le dérèglement de son cœur ; il n'en résulta cependant qu'une tache à sa gloire. Son apathie pour les malheurs de ses premières années donna à soupçonner en lui de l'impuissance à détourner les derniers malheurs de l'état qui semblaient si prochains. En effet les Perses, ennemis éternels des Romains, envahissant les plus belles provinces, étaient venus de conquête en conquête déployer leurs enseignes jusques sur le Bosphore. Une nation qui depuis des siècles avait croupi dans la barbarie, la dissolution, l'ignorance, devenue fanatique et d'autant plus belliqueuse, venait de s'ébranler et déployant un étendard quelle devait un jour planter dans Constantinople, ouvrait déjà contre l'empire les premières campagnes d'une guerre sanglante et longue qui ne devait finir qu'à l'entière destruction de l'état. Héraclius semblait assoupi et on eût dit qu'il manquait de force et de génie ; il en avait, il les révéla : il pense, fait des projets de héros, les arrête ; appelle ses pha-

langes, les retrempe, les ébranle, vole à leur
tête ; la victoire le suit et le couronne partout,
il délivre toutes ses provinces et porte la déso-
lation jusques dans le cœur de la Perse ; le
palais des monarques de ce vaste royaume fut
la proie du vainqueur. Stésiphon allait passer
sous les lois de l'empire, l'indigne monarque perdit la couronne et la vie ; alors on mit bas les
armes et la paix se conclut. Tant de victoires,
tant de triomphes, en élevant l'empereur, firent
tomber l'empire ; il en résulta en effet que par
le sentiment de si éclatantes prospérités, le prince
conçut une telle confiance, qu'il en devint in-
dolent ; l'histoire même parle de ses dernières
années avec amertume ; elle lui reproche de l'indifférence, et si elle l'accuse c'est les preuves
en main. N'ayant pas de tâche en cette matière,
ni dans l'accusation, ni dans la défense, nous
nous bornerons à laisser entrevoir l'air courroucé
de l'histoire.

Nous avons aussi à le blâmer. Perdant de vue
les affaires de l'état, il s'engagea dans les défilés
théologiques où il passa le reste de ses jours,
ne conservant plus de l'empereur que la pourpre, les
manières et le goût du comandement, il voulut être docteur ; on dirait que la couronne
impériale si vieille influait sur les diverses têtes qui
la portaient ; celle-ci, à quelques exceptions près,

comme si elles eussent senti les glaces de l'âge,
ne laissaient bientôt apercevoir de la raison,
que ce qu'on en voit dans les manies des vieillards. Le patriarche de la ville impériale engagea
l'empereur dans l'hérésie, et ne pouvant intimer
à personne sa fausse doctrine, il suivit la carrière ouverte à Constantinople à tous les hérétiques, inspirant à Héraclius d'en faire en empereur la profession de foi ; comme s'il eût ap-
partenu à celui-ci de prescrire une doctrine quelconque, non plus seulement à la chrétienté, mais
même à de ces ames basses, sans foi, sans vertu,
sans caractère, dont les cours quelquefois se remplissent. Résolu à recouvrir sa couronne du bonnet
de docteur, singulier objet d'envie quand on est
sur le trône, il voulut décider un point de foi
An 639 et fit un décret pour le résoudre (1).

Cette formule de foi, quoique si impérative, ne
répondit pas par ses effets à ce qu'en avait attendu Héraclius et celui surtout qui la lui avait
inspirée ; loin d'apaiser des troubles qui n'étaient
guères sensibles que dans les trois principales
cités, on le vit bientôt, l'église entière se souleva.
Ce fut la première pour l'hérésie, le signal des combats, les pièges dont elle avait essayé n'ayant réussi
qu'à la confondre. Plus tard, l'empereur recon-

(1) Lebeau, tom. 12, p. 328, § 47. Nat. Alex., tom. 13, p. 31.

nut ses torts, mais sans les réparer. S'il parut abjurer l'hérésie, n'ayant pris aucun moyen pour la faire cesser, il mourut responsable devant le juge suprême des peuples et des Rois, de l'état de convulsion où il avait jeté l'église.

A propos de ce ridicule et blasphême symbole, Baronius parut outrer les véritables principes, regrettant que le prince n'eût pas consulté le souverain pontife, comme s'il eût oublié (1) que le perfide patriarche avait presque engagé Honorius dans l'erreur (2). Ce n'est pas que le S.t Siège ne doive être reconnu comme indéfectible (3) ; mais cette indéfectibilité en matière de foi n'ayant pas dû être personnelle, ainsi qu'il le conste par le texte sur lequel elle repose (4), puisque ce n'est que sous des rapports de communauté qu'on la signale. On n'était point autorisé à établir en principe, que la personne des Papes fût à l'abri de l'erreur ; ce n'est pas sans raison qu'on en est venu presque de nos jours à distinguer entre le souverain pontife parlant ou écrivant comme chef de l'église, et le Pape parlant ou écrivant particulièrement comme docteur.

Baronius blâme en termes énergiques la témé-

(1) Baronius, année 699

(2) Fleury, liv. 38.* § 7.*. Nat. Alex. tom. 13 p. 5.

(3) Rogavi pro te ut non deficiat fides tua ; S.t Luc, ch. 22, v. 32.

(4) Et tu aliquando conversus confirma fratres suos.   idem.

rité de l'empereur; il insinue qu'il ne fit pas ce retour (1). Quoi qu'il en soit, celui-ci laissa à sa mort, qui était si prochaine, en triste situation, et la barque de Pierre et le vaisseau de l'état. Constant, qui lui succéda, suivit la même voie. Tandis que le fils, nonobstant sa faiblesse et le peu de durée de son règne, devait servir de modèle au petit-fils, celui-ci tourna ses regards vers le grand-père et il le surpassa dans ses caprices.

Presque enfant quand il monta sur le trône, il ne fut capable que d'être effrayé des formidables progrès que faisaient de barbares phalanges. A la vérité, ces nouveaux conquérants toujours victorieux menaçaient de tout envahir, ils venaient de faire flotter leur étendart sur toute l'étendue de la Perse qu'ils avaient soumise à leurs lois, lorsque réunissant leurs armes contre les Grecs, ils couvrent d'indomptables bataillons les frontières de l'empire; bientôt les plus vastes contrées tombent en leur pouvoir et Mahomet dévore l'héritage de Constantin. Le timide Constant n'eut alors d'autre mérite que celui de sentir son insuffisance, peut-être un peu trop; car il en parla en plein sénat, dit-on (2), d'une manière peu digne, ou plutôt il ne sentit pas assez son incapacité; car il resta sur le trône et il devait en

(1) Baronius, année 629 et 640.
(2) Lebeau, tom. 12, p. 492.

descendre; il n'est jamais plus patent que dans ces déplorables conjonctures où les états périssent, combien est fausse la maxime qui a fait regarder les souverains comme les propriétaires des peuples ! Si les disciples de Mahomet donnaient dans l'orient de violents coups de sape, les Lombards à l'occident faisaient à l'antique gloire des Romains toutes sortes d'outrages ; ils ravageaient l'Italie, et Rome en était toute tremblante.

Les temps approchent où les souverains pontifes, accoutumés par les malheurs des temps et leur charité à porter le poids d'une couronne sans en avoir l'éclat, recevront la pourpre de la main d'un conquérant ; une charité pure de toute vue personnelle, leur fesait remplir les devoirs de chefs d'état. C'est d'ailleurs les empereurs qui, par leur insouciance pour le berceau de l'empire, les ont contraints d'entrer dans une carrière au bout de laquelle on ne peut manquer de rencontrer le trône.

Constant oublia tellement l'Italie, qu'enfin les Lombards en devinrent les maîtres ; ils furent à-peu-près les derniers conquérants qui la conquissent pour eux, et ne la possédèrent qu'une centaine d'années. Rome seule ne fut pas conquise, mais l'Italie ne perdit presque rien à n'être plus ombragée du sceptre de Constantin.

Il n'en était pas ainsi de l'Egypte, de la Palestine et de la Syrie, dont les malheureux habitans, après avoir vu s'abîmer en un jour, par l'incendie ou le pillage, les richesses inouies et le délice de tant de belles contrées, se virent encore esclaves. Tels furent cependant contre tant de nations, les terribles décrets de l'arbitre suprême de toutes choses, que par les succès les plus merveilleux il donna aux barbares qui les foulèrent un éclat vraiment incomparable; aussi comme si elle en était hors d'elle-même, au lieu de prendre le ton de l'élégie et de prendre le crêpe, l'histoire élève des trophées, tandis que l'homme public et l'homme privé, le riche et le pauvre, les grands et les petits sont confondus dans une commune ruine ; que les époux cruellement séparés trouvent leur part l'un dans les chaînes, et l'autre. . . . . ! Que la fille et la mère, que les vierges qui conservaient le plus saintement leur pudeur, destinées à toutes sortes d'outrages, subissent les infâmes caprices d'une brutale fureur. L'histoire insensible à toutes ces horreurs et à tant d'infortunes, à la ruine des lettres, au viol des églises, à la démolition des temples ; l'histoire ne voit plus le vaincu, elle passe au vainqueur et elle exalte comme des héros, des hommes d'une révoltante brutalité, d'une effrayante barbarie, qui n'ont d'autres titres à ses hommages que le bonheur des combats ; laissons-la s'attacher sur les pas de l'infâme vainqueur et prendre ses plaisirs à compter de déplorables victoires.

Dans le temps que l'empire tombe ainsi à grandes pièces et que dans les vastes contrées conquises coulent des torrens de larmes, Constant, moins inexcusable que ceux qui ne suppléaient pas à son incapacité ou qui le souffraient sur le trône, se donna aux inconcevables plaisirs de son aïeul par un dernier ménagement pour une erreur qu'avait soutenue celui-là ; il ferma la bouche aux orthodoxes, défendant par un édit toute controverse (1) : étrange abus de l'autorité souveraine, ou plutôt l'indigne travestissement ! Mais tant il est vrai que cette manie des Césars ne saurait prescrire en leur faveur ; il ne sera jamais utile, il sera toujours ridicule et quelquefois funeste de les voir ajouter au sceptre le bâton pastoral. Constant ne se borna pas à soutenir indirectement une erreur, il voulut qu'on obéît et le voulut en tyran. Il avait méconnu le sentiment d'une sainte maxime que doivent naturellement savoir toutes les ames chrétiennes : que pour renoncer à l'hérésie, on ne renonce pas à la foi. Des pontifes de l'occident réunis en concile au nombre de plus de cent, à Rome et pour la première fois au palais de Latran (2), fondés sur cette

(1) Lebeau, tom. 13, p. 8. Fleury, liv. 38.°, § 45.
(2) Nat. Alex. t. 13, p. 179. Cellier, table gén.¹º au mot concile.

maxime, réprouvèrent son édit (1). Ce blâme si juste, quoique d'ailleurs donné avec tant de prudence, car les termes renferment un éloge pour l'empereur (2, mit celui-ci en passion, en fit un persécuteur, et ouvrit au vénérable chef de l'église la carrière du martyre (3), ainsi que nous allons l'exposer dans le chapitre suivant.

Dans le temps de ces déplorables caprices de Constant, on vit en France, où l'époque des bons princes n'était pas encore épuisée, un des meilleurs rois dont l'histoire fasse l'éloge se regarder comme juge de l'à-propos des conciles, comme maître d'en fixer le moment, défendre enfin de se rendre à un concile parce qu'on ne l'avait pas prié de le permettre (4); tant les préjugés sont puissants pour renverser les principes et fausser les meilleures consciences! Sigebert se réserve de permettre la célébration des conciles après en avoir conféré, sans doute en son conseil, soit que le concile soit demandé pour des motifs ecclésiastiques, soit qu'on désire le tenir pour le bien de l'état. On est surpris de la première réserve, mais aussi rien n'a pu nous surprendre dans la seconde, que la nécessité de le faire. Nous

(1) Fleury, liv. 38.ᵉ, §51, p. 67.
(2) Idem, idem, p. 68
(3) Fleury, liv. 39.ᵉ, § 2.
(4) Longueval, tom. 4, p. 16.

allons voir dans les conciles combien étaient sages à cet égard les prévisions du prince que nous avons pu blâmer quoique bien excusable.

Dans son 4.me canon, le 6.e concile de Paris suspend en quelque sorte de ses pouvoirs le magistrat devant qui comparaît un ecclésiastique, défendant au juge de condamner le prévenu, sans avoir pris l'avis et l'agrément de l'évêque (1). Dans le 10.e on renouvelle le 2.e du concile de Lyon ; le 13.me prouve qu'alors les mariages ne se célébraient pas toujours en la présence et par le ministère du prêtre, en ce que les parties étant supposées avoir violé par leur union un vœu, que celle qui l'avait fait avait rendu public, on leur impose, les appelant du nom d'épouse et de mari, l'obligation de réparer leur faute ; tandis qu'il n'est rien dit du prêtre qui, si on eût sollicité son ministère, devant s'informer de l'obstacle que pouvait avoir chacune des parties en soi à leur union, devait être censée l'avoir connu et par conséquent avoir concouru au sacrilége (2). Plus tard, les dangers de toute clandestinité ont appelé l'attention de l'église.

Le 11.e canon du concile de Reims prononce, au profit de l'état, la confiscation de l'esclave chrétien contre le Juif qui abuse de sa puissance

_____

(1) Cellier, tom. 17, p. 780. Longueval, tom. 3, p. 359.
(2) Longueval, liv. 9, p. 360. Nat. Alex., tom. 13, p. 82 : viduas et puellas.

sur l'esclave pour le pervertir (1). La législation ecclésiastique était sur ce point en état d'irritation sensiblement progressive ; quarante ans auparavant elle s'était bornée à permettre le rachat de l'esclave contre le gré de son maître ; nous devons cependant observer que deux auteurs respectables, sous le même chiffre, donnent un autre canon, et que ce canon chez eux ne se trouve nulle part (2).

Nous n'avons rien dit d'un concile d'Espagne tenu à Séville en 619 (3), parce que d'abord nous ne connaissions pas la ville où il fut tenu, et que des onze canons de discipline qu'on y dressa, nous n'avions trouvé de remarquable que le 8.ᵉ, mais le 6.ᵉ l'est aussi. Dans des vues de sagesse pour les évêques et par prudence pour les ecclésiastiques prévenus de quelque délit, sans doute ecclésiastique, on ne donne au prévenu d'autre cour de justice que le synode (4) ; dans le 8.ᵉ, on réduit en esclave l'affranchi d'un évêque coupable d'un crime contre lui.

An 634   Dans son 31.ᵉ canon, le 4.ᵉ concile de Tolède (5) recommande aux évêques une rigoureuse surveillance sur les grands de l'état, les riches et

---

(1) Longueval, liv. 9, p. 393.
(2) Nat. Alex., tom. 13, p. 89. Le Cellier, tom. 18, p. 790.
(3) Cellier, tom. 17, p. 783. Nat. Alex., tom. 13, p. 85.
(4) Nat Alex., tom. 13, p. 86.
(5)   Id.   id.   p. 91 et 96.

même les magistrats, insinuant de cette surveillance que leur caractère leur en donne le droit.
C'est ainsi que grandissait la puissance ecclésiastique mue par de louables motifs, soutenue par
le respect des peuples et la confiance des princes.
Au sujet des juifs, ce concile donnerait bien à
répéter ce que nous a fait dire le premier concile de Mâcon, et surtout le 4.e d'Orléans. Il fut
pris dans ce concile diverses résolutions législatives
au sujet des moines; une seule nous a surpris,
celle du 49.e canon (1): on y défend aux moines
d'être ouvriers à salaire, et le motif qu'on en
donne, c'est que l'honneur des cloîtres ne pouvait
qu'en souffrir; mais les fondateurs modernes de
divers ordres ont-ils craint de vouer leurs disciples à la mendicité? Cependant il faut en convenir, le clergé visait alors à tant de sainteté qu'il
n'est pas étonnant qu'il n'ait quelquefois envisagé
les choses que sous des rapports d'élévation et de
grandeur. Le 52.e défend d'admettre dans le clergé
des hommes qui se soient publiquement reconnus
coupables d'une faute, qui, pour être grave au
poids du sanctuaire, pouvait bien n'avoir point
ailleurs cette gravité; il devait suffire désormais
d'un péché mortel pour en être exclu. Enfin le
concile se termina par une scène nouvelle; les PP.
y confirment le roi dans la jouissance de sa cou-

____
(1) Nat. Alex., tom. 13, p. 98.

ronne et lui adressent les admonitions d'un suzerain à son feudataire (1). On présume que le royaume des Goths était électif (2), ce style n'a rien alors qui surprenne; mais ce qui surprend, c'est que dans le temporel et pour le temporel, des évêques sans autre titre que leur caractère aient pu se voir à la hauteur de leur propre souverain. Qu'aurait-on répondu dans le temps de Pierre, dans le temps même de Constantin à qui on aurait demandé si le pontife pourrait un jour reposer la main sur la couronne autrement que pour la bénir ?

An 636

Le 5.e concile de Tolède ne fut pas tant une réunion ecclésiastique qu'une assemblée d'électeurs d'un royaume (3); déjà le faste commençait à s'introduire dans le clergé et à le faire déchoir de cette hauteur de vertu où tout-à-l'heure nous venons de l'entrevoir. On voit dans le 4.e canon du du 7.e concile de Tolède (4), que les évêques se donnaient un nombreux équipage, puisqu'on leur défend de prendre plus de cinq chevaux dans leurs visites diocésaines, et tant on pensait que leur visite devait être onéreuse, on leur défend de séjourner plus d'un jour.

An 647

Tant de décisions de conciles, tant de constitu-

____

(1) Nat. Alex. , tom. 13, p. 100 et 101.
(2) Cellier , tom. 18 , p. 798.
(3) Cellier, tom. 18 , p. 798. Nat. Alex. , tom. 13 , p. 102.
(4) Nat. Alex. , tom. 13 , p. 105. Cellier, tom. 18 , p. 801.

tions de princes avaient si fermement établi le prêtre en le plaçant si haut, que d'une part il pouvait bien pour lui n'y avoir pas de mérite à ne vouloir des douceurs de la vie et des biens de ce monde que son apanage de gloire, et que d'autre part, comme s'il n'eût pu en être atteint, les siècles s'écoulèrent, le laissant dans ses richesses, dans son faste et dans ses pompes. Mais les événemens qui viennent d'éclore le renversant, l'ont mis de cette élévation à la distance des siècles.

Prêtres, et vous pontifes dont le caractère est si vénérable, vous ne regrettez pas cependant ces années où le sacerdoce était en possession de commander législativement les hommages, la religion se repose sur vous; sur elle à votre tour vous pouvez vous reposer vous-mêmes; si elle n'expire, elle vous soutiendra; viendrait-elle à périr dans nos belles contrées, ailleurs ce qu'elle vous donna vous ferait accueillir: non, vous ne pouvez être dépossédés des magnifiques pouvoirs qui constituent votre plus bel héritage; depuis qu'on vous en embellit, les peuples, on le sait, les peuples après les temps d'erreur en ont entouré de leur respect le sublime dépôt et ont marqué, par une religieuse dépendance, le retour des temps prospères pour la foi. Ce n'est sans doute, ce n'est que sous ce rapport que les outrages dont on vous accable quelquefois peuvent vous affliger ; on dirait aujourd'hui que vous venez de faire naufrage, et qu'il ne vous reste plus rien de votre ancienne splendeur, rien non plus de tant de titres à la bienveillance des princes et de leurs sujets, à l'estime de vos nationaux. Ah! ce qui est déplorable, c'est qu'à vous regarder comme une puissance déchue, on s'excite à vous briser; partout vous poursuit le dédain; l'invective, la violence violent votre demeure, bravent même le sanctuaire pour vous donner de cruelles alarmes; on dirait que la fin de votre ministère est venue! Votre hiérarchie, vous le savez, ne peut jeter de l'éclat qu'autant que celui dont vous êtes les mandataires, comme qui tient le sceptre ou comme qui l'a repris, vous maintient les cœurs soumis par son irrésistible puissance ; il semble vous abandonner ; voudrait-il donner carrière en vous à d'admirables vertus; voudrait-il que le flambeau de la religion s'éteigne ? Ou bien serait-ce pour ne s'occuper plus qu'à retirer d'entre les flots des passions humaines une borne sacrée .... Il c'est ce que nous apprendront des temps qui ne peuvent être éloignés.

FIN DU PREMIER VOLUME.

Table.

ERRATA.

Avant-Propos, page 8, ligne 16, accueilli; *lisez :* accueilli.
Introduction, page 3, ligne 4, se rangent, *lisez :* se range.
Idem,   idem,   idem 25, que dans l'histoire du cœur humain, *lisez :* que dans cette histoire du cœur humain.

Page 20, ligne 14, nous ne nous arrêterons pas, *lisez :* nous nous arrêterions à.

Page 23, ligne 18, pareille loi, *lisez :* parole loi.

Page 35, ligne 22, de le faire observer, *lisez :* de faire observer.

Page 55, ligne 26, devant la loi ses, *lisez :* devant la loi les.

Historique, page 67, chapitre premier, *lisez :* chapitre premier, jusqu'à 364.

Page 70, ligne 10, pour agrandir, *lisez :* pour grandir.

Page 75, ligne 15, Maron, *lisez :* Mâcon.

Page 86, ligne 2, rien à dire, *lisez :* rien à en dire.

Page 95, ligne 18. Il ne doit pas y avoir de renvoi, et la note qui y répond a dû être supprimée.

Page 99, ligne 21. Le renvoi doit être supprimé, parce que l'avant-propos a été changé.

Page 104, ligne 20, de l'évêque Léonce, *lisez :* de l'évêque Léonce à l'impératrice, à laquelle.

Page 104, ligne 23, pour ne pas s'asseoir, *lisez :* pour ne s'asseoir.

Page 107, ligne 11, désaccoutumée, *lisez :* désaccoutumé.

Page 146, ligne 4, Arsance, *lisez :* Arsace.

Page 150. (1) P. *lisez :* (1) P. 96 et suivantes.

Page 164, ligne 24, en concilièrent, *lisez :* lui concilièrent.

Page 202, ligne 20, ordinats, *lisez :* ordinants.

Page 232, ligne 16, des évêques, *lisez :* des évêques ;

Page 232, ligne 17, sous Théodose, (3), *lisez :* sous Théodose (3).

Page 233. La note (1) au bas de la page doit être rectifiée, *lisez :* (1) page 208 et suivantes.

Page 238, ligne 14, revint, *lisez :* revient.

Page 242, ligne 18, espérait-il de, *lisez :* espérait-il non de.

Page 249, ligne 14, Théodore, *lisez :* Théodose.

Page 255, ligne 10, coupable, *lisez :* coupables.

Page 259, ligne 13, arrêtons, *lisez :* arrêterons.

Page 266, ligne 25, paraissait, *lisez :* paraissant.

Page 267. Il faut transposer à la fin de cette page, pour être lue immédiatement après le renvoi (3), la note marquée (2) de la page 268.

Page 268. A la place de la note (2), *lisez* la note 1 de la page 269.

Page 269. La note (1) est supprimée.

Page 270. Au bas de la page, le chiffre seulement des notes doit être changé, pour être remis dans l'ordre naturel.

Page 273. Au bas de la page, 3.e note, p. 295, *lisez :* p. 259.

Page 280. On a à supprimer la note unique (1).

Page 304, ligne 24, de le faire, *lisez :* de la faire.

LODÈVE, IMPRIMERIE DE GRILLIERES.

OEUVRES MILITAIRES DU MARÉCHAL VAUBAN.

TOME SECOND,

CONTENANT

LE TRAITÉ DE LA DÉFENSE DES PLACES.

TRAITÉ

DE LA

DÉFENSE

DES

PLACES.

Par le maréchal Vauban.

NOUVELLE ÉDITION,

Revue, rectifiée, augmentée de développemens, de notes, et de plusieurs Planches.

Par F. P. Foissac,

Chef de brigade au corps du Génie de la République Française.

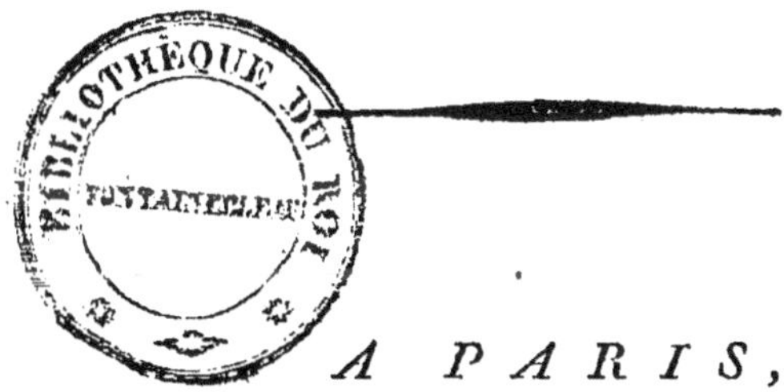

A PARIS,

Chez MAGIMEL, Libraire pour l'Art militaire et les sciences et arts, quai des Augustins, près le Pont-neuf.

L'AN TROISIEME DE LA RÉPUBLIQUE.

A

Ce ?
maréch
est un
auteu
Holl..
de n° |
dans l
l'extré
la d..te
compl..
du reta
plier a
ban,
dente
chapitr
de Vau
des ..
D..ieur
teur h..
le titre
défense
chapitr
sont tr
nuscrit
nous a
que nou

AVERTISSEMENT.

Ce *Traité de la défense des places* par le
maréchal Vauban, que nous donnons au public,
est une suite si nécessaire de celui du même
auteur sur *l'Attaque des places*, imprimé en
Hollande, qu'on auroit eu lieu d'être surpris
de ne pas voir paroître alors ces deux ouvrages
dans le même tems, si l'on eût ignoré que
l'extrême rareté des manuscrits du Traité de
la défense, et la difficulté d'en avoir une copie
complette et correcte, ont été l'unique cause
du retardement de son impression. Pour suppléer au défaut de ce dernier ouvrage de Vauban, on avoit inséré dans les éditions précédentes de son Traité de l'Attaque, quelques
chapitres sur la défense, avec divers fragmens
de Vauban sur le même sujet, copiés d'après
des cahiers détachés de son manuscrit de la
Défense des places ; au moyen de quoi l'édi-
teur hollandois n'a pas hésité de lui donner
le titre général de Traité de l'attaque et de la
défense des places. Aujourd'hui que ces mêmes
chapitres et ces divers fragmens de Vauban se
sont trouvés fondus et incorporés dans le manuscrit complet de cet illustre Ingénieur, qui
nous a servi d'original pour cette édition, et
que nous tenons d'un homme célebre (Belidor),

A.

également versé dans ce qui concerne le génie et la guerre des sieges, nous avons cru devoir les supprimer dans le Traité de l'attaque, où ils étoient deplacés, pour ne pas tomber dans des répétitions inutiles.

Tout le monde connoit les tables des munitions de guerre et de bouche nécessaires pour une ville assiégée, relativement à sa grandeur, au nombre de ses bastions, et à la force de sa garnison. Elles ont déjà paru au commencement de ce siecle, à la fin du huitieme volume de L'histoire militaire du regne de Louis XIV, par Quincy, qui les tenoit de Vauban. Elles ont été aussi insérées dans le cours de science militaire par Bardet de Villeneuve, imprimé à la Haye en 1741, et dans le Traité de la défense des places, par le Blond. (1)

Cependant comme cet ouvrage de Vauban est l'original d'où les Auteurs que nous venons de nommer ont tiré ces tables, nous avons cru devoir les y laisser, comme faisant une partie essentielle du Traité de la défense des places. Nous pouvons même ajouter que nos tables sont plus amples et plus correctes que toutes celles qui ont été publiées jusqu'ici, que les calculs en sont plus exacts, et qu'on

---

(1) Imprimé à Paris chez Jombert, la premiere édition en 1743, et la seconde en 1762.

y trouvera divers détails qu'on chercheroit en vain dans les ouvrages qu'on vient de citer. Il en est de même de plusieurs articles de la seconde partie de ce volume, que quelques auteurs, qui ont écrit sur la défense des places (ayant entre les mains des fragmens du manuscrit de Vauban,), ont inséré en tout ou en partie dans leurs ouvrages. Tous ces fragmens répandus dans différens livres, se trouvent ici à leur véritable place, et toujours avec quelques différences ou quelques particularités mieux détaillées , qui caractérisent la main de maître , et qui font sentir la supériorité de cet ouvrage original de Vauban, sur tous ceux qui l'ont copié , ou qui en ont donné des extraits.

Nous n'entrerons point dans le détail de ce qui est contenu dans chacune des trois parties de ce Traité de la défense des places; Vauban en a pris la peine lui-même, comme on le verra dans l'avant-propos qu'il a mis à la tête de la premiere partie de cet ouvrage : on peut donc y avoir recours, ainsi qu'à la table des articles qui suit cet avertissement. Nous préviendrons seulement en général qu'on y traite des précautions qu'il faut prendre avant que la place soit assiégée: de la ligne de contre-approche, au moyen de laquelle on peut voir l'assiégeant dans sa tranchée et

plonger dans ses paralleles : de la maniere
dont on peut ruiner ses travaux et retarder
ses approches, en brûlant dans une sortie tout ce
qui ne peut être enlevé ou détruit assez promptement : des différentes chicanes qui contribuent
à la défense de la contrescarpe : des fourneaux
et fougasses que l'on prépare à l'ennemi sous
le glacis, et des avantages considérables qu'on
peut tirer des mines et des contremines, pour
disputer à l'assiégeant pied à pied le terrain
du chemin couvert : comment on doit s'opposer à sa descente dans le fossé, et en retarder le passage le plus qu'il est possible : de
quelle maniere il faut miner et contreminer
la breche, la réparer, et s'y retrancher : comment enfin, pendant que l'assiégeant s'occupe à surmonter les premieres difficultés
qu'on lui a opposé, on peut en imaginer de nouvelles, pour faire une glorieuse résistance, employant dans toutes ses défenses la diligence,
la vigueur, la bonne conduite, la ruse et la
force. Car il n'est pas douteux qu'une place
suffisamment pourvue de troupes, de vivres,
de munitions de guerre, de médicamens, et
de provisions de toute espece des choses qui
lui sont nécessaires, fera une résistance opiniâtre, si le commandant sait profiter de tous
les avantages que peut lui procurer la situation de la place où il se trouve assiégé ; sur-tout,

si, en officier habile et intelligent, il s'est préparé pendant la paix à soutenir un siege régulier,
en s'attaquant lui-même en secret (comme Vauban le conseille dans ses Mémoires), et en cherchant ensuite autant de manieres différentes de se
défendre qu'il a imaginé d'attaques particulires.

Il est facile de s'appercevoir par plusieurs
articles de cet ouvrage de Vauban, que cet
habile ingénieur étoit mécontent de la façon
dont les commandans des places se défendoient
alors. Comme il s'étoit appliqué principalement
à faire valoir les avantages du terrain et de la
diverse situation des places dans les fortifications qu'il y avoit fait construire, il voyoit avec
chagrin que bien des officiers n'en tiroient aucun parti pour faire une belle défense. Il ne
pouvoit en attribuer la cause qu'au peu de connoissance que ces militaires avoient des avantages particuliers de leur place, et de la science
de la fortification dont il leur recommande si
souvent de faire une étude sérieuse et appliquée :
c'est vraisemblablement sur les représentations
de ce chef des ingénieurs, que Louis XIV se
détermina alors à écrire une lettre circulaire
à tous les gouverneurs et commandans de places de guerre, pour leur défendre de se rendre,
à moins qu'il n'y ait une breche considérable au
corps de la place, et qu'après y avoir soutenu au
moins un assaut.

Pour rassembler sous un même point de vue les différens objets répandus dans le cours de cet ouvrage, on y a ajouté à la fin une table des matieres très ample et fort instructive, disposée par ordre alphabétique, dont il n'est pas besoin de faire sentir l'importance et l'utilité pour les personnes qui désirent retirer quelque fruit de leurs études.

AVANT-PROPOS.

Quand je fis le *Traité de l'Attaque des places*, je ne comptois pas en devoir faire un *de la Défense*, ne croyant pas qu'elle pût nous être nécessaire, vû l'état florissant de nos affaires, et l'heureuse prospérité de nos armes, qui paroissoit fort éloignée de ce qui pouvoit la troubler. Mais ce qui nous est arrivé depuis peu, m'ayant ouvert les yeux, et m'ayant fait comprendre qu'il n'y a point de bonheur dans le monde sur la durée duquel on puisse compter, quelque solidement qu'il paroisse établi je me suis enfin déterminé à composer ce Traité, dans lequel j'ai mis tout ce que l'expérience de bien des années d'application, la mémoire et l'imagination m'ont pu fournir de de meilleur. Si javois pû y employer plus de tems, peut-être l'aurois-je mieux fait; mais tel qu'il est, je le donne de bon cœur, et je souhaite avec passion qu'il puisse être de quelque utilité à ceux qui sont engagés au service de l'état, et à portée de pouvoir commander en chef ou en second, dans les places assiégées.

Au reste je crois devoir avertir ceux qui prendront la peine de lire ces Mémoires, que la premiere et la troisieme partie ont été commencées depuis mon retour de Flandre, sur la fin de l'année 1706, dans l'intention de les achever avant le commencement de la campagne suivante; ce qui m'ayant obligé de me presser, a causé le peu d'arrange ment qui s'y trouve : c'est pourquoi je prie mon lecteur de pardonner l'empressement que j'ai eu de les finir.

Il n'en est pas de même de la deuxieme partie qui est un ouvrage de calcul pour lequel il a fallu se donner beaucoup de patience et de réflexion ; aussi y avoit-il un tems considérable qu'elle étoit finie, avec toutes les remarques qu'elles contient, quand je me suis déterminé à l'insérer dans ce Traité, comme une piece nécessaire, qui ne contribueroit pas peu à sa perfection. C'est en partie ce qui a donné lieu à quelques répétitions que je n'ai pas eu le loisir de coriger, lesquelles cependant n'étant pas tout-à-fait semblables, contiennent souvent des choses intéressantes, avec des circonstances différentes. On y trouvera quelques détails particuliers et si essentiels que je n'ai pas cru devoir les supprimer ; au surplus, les plans et profils que j'ai eu soin de joindre, dans cet ouvragre, aux endroits où ils m'ont paru nécessaires, ne serviront pas peu à suppléer à ces défauts.

Division de ce Traité.

Ce Traité sera divisé en trois parties; la premiere contiendra une espece d'explication de la fortification des places qui peuvent être assiégées, l'usage et la propriété des principales pieces qui les composent, et leurs avantages ou leurs défauts les plus connus.

La deuxieme indiquera les munitions de guerre

et de bouche nécessaires à leur défense , par rapport à leur force : le moyen de se faire un plan de la durée des sieges , proportionné à la grandeur des places , et conséquemment un état de la force des garnisons nécessaires à leur défense.

La troisieme partie contiendra le détail de leur défense depuis l'investissement des places jusqu'à leur reddition.

Défin[...]

1. [...]
teresse[...]
elle es[...]
ture e[...]
l'épreu[...]
secs o[...]
vienne[...]

(1) [...]
centre [...]
place de [...]
c'est dé[...]
également [...]
forteress[...]
resse ou [...]
la clôtu[...]

TRAITÉ

DE

LA DÉFENSE

DES PLACES.

PREMIERE PARTIE.

Définitions et usages des différentes pieces de
la fortification,

Des Places de guerre.

1. On donne le nom de *place de guerre* à une forteresse située sur la frontiere, près du pays ennemi où
elle est nécessaire pour la sureté du nôtre (1). Sa clôture est un *rempart revêtu*, surmonté d'un *parapet* à
l'épreuve du canon, bien *flanqué*, environné de *fossés*
secs ou pleins d'eau, et de plusieurs *dehors* qui conviennent à son enceinte. Ce composé rapporté au corps

---

(1) Cette définition n'est pas juste : une place fortifiée qui seroit au
centre d'un état, comme il en est beaucoup, n'en seroit pas moins une
place de guerre. En disant en outre qu'on donne ce nom à une forteresse,
c'est définir la chose par le nom de la chose même ; et l'on pourroit
également dire, *une forteresse* est une place de guerre etc. , puisque
forteresse et *place de guerre* sont synonimes. Je dirois donc: *une forteresse ou place de guerre* est un lieu fermé, plus ou moins grand, dont
la clôture est un rempart revêtu, surmonté, etc,

de la place, acheve sa perfection, et c'est ce que nous appelons *place* ou *ville de guerre* (1).

2. Les places sont régulieres ou irrégulieres, ou elles participent de tous les deux.

---

(1) Pour ne rien laisser d'incomplet dans cette définition, il faut y ajouter les idées suivantes.

On appelle *rempart*, une masse de terre plus ou moins élevée au-dessus du sol, qui regne en sinuosités autour de l'enceinte d'une ville de guerre, et dont l'objet est de dominer sur la campagne où l'ennemi peut se présenter pour en faire l'attaque, ainsi que de couvrir, autant qu'il est possible, les bâtimens et autres établissemens formés dans son intérieur.

Le *parapet* est une seconde masse de terre plus étroite et beaucoup moins élevée que le rempart, qui borde et surmonte celui-ci dans sa partie la plus extérieure, sur toute l'étendue de son développement. L'objet du parapet est de couvrir les hommes et les choses placés sur le rempart pour la défense de la forteresse : c'est de son sommet que partent tous les feux dirigés sur l'ennemi.

Le *rempart* et son *parapet*, sont formés du produit de l'excavation *d'un fossé* plus ou moins large et profond, que l'on creuse au pied de ces masses dans la profondeur du terrain de la campagne, et dont l'obstacle ajoute à la difficulté de les aborder.

On dit qu'un rempart ou parapet est bien *flanqué*, quand ses sinuosités sont disposées de maniere que l'accès de chacune de ses parties susceptible d'être attaquée, est défendu par les feux d'une autre de ses parties, laquelle est alors appelée *le flanc* de la premiere, parce que ces mêmes feux dirigés par le côté, frappent plus ou moins directement dans *le flanc* de ceux qui cherchent à aborder la partie de l'attaque.

On appelle *revêtement*, un solide de maçonnerie, de gazon, ou de toute autre espece de matiere, dont on borde extérieurement un rempart, pour en soutenir le poids et en empêcher les dégradations.

Le rempart qui enveloppe une place, et son revêtement, forment dans leur ensemble ce qu'on appelle en particulier le *corps de la place*. Il y a cependant des *corps de place non-revêtus*. Enfin, on appelle *dehors*, tous les ouvrages extérieurs au corps de la place, dont on le couvre du côté de la campagne, pour tenir l'ennemi de plus en plus dans l'éloignement; ces ouvrages trouveront leur définition particuliere chacun à sa place.

3. Les places *régulieres* sont celles dont tous les angles sont égaux, et dont les lignes de même nature sont égales entre elles.

4. Les places *irrégulieres* sont celles qui n'ont rien d'égal dans leur enceinte, so.t parce qu'on a été contraint par leur situation, ou pour avoir été bâties en différens tems par des gens d'un goût différent, ou parce que c'étoit des places fortifiées à l'antique, qui avoient de bons restes, qu'on a voulu conserver et approprier à la fortification moderne.

5. Les places régulieres et irrégulieres en partie, sont celles qui ont des pieces composées selon la méthode de l'art, et qui en ont d'autres défectueuses. Il s'en trouve beaucoup de celles-ci et de la deuxieme classe; mais il y en a peu de la premiere, qui semble n'avoir été inventée que pour de grandes places, et pour les citadelles et les forts de campagne.

6. Les places sont *accessibles* par-tout ou inaccessibles, ou en partie accessibles et en partie inaccessibles. Les accessibles sont celles qui peuvent être attaquées par tous les côtés.

7. Les places *inaccessibles* sont celles qui n'ont aucun accès que par des chaussées fort étroites, parce qu'elles sont environnées d'eau, de marais, ou de précipices et lieux escarpés qui en empêchent les approches.

8. Les accessibles et inaccessibles en partie, sont celles qui ont des avenues par où elles peuvent être attaquées, et d'autres par où on ne peut les approcher. Toutes ces différentes situations demandent d'être fortifiées selon leur besoin, par rapport à leur figure et et aux attaques que leur situation peut recevoir.

9. Toutes les places de guerre doivent être environnées d'un rempart de 15, 18 à 20 p. de haut, large au terre-plain de 4, 5 à 6 tois., non compris les banquet-

tes (1); l'intérieur du rempart soutenu par des talus naturels et réglée à terre courante (2), et l'extérieur par de gros murs de maçonnerie appelés *revêtemens*, ou par des gazonnages ou placages façonnés.

Des Revêtemens.

1. Les revêtemens de maçonnerie sont composés de brique, pierre de taille et moëlon, en mortier de chaux et sable.

11. Les murs ou revêtemens sont de différentes especes; car les uns sont fondés sur berme de terre, comme il paroît à de vieilles places.

12. D'autres sont fondés plus bas que le fond de fossé, mais élevé à mi-hauteur seulement, l'élévation du surplus étant achevée en gazon ou placage; celui-ci ne se pratique que pour l'épargne et dans les lieux où la maçonnerie est fort chere, comme à Strasbourg et à Colmar, avant que ces places fussent réunies à la France. Ceux de la troisieme espece sont toujours fondés sur le bon fond et plus bas que celui du fossé, à moins qu'il ne se trouve du roc assez bon pour y suppléer. Leur élévation est de 20, 25 à 30 pi. de la retraite au cordon (3), non compris le garde-fou ou le parapet des rondes, qui a ordinairement 7 pi. et demi d'élévation

---

(1) On appelle *banquette* une marche en terre, pratiquée derriere un parapet, pour pouvoir tirer par-dessus son sommet.

(2) C'est-à-dire d'une base à peu-près égale à leur hauteur.

(3) On appelle *retraite*, une sur-épaisseur ou petite saillie que la fondation d'un ouvrage de maçonnerie conserve sur la partie à laquelle elle sert de base.

Le *cordon* de la place est une saillie en pierre de taille de forme demi-circulaire d'un pied de diamétre, qui couronne le sommet du revêtement en maçonnerie sur tout son pourtour.

On ne pratique plus de chemin des rondes.

au-dessus du cordon, sur 1 pi. et demi d'épais. Quant à l'épaisseur de ces murs, elle est toujours proportionnée à leur élévation; ceux-ci peuvent avoir 8 pi. réduits d'épaisseur (1), non compris les contre-forts (2) qui, pour l'ordinaire, emportent un tiers de la solidité. De ces trois especes de murs, le premier est ordinairement le plus mauvais, parce que dans le tems de sa construction on ne songeoit pas à lui faire porter un rempart de terre.

13. La berme de ceux-ci ne laisse pas de mériter quelque attention; car si on en plante la superficie en épine depuis le bas jusqu'en haut, soigneusement cultivées, entretenues et bien entrelacées les unes dans les autres, il n'y a point de palissades ni de fraises qui la puissent égaler en bonté, de quelque maniere qu'on les puisse planter.

14. Le deuxieme n'est pas meilleur que le précédent; et à moins qu'on ne ménage une retraite à son sommet, de 4, 5 à 6 pi. de large, pour y planter une haie vive, ils ne valent pas grand'chose, et rarement a-t-on sujet de s'en louer.

---

(1) Pour comprendre ceci, il faut savoir que, pour plus de résistance à la poussée des terres du rempar., l'on donne un talut en dehors à la maçonnerie des revêtemens. Du tems de Vauban ce talut étoit du sixieme de sa hauteur; et comme la face intérieure est construite d'aplomb, il en résulte qu'un revêtement a plus d'épaisseur à sa base qu'à son sommet. C'est à l'épaisseur moyenne entre ces deux ci, qu'on donne le nom d'épaisseur réduite. Ainsi un revêtement de 18 pieds de hauteur ayant 5 pieds d'épaisseur au sommet et un sixieme de talus, aura 11 pieds d'épaisseur à la baye : l'épaisseur moyenne ou réduite, est alors 5 pieds plus 11 pieds ou 16 pieds divisés par 2, c'est-à-dire 8 pieds. L'on ne donne plus aux revêtemens qu'un douzieme ou un vingt-quatrieme de talut.

(2) Les *contre-forts* sont de fortes piles de maçonnerie, adossées de distance en distance contre les revêtemens à la face intérieure, pour ajouter à leur résistance, et les lier à la masse des terres du rempart.

15. Le dernier, comme le plus solide, est le meil‑
leur et le plus assuré de tous, aussi est-il le plus cher.
Pour que celui-ci eût toutes les qualités réquises, il
faudroit, outre ses bonnes façons, que son élévation
de la retraite au cordon, fût terminée à un pied ou
deux plus haut que le parapet du chemin couvert (1),
ce qui doit s'entendre, si les fossés sont de bonne profondeur, afin de dérober sa vue aux batteries ennemies
de la campagne, et que son chemin des rondes fût
couvert par un garde-fou ou parapet de maçonnerie
élevé à-plomb des deux côtés, de 7 pi. et demi au-dessus du cordon, sur deux pieds d'épaisseur, percé de
creneaux de 6 pi. en 6 pi., avec des regards de distance
en distance, pour voir dans le fossé.

16. Au surplus, on ne doit pas attendre une grande
résistance de ces revêtemens ; ils ne sont pas faits non
plus pour souffrir long-tems le canon, comme plusieurs
se l'imaginent, mais pour soutenir le rempart et empê‑
cher l'effet d'une escalade ouverte ou dérobée, puisqu'il est certain que si on met une batterie de 8 ou 10
pieces sur le parapet du chemin couvert, à dessein de
faire breche dans la face opposée du bastion (2), et
qu'elle soit bien servie, en moins de deux fois 24 heures
elle l'ouvriroit jusqu'aux fondemens, perceroit jusqu'aux
terres ; et quelque solidité que le revêtement pût avoir,
elle le renverseroit, mais non pas toute la masse des
terres, qui conserve toujours assez d'élévation et de
solidité pour faire de la peine à l'ennemi, quand il

---

(1) Le peu d'ordre qui regne dans cet ouvrage, fait qu'on y a nommé
des objets sans les définir. Nous remettrons la description du chemin
couvert au moment où nous aurons complété les notions préliminaires
que sa définition exige.

(2) Même observation que ci-dessus pour le mot *bastion*.

y voudra monter. Au reste, quand on charge les revêtemens de terre, on doit avoir grand soin de les fasci-
ner de lit en lit d'un pied d'épais sur 10 à 12 pi. de
large, de terre bien arrangée entre les contre-forts,
battue et pilée en long et en large, jusqu'à ce qu'elle
soit bien comprimée. La meilleure maniere de bien
affermir les terres, seroit de les arranger par lits de
8 à 9 po. d'épais, et de faire promener de la cavalerie
en troupes par plusieurs allées et venues, le long du
rempart, jusqu'à ce que la superficie en devienne
ferme et dure comme celle des grands chemins.

Supplément aux Notions précédentes.

« Vauban, en traitant l'Attaque des places, a supposé
que ceux qui lisoient son Traité connoissoient les noms,
les usages et les différentes dispositions de tous les objets qui composent une ville de guerre. Il paroît qu'il
n'en est pas de même pour son Traité de la défense,
quoique celui-ci ne soit que subséquent à l'autre, et
que ses principes en dérivent en quelque sorte comme
autant de conséquences. Si Vauban eût lié ces deux
ouvrages entre eux, il eût sans doute placé à la tête du
premier, les notions qu'il n'a mis ici qu'à la tête du
second, et c'eût été là leur véritable place! Nous pensons aussi que, sans cette précipitation avec laquelle il
nous dit lui-même qu'il a été forcé d'achever son Traité
de la défense, il eût joint à ses explications des figures
propres à les rendre plus faciles à saisir, et qu'il eût
ainsi habitué son lecteur à reconnoître celles des divers
ouvrages, par l'usage des plans et des profils, qu'un
commandant de place doit savoir consulter, pour
guider ses opérations.

Sans prétendre nous ériger en critique des œuvres
immortelles de ce grand homme, avant d'aller plus

avant, et de multiplier les idées abstraites que nous pouvons éclairer par le dessin des objets auxquels elles sont
relatives , nous allons placer ici ce qui nous paroît manquer à son travail.

Des Plans.

On appelle *plan* d'un objet , un dessin qui représente
cet objet, en proportion plus ou moins petite, suivant
ses longueurs, largeurs, et suivant les ouverture de ses
angles , pris horizontalement et tel qu'il seroit apperçu
à vol d'oiseau, c'est-à-dire si, pour l'envisager, l'œil
étoit placé en l'air comme un oiseau planant perpendiculairement au-dessus de chacun de ses points (*Pl. I*).

La figure D E F G H I K L , est le plan du
corps de place d'une ville de guerre , formant différens
angles sailians et rentrans, suivant les principes de l'art
de la construction des places fortes.

Les angles que forment entre elles les lignes d'un plan,
sont exactement les mêmes que ceux que font sur le
terrain, dans leur grandeur naturelle, les objets que ces
lignes représentent; mais les lignes sont beaucoup plus
courtes. Pour fixer la longueur de celles-ci, on choisit
arbitrairement une grandeur pour en représenter une
autre. En fortification , l'on prend communément pour
les plans un pouce, deux pouces et jusqu'à quatre, pour
représenter 100 toises prises sur le terrain. La mesure
que l'on se fait ainsi sur le papier, pour représenter
5 ou 600 toises, plus ou moins, s'appelle une *échelle*; et
c'est en prenant avec le compas une longueur sur le
plan , et en la rapportant sur l'échelle, qu'on voit combien de toises cette longueur occupe sur le terrain. Passons à la description des parties qui composent une fortification.

Les parties saillantes E, F, G, etc. s'appellent des *bastions*.

La ligne la plus extérieure 7, 8, 9, 10, etc. de cette figure, qui la borde tout autour, s'appelle la *ligne magistrale*, et représente le *cordon* de la place.

La ligne 1, 2, 3, 4, 5, 6, etc. parallele à la premiere, représente le sommet du *parapet*, et les hachures qui sont placées entre ces lignes en marquent l'épaisseur.

Les espaces x placés derriere le parapet, sont le *rempart* que ce parapet surmonte.

La ligne 11, 12, 13, 14, 15, etc., qui termine le rempart vers l'intérieur de la place, s'appelle *la ligne du sommet du talut du rempart*. Un *bastion* est donc une partie de l'enceinte ou corps de place, saillante vers la campagne et formée de quatre côtés (1, 2), (2, 3), (3, 4), (4, 5).

Les côtés (2, 3), (3, 4) d'un bastion, qui en forment *l'angle saillant* 3, se nomment les *faces* de ce bastion; les côtés (1, 2), (4, 5) en sont les *flancs*, et flanquent les faces des bastions voisins D, F, qui se présentent de leur côté.

Les branches droites de parapet, telles que (5, 6), qui joignent les flancs de deux bastions voisins, s'appellent des *courtines*.

La partie (1, 5) d'un bastion, comprise, du côté de la place, entre les extrémités de ses flancs, s'appelle la *gorge* du bastion.

On appelle *angles d'épaule* d'un bastion, les angles 2, 4, que font ses faces avec ses flancs; et *angles de la courtine*, les angles 1, 5 que ces flancs font avec les courtines adjacentes.

L'on dit qu'un *bastion* est *plein*, lorsque son rempart en remplit toute la capacité intérieure, comme en D, L, K, I; au contraire, il est un *bastion vuide*, lorsque son rempart, terminé parallèlement à ses faces, laisse dans son centre un espace vuide de niveau avec le sol

naturel de la place, comme on le voit aux bastions E,
F, G, H.

L'on appelle *cavalier*, une masse de terre élevée sur
le milieu d'un bastion plein, comme en D, L, K, I,
qui a son parapet parallèle à celui du bastion, et forme
dans son intérieur une espece de second bastion plus
élevé et plus petit que lui. L'objet de cette piece est
de découvrir mieux la campagne, en plongeant dans
des ravins ou enfoncemens de terrain, qui échappent
à la vue des bastions; et elle sert plus souvent à garantir de l'enfilade, les fronts dominés par la campagne,
en leur servant de traverse, à les preserver des effets
du ricochet et des plongées de l'assiégeant.

Les portes d'une place de guerre se construisent ordinairement sur les courtines, ainsi que cela se voit en A, C.

Les petits ouvrages *y*, placés en avant des courtines,
s'appellent des *tenailles* : ils n'ont qu'un parapet et
point de rempart.

On appelle *demi-lune*, le grand ouvrage *z*, placé en
avant de la tenaille, et dont les deux faces sont dirigées
sur celles des bastions voisins, pour en recevoir des
défenses de flanc. La demi-lune a son rempart surmonté d'un parapet, et son fossé. Il y a des demi-lunes
à flancs, ainsi qu'on le voit Planche II.

Les petits ouvrages *u*, que l'on pratique quelquefois
derriere ceux-ci, et qui ont une forme à-peu-près semblable, sont les *réduits des demi-lunes*. Ces réduits ont
leur rempart surmonté d'un parapet, et leur fossé.

Tous les ouvrages précédens ont leurs *gorges*, qui sont
les parties opposées à la place et dépourvues d'un parapet.

L'espace *w*, pris sur le terrain de la campagne et
bordé, à quelques toises des fossés, d'un parapet, s'appelle le *chemin couvert*.

Les masses de terre élevées de distance en distance

dans le chemin couvert, et qui ont chacune un parapet, en sont les *traverses*.

A partir du sommet du parapet du chemin couvert, on forme les terres en pente douce jusqu'à sa rencontre avec le terrain de la campagne : ces plans inclinés se nomment le *glacis*.

Les lignes de rencontre des différens plans du glacis, en sont les *arêtes*; et celles par où le glacis touche au terrain naturel, en sont la *queue*.

Le revêtement extérieur de tout ouvrage prend le nom particulier d'*escarpe* de cet ouvrage.

Le revêtement du fossé de cet ouvrage, opposé à son escarpe, s'appelle la *contrescarpe* du même ouvrage.

La *capitale* d'un ouvrage est la ligne qui passe par son saillant et par celui de son chemin couvert. Dans les places régulieres, la capitale d'un bastion ou d'une demi-lune partage son angle saillant en deux parties égales.

Enfin l'on donne le nom de *front* de fortification à la partie d'une forteresse, comprise entre le prolongement des capitales de deux bastions voisins. D'après cette définition, les deux parties dans lesquelles un bastion se trouve divisé par sa capitale, appartiennent à deux fronts différens; cependant on attribue presque toujours à l'un ou à l'autre le bastion entier, suivant qu'on a besoin de le considérer.

Ces définitons s'éclairciront de plus en plus, et nous y en ajouterons d'autres à mesure que la matiere de cet ouvrage s'étendra.

Des Profils.

Le *profil* ou la *coupe* d'un objet, est un dessin qui en représente toutes les dimensions de hauteur et de largeur, tel qu'il seroit vu s'il étoit en effet coupé suivant une direction quelconque, verticalement ou d'à-plomb, depuis le plus élevé jusqu'au plus bas de ses points. Le *profil* ou la *coupe* d'une pomme ou d'une poire, est cette partie du fruit par laquelle le tranchant de la lame du couteau a passé pour le diviser : pour faire un profil, on imagine que l'objet a été *coupé* d'une maniere semblable. La fig. 1 de la Pl. add. I est le profil, suivant la ligne *npr*, du front de fortification de la Planche V, coupé perpendiculaire à la courtine et à l'une des faces de la demi-lune. Ainsi cette figure représente les véritables largeurs et hauteurs de ces ouvrages, pris dans le sens de cette coupe. Voici le détail des lignes qui le composent :

ab est une partie du *sol naturel de l'intérieur de la place*.

bc Talut intérieur du rempart du corps de place.

cd Terre-plain du même rempart.

de Talut de la banquette de son parapet.

ef Banquette dudit parapet.

fg Talut intérieur du parapet.

gh Talut du sommet du parapet, que l'on appelle la *plongée* dudit parapet.

hi Talut extérieur. Ce talut est quelquefois remplacé par un mur de soutenement, tel qu'il est ponctué à la figure.

ik Le *cordon* de la place.

kl Le *talut du revétement du corps de place*.

lm Largeur du fossé entre la place et la tenaille.

mn Revétement de la gorge de la tenaille.

no Terre-plain de la tenaille, faisant partie du terrain naturel.

op Talut de la banquette de la tenaille.

pq Banquette de ladite tenaille.

qr Talut intérieur de son parapet.

rs La plongée.

st Le *talut extérieur*

tu Le *revêtement* de la tenaille.

uv La *largeur du fossé entre la tenaille et la gorge de la demi-lune.*

vx Le *talut du revêtement de la gorge de la demi-lune.*

xy Terre-plain de la *demi-lune.*

yz Talut de son rempart.

z& Terre-plain dudit rempart.

&a' Talut de sa banquette.

a'b' Ladite *banquette.*

b'c' Talut intérieur de son parapet.

c'd' Sa *plongée.*

d'e' Son *talut extérieur.*

e'f' Son *revêtement* avec son cordon.

f'g' Largeur de son *fossé.*

g'h' Revêtement dudit fossé, ou *contrescarpe* de la demi-lune.

h'i' Terre-plain du chemin couvert, faisant partie du sol naturel de la campagne.

i'k' Talut de la banquette dudit chemin couvert.

k'l' Banquette.

l'm' Talut intérieur du parapet du chemin couvert.

m'n' Le *glacis.*

n'o' Le sol de la campagne.

Cette coupe seroit plus étendue, si elle passoit par quelque lunette, un avant-fossé, un double glacis, tels que ces objets sont représentés par Vauban dans le profil pris sur AB (Pl. II).

Je pense en avoir assez dit pour l'intelligence de ces sortes de dessins : en s'étendant davantage, on s'engageroit insensiblement dans un Traité de fortification, ouvrage compliqué, immense, qui ne peut avoir sa place au milieu de celui-ci. »

Du Parapet et du chemin des rondes.

17. Le sommet du rempart, que nous appelons *Terre-plain*, doit être uni et bien affermi, avec un pied et demi de pente du bas de la banquette au derriere, pour faciliter l'écoulement des eaux. C'est sur le haut et le devant de ce terre-plain qu'on établit le grand parapet de bonne terre bien battue, non pierreuse ni graveleuse, de 18 à 20 ou 22 pieds d'épaisseur, mesuré au sommet, selon que les terres sont plus ou moins bonnes, sur la hauteur de 6 pieds au-dessus du terre-plain (1). Ce parapet doit être gazonné par derriere, et revêtu par devant sur 2 à 2 pieds et demi de pente du derriere au devant, pour servir à la direction de ses feux (2).

18. A plusieurs places modernes, parmi celles qui ont de gros revêtemens, le grand parapet est appuyé sur le garde-fou des rondes ; et alors celui-ci n'a point de chemin de ce nom (3). A d'autres, le même parapet est détaché du petit par le chemin des rondes ; on l'appelle ainsi, parce que c'est par là qu'elles doivent se faire. Tous les deux ont leur bon et leur mauvais : aux places qui n'ont point de chemin des rondes, elles se font par le terr.-plain ; elles se devroient faire au moins par le de sus de la banquette, ce que l'on ne suit pas. Le premier défaut de celui-ci est, que les rondes ne font pas l'effet qu'elles devroient, parce qu'elles se font par le derriere du grand parapet, qui les éloigne et empêche de voir et d'entendre ce qui se passe dans le fossé. Le deuxieme défaut est, que lorsque l'ennemi avance ses batteries sur le parapet du chemin couvert, à dessein

---

(1) On donne aujourd'hui 7 et demi d'élévation au parapet.

(2) C'est cette pente qui s'appelle la *plongée*.

(3) L'usage des chemins de ronde est abandonné

de faire breche, et que pour cet effet il bat en sape, la chûte du gros parapet suit, et, entraîné qu'il est par celle du revêtement, fait de grands éboulis qui vont souvent jusqu'à découvrir le terre-plain; ce qui arrive très rarement à l'autre, parce qu'il est plus reculé. Ce que celui-ci a de bon, c'est qu'on peut rouler des tonneaux et des gabions pleins d'artifices, des bombes et de grosses pierres, des bois et du feu, du haut des parapets sur le mineur, ce qu'on ne peut faire avec la même facilité, lorsqu'il y a un chemin des rondes, parce que ce chemin faisant l'effet d'un relais, arrête tout ou la plus grande partie de ce qu'on y jette. J'en ai vu un exemple au siege de Graveline, où les ennemis ne purent rien faire tomber sur l'attachement du mineur, parce que tout demeuroit dans le chemin des rondes, aidé d'un reste de garde-fou demeuré sur pied par hasard, que nous épargnâmes à cause de son bon office. Aux sieges de Stenay, Montmédy, Landrecies, Mouzon, St. Menehould, et à plusieurs autres où il n'y avoit point de chemin des rondes, les assiégés jetterent sur l'attachement du mineur ce qu'ils voulurent, jusque-là qu'à Montmédy ils descendirent un ponton attaché par des chaînes de fer, plein de bois et de feux d'artifices, qui fut suivi d'une grande quantité d'autres bois, au moyen de quoi ils firent un grand embrasement au pied du bastion, qui en chassa le mineur pour un tems assez considérable. Ils firent à-peu-près la même chose au siege des autres places dont je viens de parler, et où je me suis trouvé (1).

____

(1) Je donnerai dans la suite de cet ouvrage, quelques vues relatives au grand effet de ce moyen, et peut-être verra-t-on qu'il n'est pas impossible de rétablir l'équilibre de la défensive en empêchant tout à la fois l'attachement du mineur au corps de place, et l'établissement des batteries de breche.

Ces différentes propriétés m'ont fait long-tems balancer sur le choix de ces deux revêtemens; car celui des rondes a un défaut, c'est que son rempart demande plus d'épaisseur et d'élévation que l'autre, et par conséquent plus de dépense; mais il a deux propriétés excellentes; c'est que les rondes s'y font plus aisément et mieux dans les regles qu'à l'autre, et que jamais le grand parapet ne suit tout-à-fait la chûte du revêtement, et même le canon n'y fait pas à beaucoup près tant d'effet que sur celui de l'autre, parce que les ruines de celui-ci étant arrêtées par le chemin des rondes, augmentent son épaisseur et ne tombent guere au pied du revêtement, jusqu'à ce que l'ennemi ait établi son canon sur le parapet du chemin couvert. C'est pourquoi si j'avois à recommencer à fortifier de nouvelles places, je préférerois ce chemin des rondes aux autres (1).

Des Remparts non revêtus.

19. Les fortifications qui n'ont point de revêtemens, sont gazonnées ou plaquées, et armées du mieux qu'on peut de fraises et de palissades sur les bermes et dans le fossé. On plante des haies vives sur les bermes (2), qui deviennent avec le tems bien meilleures que les palissades, quand elles sont crues de la hauteur nécessaire, bien garnies, entrelacées et bien entretenues. Les remparts en sont meilleurs, mieux faits et mieux réglés;

---

(1) Les ingénieurs ont approfondi et discuté cet avis; ils ont été d'un sentiment contraire.

(2) On appelle ainsi les ressauts formant retraite, que l'on laisse aux ouvrages en terre pour les soutenir contre l'éboulement. Ces points pouvant être des lieux de repos propre à faciliter l'accès aux assiégeans, doivent être bien flanqués et défendus par des haies vives ou des palissades.

mais rien ne les assure tant qu'un fossé plein d'eau, non guéable, bordé de quantité de bons dehors. Ces places demandent de grands entretiens, et peuvent bien résister jusqu'au passage du grand fossé ; mais quand l'ennemi commence à toucher le pied des bermes, à moins qu'il n'y ait de bons retranchemens derriere, il est tems de songer à ses affaires ; supposé que les talus extérieurs de la place soient si labourés, et les fraises et palissades tellement rompues, que rien ne puisse plus empêcher de monter par-tout.

20. On fait quelquefois des especes de revêtemens de saucissons (1) et de fascines, qui, étant bien faits, peuvent durer trois à quatre ans ; et quand ils sont fraisés (2) et palissadés, ils ne laissent pas d'être de défense.

Au surplus, de quelque maniere qu'un corps de place soit revêtu, de maçonnerie ou de gazon, il doit être bien flanqué par-tout, ensorte qu'il n'y ait aucune partie de son circuit qui ne puisse être vue de plusieurs endroits à la fois. C'est pour cela que les tours furent anciennement imaginées, et que les bastions l'ont été, depuis l'invention de la poudre et du canon.

es Bastions.

21. L'expérience nous a appris peu-à-peu que les gros bastions bien revêtus sont toujours les meilleurs ; la raison est qu'ils doivent être de grande capacité, pour pouvoir contenir beaucoup de monde, de canons et de mortiers. Ce sont toujours ceux-là à qui l'ennemi s'adresse, comme aux parties les plus foibles (3) ; mais

---

(1) Ce sont des fascines de 24 pieds de longueur et d'un pied de diametre : il y en a de moyennes entre cette dimension et les fascines ordinaires.

(2) On appelle *fraise*, une palissade inclinée en dehors.

(3) Parce qu'ils offrent à l'ennemi la facilité d'une grande ouverture du

quand ils sont retranchés, ce défaut se trouve bien réparé. Les bastions protegent toutes les autres parties de
la fortification par leurs flancs; les courtines qui sont
entre deux, n'ont rien à craindre, tant que les flancs
subsistent en leur entier, parce qu'elles en sont doublement protégées. Ces flancs sont aussi défendus par
les courtines et par les vues directes de l'un et de l'autre; les faces sont les seules exposées et toujours les
premieres attaquées, comme les plus accessibles du
corps des places. On n'a rien trouvé de mieux jusqu'à
présent pour la défense des places, que les bastions,
dont les meilleurs sont ceux qui ont des flancs à orillons
faits à la moderne, et des flancs bas intérieurs, lesquels,
outre leurs usages ordinaires, peuvent encore servir de
souterrains très sûrs, quand ils ne sont pas attaqués (1).

Les bastions qui n'ont point de cavaliers qui remplissent leur capacité, sont meilleurs que les autres ;
parce qu'ils ne coûtent pas tant, et qu'on peut faire de
bons retranchemens revêtus dans leur gorge; ce qui
ne se peut pas lorsqu'il y a des cavaliers qui remplissent
leur vuide.

Des Retranchemens dans les bastions.

22. Les retranchemens sont si importans dans une
place assiégée, que sans leur secours il y auroit de l'imprudence d'hasarder le soutien d'un assaut au corps de
la place, si les accès en étoient bien préparés, et qu'il
y eût breche raisonnable, parce que si la garnison a fait

---

corps de place, et des moyens de se déployer sur un plus grand front. C'est
ce qu'il falloit dire pour faire comprendre pourquoi les grands bastions
étant les plus forts, l'ennemi s'y attachoit comme aux points les plus foibles.

(1) Voyés un exemple de ces bastions et de leurs retranchemens, en
K, L, O, P. Pl. VI.

son devoir à la défense des dehors, elle doit être considérablement affoiblie, et le reste bien fatigué. Si l'on étoit forcé, la place avec tout ce qu'elle contient, gens de guerre et habitans, seroient absolument perdus et à la discrétion du vainqueur, lequel dans de pareilles occasions ne fait guere de grace. C'est pourquoi ce n'est pas assez que des chemins couverts soient bien traversés, les demi-lunes doublées et bien retranchées, il est encore nécessaire de les bien défendre; et que, pour couronner l'œuvre, les bastions soient aussi bien défendus, et par conséquent bien retranchés, non par des ouvrages faits à la hâte, qui ne peuvent être bons ni solides, quand on attend que les attaques soient déclarées, à cause des empêchemens que l'ennemi y met et du peu de tems que l'on a devant soi pour les bien faire, mais par des ouvrages faits d'avance et à loisir, si on veut les avoir bons et solides. Il faut sur-tout qu'ils soient bien revêtus, leur rempart large et capable de porter du canon, élevé à hauteur de celui de la place même, et armé d'un parapet à l'épreuve, le tout bien contreminé avec une galerie majeure (1), les flancs casematés (2), le bord du fossé relevé et revêtu jusqu'à hauteur du terre-plain de la place, y ajoutant en même tems toutes les communications hautes et basses qui seront nécessaires pour les contremines, les sorties, et le commerce du terre-plain. Pour y communiquer plus commodément, il faudra faire des ponts à charroi sur

---

(1) Nous verrons ailleurs l'explication de ceci, qui demande un Traité séparé.

(2) on appelle *Casemate*, un souterrain pratiqué sous le terre-plain d'un ouvrage, à l'épreuve de la bombe. Souvent une casemate est disposée de maniere à contenir du canon qui tire par de larges embrasures, pratiquées dans le revêtement : c'est de cette espece de casemate dont Vauban parle ici.

les coupures, capables de porter du canon, et bien prendre garde ensuite de ne rien retrancher de la capacité des flancs de la place, ni de leur terre-plain.

Les retranchemens doivent donc être des ouvrages de prévoyance faits à loisir, avec liberté, et préparés de longue main, n'étant pas possible de rien faire de solide en présence de l'ennemi, parce qu'on est si cruellement tourmenté des bombes, des pierres et du canon, qu'on ne peut pas même tenir sur le terre plain, sans être exposé à être tué et écrasé à tout moment.

Des Commandemens.

23. Les cavaliers et les grosses traverses sont nécessaires à plusieurs places; les traverses, pour parer aux enfilades (1) de quelques parties commandées, et les cavaliers, pour faire le même effet et commander (2) à quelques parties du dehors où l'élévation du rempart ne peut découvrir; mais il ne faut point les mettre dans les bastions, s'ils ne sont revêtus et absolument séparés de leur terre-plain (3).

24. Les commandemens nuisibles aux places, sont ceux qui se trouvent dans l'étendue de la portée du canon : plus ils sont près, plus ils sont dangereux. Quand on peut les raser, c'est toujours le mieux, sinon il faut

---

(1) On appelle *enfilade*, la direction des feux de l'ennemi qui suit et *enfile* un parapet ou un terre-plain dans le sens de sa longueur : ce sont des feux placés dans le prolongement desdits ouvrages.

(2) *Commander* est ici le sinonyme de dominer ; c'est jouir de l'avantage d'une plus grande élévation.

(3) Les traverses et les cavaliers revêtus en maçonnerie sont les plus dangereux pour les assiégés, parce que les éclats des pierres rendent le rempart du bastion intenable. Les non-revêtus, ont l'inconvénient d'occuper beaucoup de place, par la grandeur de leurs talus, ce qui rend le bastion ou le cavalier trop petit.

les occuper par quelques ouvrages, ou s'en éloigner, ensorte que toutes les vues d'enfilades qu'ils pourroient avoir sur la fortification, leur soient bouchées par des traverses à l'épreuve, placées à propos et capables d'en rompre l'effet (1).

25. Je ne parlerai point des corps-de-gardes, casernes, magasins à poudre et arsenaux; tout le monde les connoît, mais je m'arrêterai aux souterrains, dont on ne sauroit trop avoir dans une place de guerre. Leur situation est bonne par-tout, mais sur-tout sous les cavaliers, sous les grosses traverses, sous les batteries à barbette, sous la pointe des bastions, et sous les flancs et le milieu des courtines. L'expérience nous a appris que quand ils sont voûtés à plein ceintre, la voûte bien faite, à 3 ou 4 pieds d'épais sur les reins, avec 5, 6, 7 et 8 pieds de terre au-dessus, ils résistent fort bien à la bombe, quelque grosse qu'elle puisse être. Les voûtes dont on se sert pour cela, peuvent avoir toute la longueur qu'on leur voudra donner, mais elles ne doivent jamais avoir plus de 18 à 20 pieds de large entre les pied droits. Au surplus, le dessus de toutes ces voûtes doit être chapé et cimenté avec autant de soin que les citernes même, parce qu'il ne faut pas que l'eau puisse les pénétrer. Par la même raison, on doit envelopper leurs pied-droits extérieurement par des murailles seches ou pierrées d'un pied et demi d'épaisseur, fondées aussi bas que les gros murs, la pierre taillée et arrangée à la main, avec autant de soin et de propreté que si on de-

---

(1) Depuis Vauban les officiers du génie ont trouvé, avec le secours de la géométrie, l'art précieux du *défilement*. Cet art consiste à construire les ouvrages de maniere à échapper à *l'enfilade* des feux qui partiroient des hauteurs qui dominent la place, lorsqu'elles ne sont pas trop élevées et qu'elles ne sont pas environnantes; car dans ce cas, on doit renoncer à établir une ville forte sur un terrain ainsi disposé.

voit la mettre en mortier, le tout pour prévenir la pénétration des eaux du dehors. On observera de terminer le sommet de cette pierrée par deux pieds d'épaisseur de bonne maçonnerie, sur laquelle sera prolongée la chape du ciment, afin d'éloigner d'autant la chûte des eaux du corps de la muraille; après cela on pavera le dedans de briques choisies, posées de champ, et on y ajoutera des cheminées étroites dans le fond et des jours sur le devant, avec toute la précaution possible pour qu'elles soient toujours bien seches.

Observations sur les souterrains.

« Les souterrains sont une des parties de la fortification les plus difficiles à traiter, en même tems qu'ils en sont une des plus importantes. Les officiers du génie se sont beaucoup exercés sur leur meilleure construction, et il n'est pas un auteur mathématicien ayant écrit sur la fortification, qui n'ait inventé une maniere de construire des souterrains. La plupart des productions de ces auteurs qui ne sont point militaires ont le défaut commun à presquetous les systêmes auxquels ils les ont adaptés : ils supposent toujours que le tems, les trésors et le nombre des soldats, des munitions et des canons, sont des moyens inépuisables en leurs mains, et perdant de vue ce premier principe, *qu'il n'est rien de bon en fortification, s'il n'est simple et d'une dépense limitée*, ils produisent des systêmes qu'ils appellent imprenables, des choses merveilleuses, mais dont les combinaisons, purement théoriques, deviennent inutiles aux progrès de l'art et à la défense de l'état. Les souterrains construits du tems de Vauban, sont presque tous inutiles et défectueux par une humidité qui les rend inhabitables, et qui corrompt les approvisionnemens qu'on y renferme. C'est une preuve acquise par de nombreuses expériences.

expériences. Ceux que l'on a imaginé depuis sous le terre-plain des courtines les moins exposées aux attaques, sont plus susceptibles d'être assainis par la circulation de l'air, parce qu'ils ont des croisées du côté de la place, et qu'on peut les disposer, si l'on veut, en longueur plutôt qu'en profondeur ; mais ils exigent un grand relief au rempart, pour être à l'épreuve de la bombe. Quand une place est située sur une hauteur, comme Bitche, par exemple, le relief naturel du terrain offre à cet égard de précieuses facilités ; aussi les souterrains de cette forteresse sont-ils d'excellens corps de casernes, dans lesquels la garnison et les vivres sont également bien garantis contre tous les accidens physiques. Au défaut d'une position si favorable, le meilleur moyen d'y suppléer, est de construire les souterrains comme le sont ceux de Longwy, qui sont des bâtimens pratiqués intérieurement dans la place et voûtés à l'épreuve, où l'on peut mettre beaucoup d'hommes au moyen d'un double plancher, qui le divise dans sa hauteur, et qui ne laisse au rez-de-chaussée et à cette espece d'étage en soupente, que six ou sept pieds d'élévation.

La plupart des places étant dépourvues de souterrains de ces différentes especes, la ressource la plus commune à laquelle il faut avoir recours, est celle des blindages. L'on blinde les corps de casernes, l'on forme des abris de blindage adossés aux remparts, souvent même dans les fossés éloignés et à l'abri des attaques. Ce moyen qui demande de prodigieux approvisionnemens de bois, quelquefois dans des pays où il est impossible de s'en procurer au moment d'un siege, et de grands espaces qui ne sont pas toujours faciles à indiquer, ne laisse pas encore d'avoir beaucoup d'inconvéniens, et doit faire songer sérieusement, dans tout état bien

C

gouverné, à des constructions permanentes, plus solides et toujours moins onéreuses en dernier résultat.

Nous parlerons des blindages à leur place : leur construction seule appartient à la défense; celle des souterrains est du ressort de la construction des places. »

Des Fossés secs et des Fossés pleins d'eau.

26. Tout rempart présuppose un fossé; les plus profonds sont les meilleurs. Quand ils sont secs et revêtus,
ils sont bons ; mais quand ils ont 6, 7 à 8 pieds d'eau,
et que par-dessus cela ils sont revêtus, ils n'en sont
pas moins bons. Quand ils n'ont que 3 à 4 pieds de
bord, le revêtement est inutile (1). Un fossé qui a 10,
12 et 16 toises de large sur 3 à 4 de profondeur, est
excellent, quand il est revêtu; les bombes ni les pierres
n'ont aucun pouvoir sur son revêtement. On n'entre
jamais dans le fossé que par des défilés fort étroits et
très incommodes, et on ne les passe que par des digues
de terre et de fascines étroites et peu solides, faites
avec grand péril sous le feu prochain du corps de la
place, ce qui en rend le trajet très dangereux, les entreprises d'une exécution difficile et d'un succès fort
douteux, parce qu'il faut défiler étroitement avec beaucoup d'incommodités (2). Pour conclusion, un bon fossé
est toujours la meilleure piece de la fortification.

Dans les places à fossé plein d'eau, dont la plénitude
ne se peut soutenir que par l'effet des écluses et des
batardeaux (3), on doit placer ces derniers sur le pro-

---

(1) ils sont alors fort mauvais.

(2) C'est ce que nous avons vu dans l'attaque des places.

(3) Ce sont des murs qui traversent le fossé, de l'escarpe à la contrescarpe,
pour soutenir les eaux, en raison des combinaisons de leur effet dans la
défense des fossés. Leur sommet est terminé en arête, et sur son milieu

longement des capitales des bastions, si on le peut, sinon sur ceux des faces, pour les mieux dérober aux vues du canon de l'ennemi, qui ne manque jamais de rompre ceux qui sont sur le milieu des courtines.

A l'égard des écluses, il faut les cacher dans la place même, si l'on peut, sinon derriere les tenailles, où elles pourroient être à couvert; mais en ce cas-là, il faut faire les batardeaux sur le milieu des courtines, au péril de tout ce qui en peut arriver. Si on en fait dans le chemin couvert, il faut doubler les fermetures de celles ci, et les faire à trois coulisses séparées qui puissent se fermer avec des poutrelles, et éloigner les fermetures de 16 à 18 pieds l'une de l'autre, afin de pouvoir remplir les entre-deux de terre et de fumier, quand l'ennemi les recherchera avec des bombes.

Des Tenailles.

27. Les tenailles sont des ouvrages bas et de peu de dépense. Elles ont été inventées depuis peu et placées devant les courtines, où elles occupent un grand vuide ci-devant inutile; elles doivent être de terre aux fossés pleins d'eau, et revêtues dans les fossés secs. Leur usage est de couvrir la poterne (1) du milieu de la courtine, d'ajouter des grands flancs bas à la place, de faciliter et protéger les communications aux demi lunes, et les sorties que l'on fait contre le passage du fossé. Si ce fossé est sec, on fait la communication seche avec des

---

il porte une tourelle ronde, pour empêcher que le batardeau serve à la communication de la place avec le dehors, et reciproquement: c'est une double précaution contre la désertion et la facilité des accès.

(1) L'on appelle ainsi des passages voûtés, pratiqués sous les remparts des ouvrages, pour communiquer de l'un à l'autre : les poternes sont masquées avec de la maçonnerie, hors les tems de siege.

parapets ou chemins couverts palissadés, qui opposent
leur défense de part et d'autre aux avenues par où l'ennemi peut aborder; on y ménage des sorties vers l'extrémité où cette communication joint le derriere des
demi-lunes (1). Si ce sont des fossés pleins d'eau, les
communications se font par des ponts à fleur d'eau,
des radeaux, des pontons et des bateaux armés, qui
sortent et rentrent par les extrémités, près des flancs,
et par de petits bateaux qui peuvent aller et venir, au
moyen des cinquenelles qu'on y peut appliquer.

Des Demi-lunes.

28. Les demi-lunes sont sans contredit les meilleures
pieces des dehors, parce qu'elles sont les mieux défendues, et qu'elles sont situées sur des angles rentrans,
qui leur donnent beaucoup d'avantages. Elles dominent
et protegent le chemin couvert et les autres dehors
qui sont devant et à côté d'elles; elles doivent être revêtues, leur fossé profond à-peu-près comme celui de
la place même, et de la moitié ou des deux tiers de la
largeur. Leur élévation doit être moindre que celle du
corps de la place, de 4, 5 à 6 pieds. Quand elles sont
grandes et bien faites, ce sont de tous les dehors les
pieces les plus difficiles à prendre. Si dans la capacité
des grandes, on en fait de petites (2) qui soient revêtues
à même hauteur que la premiere, qui aient leur parapet
à l'épreuve et un fossé revêtu tout autour, on pourra
défendre toutes les traverses de la grande pied-à-pied,
et tout l'intérieur de la demi-lune, jusqu'à obliger l'ennemi à monter du canon sur sa pointe; encore n'y
fera-t-il pas toujours l'effet qu'il pourroit désirer, parce

---

(1) C'est ce que l'on appelle une caponiere, voyez le traité de l'attaque.
(2) Celles-ci s'appellent les *reduits des demi-lunes*

que les batteries des courtines pourront beaucoup l'incommoder, si elles sont prêtes et disposées à l'avance pour cet effet, ensorte qu'il n'y ait plus qu'à ouvrir les embrasures. On peut encore les tourmenter par les mines, fougasses (1) et feux d'artifice préparés sous la jonction des traverses au parapet. Enfin une demi-lune bien faite et bien conditionnée est un excellent ouvrage.

Des Contre-gardes (2).

29. Les contre-gardes que l'on met devant les angles des bastions, et qui couvrent et embrassent les faces, sont encore bonnes, mais elles n'ont pas tant de mérite que les demi-lunes. Si on les fait défendre par les flancs de la place, elles en sont meilleures, parce que c'est un avantage qui leur produit des flancs doubles ; savoir, deux rasans à canon, qui sont ceux de la place, et deux autres fort grands rasans et fichans, qui sont les faces des demi-lunes de droite et de

______

(1) Ce sont des petites mines : il en sera parlé ailleurs.

(2) *Les contre-gardes* sont des ouvrages dont la forme ressemble à celle des demi-lunes, et que l'on place quelques-fois en avant des bastions pour en couvrir les faces. Elles sont également en usage pour couvrir les demi-lunes. Les circonstances où l'art fortifiant indique particulièrement de les appliquer, sont celles où les ouvrages dont nous parlons sont trop petits, sur-tout lorsqu'ils ont beaucoup de relief et que leur revêtement est découvert, conséquemment exposé à être Batta de loin en breche, soit parce que l'on a manqué de terres, comme à Longwy, pour élever en proportion la crête du glacis, soit parce qu'esil'on eût élevé cette crête on fût tombé dans l'inconvénient d'un glacis trop roide, au pied duquel l'ennemi eût trouvé des abris dans ses approches ; alors les *contre-gardes* ayant un relief moyen entre celui des ouvrages qu'elles couvrent et le glacis, joignent à l'avantage de les garantir et d'offrir un point de défense de plus, celui de procurer des feux moins plongeans, plus horizonteaux et d'un plus grand effet.

C 3

gauche (1). Cet avantage a cependant ses inconvéniens; car les demi-lunes ne pourroient voir le fond du fossé de la côntre-garde vers la pointe, à cause des angles rentrans du fossé et du chemin couvert, et les flancs de la place en sont affoiblis, en ce qu'ils peuvent étre battus de deux endroits à la fois, savoir, du dessus de la contre-garde, quand elle sera prise, et de l'opposé du chemin couvert, ce qui n'arrivera pas quand elles seront défendues. Au reste, ces pieces doivent être revêtues comme les demi-lunes, terrassées, traversées et gazonnées de même, et avoir autant d'élévation par rapport au corps de la place, pour être bonnes et bien conditionnées.

Des ouvrages à corne et à couronne (2).

3o. Après les demi-lunes et les contre-gardes, suivent les ouvrages à corne, qui sont pour l'ordinaire de grandes pieces bâties pour occuper plus de terrain sur quelques avenues problématiques, ou sur un commandement nuisible à la place, et pour en augmenter les fortifications dans les endroits foibles, ou qui ne sont pas d'une force égale aux autres. On les place ordinairement sur le milieu des courtines, ou devant la pointe des bastions, dont la capitale prolongée les coupe en deux partics égales. L'une et l'autre situation

---

(1) Les feux *rasans* sont ceux qui sont dirigés parallèlement à l'objet qu'ils doivent défendre, et qu'ils *rasent* dans cette direction sur toute leur longueur. Les feux *fichans*, sont ceux dont la direction est convergente avec celle de l'objet, et qui *fichent* dans cet objet suivant un angle plus ou moins aigu.

(2) L'on appelle *ouvrage à corne*, celui A Pl. IX, composé de deux demi-bastions et de leur courtine, d'une demi lune et d'un chemin couvert. *L'ouvrage à couronne* B, n'est autre chose qu'un double ouvrage à corne.

sont bonnes ; mais celle de la pointe des bastions porte plus loin ses découvertes , recule davantage l'ennemi , et ne nuit point à la demi-lune intérieure comme l'autre ; au contraire, les demi-lunes de droite et de gauche lui fournissent de grands flancs fichans , et le corps de la place des rasans. La tête de ces ouvrages étant bien bastionnée, présente aux attaques , à peu de chose près, l'équivalent d'un front de place ; aussi sont-ils capables de la même défense. Quand ces ouvrages sont bien revêtus , avec de bonnes demi-lunes accommodées de même , le tout enveloppé d'un chemin couvert bien traversé , il n'y a rien de meilleur. On peut encore employer le canon et les mines à leur défense particuliere, comme à celle du corps de la place. Les ouvrages couronnés suivent immédiatement après ceux à corne ; ceux-là sont doubles des autres et quelquefois triples , mais rarement. Ils sont ordinairement faits pour occuper quelques grandes avenues foibles , pour couvrir quelque partie défectueuse d'une place , pour occuper un grand terrain ou un commandement nuisible , ou pour servir de clôture à quelque faubourg, ou à une partie de place mal assurée. Pour que ces ouvrages soient bons, leur rempart doit être soutenu par un revêtement, et leur fossé revêtu, à moins qu'il ne fût plein d'eau ; le surplus demande des remparts , fossés , chemins couverts , et demi-lunes , comme ceux des ouvrages à corne et des autres grandes pieces de la place.

Du chemin couvert.

31. Après les grands dehors suivent les chemins couverts , qui sont les plus grands de tous , puisqu'ils enveloppent tous les autres. Ceux-ci doivent avoir depuis trois jusqu'à six toises de largeur , non compris les

banquettes. Cet espace est couvert d'un parapet de six à sept pieds et demi de haut , rabattu en glacis vers la campagne , où il se perd insensiblement en se joignant à son terrain. Le glacis, qui a ordinairement 15 à 20 toises de large, doit être applani et soumis au feu du rempart de la place et de tous les dehors, sans qu'il y ait aucune partie dans toute sa superficie qui puisse échapper à leur découverte. Ces mêmes chemins couverts sont quelquefois revétus (1) par le dedans jusqu'à un pied et demi près du sommet, qui est terminé par un gazonnage; ils sont aussi palissadés , et la palissade plantée en dedans , ne doit déborder le sommet du parapet que de 9 pouces, sur la distance d'un pied et demi du sommet. On fait des places d'armes C (*Pl. II*), sur les angles rentrans du chemin couvert, et quantité de traverses à l'épreuve, dont les passages se couvrent par de petits redans faits à crochets, pris dans l'épaisseur du parapet.

Les chemins couverts sont très nécessaires, à quelque fortification que ce puisse être : c'est-là où l'on s'assemble pour faire des sorties, et d'où on les soutient ; c'est-là que l'on reçoit les secours qui se jettent à la dérobée dans la place. C'est ordinairement celui de tous les dehors qui coûte le moins à faire et le plus à prendre , quand la défense en est bien entendue ; mais c'est celle qui sert le moins , et sur laquelle plus de gens se trompent pour l'ordinaire (2).

---

(1) Cette methode est très mauvaise , parce que les ricochets détachent les pieres de ce revêtement, dont les éclats tuent beaucoup de monde et rendent le chemin couvert insoutenable.

(2) nous avons observé dans l'attaque des places que, pour ajouter à la défense du chemin couvert, l'on fait des *réduits* dans les places d'armes reutrantes. Cormontagne et d'autres ingénieurs en indiquent aussi dans les places d'armes-saillantes D.

De l'avant-chemin couvert.

32. Quand il y a un avant-fossé plein d'eau au bas du glacis , on y fait quelquefois un avant-chemin couvert parallele au premier , enfoncé de quelques pieds de plus , et élevé d'une banquette de moins , pour conserver la supériorité au premier. Cet avant-chemin couvert supplée au défaut de l'avant-fossé , qui est d'interdire les sorties et les petits secours ; celui-ci fait le même effet que le précédent , en procurant aux assiégés de pouvoir s'assembler et sortir par plusieurs endroits à la fois , et rentrer de même ; il les soutient par son feu , leur facilite la rentrée , reçoit les petits secours et les espions qui veulent se jeter dans la place , et les protege ; enfin il retarde considérablement les assiégeans, qui, après l'avoir pris, n'en sont guere plus avancés.

Des lunettes.

33. Pour mieux soutenir l'avant-chemin couvert , on doit faire des lunettes entre les deux , au-devant des angles saillans des places d'armes du premier chemin couvert (1). Ces lunettes ne sont autre chose que de petites demi-lunes , qu'on nomme ainsi pour les différencier des grandes. Elles sont un peu plus élevées que le parapet du grand chemin couvert ; on les gazonne devant et derriere , avec une berme et des parapets à l'épreuve (2) : elles doivent de plus être isolées par un bon fossé plein d'eau. Les communications à ces pieces s'enfoncent dans l'arête du glacis du grand

______

(1) Cette disposition existe à Landau.

(2) On les revetit aussi en maconnerie, et cette méthode et la meilleure

chemin couvert, au devant de la place d'armes, et viennent aboutir à un pont à fleur-d'eau, couvert par l'extrémité de ses faces, qui en acheve la communication. Pour les perfectionner davantage, il est nécessaire de faire deux traverses sur le milieu de leurs faces, pour les défiler; on peut même ajouter de petits surtous avec des batteries sur leurs angles flanqués, élevés d'un pied et demi plus que les autres parties. Ces pieces sont de peu de dépense et d'un très bon service, parce qu'elles flanquent et enfilent l'avant-chemin couvert et l'avant-fossé, et qu'elles voient de revers les grands angles du premier chemin couvert, ensorte qu'on n'y sauroit assurer de logement sans les avoir prises.

Je ne parle pas ici des doubles palissades du chemin couvert, dont je vois bien des gens entêtés, parce que je ne les estime pas, les revers du ricochet ayant trop de prise sur elles pour ne les pas rendre inutiles; outre qu'elles le seroient encore tout-à-fait contre la véritable maniere de les attaquer. Je reprendrai ce sujet dans une dissertation particuliere, insérée à la fin de ce volume.

Des Redoutes (1).

34. On avance quelquefois des redoutes au-delà de la fortification, sur des avenues dangereuses, ou dans des marais, à la faveur desquelles on peut prendre des revers sur les attaques; le surplus ne tombe point dans les regles, et s'approprie aux figures et aux si-

---

(1) La matiere des *redoutes*, fortins, lignes et retranchemens d'armées, rentre dans la fortification de campagne: on ne peut traiter ici de cette branche de l'art fortifiant, nous ne pouvons que renvoyer le lecteur aux auteurs qui en ont écrit.

tuations les plus avantageuses qu'on puisse leur donner : l'expérience et le bon sens en cette matiere consiste à les bien choisir et à les occuper utilement.

Des Forts et Fortins.

35. Outre ce qui a été dit ci-devant , on fait souvent des forts et fortins dans les lieux les plus convenables , qui demandent quelque secours. Par exemple , nous avons le fort Nieulay , près de Calais , bien revêtu ; les forts Louis et François, entre Dunkerque et Bergues, aussi revêtus , mais foiblement ; le fort Saint-François, à Aire , et celui de la Scarpe , près de Douay ; l'un et l'autre bien revêtus et de bonne capacité. De ces forts, les uns sont quarrés, les autres de figure pentagonale ; les uns ont des dehors et des chemins couverts , et les autres n'en ont point du tout ; presque tous sont assez réguliers , et on a soin de les bien placer. A l'égard de leur capacité , elle est fort diverse ; car les uns sont bâtis sur des polygones qui n'ont que 80 toises , et les autres en ont 100 et 120.

Des Lignes et des Retranchemens d'armée.

36. Ce que nous appelons lignes et retranchemens d'armée, est bien construit, en suivant l'idée qu'en donne la fortification , qui est de ne pas éloigner les redans l'un de l'autre de plus de 120 toises , sans nécessité , de leur donner toujours 20 à 30 toises de face , de les placer sur le terrain le plus avantageux, de leur faire des parapets d'élévation suffisante à pouvoir couvrir les hommes qui sont employés à leur défense, avec des fossés , que les chevaux ni les hommes ne puissent sauter, etc. On ne fait les parapets que de 5 à 6 pieds d'épaisseur au sommet, non qu'ils n'en fus-

sent bien meilleurs si on les faisoit à l'épreuve, mais c'est que cela demanderoit bien plus de tems et de dépense qu'on ne veut y en employer (1).

Des environs d'une Place fortifiée.

37. Le territoire des environs des places fortifiées est ordinairement composé de plaines et de côteaux plus ou moins bossillés, lesquels peuvent être coupés de ravines, chémins creux, rideaux, monticules, ruisseaux et rivieres. Si c'est une plaine bien unie, qui ne soit entre-coupée de rien, et qui s'étende jusqu'à la grande portée du canon des places, il n'y aura rien à désirer ni à craindre. S'il y a des côteaux médiocrement élevés, qui en soient éloignés de la portée du canon, ils ne sauroient lui faire de mal. Si les côteaux sont seulement à demi-portée de canon, les places en pourront souffrir; mais il faut leur opposer des ouvrages qui puissent contre-balencer les avantages que les ennemis en pourroient tirer, et en tout cas se bien traverser contre leurs mauvais effets (2). Si ce territoire est coupé de ravines, chemins creux et rideaux, qui ne soient point enfilés des ouvrages de la place, et qui en approchent assez pour pouvoir avantager l'ennemi de quelques nuits, et qu'on ne puisse les enfiler par des ouvrages avancés, ou les combler, on pourra ajouter vis-à-vis d'eux quelques dehors à la

---

(1) L'idée que donne ici Vauban des lignes et retranchemens d'armées est bien superficielle, et paroît déplacée dans l'art de la défense des villes de guerre. Disons neanmoins, puisqu'il en parle, que nous donnons aujourd'hui communément 9 pieds d'epaisseur à ces retranchemens, et que les petites épaisseurs sont réservées pour les redans détachés qui couvrent les grand-gardes.

(2) Nous avons déja observé que, dans la construction des places, l'art du défilement donne des moyens d'éviter ces effets.

place, pour équivaler ces désavantages et les affoiblir d'autant plus (1). Si le même territoire est coupé de ruisseaux, dont l'enfoncement ne fasse point d'élévation ni de couvert qui puisse nuire à la place, il ne faudra pas s'en mettre en peine ; mais s'il y a du couvert qui puisse favoriser les approches, il faudra s'en garantir, comme on l'a dit pour les ridaux. Si c'est une riviere qui passe fort près de la place, on pourra s'en rendre maître, en faisant quelque grand ouvrage de l'autre côté, à la tête de ses ponts, comme on a fait à Thionville, à Sarre-Louis, à Meziere, à Sedan, etc. Si cette riviere passe dans la place, on peut s'en rendre maître, par le moyen des écluses et des batardeaux, qui serviront à la soutenir et à la faire enfler dans son lit, jusqu'à pouvoir inonder ses bords aux environs de la place, et se mettre en état d'en disposer à son gré, pour la faire courir au besoin dans les fossés et avant-fossés de la place, s'il est possible. C'est ce que nous avons fait à Maubeuge, à Valenciennes, à Condé, à Douay, à Tournay et à Menin, dont plus de moitié de leur circuit pourroit être inondé par la retenue des écluses : ces avantages sont si considérables, qu'on ne doit rien négliger pour se les procurer.

La plupart des remparts de nos places sont plantés de bois, mais nos fortifications sont trop modernes pour que les arbres soient assez grands et assez gros pour en pouvoir tirer des affûts, des plate-formes, etc. cependant on en peut faire du moins des palissades et des fascines avec leurs branchages, quelques gabions et paniers, beaucoup de rondins de 7 à 8 pouces de diametre, sur 9 à dix pieds de longueur, pour se cabaner contre l'effet des pierres et des bombes, comme

---

(1) Il faut que ces ouvrages soient faits avant le siege.

nous le dirons ci-après, dans la troisieme partie (1).

A l'égard de la campagne, je crois pouvoir dire qu'on ne sauroit prendre trop de précautions pour la bien nétoyer et la mettre en état de voir clair à l'entour de soi, jusqu'à l'extrême portée du canon, en rasant toutes les haies et buissons qui pourront faire quelque couvert, comblant les fossés, et abattant les maisons nuisibles, ensorte qu'il n'y reste rien qui puisse servir à l'ennemi. Pour cela, il ne faut pas attendre qu'il investisse la place; car il ne seroit plus tems d'entreprendre cette manœuvre: il suffit, pour en venir là, d'être autorisé par le soupçon bien fondé d'un siege prochain (2).

Voilà par où j'ai cru devoir commencer le Traité de la défense des places, afin que par le moyen de cet abrégé, qui pourra donner une notion assez précise du mérite des pieces qui composent la fortification, on puisse avoir plus de facilité à les démêler.

Le peu que j'en dis ici pourra mettre au fait les commandandans et autres officiers employés dans les places, en leur faisant connoître l'usage qu'on peut faire de chaque piece en particulier, et de toute la place en général, et leur en fournir une idée qui puisse

---

(1) Ces bois ont eu le tems de vieillir depuis Vauban, et les places offrent de grandes ressources pour les blindages, par-tout où la guerre actuelle ne les à pas épuisées. Cependant il en est où les arbres des remparts ont été abattus pendant la paix, pour les livrer à l'artillerie, et celles-ci n'ont que du bois très foible.

(2) J'ai fait pendant cette guerre, l'expérience de la grande difficulté qu'il y a de vaincre en pareil cas la résistance des intérêts particuliers. Le commandant qui fait abattre les maisons et jardins, est en haine aux citoyens, qui l'accusent de précipitation, de dureté, de résolution violente et arbitraire. Celui qui differe, est accusé par d'autres d'insouciance et de perfidie. Le meilleur parti est celui de ne point permettre ces établissemens: la loi les défend, mais elle n'est point observée.

leur servir dans le besoin. Je les exhorte donc à s'en
faire une étude particulière, comme d'une chose qui
peut faire tout leur bonheur, s'ils s'en acquittent bien ;
et leur causer le plus grand des malheurs, s'ils s'en
acquittent mal.

De la nécessité des citernes dans une place de guerre, et de leur construction.

38. Quoiqu'il semble qu'il ne devroit pas être question des citernes dans la défense des places, cependant, parce qu'elles sont nécessaires par-tout, et qu'elles deviennent une partie des plus essentielles à certaines places, il faut que j'expose ici les réflexions suivantes.

Il se trouve beaucoup de places dont on peut détourner les eaux, et d'autres qui, n'ayant qu'un ou deux bons puits, peuvent en être privées, parce qu'on aura jeté dedans quelque chose capable de les gâter, ou que l'eau peut s'en perdre par l'établissement d'une ou de plusieurs mines voisines, ou par l'effet de quelque bombe qui sera tombée dedans ; en ce cas, la garnison seroit privée d'un des plus grands besoins de la vie, ce qui l'obligeroit à des résolutions très dangereuses. J'ai donc cru devoir conseiller l'usage des citernes dans toutes les places élevées qui n'ont point des sources naturelles, et qui n'ont que très peu de puits bons et bien fournis.

Les citernes doivent être recouvertes sur leur voûte, de 8 à dix pieds de terre bien battue, et d'une capacité suffisante à pouvoir contenir l'eau qui tombe sur les toîts des environs, comptant quatre toises quarrées de bâtiment pour une toise cube d'eau. Car une toise quarrée reçoit tous les anns, produit commun, 18 pou.

d'eau tombant du ciel, ce qui fait, pour les quatre ; une toise cube, contenant 27 muids, mesure de Paris.

Il faudra donc toiser la superficie du plan des bâtimens les plus à portée du lieu où l'on fera une citerne, et non les couvertures, et examiner la capacité qu'on peut lui donner, ajoutant un tiers de plus pour l'excédent des années pluvieuses ; dans cette vue, on la fondera le plus bas qu'on pourra. Il faut en bien unir le fond, le paver de brique choisie, posée de champ, en bon ciment, sur un lit de maçonnerie, et revêtir toute la citerne par un mur d'une bonne épaisseur, ayant son parement intérieur de briques en boutisses et panneresses, proprement posées en bon mortier de ciment. On en garnira le derriere, c'est-à-dire, le côté des terres, d'une pierrée de 2 pieds d'épaisseur, proprement posée à la main, et bien moussée sur les joints, pour empêcher la transpiration des eaux sauvages dans la citerne (1). On la voûtera ensuite très solidement, et l'on cimentera le dessus de sa voûte, lui faisant déborder toute la pierrée par une maçonnerie de deux pieds d'épaisseur, sur laquelle sera prolongée la chappe de ciment de toute sa largeur. Après que l'on aura observé tout ce qu'on vient de recommander, on laissera sécher la maçonnerie autant qu'il sera nécessaire ; on grattera ensuite les joints du parement avec un petit fer crochu ; et l'on commencera l'application du ciment dans les jointures, par couches répétées, bien conduites et repassées, 1°. à la truelle,

---

(1) Cette pierrée doit être construite à 18 pouces du mur de revêtement de la citerne, et le vuide de ces deux murs rempli d'une corroye de terre glaise bien purgée des pierrailles et cailloutage, bien corroyée et battue, afin de ne laisser aucune veine ni gerçure aux accessibles transpirations.

2°.

2°. avec un frottoir de fer poli. On fera quantité de raies avec le tranchant de la truelle, sur le poli du ciment de la premiere couche, faisant ces raies profondes d'environ une ligne. Sur cette premiere couche on rechargera d'une seconde fouettée, polie et refaite comme la précédente, ce qui se répétera jusqu'à l'épaisseur d'un bon doigt, même d'un pouce. Ce n'est pas tout ; il faut répéter tous les jours ce frottement pendant un mois ou cinq semaines, avec une chandelle à la main, pour voir s'il ne s'y fait point de gerçures ; et avant que de frotter, il faut barbouiller la superficie de lait de ciment, et frotter en polissant jusqu'à ce que le ciment devenant dur et recuit comme un pot de terre, soit parfaitement sec, et qu'il ne s'y fasse ni puisse s'y faire aucune gersure. Cela étant fait et bien recherché, il faut laver la citerne très soigneusement, et la bien laisser sécher.

On observera que toutes les citernes demandent un citerneau d'environ 4 pieds quarrés dans œuvre, bien enduit de ciment par dedans, et rempli de 6 à 7 pieds de sable, gros comme est le sel gris sortant des salines ; on doit bien laver ce sable en eau courante et bien nette, jusqu'à ce qu'il la rende claire comme il l'a reçue. Ce citerneau recevra les eaux de pluie avant qu'elles tombent dans la citerne. Il doit y avoir un puisart à l'une de ses encoignures, au-dessus duquel on placera une pompe qui doit servir à tirer l'eau. Le dessus de toutes ces pieces doit être bien voûté, afin que la bombe ne les puisse endommager.

Au reste, il n'y a point de bâtiment, quel qu'il puisse être, qui demande plus de soin et de circonspection que les citernes, ni de source qui donne de meilleure eau, quand on en a soin, étant très certain que celle des pluies est la plus légere, et qu'il n'est question que

D.

de l'introduire dans la citerne dans toute sa pureté. Il est vrai qu'elle ne laisse pas de s'altérer en coulant par-dessus les toîts des maisons, où elle amasse toujours quelque ordure, mais elle en est purifiée en passant par le sable du citerneau. Il est nécessaire; 1°. d'avoir toujours une sentinelle à la pompe, qui ne laisse prendre de l'eau que ce qui sera ordonné, pour emcher qu'on en mésuse. 2°. De détourner le tuyau qui porte les premieres eaux dans le citerneau, au commencement des orages, ou ensuite d'une longue sécheresse, pour donner le tems aux toîts et aux cheneaux de se l ver; 3°. de relever le sable du citerneau de tems en tems pour le laver, parce qu'il se rempilt d'ordures au bout d'un tems, ce qu'il faut éviter; 4°. de ménager l'eau qu'on en tire, parce que s'il n'y avoit que peu de citernes dans une ville, et qu'on les abandonnât à la discrétion du public, elles seroient bientôt taries; 5°. de considérer que l'eau entrant dans nos principaux alimens, on ne peut, sans être ennemi de soi-même, se négliger dans son usage, attendu que toutes les autres eaux qui coulent par les pores de la terre, peuvent y contracter de mauvaises qualités qu'elles portent par-tout où nous les employons; mais l'eau des citernes n'en étant chargée d'aucune, ne peut être que saine. Venons maintenant à la seconde partie de ce Traité.

Remarques sur les Citernes.

« L'eau est une liqueur tellement nécessaire à l'existence des hommes, et la consommation en est si considérable dans un siege, que nous ne pouvons nous empêcher d'observer que Vauban n'en dit pas assez sur ce chapitre important. Il ne détermine rien sur la capacité des citernes, eu égard au nombre et à l'espece des consommateurs et des consommations : il n'indique aucun moyen de suppléer à l'avance l'accident des sécheresses , qui , laissant les citernes vuides, décide quelquefois du sort d'une place importante. Faisons ici à cet égard quelques calculs indispensables.

Supposons une ville de guerre renfermant une garnison de 3600 hommes d'infanterie et 360 hommes de troupe à cheval , officiers compris. Supposons que cette même ville contient 2000 habitans , y compris les gens , tant des militaires que des citoyens , et qu'elle renferme en outre 200 animaux , chevaux ou bêtes à cornes , destinés au service ou à la nourriture commune : supposons enfin que cette place se défendra pendant 48 jours , pour nous accorder sur ce point avec le calcul des approvisionnemens de Vauban.

Cela posé , il faudra compter pour chaque homme quatre pintes de consommation par jour; ainsi le nombre des individus renfermés dans cette place , en consommera 23,840 pintes ; chaque cheval ou bête à corne use , l'un portant l'autre , 35 pintes par jour ; ainsi la consommation de 560 de ces animaux , sera de 19.600 pintes , et la consommation totale des hommes et des animaux , conséquemment de 43,400 pintes. A cette quantité , il faut ajouter , par estimation , pour les incendies , les pertes , les petits animaux , comme moutons , cochons , volailles , etc. 4600 pintes , ce qui porte la consommation journalière totale , à 48,000 pintes à-peu-près. Ce nombre multiplié par 48 jours , donne 2,304.000 pintes. Le pied cubé contenant 35 pintes , cette masse d'eau sera de 65,828 pieds , ou de 304 toises , 164 pieds cubes , c'est-à-dire , à-peu-près de 305 toises. Il résulte de-là ; 1°. qu'il faut construire des citernes qui puissent contenir cette masse ; 2°. rassembler les

eaux d'une superficie de bâtimens suffisante pour la
fournir. Examinons ce qu'il convient de faire pour
remplir la première condition.

Les citernes devant être voûtées à l'épreuve, ne
peuvent avoir tout au plus que 18 pieds de largeur
intérieure entre leurs pied-droits.

Pour ne pas les creuser trop bas et faciliter l'épuise-
ment, il est bon que leur sol ne soit pas à plus de
3o pieds de profondeur sous terre. Or, en comptant
seulement 6 pieds de terre et 3 pieds de maçonnerie à
la voûte, elles auront 21 pieds d'élévation sous voûte,
c'est-à-dire, 12 pieds de hauteur aux pied-droits, puisque les voûtes doivent être à plein-cintre.

Le profil d'une telle citerne sera donc, entre les
pied-droits, de six toises quarrées, celui du vuide du
cintre sera de trois toises et demie. La surface totale du
profil sera conséquemment de neuf toises et demie quarrées à-peu-près; divisant par ce nombre le cube de trois
cents cinq toises, il en résultera qu'il faudra une longueur
de citerne de trente-deux toises deux dix-neuviemes,
que nous porterons à quarante toises, afin que nous
n'ayons pas besoin de supposer que nos réservoirs sont
pleins jusqu'aux clés des voûtes.

L'on voit que cette construction peut se partager
en quatre citernes de dix toises de longueur chacune;
et nous observons ici en passant, qu'on pourroit dé-
duire de nos calculs, tout le produit des sources et des
puits de l'intérieur de la place, ce qui forme, dans les
lieux les plus denués, une diminution qui ne laisse pas
que d'être sensible, mais dont le calcul est trop aisé
pour avoir besoin d'en charger cet ouvrage.

Voyons maintenant de quelle superficie de bâtimens
on peut attendre le produit de trois cents cinq toises
cubes d'eau.

Les surfaces horizontales exposées à la pluie, se chargeant en une année de 18 pouces d'eau, qui font le quart d'une toise de hauteur, il est clair qu'en multipliant 305 par 4, le produit 1220 sera le nombre des toises quarrées qui produiroient 305 toises cubes d'eau en un an, ou en 360 jours (1). Mais comme il faut supposer qu'au moment de l'investissement, il peut arriver que les citernes soient à-peu-près à sec, et que le plus sûr est de ne compter que sur le produit des pluies pendant la durée du siege, il faut établir cette regle de proportion : 48 jours sont à 360 jours, comme 1220 toises sont à 9150 toises. Il faut donc une surface de 9150 tois. pour produire l'eau demandée en 48 jours. En effet, 360 jours divisés par 18, donnent 20 jours pour le produit d'un pouce d'eau ; d'où il suit qu'en 48 jours, une surface quelconque en aura reçu 2 po. 4 lig. $\frac{4}{5}$; or, si je multiplie 9150 toises quarrées, par 0 t. 0 pi. 2 po. 4 lig. $\frac{4}{5}$, je trouve exactement au produit 305 toises cubes. Donc cette quantité d'eau sera fournie en 48 jours sur la surface proposée.

Il faut donc disposer les cheneaux destinés à recueillir les eaux des c'ternes, sur des toîts dont les bâtimens aient 9150 toises de superficie.

Cette étendue de surface est immense, et rend les constructions très cheres. Une place de six bastions, telle que nous la supposons ici, n'ayant guere plus de 300 toises de diametre intérieur au rempart, n'a pas plus de 72,000 toises quarrées de terrain occupé par les rues et les bâtimens : le quart seulement de cet espace est couvert par des toitures ; ainsi celles-ci ne couvrent qu'une superficie de 18,000 toises quarrées,

____

(1) Nous faisons abstraction des 5 jours intercalaires, parce qu'il ne s'agit pas ici d'une rigueur géométrique.

d'où il résulte qu'il faudroit couronner de cheneaux la moitié des bâtimens d'une telle place.

Mais à ce calcul rigoureux, il est raisonnabe d'en substituer un autre, qui réduit tous les résultats à la moitié: en supposant qu'ayant prévu le siege, et ayant pris toutes les précautions nécessaires à l'approvisionnement de la place, on aura ménagé les eaux, et que les citernes seront à demi-pleines au moment de l'investissement. Cette hypothese place les choses entre les deux extrêmes du vuide et du plein total; et c'est la méthode à laquelle il faut généralement se réduire dans le calcul des événemens physiques que la prudence humaine peut guider à certains égards.

Quoi qu'il en soit, tels sont les principes auxquels il faut s'attacher, pour s'assurer l'aliment le plus nécessaire à la vie dans une place assiégée.

Ce que nous venons de dire suffit pour prouver qu'il faut se procurer, indépendamment des citernes, toutes les ressources possibles. Dans cette vue, il est des places, telles que Bitche, Longwy, Phalsbourg, où l'on a creusé à grands frais des puits de deux ou trois cents pieds de profondeur dans le roc, d'où l'on tire l'eau par le moyen d'un *treuil*: mais il arrive aussi, comme dans la derniere de ces villes, que cette ressource manque tout-à-coup, par des veines qui se forment dans le roc, et qui laissent échapper une partie de l'eau que les sources où les transpirations y apportent: on se voit alors forcé de combler ces puits. Indépendamment de cet inconvénient, le service fourni par des puits très profonds, est lent et fort coûteux.

On remédie à tous les défauts de ce genre, en conduisant dans une place de guerre le plus d'eau de source qu'il est possible; car si ce produit manque dès que l'ennemi est à portée d'en détruire la conduite,

elle assure au moins avant le siege un moyen sûr de
remplir les citernes, que l'on peut tenir pleines dans
les plus grandes secheresses mêmes, en y dirigeant,
par des conduits particuliers, l'excédent du produit
des sources sur la consommation ordinaire. Il est mal-
heuresement des positions tellement éloignées des
sources assez élevées pour pouvoir y être conduites
par un écoulement naturel, qu'il faut alors recourir à
quelque machine pour les porter à la hauteur nécessaire. Mais ce cas est plus rare qu'on le pense, et souvent des recherches faites à quelque distance avec soin,
découvrent des ressources que l'on ne soupçonnoit
pas. C'est ainsi que la ville de Phalsbourg, qui man-
quoit d'eau depuis son existence, avoit abandonné l'espoir d'en obtenir, après beaucoup d'essais et de vaines
dépenses, lorsque j'eus le bonheur, en 1786, de lui
procurer une fontaine, qui conduisit dans ses murs
le produit moyen de 108,000 pintes d'excellente eau,
par 24 heure. Je trouvai ces sources dans les forêts,
à deux lieues de cette place, qui en étoit séparée par
un vallon profond, où coule la riviere de Zorn. Je
m'attachai à les réunir, dès que je les eus analysées
pour m'assurer de leur bonté, et je les plongeai, par
une conduite dans ce vallon, où elles passerent sous
le lit de la riviere, pour remonter le revers opposé au
point de départ, et franchir ainsi, à travers des pans
de rochers, une élévation à pic de 437 pieds. J'eus de
grandes difficultés à vaincre ; mais mon opération eut
le succès le plus complet, au moment même où ma
constance à les abattre étoit ébranlée, par les doutes
que des hydrauliciens, mêmes exercés, sembloient
avoir conçus sur la possibilité d'en triompher. Cet
établissement existe, et assure aux citoyens et à la
garnison de cette place, la facilité d'en remplir les citernes dès que les circonstances pourront l'exiger.

Le produit de 108,000 pintes rempliroît les citernes dont nous avons calculé la capacité , en 21 jours , 8 heures et 24 m'nutes. Il est peu de cas où l'on ne puisse prévoir, trois semaines d'avance , les circonstances qui peuvent entraîner la nécessité d'approvisionner une place. »

TRAITÉ

DE

LA DÉFENSE

DES PLACES.

SECONDE PARTIE.

Instruction générale pour servir au réglement des garnisons, et à celui des munitions les plus nécessaires à la défense des places frontieres.

AVERTISSEMENT.

IL y a long-tems que, faisant réflexion sur la quantité des munitions nécessaires à la défense des places, j'ai reconnu que, non seulement il y auroit beaucoup de difficultés à les munir de toutes celles dont elles peuvent avoir besoin pour le soutien d'un siege, mais qu'il étoit mal-aisé d'en pouvoir dresser des états bien justes par rapport à leur grandeur, à leur fortification et à leur défense. Ces pensées, qui m'ont paru assez importantes pour repasser sur quantité des sieges de ma connoissance, dont la plus grande partie des places ont moins résisté qu'elles ne le doivent, par le défaut de munitions, m'ont persuadé qu'il y alloit du bien du service de m'en faire un étude particuliere, et d'en

dresser une espece d'instruction, qui pût servir à toutes les places fortes, grandes et petites. C'est ce qui
m'a obligé de travailler à celle-ci avec soin dans mes
heures de loisir, et de rédiger ces états en tables, pour
une plus grande intelligence, lesquelles comprennent
non seulement la quantité de munitions nécessaires,
de toutes les especes, mais encore le nombre des officiers des états-majors et de ceux de police, celui des
ingénieurs, la force des garnisons, les vivres, les hôpitaux, et généralement tout ce qui peut contribuer à
une vigoureuse défense. J'en ai fait une recherche la
plus exacte qu'il m'a été possible, pour toutes les places
qui ont depuis quatre grands bastions de circuit, jusqu'à celles qui en ont dix-huit, ou l'équivalent à ce
nombre, qui sont les plus grandes que nous ayons.

Avant d'entrer en matiere, j'estime qu'il est bon
d'avertir que les places de guerre sont fermées par des
remparts (1), élevés et assujétis à de certaines regles,
dont la principale est que toutes leurs parties s'entre-
aident et se défendent mutuellement ; mais il est à remarquer que ces différentes parties sont de grosses
masses inanimées, dont toute la vertu consiste dans
leur solidité et dans la disposition de leur figure, et
qui n'ont d'autre action que celle qui leur est donnée
par les hommes employés à leur défense. Cette défense
est plus ou moins grande, selon que la fortification est
bien ou mal faite, et sa défense bien entendue. Or,
c'est dans la connoissance de son usage, et de la quantité d'hommes et de munitions nécessaires à les faire valoir, qu'il faut entrer, et sur quoi il est important de
s'ouvrir l'esprit ; autrement la plupart des places de
guerre, sur lesquelles on compte pour la sureté de

---

(1) C'est une de ces répétitions sur lesquelles Vauban a prévenu.

l'état, ne feront pas la résistance que l'on doit en attendre, soit par manque d'une chose ou d'une autre,
ou par leur usage mal attendu, ou leur défense mal
réglée. Car on ne manque jamais de prétextes pour
excuser la médiocrité de leur résistance, je pourrois
même dire n'en avoir point encore vu qui ait été poussée jusqu'où elle pouvoit raisonnablement aller. Il y a
toujours quelque raison, bonne ou mauvaise, qui
oblige à les rendre plutôt qu'on ne le devroit; car
bien qu'il y ait quelquefois de la faute des places
mêmes, pour avoir manqué à quelque chose dans leurs
fortifications, ou pour n'avoir pas été entièrement
achevées, ou enfin, pour avoir été mal entretenues;
il est certain qu'il y a encore plus de la faute des
hommes, soit pour les avoir mal fourni de leurs besoins, ou pour n'en avoir pas assez ménagé les munitions pendant le siege, ou pour n'avoir pas bien entendu l'usage de leur fortification, et s'être foiblement
servi de leurs défenses, ou enfin pour n'avoir pas su
bien juger du péril où les assiégés se trouvent sur la
fin d'un siege.

Je ne prétends pas pouvoir donner ici des préceptes
suffisans et infaillibles pour réparer tous ces défauts,
mais seulement indiquer des moyens pour les prévenir,
et remédier à la plus grande partie. Avant que de finir
cet avertissement, je dois encore dire que je ne vois
rien à quoi un commandant assiégé, ou en danger de
l'être, doive prendre garde de plus près qu'à bien éco-
nomiser la consommation de ses munitions, soit de
guerre ou de bouche. C'est ce dont il doit se faire une
étude particuliere; car je tiens que non-seulement il
n'en faut souffrir aucune distribution sans ses ordres
précis, mais qu'il doit tous les jours se faire rendre un
compte exact des consommations de chaque garde, et

sur-tout de celles des poudres et des plombs, comme
des plus importantes (1).

Les moyens les plus sûrs de ménager les poudres,
sont, 1°. de ne les employer que dans les nécessités
pressantes ; 2°. de n'y toucher de la main que le moins
que l'on pourra ; 3°. de les délivrer aux postes par barriques couvertes de leur chape, et d'une peau de vache
avec son poil, fraîchement tuée ou repassée, ou de
quelque couverture de laine mouillée, et de tenir toujours une bonne sentinelle auprès, qui ne souffre pas
que d'autres que ceux qui sont chargés de leur distribution y touchent ; 4°. de les distribuer aux soldats
avec des mesures de fer - blanc de demi - quarteron,
d'un quarteron, de demi-livre, d'une livre, etc. (2),
et de la verser dans la poche droite de leur haut-de-
chausse, sans permettre qu'ils y touchent de la main ;
5°. de ne pas laisser tirer du canon mal-à-propos et
sans nécessité, notamment de grosses pieces, comme
on fait presque toujours (3) ; 6°. de modérer le feu de
la mousqueterie, du canon et des bombes, où il n'y a
point de nécessité de tant tirer, spécialement de jour,
lorsque l'ennemi n'entreprend rien, et qu'il n'est ques-

---

(1) Ce soin est d'autant plus important, qu'il arrive que des soldats tirent
leur poudre, la répandent, en font un commerce secret avec les chasseurs
et les gens de la campagne ; puis se plaignent dans l'occasion de n'en point
avoir, alors qu'il est devenu impossible de leur en procurer. J'en ai vu
qui se pressoient d'user leurs cartouches sans raison, pour sortir de combat. Les abus de ce genre sont un grand objet de surveillance.

(2) Cette observation n'appartient plus à notre tems : on livre la poudre
en cartouches.

(3) Cet abus est fréquent, sur-tout avec les troupes de nouvelles levée,
qui, ne sachant pas apprécier l'effet du canon, accusent de trop peu de
zele ceux qui sopposent à des coups dirigés sur quelques ennemis qu'ils
voient hors de portée. Un homme ne vaut un coup de canon, que lorsqu'on est à-peu-près sur de l'atteindre.

tion que de le tenir en respect, 7°. de tenir la main à
ce que le soldat ne dérobe point la poudre, ou ne la
répande pas malicieusement ; 8°. d'observer, après les
deux ou trois premiers jours d'attaque, d'en donner
-peu à ceux des gardes précédentes qui ne doivent monter qu'au bivouac, ou qui ne seront de garde que dans
les lieux non attaqués, parce qu'il est à présumer qu'ils
en auront de reste des gardes précédentes (1) ; 9°. de
ne pas souffrir que les soldats la dissipent mal-à-propos,
en chargeant à poignée dans les affaires pressées,
comme ils font ordinairement, mais les obliger à charger avec de petites charges de bois ou de fer-blanc
faites exprès (2), calibrées sur le pied de 35 ou 40 à la
livre, ou avec des cartouches de papier calibrés de
même, que j'estimerois encore plus, s'il n'en falloit pas
tant ; 10°. finalement, de prendre ce même soin pour
le plomb, les pierres à fusil, les meches, et les autres
munitions, et de charger les majors particuliers des
corps (3) de faire ramasser tous les matins celles qui
sont répandues dans les postes, comme les balles, les
meches, les sacs à terre, les armes rompues et les
outils, pour les faire porter aux magasins, les raccommoder et les mettre en état.

Observations sur le Mémoire des approvision-nemens de Vauban.

« Le mémoire des approvisionnemens de Vauban, qui
va suivre l'avertissement que l'on vient de lire, sert
encore de base à presque tous les officiers du génie

---

(1) L'inspection journaliere des gibernes doit remplir cet objet.

(2) L'usage des cartouches les rendent inutiles.

(3) ils sont remplacés dans nos troupes, par les second lieutenans-co-
lonels.

pour estimer les objets nécessaires à chaque place dont ils sont chargés. Ce travail long, compliqué, si précieux pour son tems, pour le nôtre même, par les bases qu'il a établies, offre cependant aujourd'hui beaucoup d'idées surannées, qui ne sont plus applicables à nos usages, à la constitution de nos armées. Je ne citerai que le seul exemple de l'immense quantité de meches nécessaire autrefois pour mettre le feu aux armes de l'infanterie, parmi laquelle les fusils à platines n'étoient pas encore d'un grand usage, tandis qu'aujourd'hui elle ne connoît plus les mousquets à meches. Il en est de même des mesures pour distribuer la poudre aux soldats et pour charger les fusils.

Ces différences, quelques autres, des rectifications de quantité, fondées sur de nouvelles expériences, enfin l'omission de beaucoup d'objets, tels, par exemple, que celui des bois de blindage, ont engagé Cormontagne, officier instruit et très laborieux, à composer un mémoire nouveau sur les approvisionnemens des places de guerre. Cet ouvrage, dans lequel il a pris Landau pour exemple, est très estimé dans le corps du génie, et remplace celui de Vauban chez tous les officiers de ce corps qui ont pu s'en procurer un manuscrit exact. Mais, quoiqu'il soit aujourd'hui préférable, il ne peut avoir place ici, par plusieurs raisons. Nous ne nous sommes pas proposé un Traité nouveau de la défense; moins encore d'altérer le texte de l'auteur célèbre de celui-ci: d'un autre côté, le mémoire de Cormontagne forme à lui seul un volume garni de 34 planches.

Je puis néanmoins me permettre deux choses, pour rendre le mémoire de Vauban plus utile et plus conforme à nos usages actuels : d'un côté, je marquerai sur les tables, d'une astérique, chaque article que nous aurions pu supprimer, parce qu'il est devenu inutile;

de l'autre ; j'ajouterai à son ouvrage quelques détails sur des objets qu'il a négligés. J'observe enfin, que l'artillerie n'étant plus d'accord, pour ses approvisionnemens, avec Vauban ni Cormontagne, je crois bien faire d'ajouter aux tables de Vauban, celles que nous donne Durtubie, dans son Manuel de l'artilleur ».

De la durée d'un siege.

Avant que de se déterminer sur les magasins à faire dans une place, et sur la force de sa garnison, il est nécessaire de supputer la durée du siege qu'elle peut soutenir : c'est ce que nous allons faire ici, plutôt pour servir d'instruction que pour en proposer une regle bien certaine, parce que toutes les places étant différentes les unes des autres, il faut s'y conduire par rapport au plus ou au moins de pieces qu'elles peuvent opposer à l'ennemi, et selon que les avenues en sont plus ou moins faciles. Au surplus, il faut toujours supposer deux choses ; l'une, que la garnison y fera toujours son devoir, du mieux qu'il lui sera possible ; l'autre, que l'ennemi attaquera par l'endroit le plus fort, ce qui arrive assez souvent ; auquel cas il ne faut pas qu'un commandant, brave homme et intelligent, soit contraint de se rendre avant le tems, faute d'avoir de quoi prolonger sa défense aussi long-tems qu'elle peut raisonnablement aller.

Nous supposerons donc une place réguliere de six bastions bien revêtus et terrassés à l'épreuve, toutes ses demi lunes revêtues de même, son fossé aussi revêtu, soit qu'il soit sec ou plein d'eau, le tout enveloppé d'un bon chemin couvert palissadé et traversé, avec les glacis bien faits et la campagne des environs unie, sans aucun couvert ni commandement jusqu'à l'extrême portée du canon; le tout sans autres dehors ni retranchemens extraordinaires. Sur ce pied-là , nous réglerons cette estimation comme ci-après.

Pour l'investissement de la place , façon des lignes , amas des matériaux et préparatifs pour l'ouverture de la tranchée, neuf jours; c'est à-peu-près le tems que nous y avons employé.   9 jours.

Depuis l'ouverture de la tranchée jusqu'à portée de l'attaque du chemin couvert, neuf jours; c'est encore le tems que nous y avons employé plus communément.   9

Attaque et prise du chemin couvert, y compris les discussions de ses places d'armes et traverses, et un parfait établissement, quatre jours.   4

Descente et passage de fossé de la demi-lune , trois jours.   3

Attachement du mineur, ou l'équivalent, pour les batteries de canon, jusqu'à l'ouverture d'une breche raisonnablement grande , quatre jours.   4

Prise et discussion des dedans de la demi-lune , trois jours.   3

Passage du grand fossé aux deux bastions, que l'on suppose commencé avant la prise de la demi-lune , quatre jours.   4

Attachement du mineur, ou établissement des batteries sur le chemin couvert, pour ouvrir la place et y faire une breche raisonnable , quatre jours   4

Défense et soutien des breches , après la place ouverte, deux jours.   2

Reddition de la place après la capitulation, deux jours.. . . , . . . :   2

Fautes

Fautes de l'ennemi, négligences de sa
part, et plus value de la défense, estimée à
quatre jours.   4

Total quarante-huit jours. . . . . 48 jours.

Nota. 1°. Si la demi-lune étoit retranchée par un
réduit revêtu et terrassé à l'épreuve, elle pourroit soutenir trois à quatre jours de plus.

2°. S'il y avoit un bon retranchement revêtu à la
gorge des bastions attaqués, cela pourroit encore allon-
ger la défense de cinq à six jours, plus ou moins, selon
qu'il seroit bien fait, et que la défense de l'intérieur
des bastions seroit ménagée et bien entendue.

3°. S'il y avoit des tenailles, le passage du fossé
pourroit être retardé encore de quelques jours de
plus.

4°. S'il y avoit un bon ouvrage à corne, ou l'équivalent, bien revêtu, avec une demi-lune et un chemin
couvert, sa résistance pourroit alonger la défense de
dix ou douze jours.

5°. S'il y avoit des redoutes, ou quelque redouble-
ment de chemin couvert, ce seroit encore autant
d'obstacles qui pourroient retarder les progrès des attaques.

Où cela se trouvera, il en faudra faire des estima-
tions judicieuses, et les faire plutôt fortes que foibles,
attendu que la force des garnisons, et le projet des
munitions devant se régler sur l'estimation de la durée
du siege, il faut, en toutes manieres, en éviter le manquement, par la raison ci-dessus.

6°. Cette estimation est fort serrée, je l'avoue, et
j'aurois dû compter la durée du siege plus longue,
mais j'ai pensé que les pertes d'hommes, les blessés et
les gens épars ou cachés, feront un équivalent de huit

E

ou dix jours , capable de suppléer au défaut , si les consommations sont ménagées.

Estimation de la force des garnisons.

Supposant toujours la même place à six bastions ; j'estime que la garnison ordinaire peut se régler à deux cents hommes par bastion, en tems de paix, parce qu'il n'est pas question de rien craindre en ce tems-là , avec une compagnie ou deux de cavalerie ou de dragons pour les escortes et autres expéditions, quand il s'agit de prendre des sûretés extraordinaires. L'état-major ordinaire de la place suffit alors , avec quelques ingénieurs, officiers d'artillerie, mineurs, canonniers , commissaires des vivres , etc.; mais, en tems de guerre, quand il y a lieu d'appréhender un siege , mon avis est qu'il y faut du moins cinq cents hommes par bastion , supposant la place fortifiée suivant les regles, depuis 150 toises de polygone jusqu'à 200, un peu plus ou un peu moins; et quand on l'estimeroit à six cents hommes par bastion, la chose n'en seroit que mieux. Le dixieme de ce nombre pourra régler celui de la cavalerie ; je voudrois qu'elle fût composée de dragons , autant qu'il sera possible , parce qu'ils peuvent mettre pied à terre dans des besoins , et agir comme l'infanterie.

S'il y a d'autres dehors que les demi-lunes ordinaires et le chemin couvert, on pourra augmenter la garnison à proportion : par exemple, de 600 hommes pour un ouvrage à corne ou l'équivalent, de raisonnable grandeur : de 6 à 800 hommes pour un fortin détaché qui sera bastionné et en état de faire une bonne défense par lui-même, tel qu'est le fort Niculay à Calais , le fort de la Scarpe près de Douay , et le

Niewendam à Nieuport ; de 200 hommes pour une double demi-lune (1) ; de 150 hommes pour une grande redoute détachée, capable de soutenir le canon quelque tems ; et ainsi des autres pieces qui peuvent avoir rapport à la place (2).

Venons à notre hypothèse : comptant sur le pied de 600 hommes par bastion, et supposant la place de six bastions.

----

(1) C'est-à-dire une demi-lune couverte d'une contregarde.

(2) Un Ingénieur particulier a remarqué très à propos que, pour déterminer la garnison d'une place, il ne faut pas seulement avoir égard à son enceinte et à sa grandeur, mais bien aussi à a facilité et à la quantité d'attaques que l'assiégeant pourra former, et aux pieces de dehors qu'il faudra défendre, si elles étoient attaquées ; car alors autant de monde que vous mettrez dans ces dehors, c'est autant de gens que vous tirez de votre garnison, et il est fort incertain qu'ils puissent y retourner (*a*) Il cite pour exemple le siege de Charleroy, où l'on prit les deux redoutes de l'inondation et tout le monde qui étoit dedans, ce qui faisoit environ 340 hommes ; il conclut de là que s'il n'y avoit point eu dans cette place une aussi forte garnison, elle se seroit trouvée fort affoiblie par la perte de ces hommes-là. Pour décider au juste la force de la garnison nécessaire, il faudroit aussi savoir la vivacité avec laquelle l'ennemi suivra ses attaques (*b*) ; car lorsqu'il attaque vivement et qu'on est obligé de se défendre de même, on ne peut avoir trop de troupes. C'est par cette raison que plusieurs très bons commandans, qui croyoient avoir assez de monde pour soutenir la défense de leur place aussi bien qu'il leur étoit ordonné, ont été obligés de se rendre avant le tèms qu'ils s'étoient proposés de capituler (*c*). Quand il y a bien des munitions dans une place, une nombreuse et valeureuse garnison fait autant que les ouvrages ; et le proverbe qui dit, qu'il n'est muraille que de bons hommes, est bien véritable.

(*a*) Cette observation me paroît superflue, puis que Vauban calcule séparément les hommes nécessaires aux ouvrages détachés.

(*b*) C'est réduire la question à l'impossible.

(*c*) Vauban a supposé l'attaque la plus vive : d'ailleurs cette marche ne dépend pas uniquement de l'ennemi ; cette vivacité est plus ou moins tempérée par les obstacles qu'on lui oppose.

E 2

L'infanterie de sa garnison sera de
3600 hommes . . . . 3600 hommes.
La cavalerie en sera le dixieme, et
partant, de 360 hommes 360
   Total . . . . 3960 hommes.

Détail de l'emploi de la garnison pendant
un siege.

Pour les blessés, malades, déserteurs ou gens cachés,
environ la dixieme partie de moins vers
le vingtieme jour du siege ; partant
396 hommes . . . . 396 hommes.
 Pour le service des batteries et du
canon, 100 hommes 100
 Pour les travaux ordinaires, 300 hommes 300
 Pour le transport des munitions dans
les postes, et pour en rapporter les
blessés, 50 hommes 50
 Infirmiers, 30 hommes 30
 Aidès du garde-magasin pour fondre
les plombs , tirer les munitions hors
des magasins , les transporter et les
charrier, 20 hommes 20
   Total . . . . 896 hommes,
dont il faudra régler la destination dès le commencement du siege , leur donner des chefs (1) , et qu'ils ne

---

(1) Ceci n'est pas juste : pour le premier article on ne peut , le premier
jour, compter des malades, des blessés, des déserteurs, au nombre auquel
l'auteur suppose qu'ils ne seront élevés qu'au vingtieme. Le principe n'est
d'ailleurs point applicable aux déserteurs et gens cachés. Des états exacts
et journaliers doivent rendre compte de la situation de la garnison, et
la répartition du service doit varier comme elle.

soient employés qu'à cet usage , tant que le siege durera ; outre cela , il faudra tirer du corps des troupes tout ce qui se trouvera de fourbisseurs , armuriers , serruriers , charpentiers , tourneurs, etc. pour les appliquer chacun à leur métier.

La bourgeoisie sera bien petite , si elle ne peut donner 3oo hommes, pour prendre garde au feu , et fournir aux ouvrages les moins exposés , et au canon des postes où celui de l'ennemi ne tirera point (1), en déduction d'autant de la quantité de soldats ci-dessus , que nous ne compterons , à cette considération , que pour 6oo hommes , qu'il faudra ôter de 36oo : il restera à faire état de 3ooo hommes d'infanterie , qu'il faut diviser en trois parties de mille hommes chacune , dont une en garde , l'autre au bivouac, et l'autre en repos.

La cavalerie sera pareillement divisée en trois parties, dont une en garde , l'autre au bivouac , et la troisieme en repos.

Celle qui sera en garde prendra la droite et la gauche des attaques , et les autres postes, selon qu'on le trouvera à propos.

Celle qui sera au bivouac , sera disposée par brigades sur les places et les carrefours de la ville, pour prendre garde au feu, et qu'il ne s'y fasse point d'assemblée tumultueuse.

---

(1) Il n'y a guere que le sixieme des habitans d'une commune, en état de porter les armes , de faire un service militaire quelconque. Il faut compter au moins deux jours de repos sur un de service, pour des hommes qui ont besoin de soigner et de nourrir leurs familles , d'où il résulte que le secours journalier de 3oo citoyens pour le service de la place, suppose une population de 54oo habitans ; nombre exagéré de moitié pour la plupart de villes à six bastions. Au surplus Vauban indique également par cette formule, qu'après avoir pris connoissance de ce secours , il doit être porté en diminution du service de la garnison : c'est un principe établi.

E 3

La cavalerie qui sera en repos, tiendra ses chevaux sellés pendant le jour, et quand il s'agira de sorties un peu consi 'érables elle montera toute à cheval.

La garde d'infanterie et le bivouac, se tiendront sous les armes dans leur poste, et les gens de repos les prendront aussi et s'assembleront devant leurs logemens, où ils se tiendront en état d'empêcher qu'il ne se passe rien de mal dans le dedans, et de secourir le rempart, s'il en est besoin; il faudra aussi faire la même chose quand il y aura des entreprises extraordinaires de la part de l'ennemi.

Nous subdiviserons encore les mille hommes de garde en trois parties égales, ou à-peu-près, dont les deux tiers, que nous fixerons à 650 hommes, soutiendront la tête des attaques; et l'autre tiers, montant à 350 hommes ou environ, occupera les autres postes non attaqués du circuit de la place.

Le bivouac fera ses divisions de même que la garde, et prendra poste sur les remparts, immédiatement derriere elle, et dans les endroits les plus à portée de la secourir.

Nous subdiviserons (1) encore la garde en trois parties égales, dont les deux tiers feront feu pendant les deux premieres heures de la nuit, qui seront relevés par l'autre tiers; ce tiers, deux heures après, sera aussi relevé par l'un des deux premiers, qui sera relevé à son tour par l'autre tiers, et ainsi de tiers en tiers, tant que la nuit durera.

Le jour, il suffira d'entrenir le feu par huit ou dix hommes postés dans chacun des angles saillans du chemin couvert, qui auront vue sur les attaques, les-

____

(1) Cette subdivision appartient plus particulièrement à la troisieme partie de cette ouvrage, où il s'agit de la partie active de la défense.

quels seront relevés d'heure en heure, ou toutes les deux heures, observant que de nuit on fait, pour l'ordinaire, un feu continuel, parce qu'on suppose que la tranchée et les attaques cheminent et s'étendent devant tout le front attaqué; ce qu'on soupçonne plutôt les premieres nuits qu'on ne le découvre; mais de jour, comme on voit clair, il suffit de tenir les armes passées entre les paniers (1), et de tirer, quand on voit remuer, à ce qui paroît, et rien plus.

Je n'entrerai point ici dans le détail des distributions particulieres entre les troupes, parce qu'elles different entre elles selon la disposition des places, et qu'elles n'ont rien de commun avec ce dont il s'agit: venons aux munitions.

Estimation des poudres nécessaires pour un siege.

Une livre de poudre de 16 onces, peut fournir à 30, 32, 36, et même jusqu'à 40 coups de mousquet, compris l'amorce, quand la poudre est bonne, et chaque soldat peut tirer 75, 80 à 90 coups pendant sa garde, ce qui revient à la consommation de 2 livres et demie de poudre par homme; sur ce pied-là nous compterons, pour les 650 hommes de garde, 1625 liv. de poudre . . . . . 1,625 liv.

Aux 650 hommes de bivouac, à une demi-livre chacun, 325 liv. 325

Aux 350 hommes de garde aux postes non attaqués, à raison d'un quarteron chacun, 87 liv. et demie . . . . 87 liv. ½

Aux 130 chevaux de garde, à raison

---

(1) Ce sont de petits gabion placés sur les parapets pour y former des creneaux, derriere lesquels le soldat cache sa tête en tirant: ils suppléent aux *sacs à terre.*

d'un quarteron chacun , 32 livres et
demie . · . . . . , . . .　　　　32 liv. ½.

Pour 300 coups de canon à chaque
garde , estimé à 5 livres réduits , y compris l'amorce , 1,500 liv. . . . . . .　　　　1,500

Pour 300 coups d'arquebuse à croc ,
ou fusils à chevalets , estimés à 2 onces
chacun , 37 liv. et demie . . . . . .　　　　37 liv. ½.

Total . . . .　　　　3,607 liv. ½.

Et pour quarante - huit jours d'attaque , 173,240 liv. de poudre . . . .　　173,240 liv.

Auquel ajoutant un dixieme pour le
déchet . . . .　　　　17,324

Il viendra en tout . . . . . .　　190,564 liv.

Plus , pour dix jours d'investissement ,
à 1,500 livres par jour , à cause du
canon des sorties , et des fréquentes escarmouches qui se font dans ce tems-
là . . . .　　　　15,000

Actions extraordinaires par estimation . . . .　　　　23,600

Pour tirer et charger 1500 bombes ,
à 16 liv. chacune . . . .　　　　24,000

Pour charger et tirer 200 demi-bombes ,
à 6 liv. chacune . . . .　　　　12,000

Pour tirer 6000 coups de mortiers et
pierriers , à une livre et demie chacun .　　　　9,000

Consommation de 30,000 grenades ,
à quatre onces et demie chacune . . .　　8,437 liv. ½.

Pour mines et fougasses , par estimation . . . .　　　　6,400

Poudre brûlée dans les breches . . .　　　　4,000

Artifices . . . . 3,562 liv. $\frac{1}{2}$.

Déchet 8,900

Reddition de la place , où il doit se trouver pour trois jours de poudre pour toute la garnison. Cette quantité est nécessaire pour obtenir une capitulation honorable , et pour ôter à l'assiégeant tout prétexte de ne pas l'observer exactement 12,000

Total général de la quantité de poudre nécessaire dans cette place , que nous supposons devoir être saine et de bonne qualité . . . . 317,464 liv.

Comme il n'est pas possible que l'ennemi ne fasse des fautes qui lui causeront du retard , on ne fera que très bien d'ajouter environ douze à treize milliers de poudre de plus . . . . 12,536 liv.

Auquel cas le tout pourra monter à . . 330,000 liv.

Moyennant quoi , j'estime que la place sera suffisamment munie de la quantité de poudre nécessaire , sauf à y en ajouter dix mille de plus, pour satisfaire aux exercices ordinaires des troupes , escortes, détachemens journaliers , et aux partis qui se font en tems de guerre 10,000

Et partant, le total général de l'approvisionnement des poudres se montera à trois cents quarante milliers de poudre.

Total . . . . 340,000 liv.

Estimation du plomb.

Il est aisé de la faire ; car il n'y a qu'à doubler le nombre trouvé pour la quantité de poudre destinée à l'usage de la mousqueterie, et l'on aura celle du plomb nécessaire, auquel il faudra ajouter un dixieme (1) pour le déchet, et pour celui qui pourra être employé pour le canon chargé à cartouches. Ainsi la quantité de poudre destinée à la mousqueterie, suivant le calcul précédent, devant être de 190,564 l. le double sera de. . . . . . 381,128 liv.

Auquel , ajoutant le dixieme du tout pour le déchet 38,112

Il viendra . . . . .419,240 liv.

pour la quantité de plomb nécessaire à l'usage des troupes.

Si l'on veut travailler avec plus de précision , il faudra se fixer sur un calibre commun, tel qu'on voudra le choisir parmi ceux qui sont le plus en usage : par exemple , s'il étoit question de celui de 16 balles à la livre, en supposant la consommation des poudres sur le pied de demi-once par coup, il n'y auroit qu'à doubler comme ci-dessus, pour avoir la quantité de plomb nécessaire. Mais si on employoit d'autres calibres , comme de 18 à la livre, qui est celui qui me plairoit le plus, il faudroit faire une regle de trois et poser 18 au premier terme (qui est le calibre), 3o au second (qui est le nombre des balles qu'il faut pour une livre de poudre); le total de la poudre destinée à la mousqueterie , au troisieme ; le quatrieme terme donnera la quantité de plomb requise ; et ainsi des autres calibres.

---

(1) On ne met ici qu'un dixieme, parce qu'on compte un peu sur le plomb et sur la vaisselle qui pourra se trouver dans la place.

Estimation de la meche.

Une brasse de meche de cinq pieds de long, seche
et bien conditionnée, allumée par un bout en lieu où
elle ne soit point agitée par le vent, durera quatorze
à quinze heures. Mais comme il s'en faut bien qu'elle
soit toute de la qualité requise pour être bonne, et
qu'on la hâte ordinairement, que le charbon est usé à
force de l'ouvrir, soufler et tourner, que d'ailleurs
elle ne peut pas servir jusqu'à son entiere consommation, j'estime qu'il est raisonnable de réduire cette
durée à 12 heures. De cette façon, deux brasses de
meche allumées l'une après l'autre, pourront durer
24 heures, un peu plus ou un peu moins. C'est sur ce
pied-là que nous réglerons le calcul de ces consommations dans une place assiégée, telle que celle qui a
été ci-devant proposée.

Consommation de la meche pendant l'investissement.

Supposant vingt-quatre boute-feux à meche, allumés
par un bout seulement, sur les batteries à barbette, tant
de la place que des dehors, faisant 48 brasses de consommation en 24 heures ci . . . . 48 brass.

    * Soixante sentinelles, tant dans la
place que dans les dehors, ayant autant
de meches perpétuellement allumées par
un bout, faisant. 120

    * Pour mille hommes de garde, à
deux brasses chacun, ci 2,000

    * Le bivouac de 1000 hommes, outre
les gardes, à deux brasses chacun . . 2,000

Total de la consommation pendant un
jour . . . . 4,168 brass.

Et pour neuf jours d'investissement . 37,512

Consommation de la meche depuis l'ouverture de la tranchée jusqu'à la fin du siege.

* Pour 650 hommes opposés aux attaques, ayant la meche allumée par les deux bouts, à raison de quatre brasses chacun, ci . . . . 2,600 brass.

* Pour 330 hommes de garde dans les postes non attaqués, à deux brasses chacun, ci 660

* Pour les 1000 hommes de bivouac, à deux brasses chacun, ci 2,000

Consommation ordinaire des batteries 100

* Sentinelles 120

Consommation totale d'une journée . 5,480 brass.

Et pour 50 jours d'attaque. . . . 274,000

On met cinquante jours, bien que cela ne convienne pas à l'estimation de la durée du siege ; mais c'est que les consommations de meches sont toujours plus étendues qu'on ne peut les estimer.

A quoi il faut ajouter les consommations de neuf jours d'investissement, qui montent à 37,512 brasses, ci 37,512

Emploi dans les feux d'artifice. . . 18,000 brass.

Déchet et mauvais emploi 20,000

Reddition de la place. 11,120

Total . . . . 360,632 brass.

que nous réduiront à trois cents mille brasses de meche, pour les raisons déduites ci-dessous . . . . , 300,000 brass.

Lesquelles mises en paquets de vingt-deux brasses et
et demie , comme on les fait ordinairement , donnent . . . . 13,333 $\frac{1}{2}$ paq.

En bottes de douze paquets. 1,111 bot. 17 paq. 6 $\frac{1}{5}$ b.

En tonnes de 5 bottes chacune . . . . 222 ton.

On remarquera , 1°. que le paquet pese , à peu de
chose près , 5 livres; la botte, 60 livres, et la tonne
300 livres ; partant, les 300,000 brasses , ou les treize
mille trois cents trente-trois paquets et demi , ou les
1111 bottes , ou les 222 tonnes de meches bien conditionnées, doivent peser, 66,600 liv.

2°. Qu'on pourra diminuer le tiers ou la moitié de
cette meche , en considération des fusils , dont on se
sert beaucoup plus présentement que par le passé ; sur
ce pied, je présume qu'on peut réduire cette estimation
à 150 tonnes (1).

Voilà ce que j'ai cru devoir mettre au commencement
de cet état , touchant l'estimation des munitions principales, afin d'apprendre à ceux qui ne le savent pas ,
de quelle maniere doivent se conduire ceux qui voudront se donner la peine de travailler à des projets
de magasins et d'arsenaux méthodiquement et avec
connoissance de cause. Je ne passerai pas outre dans
ces détails , qui me meneroient plus loin que je ne veux

---

(1) En supprimant les articles aujourd'hui superflus, marqués par des
étoiles , ces résultats se réduisent aux deux quinziemes ou 40,000 brasses,
en donnant au déchet à-peu-près, comme Vauban, le quinzieme des
quantités précédentes, et supposant les magasins pourvus de 948 brasses
de meches au moment de la reddition de la place. Ainsi, suivant Vauban,
il y auroit 1777 $\frac{7}{}$ paquets. 148 bottes 1 $\frac{7}{5}$ brass. ou 29 $\frac{3}{5}$ tonnes, pesant 8880
livres. Cormontagne double ce résultat, en comptant 200 brancards à 200
brasses de meches chacun.

aller, parce que je pense qu'en voilà assez pour faire connoître de qu'elle maniere on doit s'y prendre.

Des hauts officiers.

Il est très nécessaire qu'une place en danger d'être assiégée, soit pourvue d'un bon état-major (1) et d'une certaine quantité d'officiers en grade, gens de commandement et d'expérience, capables de suppléer au commandant, s'il arrivoit faute de lui. Il faut que ces gens soient subordonnés au chef, parce qu'il est à présumer que celui-ci connoîtra toujours mieux la place, et qu'il s'intéressera plus à sa défense. Il faut aussi que ces mêmes officiers soient subordonnés entre eux, pour éviter toute dispute de préséance; qu'ils soient d'un caractere distingué au-dessus des colonels, afin qu'ils leur puissent commander et donner les ordres dans les postes où ils se trouveront éloignés du commandant, quand il arrivera des occasions imprévues et pressantes. C'est de ces personnes-là, avec l'état-major ou ceux qui en feront les fonctions, dont il faudroit composer le conseil du commandant, et avec lesquels il doit délibérer de tout ce qu'il y aura à faire de considérable. On remarquera que l'intendant ou le commissaire ordonnateur, doivent aussi entrer dans le conseil, quand il s'agira de la police ou de la subsistance des troupes, du paiement des travaux, ou de

---

(1) Si le peu d'expérience et de capacité de ceux qui composent cet état-major, et qui se trouvent actuellement en place, les rendent incapables de pouvoir bien s'acquitter de leurs emplois dans la défense d'une place, en cas de siege, il est nécessaire de les faire remplacer par d'autres pour cette occasion, en laissant seulement aux premiers le détail de la garde de l'intérieur de la place : c'est ce qu'on a pratiqué pendant la guerre de 1702.

prendre quelques résolutions extraordinaires. J'estime même que les gens de ce conseil doivent être nommés par le commandant; bien entendu que celui - ci doit toujours être le président et l'ordonnateur de toutes les résolutions qui s'y prendront.

Etat des officiers majors de la place, et des autres.

Le commandant en chef, avec deux aides-de-camp, si la place est petite, et quatre ou six, si elle est grande.

Un autre officier général, qui doit commander après le commandant de la place, et deux aides-de-camp : attendu que d'ordinaire il commande dans les dehors, où il n'est guere possible qu'il n'ait beaucoup d'affaires, et par conséquent besoin de quelqu'un pour porter les ordres d'un poste à l'autre.

Le major de la place ou major-général, et ses aides, qu'il faudra augmenter, autant que besoin sera, dans ce tems-là.

L'ingénieur de la place, assisté de trois, quatre ou six ingénieurs auxiliaires, et de tous les subalternes, des inspecteurs, entrepreneurs des ouvrages ordinaires, gens de métier et autres, dont il faudra s'assurer de bonne heure.

Le capitaine des portes et deux aides avec lui. Le commissaire ordinaire de l'artillerie, et le garde-magasin, assisté de dix ou douze ouvriers de l'artillerie, gens sûrs et bien connus, pour aider au remuement et transport des poudres et autres munitions, tant dehors que dedans les magasins.

Un coffre bien fermé, dans le cabinet du commandant, dont il aura une clef et l'intendant l'autre; ce coffre, contenant les ordres secrets du gouvernement, pour ce qui regardera la défense de la place, et jusqu'où il désirera qu'elle soit poussée : les ordres sur la succession au commandement, en cas de mort du commandant pendant le siege, et un certain nombre de commissions et de brevets en blanc pour remplacer les officiers des corps qui viendront à manquer (1).

Des officiers de Police.

L'intendant (2), et ses secrétaires ou commis, si c'est une place considérable, ou un subdélégué de l'inten-

---

(1) Il est très-important que le commandant d'une place assiégée ait le pouvoir de faire des graces à ceux qui se distinguent par des actions de valeur, et de nommer aux emplois vacans, l'officier et même le soldat ; enfin le commandant doit avoir en dépôt dans ce coffre un mémoire détaillé du fort et du foible de la place, et un projet de défense auquel les principaux officiers puissent avoir recours pour s'en servir, au cas qu'il soit hors d'état de commander. Faute d'un semblable mémoire, beaucoup d'officiers qui se sont trouvé commander, par accident, dans une place, ont été embarrassés sur ce qu'ils devoient faire, et quelques-uns ont capitulé plutôt qu'ils ne le devoient ; si Laubanis eût mis en dépôt une copie de son projet de défense, ses blessures n'auroient peut-être pas avancé la reddition de Landau.

Les ingénieurs sont absolument nécessaires pour la construction des ouvrages de chicane, et pour la réparation de ceux qui seront ruinés par l'artillerie des assiégeans ; et s'ils sont gens d'expérience et qu'ils connoissent bien la place, ils peuvent, par leur savoir-faire et par leurs seuls conseils, retarder de beaucoup la reddition de la place.

Enfin si la place est considérable, outre le commissaire ordinaire de l'artillerie, et le garde-magasin, il faut un commandant en chef d'artillerie, capable et homme d'expérience, accompagné de plusieurs autres officiers d'artillerie qui lui seront subordonnés.

(2) Cette dénomination est rayée des titres des agens de police en France : les intendans sont remplacés dans les armées par les commissaires-ordonnateurs des guerres.

dant

dant, ou un commissaire - ordonnateur, si c'est une médiocre, munis de tous les ordres nécessaires pour pouvoir exercer la charge d'intendant en son absence.

Deux commissaires des guerres, un trésorier et ses commis, avec une somme assez considérable en caisse, pour pouvoir payer la garnison trois mois durant, ainsi que les travaux du siege, et pour satisfaire aux petites gratifications que l'on est obligé de faire aux officiers blessés et aux soldats qui ont fait leur devoir, ou pour quelque chose d'extraordinaire.

Un commissaire des vivres et deux ou trois commis, avec leurs boulangers, et tous les fours et instrumens nécessaires à la boulangerie.

Un prévôt et dix archers (1), avec un exécuteur de la haute-justice et ses valets.

De l'Hôpital.

Un directeur et deux commis, un médecin pour les places au-dessous de six bastions, et deux ou trois, pour celles qui sont au-dessus.

Un ou deux apothicaires et leurs garçons, avec leurs boutiques garnies de toutes les drogues et médicamens nécessaires à la médecine et à la chirurgie, pour les malades et les blessés, qui soient bien choisis et de bonne qualité.

Le chirurgien-major, et dix ou douze garçons, fournis de tous les instrumens nécessaires à leur art.

L'infirmier et dix aides.

Un cuisinier et ses aides, huit ou dix valets et cinq ou six servantes, pour blanchir le linge, et avoir soin des malades et des blessés.

______

(1) L'on ne juge plus prévotalement en France.

F.

Des Officiers extraordinaires.

Un lieutenant d'artillerie en chef, si c'est une grande place, ou deux commissaires provinciaux, six ordinaires, et au moins autant de commissaires (1) extraordinaires, ou officiers pointeurs, un garde-magasin, avec 4, 6 ou 8 aides.

Soixante, 80 ou 100 canonniers, et même jusqu'à 200, suivant la grandeur de la place et le nombre des bastions : on en compte ordinairement 20 par bastion. Les officiers des canonniers, à proportion : deux artificiers et quatre hommes adroits pour les aider.

Soixante, jusqu'à quatre-vingt bombardiers ; on en compte dix par bastion, avec des officiers à proportion.

Un capitaine ou du moins un lieutenant de mineurs, avec un sergent et un caporal, quarante à soixante mineurs, et même davantage, avec leurs officiers. On ne sauroit avoir trop de mineurs : la défense d'une place par les mines et les contre-mines étant le meilleur moyen d'en retarder considérablement et même d'en empêcher la prise.

Trois ou quatre maîtres charpentiers et vingt compagnons, deux ou trois maîtres charrons et vingt compagnons.

Trois tourneurs et autant de menuisiers, pour les coffres, fougasses, porte-feux de bombes et de grenades, augelets, etc.

Vingt maîtres monteurs d'armes ; des armuriers, ser-

---

(1) Ces dénominations ont toutes changé : les officiers d'artillerie ne se désignent plus que par leurs grades respectifs. Ceci peut se réduire pour les grandes places à un officier général, un chef de brigade, un chef de bataillon et douze officiers subalternes ; on peut en supprimer le général et quelques officiers d'un grade inférieur dans les petites places.

ruriers, fourbisseurs, tant que l'on en pourra trouver : c'est de quoi l'on n'a jamais trop.

Explication des Tables suivantes.

Le chiffre en haut de chaque colonne dénote la quantité des bastions dont les places sont composées, ou leur équivalent : ainsi le 4 marque le quarré ; le 5, le pentagone ; le 6, l'exagone, et ainsi des autres jusqu'à 18.

Dans la marge est écrite la qualité des munitions, et chaque colonne à côté est remplie de la quantité de celles qui conviennent à la place à laquelle elle est affectée, par rapport au chiffre qui est au haut de la colonne ; ce qui se verra plus clairement par les exemples suivans.

PREMIÉR EXEMPLE.

Si l'on veut savoir quelle doit être la garnison d'une place à quatre bastions, qui a lieu de craindre un siege, il n'y a qu'à voir l'article des garnisons, on trouvera au haut de la premiere colonne (4), plus bas 2400 hommes de pied, et au-dessous 240 chevaux, pour le nombre de la garnison

SECOND EXEMPLE.

Si l'on veut savoir de combien doit être celle d'une place de 12 bastions, il faut suivre le haut des colonnes de la même page, jusqu'au n°. 12 ; vis-à-vis des garnisons, en trouvera 7200 hommes de pied, et au-dessous 720 chevaux.

TROISIEME EXEMPLE.

Pour savoir ce qu'il faut de poudre dans une place de six bastions, il n'y a qu'à chercher à l'article des poudres, à la suite des munitions d'artillerie, le nombre 6, qui est au haut de la colonne, et immédiatement au-dessous, on trouvera 280,000 livres, qui est la quantité de poudre nécessaire à cette place, suivant l'estimation de ce formulaire (1).

QUATRIEME EXEMPLE.

Pour savoir la quantité de plomb nécessaire pour la même place, relativement aux poudres, on la trouvera au-dessous toute supputée : ainsi des autres.

S'il se trouvoit des places à quatre bastions, dont le circuit fût moindre que celui d'un polygone de 150 toises de côté, on pourroit se servir de la regle proposée pour les ouvrages à corne. S'il s'en trouvoit encore dont le circuit fût plus petit, on pourroit diminuer à proportion, suivant ce qu'on auroit conjecturé de plus avantageux de la résistance de la place, et du nombre d'hommes employés à sa défense, et toujours par rapport au formulaire et aux difficultés extraordinaires, qui peuvent plus ou moins contribuer à

---

(1) La quantité de poudre marquée dans ces tables, pour une place à six bastions, qui se trouve dans le cas d'être assiégée, est bien inférieure à celle qui a été indiquée ci-devant, page 73, à l'article de l'estimation de la poudre nécessaire pour une pareille place, puisqu'elle se monte à 340 milliers de poudre, au lieu que la table n'en indique que 280 milliers : mais comme tout ce qui vient d'un grand homme tel que Vauban doit être respecté, et que nous donnons ici l'ouvrage original de ce célebre ingénieur ; nous n'avons pas cru devoir rien changer à ces articles, ni aux tables qu'il a calculées, ayant toujours suivi très fidelement un manuscrit des plus complets, que nous tenons de Belidor, lequel en faisoit un cas particulier, et y avoit ajouté quelques notes et plusieurs corrections de sa main. (a)

(a) La note placée au bas de la douzieme table, observe que les 280,000 livres de poudre, ne sont relatives qu'à l'hypothèse de 41 jours de siege au lieu de 48. C'est à-peu-près un cinquieme à ajouter au résultat de la table, ce qui donne 256,000 pour 240,000, différence peu considérable.

retarder les progrès des attaques : c'est suivant cela qu'il faut se régler.

Mais comme il y a presque toujours des parties inaccessibles dans le circuit de la plupart des places , où cela se trouvera , on peut diminuer l'état des garnisons et des munitions à proportion de l'étendue inattaquable du circuit. Par exemple , si, dans une place de dix-huit bastions, il se trouvoit un espace de son rempart équivalent à trois bastions, qui fût inaccessible aux attaques réglées , il faudroit employer la colonne qui répond à 15 bastions, pour revenir à la juste proportion (1).

Comme il arrive aussi que la plupart des grandes places ont des forts détachés qui en dépendent, comme le fort Louis , et le Risban à Dunkerque, le fort François , et les redoutes du Suisse et de Lapin à Bergues , le Nieuvendam et le Virvouth à Nieuport, le fort Nieulay et le Risban à Calais , qui sont autant de surcharges pour les garnisons de ces places et pour les munitions, il faut y avoir égard , et faire le calcul de leurs besoins par rapport à la durée de leur défense et au nombre d'hommes qu'il y faut employer , et l'ajouter à celui

---

(1) Cette regle seroit bonne dans le sens rigoureux de l'acception du mot *inaccessible* ; mais cette circonstance est rare , et l'on pourroit dire purement imaginaire. Ici même Vauban semble en faire un synonyme *d'inattaquable* : or ce qu'on regarde comme tel , est quelquefois réservé à un de ces coups audacieux qui ont eu du succès par cela même qu'on ne s'y attendoit pas. Il est conséquemment passé en principe que ces points ne doivent pas être privés d'une certaine surveillance. L'on conçoit, en effet, aisément qu'une place à 18 bastions, qui n'en auroit que six *d'attaquables* , parce que les autres parties seroient défendues par des marais, des inondations, des escarpemens, demande plus de 3600 hommes d'infanterie de garnison. La seule police d'une telle enceinte exige beaucoup de monde, et l'on ne sauroit compter moins de 200 hommes pour chacun des bastions *inaccessibles* : c'est le nombre accordé par Vauban même en tems de paix.

de la place (1). Par exemple, s'il s'agissoit d'un quarré à quatre bastions, dont le polygone fût de 120 toises seulement, on pourroit réduire le nombre de la garnison à 1200 hommes de pieds et 120 chevaux; et s'il étoit question d'un petit quarré qui n'auroit que cent toises de polygone, on pourroit réduire la garnison à 4, 5 ou 600 hommes et 60 chevaux au plus; nombre mal proportionné à la vérité; mais les places n'en pouvant pas contenir davantage, il faudroit s'en contenter, encore faudroit-il qu'l y eût des souterrains, ce qui ne se pratique guère dans de si petites places.

S'il se trouvoit des places d'un plus grand circuit que de 18 bastions, il en faudroit augmenter les munitions à proportion et par rapport à la plus prochaine, dont le circuit sera moindre, ce qui est fort aisé. Par exemple, la table finit par la colonne d'une place à 18 bastions, supposé qu'il fût question de faire un état de garnison et de munitions pour une de 19, on demande qu'elle doit être sa garnison et la quantité de poudre nécessaire à sa défense, par rapport à l'ordre de cette table. Je regarde à la 18e. colonne, et je trouve qu'elle doit être de 10,800 hommes, j'en prends la 18e. partie, qui est 600, et je l'ajoute à 10,800, il vient 11,400 hommes de pied. Je fais la même chose pour la cavalerie, qui est de 1080 chevaux, dont la 18e. partie, qui est 60, ajoutée à 1080, donne 1140 chevaux. Ainsi la garnison d'une place qui auroit 19 bastions de circuit, suivant les proportions de ce formulaire, doit être de 11,400 hommes de pied, et de 1140 chevaux.

A l'égard des poudres, si, à une place de 18 bastions, on trouve qu'il en faille 840,000 liv. en ajoutant la 18e. partie de ce nombre, il viendra 886,666 liv. pour

---

celle de 19; et ainsi de toutes les autres munitions , dont le dénombrement peut tomber sous les proportions observées dans cet état. Elles ne sont pas tout-à-fait générales , y ayant bien des endroits où on ne les a pas suivies , et d'autres où on ne l'a fait que jusques aux colonnes des places de 9, 10 et 12 bastions, parce qu'il y a de certaines fournitures dont l'usage et la consommation ne seroit pas plus grand pour une place de 18 bastions, que pour une de 12 ; c'est pourquoi on s'est restraint aux quantités que l'on a cru suffisantes ; au surplus , où cela se rencontrera, il sera aisé de juger pourquoi on l'a fait ainsi.

Il y a une chose à observer dans la suite de ce mémoire , c'est que la proportion des poudres , plombs , meches , boulets , grenades , etc. devroit se régler par rapport au nombre des bastions ; mais comme c'est principalement sur l'étendue du front des attaques que cela doit rouler , lequel pour l'ordinaire n'est pas plus grand à une place de 18 bastions qu'à une de 12 ou 13 , on y a eu égard en arrêtant à ce point la progression de ces munitions , ce qui fait qu'on ne demande pas plus de poudre pour une place de 18 bastions, que pour une de 15 ; encore ne va-t-on jusque-là qu'en considération de ce que les remparts des places à 18 bastions , ayant beaucoup plus d'étendue que celles de 12 , il leur faut plus de canon pour les garnir (1).

____

(1) Une observation à-peu-près semblable peut se faire sur la force respective des garnisons : les quartiers étant plus éloignés et les forces plus divisées dans une grande place que dans une petite, la premiere sera moins forte que celle-ci en affectant le même nombre d'hommes à leurs bastions. Je donnerois une augmentation de 50 hommes par bastion depuis six bastions jusqu'à douze, et une de 100 hommes depuis 12 jusqu'à 18. Les armées sont communément plus nombreuses aujourd'hui que du tems de Vauban, et Strasbourg ne seroit pas très bien garnie avec 10,000 hommes d'infanterie.

F 4

Au reste, ce mémoire n'est pas proposé comme une instruction à suivre au pied de la lettre, mais bien pour avertir de ce dont on peut avoir besoin dans les places, et pour apprendre à les munir le plus exactement qu'il est possible, par rapport à leur force et à la résistance qu'on en doit espérer, ensorte qu'il n'y manque rien d'essentiel de tout ce qui peut contribuer à une bonne défense.

Sur le Tabac.

Le tabac est nécessaire pour amuser le soldat. Il s'en est fait une si grande habitude qu'il ne peut plus s'en passer : cela s'est vu dans plusieurs sieges , où ils ne s'est plaint que d'en manquer. Cette habitude est si forte , qu'il y a eu des soldats qui, au défaut du tabac , ont fumé des feuilles de chênes et de noyer. Cette manie ne se borne point au simple soldat, l'officier y participe aussi, en le prenant en poudre ou en fumée. La vérité est que rien ne contribue plus que le tabac à désennuyer de l'oisiveté , et à émousser le grand besoin qu'ils ont de manger. Le soldat se trouvant donc dans ce cas, j'ai cru en devoir faire un article.

Sur la fourniture imparfaite des magasins.

Comme il n'y a point d'arsenal dans les villes de guerre , qui ne soit bien ou mal fourni des munitions nécessaires à leur défense , pour voir ce qui y manque , et ce qu'on doit y ajouter, par rapport à cet état , il ne faut que regarder le circuit de la place , voir auquel de ceux de la table il répond, copier la colonne de celui auquel il se trouvera avoir le plus de rapport, et faire ensuite une table divisée en trois colonnes. On remplira la premiere de celle qu'on aura tirée de l'état général ; la seconde de ce qui se trouvera dans les magasins de la place ; et la troisieme de ce qu'il faudra y ajouter pour remplir lesdits magasins, conformément à la premiere. On pourra y en ajouter une quatrieme, plus large du double que les autres, dans laquelle on écrira les munitions de rebut, ou hors de service.

Supposons, par exemple, une place de six bastions, ou l'équivalent, dont les magasins ne sont pas autrement bien fournis de tout ce qui seroit nécessaire, je fais une table à quatre colonnes; la premiere contenant l'extrait de l'état général; la seconde, ce qu'il y a d'existant dans les magasins de la place; la troisieme, ce qu'il faut ajouter pour se conformer à ce qui est marqué à la premiere colonne, et une quatrieme pour énoncer les munitions hors de service.

	Etat de la garnison, et des munitions nécessaires à la place.	Ce qu'il y a présentement dans la place et dans les magasins	Ce qu'il y faut de plus pour remplir la premiere colonne.	Munitions de rebut et hors de service.
Infanterie	3600	2500	1100	
Cavalerie.	360	100	260	
Septier de froment	2720	2000	920	10 septiers de germés
Seigle	960	700	260	50 septiers de mauvais
Pois	193	150	43	
Feves	128	100	28	
Lentilles	124	90	34	
Poudre	280000	200000	80000	3000 liv. de gâtée.
Plomb	170966	150000	20966	
Meches	60000	45000	15000	3000 liv. de gâtée.
Pierres à fusil (*).	36000	20000	16000	10000 de rebut.
Moules à faire 40 balles à la fois .	20	10	10	2 mauvais.
Moules du calibre d'arquebuse à croc	4	1	3	2 percée.
Cuillier de fer à fondre du plomb.	20	10	10	
Grandes échelles de 30 pieds de long	6	3	3	
Seringues de bonne grandeur pour éteindre le feu . .	4	1	3	1 mauvais

(*) Les fusils à meche étant supprimés, il faut doubler le nombre des pierres à fusil.

Il est bon de remarquer que dans les places qui ont quelque commerce, on trouve beaucoup de choses, pour l'ordinaire, qui avancent et facilitent considérablement les fournitures des magasins.

Sur les munitions qu'on peut trouver dans une place.

Il n'y a point de ville, si petite qu'elle soit, dans laquelle on ne trouve quelque secours, soit par le service personnel des habitans et de quelques ouvriers nécessaires dans un siege, ou pour les munitions de guerre et de bouche qu'on en peut tirer, notamment dans les grandes, où il se trouve beaucoup de moulins et quantité de blés, vins, huiles, légumes, etc. spécialement quand il y a du commerce, encore plus dans les villes maritimes, où, pour l'ordinaire, il y a plusieurs sortes de marchandises propres à la fourniture des arsenaux. C'est ce que les commissaires-ordonnateurs et les commandans peuvent découvrir à loisir, pour en faire un état et s'assurer de bonne heure de ce qui pourra convenir, sans attendre que le débit journalier qui s'en fait les ait épuisé; cela est d'un secours si considérable, qu'il y a telle ville où l'on pourroit trouver la plus grande partie des munitions nécessaires, quand elles seront bien recherchées. Par exemple, à Dunkerque (1), fameux port de mer, où, à l'occasion des ouvrages de marine, il se trouve toutes sortes de bois, beaucoup de canons et de boulets, des cordages de toutes especes, du goudron, du fer, des clous, de la poudre, des grenades et une infinité d'autres denrées. D'ailleurs il y reside plusieurs

______

(1) Ce port ayant été comblé depuis Vauban, il faudroit citer Toulon, Brest, Rochefort.

marchands et des armateurs qui y font venir, ou qui y amenent quantité de marchandises de toutes especes, qui peuvent contribuer à faire les plus beaux magasins du monde et les mieux fournis ; outre que cela même y attire et y entretient une grande quantité de charpentiers, menuisiers, tourneurs, tonneliers, forgerons, armuriers et serruriers : ce qui soit dit par avis aux administrateurs, commissaires des guerres, commandans et officiers d'artillerie, afin qu'ils en profitent, et que quand ils auront bien examiné et reconnu ce qui leur manque, ils en puissent trouver une partie dans les places même, et en fournir les magasins de bonne heure, sans attendre que le besoin les presse.

Sur les vivres.

Bien que la fourniture des vivres soit ici proposée pour trois mois et rien de plus, cela doit s'entendre des fournitures qui doivent sortir des magasins de l'état, pour les consommations de la garnison, pendant un siege de cette durée ; car s'il s'agissoit de soutenir un blocus, cela seroit bien différent, pour lors il en faudroit au moins pour toute une année, et davantage s'il se pouvoit. Une place de guerre qui peut avoir ses vûes, ne doit jamais être moins fournie, eu égard à sa garnison et à la bourgeoisie qu'elle peut entrenir (1).

---

(1) Nous avons supprimé les trois articles qui suivoient ici dans l'édition de 1779, celui des vivres, et qui traitoient *des jours maigres, de l'utilité des charges de bois et de fer-blanc, de la nécessité d'égaler les calibres des armes;* parce que toutes ces observations n'ont plus aujourd'hui d'utilité pour nos armées. Nous eussions de même supprimé le suivant, si nous n'avions craint de ravir à Vauban l'honneur d'avoir indiqué presque tous les moyens employés aujourd'hui dans les arsenaux et manu-

Des remedes qu'on peut apporter aux défauts des armes.

Pour remédier aux défauts des armes, il est nécessaire, 1°. d'établir aux gages de l'état, des maîtres armuriers très intelligens et bons connoisseurs, qui soient sermentés, pour assister à la visite des armes et en dire leur avis aux commissaires préposés pour cette inspection, lesquels doivent aussi être choisis entre les plus honnêtes gens et les plus appliqués.

2°. De faire choix des meilleurs fers. Il s'en trouve en plusieurs endroits de très bon; par exemple, en Comté, en Dauphiné, à Charleville, dans le Périgord, en Angoumois, et même en Auvergne, dans le Forest et dans les Ardennes.

3°. De traiter de la fabrique des armes avec plusieurs et différens maîtres, et non avec un seul privilégié, qui ne fait rien qui vaille et empéche les autres de travailler : d'en régler les façons sur des modeles bien rectifiés, avec des devis amples, bien circonstanciés, où le détail de cette fabrique soit exactement developpé, la quantité des fers, leurs préparations aux forges, l'épaisseur des canons à la culasse, au renfort, et à la bouche, la lumiere du dehors, le forage, et la netteté du dedans clairement spécifiés, ainsi que la qualité des bois de monture, les tenons, et généralement tout ce qui peut apppartenir à cette monture.

4°. De bien expliquer aussi toutes les parties qui

---

factures d'armes, pour remédier aux défauts qu'il reprochoit aux armes ; et si les détails que cet article renferme n'étoient encore une excellente leçon pour tous les agens chargés d'en diriger la fabrication, ou d'en surveiller l'usage et l'entretien.

composent les platines, notamment les trempes, les ressorts, la noix avec ses crans, et les batteries; observant que les ressorts soient bien lians, les bassinets grands, et les batteries larges et bien trempées. On fera à ce sujet plusieurs modeles égaux et approuvés, auxquels il faudra que toutes les fabriques d'armes se conforment. On doit remarquer aussi que les platines doivent s'attacher par trois vis et non par deux, comme on le fait ordinairement. On déterminera en même tems le calibre et la longueur des canons, celle des montures et leur poids, enfin on particularisera b en toutes les qualités des armes, telles qu'on les voudra conditionnées, et on les fera ensuite observer à la lettre par les marchés qu'on en fera.

5°. De faire précéder les épreuves des canons par une visite exacte des mêmes armuriers, en présence des commissaires préposés à leur fabrique, de les examiner l'un après l'autre; pour cet effet on démontera les culasses pour voir si elles ont l'épaisseur requise, si les spirales des vis sont bien faites, si elles ont la quantité de tours nécessaire, si elles sont justes à l'écrou; on examinera de même toutes les autres vis, depuis la premiere jusqu'à la derniere.

6°. De regarder par un beau jour dans les canons par un bout, et ensuite par l'autre, pour voir s'ils sont bien droits et percés bien uniment, s'il n'y a point de pailles, chambres, ou quelqu'autre inégalité. Pour s'en mieux assurer, on y fera passer un petit gratoir à branches pointues, à ressort; car en tournant, on trouvera bientôt les chambres, s'il y en a. Cet examen étant fini, on fera ensuite remonter les culasses et ranger les canons contre une muraille, au nombre de 12 à 1500 qui auront été b en examinés, ensuite de quoi le commissaire ou l'inspec-

tour en choisra une vingtaine au hazard, qu'il fera
éprouver comme on a accoutumé de le faire : s'ils
tiennent bon, on doit présumer que tous les autres
seront de même, et partant, il sera inutile d'en éprouver d'avantage : s'ils ne tiennent pas et qu'il en creve
la moitié, le tiers, ou même le quart, on les rebu-
tera tous, comme mauvais : et tant pis pour l'entre-
preneur. Je propose cet expédient pour éviter l'effort
qu'on donne aux armes en les éprouvant comme on
fait, parce que la charge de l'épreuve étant double,
et même presque triple de l'ordinaire, elle cause une
disposition prochaine à crever à tous ceux qui ont
subi cette épreuve, bien qu'il n'y paroisse rien à
l'extérieur. Je serois même d'avis d'en user de même
pour l'artillerie de mer et de terre, soit de fer fondu
ou de cuivre, et de suivre la même méthode que je
propose ici, pour l'épreuve des fusils, mousquets,
mousquetons et pistolets.

7°. De stipuler la visite et l'épreuve de toutes les
armes à la rigueur, mais ne faire que comme je viens
de le dire. Il est certain qu'on s'en trouvera mieux,
et que les armes en creveront moins.

8°. De brunir toutes les armes, au lieu de les tenir claires et nettes comme on fait, puisque cela n'est
bon qu'à faire user les canons, à les affoiblir, et à
les disposer par conséquent à crever plutôt.

9°. Il est très nécessaire de prendre de grandes précautions dans l'usage qu'on fait des armes, pour que
les soldats chargent toujours de mesure. Pour cet
effet, si c'est en campagne, on doit tenir la main à ce
que le soldat ait toujours son gargoussier garni de
charges réglées, suivant la mesure dont on sera convenu (1). Si c'est dans un siege, soit pour attaquer ou

____

(1) C'est aujourd'hui la giberne garnie de ses cartouches.

pour défendre une place, le soldat do't avoir plusieurs petites charges de bois à mettre dans la poche à poudre, qui contiennent toute la mesure de la charge ; et l'on ne doit jamais souffrir qu'il charge à poignée, ou sans bourrer la poudre et les balles, parce qu'en chargeant sans mesure, on met toujours trop ou trop peu de poudre ; et qu'en chargeant sans bourrer la poudre, cela engraisse le canon du fusil dès le second ou le troisieme coup. D'où il résulte qu'une partie de la poudre n'étant point poussée au fond, elle s'attache aux parois du canon, ce qui fait perdre toute la force du coup. De plus, la graisse de chaque coup n'étant point essuyée par le frottement de la bourre, elle s'augmente de plus en plus, et retient à chaque coup la plus grande partie de la charge, qui s'y attache ; ce qui affoiblit tellement les coups, qu'ils en perdent au moins la moitié de leur force. Il arrive encore de-là que les balles de calibre ne coulent plus dans le canon du fusil ; si elles y entrent, n'étant point retenues par la bourre, pour peu qu'en tirant, le soldat baisse le coup, la balle roule et sort du canon : ce qui est encore un inconvénient auquel cette maniere de charger expose ceux qui la mettent en pratique. Toutes ces considérations me persuadent qu'il ne faut pas trop se presser de tirer, qu'il faut toujours bourrer la poudre et la balle séparément, et nétoyer tous les jours le dedans des armes au moins une fois. Les avantages qui en résulteront, seront que le feu en sera plus violent et plus certain, qu'il n'échauffera pas tant les armes, qu'elles creveront moins fréquemment, et qu'on ne fera pas des dissipations de poudre et de plomb mal-à-propos.

De l'augmentation des rations.

.Il faut que j'explique la raison pour laquelle je propose la ration de pain de deux livres pendant le siege ; j'aurai bientôt fait. C'est que si elle est trop foible d'une livre et demie quand on n'est point assiégé, et dans le tems que les troupes sont en repos et au large, à plus forte raison le doit-elle être pendant le siege, lorsque le soldat est accablé de peine et de fatigue, et qu'il est le plus souvent réduit à son pain seul, sans avoir de quoi pouvoir faire une écuellée de soupe (1).

Sur la grande quantité de munitions demandée dans ces mémoires.

On sera sans doute étonné de la grande quantité de munitions de guerre et de bouche demandée par ce projet ; mais quand on considérera que les magasins de la plupart de nos places sont déja fournis au tiers, à la moitié, et aux trois quarts de ce qui leur est nécessaire ; que les munitions demandées en entier par le projet, ne regardent que la fourniture des places fortifiées de la premiere ligne, c'est-à-dire, de celles qui peuvent être les premieres attaquées, cet étonnement cessera ; d'autant qu'on pourra se contenter de munir celles de la seconde ligne à demi ou aux deux tiers, en attendant que les fournitures des places de la premiere ligne soient achevées. De cette façon, en faisant les fournitures peu-à-peu, tous les magasins se rempliront, et toutes les places se trouveront abondamment munies de ce qui leur est nécessaire (2).

---

(1) Les rations sont aujourd'hui de 28 onces, et certainement en tems de siege il est convenable de la porter à 2 livres, comme le propose Vauban.

(2) Cela peut s'exécuter en tems de paix même, quant aux munitions

Des feux d'artifices.

On pourra aussi trouver à redire que j'aie tant donné aux feux d'artifices ; il est vrai qu'on n'en fait pas grande consommation présentement ; mais ce ne doit pas être une raison pour les improuver , puisque ce défaut ne provient que de ce qu'on défend mal le corps de la place et ses dehors. Au pis aller , c'est un article à modérer, selon les places auxquelles on aura affaire, par la raison que dans celles où il y aura beaucoup de revêtement , il en faudra plus que dans celles où les dehors ne sont pas revêtus.

Sur les avantages particuliers à quelques places (1).

Il n'y a point de place qui n'ait quelque propriété particuliere qui puisse lui être avantageuse , quand on sait la découvrir et en profiter. Par exemple , s'il y en avoit une qui fût coupée en deux par une riviere , chose assez commune, c'est une propriéte dont on peut tirer plusieurs avantages.

Premièrement, si l'ennemi attaque par l'un des côtés de l'entrée ou de la sortie de la riviere, et qu'il n'occupe pas l'autre , on pourra se prolonger sur celui qui ne sera point attaqué, et prendre des revers sur ses tranchées.

---

de guerre ; mais les vivres et les fourrages se gâtent d'une année à l'autre, les frais et les pertes seroient immenses. Ce soin appartient donc à l'instant des préparatifs d'une guerre prochaine; alors il faut doubler de moyens, de vîtesse, d'exactitude.

(1) Cet article et ceux qui suivent paroissent ici déplacés, étant plus relatifs à la troisieme partie de cet ouvrage, qu'à un mémoire sur la force des garnisons et l'approvisionnement des places. Nous avons cru devoir respecter ce petit désordre dans l'arrangement des matieres.

G

2° S'il attaque par les deux côtés de la même rivière à la fois, ses attaques étant divisées, il aura de la peine à les soutenir, et il sera obligé de monter beaucoup plus fort ses gardes; sinon il sera exposé à être battu à l'une ou à l'autre de ses attaques par les sorties, à cause de la difficulté des communications, interrompues par le cours de cette rivère.

3°. S'il y a des retenues d'eau, ou des écluses à l'entrée de cette place, en arrêtant les eaux on pourra inonder quelques parties des environs au-dessus et au-dessous, comme à Oudenarde, à Tournay, à Condé, à Menin (1), à Douay, à Valenciennes et à plusieurs autres places qui sont dans cette position, au moyen de laquelle une grande partie de leur circuit devient inaccessible, ce qui est un avantage considérable; si l'on peut encore ménager des courans dans les fossés, c'en sera aussi un fort important.

4°. Si la place est environnée de marais qui n'en permettent les approches que par des chaussées, c'est un grand avantage, en ce que les tranchées en sont toujours mauvaises, et sujettes aux écharpes et aux enfilades du canon de la place, ce qui rend leur marche fort lente et très meurtriere, donne moyen à la place de pouvoir défendre son chemin couvert de pied-ferme, et lui laisse en même tems le loisir de préparer les retranchemens des autres parties.

5°. Si une partie du circuit de la place est située sur des rochers escarpés et à l'abri de l'escalade, c'est autant de pieces inaccessibles, et par conséquent un avantage, en ce que cette partie n'a pas besoin de grand soin ni d'une grande garde pour sa sureté (2).

____

(1) Voyez le plan de cet ville (Planche VIII.) dont une partie des environs étant inondée par la Lys, on ne peut former les attaques de cette place que du côté le plus fort, comme il est marqué sur cette planche.

(2) on y a quelquefois été trompé.

6°. S'il y a de grands dehors à la place, comme des ouvrages à corne ou à couronne, ou quelques pieces équivalentes, de plus que les dehors ordinaires; où cela se trouvera, ce sera autant de moyens d'en pouvoir redoubler la défense, ou de la prolonger considérablement, parce qu'on peut opiniâtrer la résistance de ces pieces, sans crainte que, si elles sont emportées de vive force, cela puisse exposer le corps de la place à quelque événement fâcheux.

7°. S'il y a des demi-lunes doubles, dont les intérieurs soient revêtus, c'est un moyen sûr de prolonger la défense de la grande, et de faire valoir tous les autres petits retranchemens qu'on y voudra faire, sans crainte que leur prise puisse être suivie d'un succès qui mette la place en danger.

8°. S'il y a des pieces collatérales qui aient des vues ou quelques croisés sur les fronts attaqués, ce sera encore un os à ronger pour l'ennemi, auquel elles causeront du retardement pour se parer de leurs effets, si on sait en faire un emploi convenable.

9°. S'il y a quelques flancs dans le front attaqué, dont l'opposé direct ne puisse être occupé par les batteries ennemies, ce flanc sera très funeste à l'ennemi, parce que pouvant faire usage de son canon et de sa mousqueterie, dans le tems d'un assaut, il pourra lui faire manquer son coup et lui causer de grandes pertes.

10°. S'il y a des retranchemens revêtus dans les bastions attaqués et préparés de longue main, que l'ennemi ne puisse pas ruiner par ses batteries du dehors, la garnison pourra hardiment soutenir plusieurs assauts au corps de la place, sans craindre qu'elle puisse être emportée.

11°. S'il y a une vieille enceinte intérieure sur

pied, en tout ou en partie, qu'elle soit revêtue et qu'elle avoisine le derriere de la fortification moderne attaquée, on pourra, selon qu'elle sera disposée, la faire servir d'un bon retranchement à même fin que les précédens.

12°. Si le fossé de la place est revêtu, l'ennemi, en allant à l'assaut, sera obligé de défiler par les seules ouvertures et descentes qu'il se sera fait, ce qui lui causera un désavantage considérabe.

Sur les sorties.

Il me paroît que l'on est dans une grande erreur à l'égard des sorties et de la défense du chemin couvert. Je n'ai point vu que les sorties aient jamais fait grand effet contre des attaques bien conduites. Si on sort de loin, on s'éloigne de ses avantages pour entrer dans ceux de l'ennemi, qui vous ramene toujours battant jusqu'à votre chemin couvert, et vous tue, pour l'ordinaire, quantité de monde. Si l'on sort de proche, on fait encore moins d'effet, parce que l'ennemi étant prêt, se rassemble bientôt, et ne manque jamais de vous ramener avec perte. Or, il n'est que trop certain qu'un homme perdu de la part des assiégés, égale ou surpasse la perte de six ou sept de celle des assiégeans (1). Ceci ne veut pas absolument dire qu'il ne faille point faire des sorties, mais qu'il n'en faut pas tant faire, et les exécuter avec beaucoup de sagesse et de circonspection, et toujours par surprise, prenant bien son tems pour tomber brusquement sur l'ennemi, et ayant soin de s'assurer d'une bonne retraite.

---

(1) Cette considération est du plus grand poids.

De la défense de pied-ferme des chemins couverts.

C'est encore pour la même raison qu'aux places où l'ennemi peut envelopper la tête des attaques, je ne suis point d'avis de défendre le chemin couvert de pied-ferme, parce que dès que l'ennemi a gagné le haut de son parapet, il peut plonger et enfiler vos défenses, et vous envelopper en même tems. D'ailleurs le feu de vos remparts, tant des demi-lunes que du corps de la place, demeure alors sans action, ou bien il vous fait autant de mal que celui de l'ennemi. Je voudrois donc les défendre, en ne laissant que peu de monde dans les principaux angles saillans, dès que l'ennemi est à portée de pouvoir se jeter dessus, et dès qu'on y voit de la disposition; donnant ordre, en ce cas, à ceux qu'on y a laissé, de faire leur décharge bien à propos quand l'ennemi attaquera, et de se retirer par la droite et la gauche, ou par le fond des fossés, quand ils sont secs, en rangeant le bord pour se couvrir, cédant à mesure que l'ennemi presseroit, afin de l'exposer autant qu'il seroit possible au feu des remparts, qui ne sauroit manquer de lui causer de grandes pertes; après quoi, quand il sera affoibli et en désordre, revenir pour lors à droite et à gauche par le dehors et par le dedans de ce chemin couvert à vos défenses, et regagner vos postes.

Si l'ennemi se présente par quelques avenues moins étendues que le front de vos attaques, c'est-à-dire, par une digue ou chaussée, ou que la place soit environnée d'avant-fossés qui ne se traversent que par des ponts, ou qu'enfin il ne puisse aborder les glacis qu'en défilant; pour lors, si le chemin couvert est palis-

sadé double (1) et bien traversé, on peut hazarder
de soutenir la défense de pied-ferme, mais jamais autrement.

Projets de défenses, des commandans des places.

Il seroit à souhaiter que toutes les fois que le gouvernement pourvoit au commandement d'une place
de guerre, même à la majorité, il lui plût d'ordonner
expressément à ceux qu'il honore de ces emplois, de
fournir un projet de défense de leur façon, contenant
le détail de la conduite qu'ils voudroient y observer,
et jusqu'où ils croient pouvoir pousser cette défense.
Ce projet doit être accompagné des plans nécessaires
pour leur intelligence, et tout ce travail doit être fait
dans la premiere année de leur établissement. Quand
cela ne produiroit autre chose que l'instruction qu'ils
en recevroient, ce seroit toujours beaucoup. Il seroit
encore nécessaire d'un ordre particulier pour chaque
place, qui expliquât jusqu'où il faudroit que la défense
fût poussée : car j'y vois bien des fautes et des mal-
façons (2).

De la punition que méritent ceux qui défendent mal les places.

La punition la plus légere que l'on puisse imposer
à un commandant qui a mal défendu sa place, c'est
de le priver de ses appointemens après que la place

____

(1) Cette double palissade est donc bonne, en certains cas, quoiqu'en
dise quelque autre part, l'auteur de cet ouvrage.

(2) Rien n'est plus rare parmi les militaires que les connoissances
nécessaires à la défense d'une place : il est très important que le gouvernement prenne des mesures pour propager l'étude de cette branche essentielle de l'art de la guerre.

est perdue, ou de le chasser du service, supposé que ce soit par sa faute pure et simple, et non par la foiblesse des fortifications de la place, ou par le défaut des munitions en suffisante quantité; notamment si à l'ignorance étoit jointe la lâcheté. S'il n'y avoit que de l'ignorance seule, il suffiroit de le réduire à la perte de ses appointemens, l'obligeant au surplus à servir dans de plus bas emplois, en punition de sa faute, dans l'espérance que pour sortir d'un si fâcheux état, il s'instruira mieux; et que méditant souvent sur ses fautes passées, il se mettra en état de mieux faire à l'avenir. S'il y avoit de la lâcheté dans sa défense, il faudroit le chasser pour jamais du service, et le dégrader publiquement: s'il y a eu de la connivence avec l'ennemi, ou de la trahison, il faut le mettre au conseil de guerre, et lui faire son procès.

Sur ce que les commandans défendent mal leurs places.

La plupart des places mal défendues l'ont moins été par la foiblesse de leur commandant, que parce qu'ils n'en ont pas bien entendu la défense. La raison est que tous les gouvernemens sont donnés ou achetés (1); ceux qui sont donnés, le sont ordinairement à de vieux officiers, pour récompense de leurs services, sans avoir fait beaucoup d'attention à leur capacité, que l'on suppose plutôt telle qu'elle devroit être, qu'elle ne l'est effectivement; en quoi l'on se trompe fort. Beaucoup de ceux-ci, qu'un peu de faveur a aidé à faire leur chemin, ne songent guere qu'à tirer parti de leur gouvernement, pour avoir de quoi subsister une partie de

---

(1) Cet abus n'existe plus en France.

G 4

l'année à Paris, où ils résident le plus qu'ils peuvent.
Sont-ils obligés de venir se présenter dans leur place,
c'est à condition de n'y demeurer que le moins qu'ils
pourront, et sur le pied d'y tenir table, jeu, etc.,
d'aller en visite chez des amis, dedans et dehors leur
place, et de faire des parties de chasse aux environs.
Voilà à-peu-près le plus souvent tout ce qui les occupe; car pour de l'application à bien connoître le fort
et le foible de leur place, ils n'en ont aucune, ou si
peu, que cela ne les en rend pas plus savans. Très
rarement se donnent-ils la peine d'examiner le détail
de leur garde, de visiter les postes, ni de faire quelques rondes. Quand je dirois que pas un ne le fait,
au tems où nous sommes, je ne croirois pas men-
tir (1).

Il y a plus, c'est qu'il ne font cet examen ni de jour
ni de nuit, ni dedans ni dehors, ni de près ni de loin;
c'est une inapplication générale à étudier l'usage de
leurs fortifications, et le rapport que les pieces qui les
composent ont entre elles en général et en particulier;
la protection qu'elles peuvent réciproquement se donner, les chicanes dont elles sont capables, le mal
qu'elles peuvent faire à l'ennemi tant qu'elles sont en
notre pouvoir, et celui que nous en pouvons recevoir
quand nous les aurons perdues. Ce sont cependant
toutes ces choses qu'ils devroient savoir parfaitement;
je puis même dire que de tous les gouverneurs que j'ai
connus, j'en ai vu fort peu qui se soient donné la
peine de s'en instruire. De-là vient que peu d'entre

---

(1) L'on voit ici le courage du citoyen qui attaque les abus dans la
personne des hommes les plus puissans : c'étoit comme disoit Fontenelle,
un romain que la nature avoit dérobé aux plus beaux tems de la Repu-
blique.

eux connoissent les accessoires de leurs défenses , et l'usage qu'ils pourroient faire de leur fortification, si elle étoit bien entendue , ou qu'ils ne savent pas jusqu'où l'on peut porter une bonne défense : aussi ne peuvent-ils jamais juger sainement du degré de force ou de foiblesse où ils se trouvent pendant les accès d'un siege.

Même inapplication à s'instruire à fond de la quantité et qualité des munitions de guerre et de bouche dont ils auront besoin, de celles qu'ils ont, et de l'économie qu'il en faut faire; ce qui fait que la plupart font des demandes fort extraordinaires, et que quelque quantité qu'ils en puissent avoir, ils en manquent toujours, parce qu'elles sont presque toutes dissipées mal-à-propos , et très mal économisées. On peut dire la même chose des armes de rechange, à quoi ils ne font pas grande attention, jusqu'au moment que le besoin les presse : ils savent encore moins le nombre et la quantité de troupes qui leur est nécessaire ; jusqu'à quel point et comment il faut les ménager dans un siege , pour ne pas les exposer mal-à-propos. Ils ignorent de même l'usage qu'ils doivent faire de leur artillerie et de leur canon. Tous attendent à faire travailler

leurs retranchemens dans le tems que l'ennemi les presse, et quand il n'est plus guere possible de le faire, par la quantité de boulets de canon, de bombes et de pierres qui pleuvent de tous côtés sur les parties attaquées, qui sont celles qu'il faudroit avoir retranché de bonne heure, ce qui cause alors à ce travail un empêchement insurmontable. Rien n'est donc plus commun que de voir des gouverneurs qui n'entendent point la défense de leur place, et qui y font des fautes très grossieres ; le tout parce qu'ils ne s'y sont pas préparés , faute de résidence, d'étude et d'application, d'où s'ensuit nécessairement l'étonnement et l'embarras où ils se trouvent, après quelques jours de siege, ce qui est toujours suivi d'une très mauvaise défense. Au lieu que, s'ils demeuroient plus assiduement dans leur place, s'ils s'appliquo'ent à la bien connoître, y employant deux ou trois heures de tems par jour ; qu'ils en fissent souvent le tour par le dehors et en dedans ; qu'.ls consultassent ceux qui les v'ennent voir, lorsqu'ils ont la réputat'on d'y entendre quelque chose, et qu'ils en fissent des extraits relatifs à un bon plan, ils pourroient en un an ou deux s'en rendre capables et devenir très savans dans cette part'e de la guerre. Cependant, sans cette étude et cette assiduité au travail, un homme commandera fort b'en dix années de tems dans une place, qu'.l n'en saura guere davantage que le premier jour. Ce qui est dit ici des gouverneurs, do't s'entendre pareillement des commandans et des majors, qui sont pour l'ordinaire le second et le trois:eme commandant de la place (1).

Des officiers-généraux que l'on charge de la défense d'une place.

Entre ceux qui défendent mal les places, on pourroit compter les officiers-généraux et les commandans particul'ers qu'on y envoie dans l'attente d'un siege, pour suppléer au défaut des gouverneurs du savoir desquels on se méfie. Ceux-ci, qui n'ont jamais vu la place dont il s'agit, que cette fois là, ne peuvent pas la connoître en si peu de tems, et sont par conséquent

---

(1) Nous supprimons à la suite de cet article, celui des *gouverneurs qui achetent leurs gouvernemens*, parce que cet abus n'existe plus en France, et que ce n'est qu'une répétition de ce qui précede et de ce qui suit.

sujets à commettre des fautes grossieres ; ce qui ne leur
arrive que trop souvent. D'ailleurs le gouverneur, qui
est toujours fâché de ce qu'on lui donne un chef, ne
s'ouvre à lui que le moins qu'il peut, et ne lui donne
pas grande connoissance de ce qu'il pense à ce sujet ,
ce qui concourt à la perte des places , de la défense
desquelles l'un et l'autre s'acquittent mal ; après quoi,
quand ils en sont dehors , ils ne manquent pas de se
déchaîner contre elles , de les décrier , de leur imputer
des défauts qu'elles n'ont point, et que la plupart ne
ne connoissent pas : foible moyen pour excuser leur
ignorance , pour ne pas dire leur lâcheté.

Melac , homme de cavalerie (1), bon officier , et fort
brave homme d'ailleurs, étant gouverneur de Landau ,
se déchaîna fort contre cette place , après qu'il l'eut
perdue , croyant sans doute excuser par-là sa mauvaise
défense. Il disoit à tous ceux qui vouloient l'entendre ,
qu'elle ne valoit rien, que c'étoit la plus mauvaise
place de la France, et que si l'on vouloit lui donner
10,000 hommes, il la reprendroit en six jours. L'événement a fait voir, par les deux sieges qu'elle a soutenu depuis, le peu de fondement qu'il y a à faire sur
de pareils discours. J'ai vu assez souvent plusieurs de
nos gouverneurs , parler mal de leur place , et fort
peu en dire du bien : soit qu'ils ne les connussent pas ,
ou qu'ils voulussent de bonne heure préparer le public
à ne pas attendre grand-chose de leur résistance (2).
En l'un et l'autre cas, de pareils discours ne valent
rien , et ceux qui les tiennent mériteroient bien d'être
déchargés de l'emploi qui leur donne occasion de faire
de semblables plaintes.

---

(1) Les officiers de cavalerie joignent, pour la plupart, à l'ignorance
de la fortification, celle de l'usage de l'arme de l'infanterie.

(2) Ou pour se faire un grand mérite de la résistance la plus foible.

De la violence des sieges de ce tems.

Il faut avouer que la fureur des sieges est parvenue
à un grand excès, par la quantité de canons, de bombes et de pierres qu'on y emploie, sans compter toutes
les petites diableries, que les ennemis appellent des
obus et des perdreaux (1), qui accablent le front des
places attaquées. Les bombes, les pierres et les grenades y font un grand désordre, tuent et blessent beaucoup de monde en peu de tems, et abregent considérablement la prise des places. Si la guerre se faisoit en
pays secs, où il n'y eût point de rivieres navigables,
et que depuis leurs magasins, les ennemis fussent obligés de voiturer par terre toutes leurs munitions jusqu'à
la place qu'ils veulent assiéger, ils n'y ameneroient
point tant de canons, de mortiers, bombes, grenades, etc. parce qu'il n'y auroit point d'équipage par
terre qui puisse y fournir. La fureur des attaques en
diminueroit de moitié ou des deux tiers, et la résistance
des places augmenteroit d'autant; mais il s'en faut
bien que cela soit ainsi.

Quand je considere que Nieuport, Furnes, Dunkerque, Bergues, Gravelines, Calais, Saint-Omer,
Lille, Tournay, Condé, Douay, Valenciennes, Arras,
Mons, Ath, Charleroi, et même Maubeuge, sont dans
le cas de ces navigations, c'est-à-dire, de ces places
où l'on peut tout amener par eau : cela doit nous donner bien à penser, et nous faire chercher les moyens
de parer à de pareilles attaques, ou au moins de les
éluder en tout ou en partie (2).

---

(1) Ces petites diableries sont aujourd'hui en grand usage dans nos
armées.

(2) Ici Vauban est en contradiction évidente avec lui-même, puisqu'il

Des remedes extraordinaires contre les sieges.

Le premier et le plus sûr est sans doute celui d'empêcher que les places ne soient assiégées, ce qui ne se peut qu'en tenant les armées ennemies en échec, par d'autres armées qui leur soient égales ou supé-rieures; en se manœuvrant par rapport à leurs mouvemens, et prenant des postes avantageux sous et à portée des places pour lesquelles ont craint; et en se retranchant bien quand on n'est pas le plus fort. Ces précautions bien ménagées peuvent nous sauver beaucoup de sieges; mais où cela ne se pourra pas, parce que notre propre foiblesse, le pays ou les situations s'y opposent, il faudra chercher des remedes qui puissent du moins nous sauver une partie des inconvéniens.

Le premier seroit, à mon avis, d'opposer directement peu de monde aux endroits où l'ennemi s'attache le plus, et de les relever souvent; les obligeant à serrer les parapets le plus près qu'ils pourront, et tenant le gros des gardes un peu écarté sur la droite et sur la gauche des attaques.

Le deuxieme est de se cabaner sur et derriere le parapet des pieces attaquées, pour se garantir contre les pierres et les demi-bombes, par des couverts triangulaires de gros bois rond ou quarré de 8 à 10 pouces de grosseur, en formant des especes de huttes ou d'abris, comme on en voit sur la Planche III, marqués par la lettre C.

---

regarde ailleurs les places baignées par des rivieres comme les plus fortes. Il applique d'ailleurs à des cas particuliers, un principe qui n'admet aucune exception : *c'est qu'il faut toujours*, autant qu'on le peut, *parer à l'attaque des meilleures places* : c'est ce qu'il dit lui-même dans le paragraphe suivant.

Le troisieme est de s'enterrer dans les talus du derriere du rempart, et d'en couvrir le devant ou l'entrée des trous, par des bois rompus, provenant des débris des maisons prochaines : celui-ci est peu considérable.

Le quatrieme est de faire quantité de mortiers, et d'en avoir autant que de canons dans les places, dont un tiers à bombes, de fonte verte, et les deux autres tiers de fer fondu. Ceux-ci ayant la culasse assez forte, peuvent avoir la volée fort déchargée de métal, parce que ne devant servir qu'à jeter des pierres ou des grenades, ils ne sont pas exposés à de si grands efforts que ceux qui doivent tirer des bombes. Tous ces mortiers doivent être montés sur des affûts plats, faits en traîneaux, pour les changer facilement de place, et leurs plate-formes et outils toujours en état d'être transportés d'un feu à un autre.

Cette dépense ne peut pas être bien considérable, et seroit d'un grand secours dans le soutien des sieges ; car si l'ennemi tire des pierres, on sera en état d'en tirer plus que lui, et même des grenades, d'où il arrivera vraisemblablement que toutes les fois qu'il s'attachera à en tirer, si on lui répond sur le même ton, et qu'il s'apperçoive qu'on ne lui en tire que parce qu'il en tire lui-même, sans doute il cessera de tirer, n'ayant pas les pierres si à la main que les assiégés, qui n'ont qu'à se servir des pavés des rues les plus proches, et qui d'ailleurs pourront se couvrir de celles de l'ennemi, par le moyen de leur huttes, pratiquées au pied des remparts, et des petits couverts formés au pied de leur parapet, respectivement représentés en C et A, Planche III : au surplus, s'il ne cesse pas, il est certain qu'il n'en tirera pas tant, à beaucoup près.

A l'égard des bombes, la place n'en doit tirer qu'aux batteries les plus proches, c'est pourquoi il ne sera pas nécessaire de beaucoup charger ; le surplus devant être employé à la défense des breches et à faire des fougasses.

Des Blindages, pour couvrir la garnison dans une place assiégée.

« Vauban, en indiquant pour les gardes des abris au pied des parapets et des remparts, nous conduit naturellement à donner de plus amples détails sur les *blindages* ; et c'est ici où il convient le mieux de les placer, parce que ces abris demandent des approvisionnemens en bois, dont le calcul appartient à ce chapitre.

Dans les places où les souterrains ne sont pas assez nombreux ou trop mal-sains pour servir à la garnison et aux approvisionnemens, le moyen des blindages est le seul qui reste pour y suppléer.

L'on donne ce nom en général à tous abris contre les bombes, formés, à l'instant d'un siege, avec des poutres, des fascines, de la terre, des gabions ou toute autre matiere de cette espece.

Le moyen de ce genre qui se présente le plus naturellement pour garantir une garnison, est de blinder les casernes même qu'elle habite. Mais pour que cette opération puisse se faire solidement et sans danger, il faut que les murs des bâtimens aient au moins deux pieds et demi d'épaisseur, afin de supporter le poids du blindage.

Dans ce cas, le rez-de-chaussée seul peut être blindé. Pour cet effet, prenez la largeur d'une chambrée, du mur de face au mur de refend, et réduisez-la en pouces; du nombre que vous trouverez ainsi, vous retrancherez deux pouces, et diviserez le reste par 14, le

quotient vous donnera le nombre de poutres nécessaire pour blinder ladite chambre. Chacune de ces
poutres doit avoir 12 et 14 pouces d'équarrissage ; la
plus grande épaisseur étant destinée à être placée dans
le sens vertical, ces poutres laisseront entre elles un
vuide de 2 pouces. Ainsi, pour une chambre de 20 pi.
il faudra dix-sept pieces de bois semblables , ayant chacune une longueur égale à celle de la chambre , prise
parallelement au mur de face.

Ces poutres seront placées en ce sens, sur celles qui
forment le plancher du premier étage; et pour étan-
çonner le tout, l'on placera de bout, sur des semelles
de 8 et 20 pouces d'équarrissage , des poteaux mon-
tans d'un pied de grosseur , portant un cours de cha-
peau pour soutenir les sommiers, ainsi que le représente la figure 2 de la Planche addit.

Quant aux sommiers , ils ne doivent pas être espacés
de plus de 6 pieds , et il doit y en avoir un adossé à
chaque mur de refend , ensorte que dans une chambre
de 18 pieds de largeur, il y en aura quatre dont les
extrémités seront solidement engagées dans les maîtres
murs, etc. Cette charpente sera recouverte d'un massif
formé de lits alternatifs de fascines , de terre , de fumier bien serré par le moyen du clayonnage , enfin de
pierres arrangées en massif de maçonnerie seche, dont les
vuides seront bien remplis de sable ou de terre ; le
tout formant une épaisseur de 6 pieds au moins au-
dessus du plancher du premier étage.

Enfin, l'entrée de ces chambres sera garantie par
des poutres inclinées de 12 pouces d'équarrissage et de
dix à onze pieds de longueur , dont l'extrémité inférieure sera engagée dans le pavé , et dont l'extrémité
supérieure posera contre le mur de face : tout cela est
clairement exprimé par le dessin.

L'on

L'on voit que ce procédé est coûteux, et qu'il demande beaucoup de travail. Indépendamment de ces détails, il est une opération onéreuse, c'est celle de la démolition de toute la partie du corps de bâtiment au-dessus du premier étage, afin d'éviter les incendies et la chûte des matériaux supérieurs, ainsi que les éclats, qui rendroient cette habitation inabordable, par l'effet des bombes et du canon de l'ennemi.

Cormontagne fait peu de cas de cette ressource; il en donne différentes raisons solides.

1°. Rarement les murs de face se trouvent avoir l'épaisseur et la solidité requises pour porter la charge du blindage.

2°. Si la partie de l'élévation au-dessus du rez-de-chaussée est en butte au canon de l'ennemi, comme cela est ordinaire dans les petites places, il faut les démolir avant le commencement du siege, parce que l'ennemi étant présent, on n'en auroit plus le tems ni le pouvoir. Or, on ne sauroit prévoir avec assez de certitude le siege d'un petit poste, que l'on enveloppe ordinairement avec célérité, pour oser entreprendre une telle démolition assez à tems, sans courir le risque de la faire mal-à-propos. Dans cette incertitude presque inévitable, si l'on differe la démolition jusqu'au commencement du siege, le blindage devient inutile, parce que les incendies et la chûte des matériaux rendent l'habitation inabordable, et que l'on se voit alors forcé de l'abandonner malgré le blindage.

D'après ces inconvéniens, les meilleurs officiers du génie préferent les moyens que voici.

L'on choisit les murs les plus forts, opposés à la chûte des bombes, autant qu'on en peut juger d'avance, par la probabilité des attaques, c'est-à-dire, que si l'on prévoit que l'ennemi ouvre la tranchée au midi, l'on prend , autant qu'il est possible , des murs faisant face au nord , et dont le pied est conséquemment moins sussceptible que dans toute autre exposition , à se trouver dans la direction de la chûte parabolique des bombes. L'on adosse contre ces murs , en plan incliné , des poutres de 12 à 14 pouces d'équarrissage , dont le pied s'engage dans la terre ou dans le pavé , à la distance de 6 pieds de celui du mur , et dont l'autre extrémité est appuyée contre ce mur, à la hauteur de 8 pieds de terre au moins , ainsi qu'on le voit en A , fig. 3 de la Planche additionnelle. Les poutres sont serrées près à près , et leurs interstices inévitables fermées solidement avec du torchis , pour empêcher les filtrations de la pluie. Ces pieces sont simplement équarries à la hache. De dix en dix toises, on laisse un vuide de trois poutres pour servir de porte d'entrée ; et de six en six pieds, une espece de crenaux, faite à demi-entaille, pour le jour et la circulation de l'air. Cette disposition exige des poutres de 12 pieds de longueur : il en faut six par toise.

Cela posé , déduisez du nombre total des hommes que vous avez dans votre garnison, ceux qui sont de service et ceux qui se trouvent placés dans les bâtimens voûtés , afin de connoître le nombre de ceux qui doivent habiter sous les blindages : vous prendrez la moitié de celui-ci , et vous aurez la quantité de toises courantes de blindage qu'il faut préparer. Enfin , multipliez le nombre de toises par six, et vous aurez le nombre de poutres dont vous aurez besoin pour sa construction. Ainsi , en supposant une garnison de 3960 hommes , tant infanterie que cavalerie ; dont le tiers seulement repose , vous aurez 1320 hommes à blinder, pour lesquels il vous faudra 660 toises de blindage , et conséquemmet 3960 poutres. Dans ce nombre ne sont pas compris les hôpitaux, magasins, employés, etc. qui demandent un calcul séparé, quand ils ne sont pas bien établis ailleurs.

Il faut remarquer à cette occasion que, lorsque le bois est rare, l'on peut réduire ces résultats aux deux tiers, parce qu'il est possible de coucher trois hommes par toise ; alors il ne faudroit, dans notre hypothèse, que 440 tois. de blindage, et 2640 poutres pour cet objet.

L'on indique un blindage plus soigné pour les officiers, mais nous ne pensons pas que lorsqu'il s'agit de la vie des hommes, il convienne d'établir des différences dans la maniere de les garantir. Cependant, comme cette espece de blindage plus airé, et qui offre plus d'espace, convient aux lits des malades et des blessés, nous l'avons dessiné ici séparément en B, figure 4 de la Planche additionnelle. Cette construction ne demande aucune explication particuliere ; chaque toise fournit de l'emplacement à deux hommes, en quel sens qu'on place les lits, auxquels nous supposons 30 ou 36 pouces au plus de largeur pour un homme, ou 54 pouces pour deux, ce qui, pour les blessés, est plus commode. La plus grande portée des poutres oblige ici à les redoubler, ce qui devient fort onéreux, parce que le plus de longueur de ces pieces porte la consommation du bois au triple de celui du blindage précédent, pour un même nombre d'hommes.

Il faut blinder avec plus de soin encore les portes d'entrée des magasins à poudre. La méthode en est indiquée en C de la figure 5 de la Planche additionn., où l'on voit que les poutres sont recouvertes de lits alternatifs de fascines piquetées et de terre, soutenus extérieurement par un gazonnage.

Enfin la figure 6 représente le blindage d'une porte de souterrain, d'une poterne, etc.

H 2

Ces différentes especes de blindage, auxquelles il faut ajouter celui des puits, citernes, etc. en un mot de tous les objets dont la conservation est d'une importance majeure, demandent, comme on le voit, une augmentation de bois assez considérable, et dont le calcul dépend absolument des localités et des circonstances. Ce que nous en avons dit suffit pour guider dans les calculs à faire pour les approvisionnemens de cette espece. En tout état de cause, il est certain que l'on peut provisoirement compter le plus communément sur un nombre de poutres de la longueur réduite de 12 pieds, et de 12 pouces d'équarrissage, égal à celui des bastions de la place multiplié par 700, ce qui donne les quantités suivantes pour toutes les places, depuis 4 bastions jusqu'à 12 : *Savoir ;*

4.	5.	6.	7.	8.	9.	10.	11.	12.
2800.	3500.	4200.	4900.	5600.	6300.	7000.	7700.	8400.

L'on peut compter en général que chaque front de fortification fournira 150 corps d'arbres, qui donneront chacun deux pieces de la dimension nécessaire pour les bois de blindage; à moins que ces arbres soient d'une plantation nouvelle, ou qu'ils aient été négligés dans leur culture. Dans cette hypothèse, il faudroit, indépendamment de cette ressource, les approvisionnemens suivans : *Savoir ,*

4.	5.	6.	7.	8.	9.	10.	11.	12.
1600.	2000.	2400.	2800.	3200.	3600.	4000.	4400.	4800.

ou la moitié de ces divers nombres en corps d'arbres propres à fournir deux poutres, etc. Il n'y aura à changer dans ces résultats que la différence qui se trouve entre notre hypothèse et les circonstances locales. En général, dans la plupart des places, l'artillerie forme aussi ses prétentions sur les arbres des remparts, pour

ses affûts et ses plate-formes ; et si elle n'en est pas
pourvue en quantité suffisante, il faut alors partager
avec elle, et faire entrer dans le calcul des bois de
blindage, la diminution qui en résulte pour cet approvisionnement.

ADDITIONS

Aux détails de l'Artillerie, tirées du Manuel
de l'Artilleur.

Des projets d'approvisionnement d'artillerie dans les places.

« Un approvisionnement d'artillerie dans une place
menacée de siege, dépend de la nature de cette place,
de sa situation, de ses moyens de défense tant extérieurs que dans sa fortification, du nombre de jours
que l'on prévoit pouvoir porter sa défense, et de mille
circonstances, qui varient d'une guerre et même d'une
campagne à l'autre. Telles sont commandées, que
d'autres, élevées sur des rocs, se défendent naturellement, et que d'autres peuvent inonder le pays et empêcher les approches, de maniere qu'il est impossible
de prescrire des regles fixes à cet égard; et ce seroit
donner dans l'erreur que de s'arrêter sur cela aux projets attribués à Vauban.

Cependant, pour agir d'après quelques principes,
lorsque l'officier chargé d'approvisionner une place la
connoît parfaitement, ainsi que les ressources dont
elle est susceptible, pour la défendre et tenir le plus
long-tems possible, on peut avoir recours aux dispositions approuvées par le gouvernement en 1742, et
suivre en grande partie les erremens de feu St.-Perrier.

Nous allons les présenter en abrégé avec les modifications que les découvertes et les changemens arrivés
depuis dans l'artillerie doivent nécessairement entraîner, parce que dans ce tems-là l'obusier n'étoit pas
encore connu, etc. On peut aussi se munir d'une plus
grande quantité de canons de 4, de pieces légeres,
qu'il n'est proposé dans le tableau d'approvisionnemens, pour les substituer aux arquebuses à crocs, dont
on ne fait plus d'usage. Ces petites pieces, ou celles de
Rostaing, rempliront beaucoup mieux cet objet que ne
pouvoient faire ces anciennes armes, puisque les affûts
de ces deux especes se démontent comme l'on veut,
et sont susceptibles d'être transportées dans les ouvrages extérieurs de la place à bras d'hommes et sans bruit.

Pour la défense comme pour l'attaque, les divers approvisionnemens d'artillerie dépendent du nombre des
bouches à feu, ce qui fixe la quantité de poudre dont on
a besoin pour l'artillerie; à quoi il faut ajouter celle qui
est nécessaire pour les troupes, les mines et les artifices.

Il faut aussi saisir l'instant favorable pour amasser
une grande quantité de fascines, de harts, de piquets,
d'osiers, dont la consommation est immense : les
branches des arbres du rempart seront d'une assez
foible ressource pour la partie de l'artillerie, et le service ne peut manquer d'être fort languissant et fort
dangereux, quand on n'a pas en abondance des fascines
et des gabions.

Les atteliers pour les armuriers, pour les charpentiers, pour les charrons, pour les forgeurs, doivent
toujours être dans les endroits les moins exposés, et
même dans les souterrains, quand on en a de relais. Il
faut mettre le plus grand soin dans tous les magasins,
séparant les unes des autres, les especes qui se ressemblent: c'est le moyen d'éviter le mélange et la con-

fusion, lorsqu'il s'agit de faire des distributions. De même il faut, autant qu'il est possible, ne pas rassembler les artifices dans le même magasin, mais en faire plusieurs dépôts, afin d'éviter qu'un accident consomme tout à la fois.

Les bouches à feu devant donc, comme on l'a dit, déterminer le reste des approvisionnemens, on part d'un principe, susceptible cependant de beaucoup de modifications, et qui tiennent au jugement et aux connoissances de l'officier instruit, c'est de diviser en huit classes toutes les especes de places que l'on peut être chargé d'approvisionner; mais toujours, d'après l'énoncé ci-dessus, sur leur position, le tems prévu de leur défense, comme de ce qui peut d'ailleurs les protéger; car surcharger inutilement une place de munitions, c'est en fournir à l'ennemi, quand on est forcé de se rendre.

La quantité de canons se fixe d'après ces modifications, ainsi que celles des autres especes de munitions; et l'on peut partir de cette base pour l'approvisionnement des places de la premiere classe, telles que Lille et Douay, et mettre depuis cent jusqu'à cent trente pieces de canons (1).

______

(1) Cette combinaison de bouches à feu est encore appuyée sur un principe, c'est qu'en surchargeant une place de canons, mortiers, etc., il faut augmenter aussi les munitions en poudre, fers coulés, etc. ainsi qu'en hommes pour les servir. Mais ceux qui ne connoissent rien à l'art de la guerre, et qui, par circonstances, s'ingerent de raisonner ou de décider sur tout, mettent de côté tous ces calculs, croyant qu'en hérissant une place de bouches à feu, sa défense sera en raison de cette inutile multiplicité. Ils ignorent qu'une place n'ayant que certains points d'attaque, tout ce qu'on ne peut y porter de bouches à feu pour la défendre reste dans l'inaction, et ne sert que de remplacement; que par conséquent s'écarter sans motifs et sans raisons des regles que l'art et la pratique ont à-peu-près déterminées, c'est, en cas de reddition, augmenter ses pertes, et même fournir des armes à son ennemi.

H 4

Celui de la seconde classe à quatre-vingts pieces; de la troisieme, à soixante; de la quatrieme, à cinquante; de la cinquieme, depuis quarante-cinq à quarante; de la sixieme, de trente-cinq à trente; de la septieme, de vingt-cinq à vingt; et de la huitieme, de seize et au-dessous.

Dans les trois premieres classes on peut aujourd'hui proportionner les calibres, de maniere qu'il y ait un tiers en pieces de 16, un tiers en pieces de 12, et un tiers divisé également entre les calibres de 8 et de 4. De plus, comme les pieces de 4, qui ne pénetrent et ne déblaient pas bien les terres, seroient peu utiles dans les très petites places, où la garnison ne peut rien entreprendre contre les tranchées ni faire de grandes sorties avec du canon, il faudra suppléer le 4 par le 8.

Dans les places maritimes, les calibres de 24 et au-dessus sont à préférer; mais en outre, il faut avoir des mortiers de galiote.

Mais, sans suivre strictement les proportions que nous venons d'indiquer, la division se trouveroit assez bien, pour Lille, par exemple, en la supposant approvisionnée de cent dix pieces de canon, d'avoir,

Calibre de pieces .. de 24, de 16, de 12, de 8, de 4.
Quantité......... 12,   25,   30,   20,   23.

Dans les places de cinquieme et sixieme classes, on peut mettre deux cinquiemes des trois plus gros calibres, et trois cinquiemes des deux autres.

Dans les deux dernieres classes, à moins de raisons particulieres, on peut supprimer les pieces de 24, et quelquefois même celles de 16.

Affûts à canons; un tiers en sus des pieces.

Avans-trains; on ne peut en avoir besoin qu'aux pieces de 4 qui servent aux sorties, ou pour les pieces de 8 que l'on veut également monter sur des affûts de campagne, lesquels ont leurs avant-trains. Il suffit donc d'avoir dans les places pour le mouvement des pieces de siege un cinquieme environ d'avant-trains desdites pieces.

Boulets ; la quantité de cet approvisionnement est sujette à contradictions ; les uns le portent trop haut, et d'autres trop bas. On doit donc le calculer d'après la résistance présumée de la place : ainsi Lille, par exemple, pourroit, à la rigueur, et peut-être sans inconvénient, être approvisionnée sur le pied de mille coups par piece ; ce seroit sans doute un grand approvisionnement ; aussi l'état de défense seroit-il très respectable à huit cents coups par chacun des deux premiers calibres, et neuf cents pour chaque des trois calibres, dans les six premieres classes ; six cents pour chaque calibre, dans les deux dernieres classes, pourroient suffire, si la position ne présente pas des moyens de défense extraordinaires

Mortiers de fonte de 10 ou 12 pouces, et de 8 pouces. Leur approvisionnement peut être d'un quart de celui des pieces de canon dans les trois premieres classes, et d'un cinquieme ou sixieme dans les autres. On mettra deux cinquiemes en mortiers de dix ou douze pouces, et trois cinquiemes en mortiers de huit pouces.

Dans les places maritimes, on a des mortiers pour les galiotes, qui sont d'autant plus nécessaires, que les vaisseaux les craignent beaucoup, parce que ces mortiers, chargés de vingt à trente livres de poudre, projettent la bombe jusqu'à deux mille toises.

Pierriers ; le dixieme au moins du nombre des canons.

Obusiers ; leur utilité est trop grande dans la défense des places, comme dans l'attaque, pour ne pas s'en approvisionner d'environ moitié du nombre des mortiers.

Affûts à mortiers, pierriers et obusiers ; un tiers en sus de ces bouches à feu, dont les armemens se proportionnent pour n'en pas manquer.

Grenades de rempart ; elles sont du calibre de 8 et au-dessus : dans les deux premieres classes, on peut en fixer le nombre à deux mille ; dans les deux suivantes, à mille ; à cinq cents dans la sixieme, et point dans les deux dernieres. En général, il en faut plus dans les places élevées que dans les autres ; mais peut-être seroit-il préférable, à la place de toute espece de grenade, d'avoir beaucoup d'obus.

Grenades à main ; quatre à cinq mille dans les deux premieres classes, deux mille dans les trois classes suivantes, quinze cents à six cents dans les trois dernieres classes.

Bombes ; on peut s'en approvisionner de quatre cents par mortier de 12 ou de 10 pouces, et de six cents par mortier de 8 pouces : les fusées à bombes et à grenades s'approvisionnent d'un quart en sus de ces projectiles.

Plateaux ; trois à quatre cents par pierrier.

Engin à lever et peser : deux fléaux de fer garnis de leurs plateaux, etc. dans les places de la premiere classe, un dans celle au-dessous.

Poids à peser ; mille livres dans les deux premieres classes, cinq cents dans les médiocres, trois cents dans les petites.

Classes . . . . ;	1er	2e	3e	4e	5e	6e	7e	8e.
Chevres	4--	3--	2--	2--	2--	1--	1--	1.
Triqueballes	4--	3--	2--	2--	2--	1--	1--	1.
Chariots à canon . . . . ;	4--	4--	4--	2--	2--	2--	2--	2.

Classes . . . . 1re 2e 3e 4e 5e 6e 7e 8e.
Crics, grands et petits . . 4-- 3-- 2--2--2--1--1--1.
Charrettes, caissons, etc. . 12--12--12--6--6--6--2--2.
Traîneaux. . . . . . . 6-- 6-- 4--4--2--2--2--2.

Il seroit peut-être plus avantageux d'avoir des triqueballes d'augmentation que des chariots à canon; par-là on éviteroit le changement, et on profiteroit des grandes roues qui facilitent le transport.

Levier; on s'en approvisionnera dix par piece, et de six par chaque autre bouche à feu.

Cables de rechange pour chevre, un par dix pieces dans les six premieres classes.

Prolonges doubles et simples; on en mettra vingt par chaque chevre pour les six premieres classes; dix à douze prolonges paroissent suffire pour les deux dernieres. La proportion peut être d'un tiers en prolonges doubles, et d'un tiers en simples.

Paires de traits; deux tiers ou moitié du nombre des prolonges, dont un tiers de doubles.

Travers, environ moitié des paires de traits.

Menus cordages; depuis trois cents livres jusqu'à trentes livres pour les plus petites places.

Sacs à terre; cet approvisionnement très nécessaire ne peut strictement se fixer; on peut en avoir au moins cinq cents par piece dans les grandes places, et un quart de moins dans les petites.

Indépendamment des sacs à terre, il faut pour sacs de toute espece de saucissons de mines, compter avoir dans chaque place, depuis huit cents jusqu'à mille aunes de toile, ayant attention que les petites places et les forts n'ont point de ressource pour cette espece de munition, qu'on peut trouver au besoin dans les villes.

Bois à plates-formes à canons ou obusiers; par chaque

bouche à feu six madriers, trois gîtes ou lambourdes; et un heurtoir.

Pieces de bois équarries pour plate formes à mortiers; six par chaque mortier ou pierrier; deux coussinets, trois gîtes et trois coins de mire.

Les bois à plate-formes, coussinet et coins de mire, étant de chêne, peuvent s'approvisionner d'avance. On se munit de bois blanc dès qu'on prévoit le siege.

Bois de remontage; une paire de flasques pour deux pieces, et autant de roues en blanc : dix raies et six jantes par piece; une paire de moyeux de tout calibre pour quatre pieces; un aissieu par piece.

Planches de bois blanc ou de chêne; cinq cents toises dans les plus grandes places, diminuant à proportion jusqu'à soixante dans les plus petites.

On s'approvisionne d'une même quantité de bois de différentes grosseurs, pour blindages et autres usages (1).

On ne doit faire l'approvisionnement des bois de remontage que lorsqu'on prévoit l'attaque des places, à l'exception des flasques et raies, qui, étant de bois de chêne, peuvent s'approvisionner d'avance.

Les ingénieurs reglent l'approvisionnement des bois nécessaires pour les mines, de concert avec les officiers de mineurs, et pour les ponts de communication, etc.

Principaux artifices.

Le salpêtre peut en régler les autres approvisionnemens.

Salpêtre; pour les places de premiere classe, trois mille ou trois mille cinq cents livres; de seconde et

---

(1) On demande ici à l'auteur, comment 50 ou 60 toises de poutres peuvent suffire au blindage et autre usages; il ne faut point tracer des regles au hazard.

troisieme classes, deux mille à quinze cents livres; des trois suivantes, mille livres; et trois à quatre cents dans les deux dernieres.

Soufre; un tiers du salpêtre.

Poix noire ou blanche; deux tiers du poids du salpêtre.

Tonnes de goudron; les tonnes sont de deux cents livres chacune; il en faut, pour la premiere classe, quarante à quarante-cinq tonnes: trente pour la seconde; vingt pour la troisieme; quinze pour les deux suivantes, et depuis huit jusqu'à quatre dans les trois dernieres.

On prétend que, pour mieux conserver le goudron, il est bon de le couler dans un fossé bien maçonné.

Cire neuve; autant que de soufre.

Suif; moitié en sus de la quantité de cire.

Chaudieres de cuivre; deux dans les plus grandes places; une dans les autres, et trois cuillers de fer par chaudiere, ainsi que deux cisailles, pour ébarber, par cuiller.

Réchauds de rempart; deux à-peu-près par pieces de canon.

Il faut remarquer que cette regle générale d'approvisionnement d'artifices est, comme tous les autres, sujette à des exceptions; car, dans les lieux élevés qui se défendent naturellement, ou dans les places ou forts maritimes où les vaisseaux peuvent s'approcher de près, on doit s'en munir bien autrement que dans les places situées en plaine, où n'ayant que des feux rasans.

Artificiers. Il faut établir leurs atteliers hors de la partie des attaques et avant le siege; y ayant des especes d'artifices dont les constructions sont fort longues, telles que les balles à feu, dont on peut faire un bon usage dans un siege, en les jetant à propos sur la tête des sapes, pour profiter du jour qu'elles répandent, afin de diriger un feu vif et bien nourri, qui pourroit en rétarder les progrès. Enfin, avec un attelier d'artificiers bien conduit, on peut préparer beaucoup de tourteaux, fascines goudronnées, et autres artifices, pour défendre le passage des fossés et les breches, et mettre en usage tous les moyens possibles de défense.

Papier, pour cartouches et gargousses. Comme tout papier n'est pas propre aux gargousses à canon, il faut s'en approvisionner d'avance au prorata des bouches à feu qu'on a à servir. Il n'en est pas de même pour les cartouches d'infanterie, on en aura toujours au besoin, et les marchands de la ville pourront suppléer à ce qui manqueroit à cet égard dans les magasins.

Cartouches à balles de fer battu. Elles peuvent être employées avec succès dans les sorties où l'on mene du canon de 4, et dans les ouvrages avancés : on peut s'en approvisionner de cinquante à soixante coups par piece de 8 ou de 4 de bataille.

Outils de toute espece.

	Outils à pionniers,	tranchans,	à mineurs,	à ouvriers en bois
1re. classe .	8 à 9000	1200	300	200
2e.	6000	9000	200	150
3e.	5000	600	100	100
4e.	4000	600	100	100
5e.	3500	450	100	100
6e.	3000	300	100	60
7e. et 8e.	1000	150	35	30

Il faudroit augmenter de moitié, souvent du double, le nombre des outils tranchans, dans les places dont les environs sont couverts, il y a toujours quelques haies à couper, ou des avenues et plantations, les arbres des fronts susceptibles d'attaque : tout cela doit être abattu et déblayé en peu de tems ; ainsi il faut pouvoir y employer beaucoup de monde ; et comme c'est le gros bois qui tient , il faudroit alors proportionner les tranchans en moitié haches et moitié serpes : ces dernieres ne seront que pour les fascines et gabions.

A l'égard des pionniers , on doit se rappeler qu'il faut les proportionner suivant les terrains ; qu'ainsi, dans les pierreux, il faut beaucoup de pics ; dans ceux humides , beaucoup de bêches , et dans les sableux, beaucoup d'escoupes ou pelles rondes.

Manches d'outils de rechange ; les deux tiers du nombre des outils.

Forges complettes ; six pour les places de la premiere classe, quatre pour la seconde , deux pour les quatre suivantes, et une pour les deux dernieres.

Etaux pour forgeur et armurier ; un par forge ; et un autre par chaque millier de fusils. Il faut cinquante principaux outils par chaque forge.

Fers neufs de tout échantillon ; pour chaque forge des places de la premiere classe, trois mille livres ; pour les trois suivantes deux mille cinq cents ; pour la cinquieme et sixieme deux mille livres, et quinze cents pour les deux dernieres.

Clous de toute espece ; un sixieme du fer demandé.

Acier ; un tiers du poids des clous.

Charbon de terre ; dix quintaux par chaque forge.

Atteliers d'ouvriers et d'armuriers. Il faut apporter le plus grand soin à faire radouber , et sans différer d'un instant, les attirails , outils et fusils qui ont quelque dommage ; autrement on manqueroit bientôt de tout, quelque fort que puisse être le premier approvisionnement, il faut sur-tout avoir de forts magasins de bois.

Armes de guerre.

Fusils de rempart, arquebuses à crocs. Comme il ne se fabrique plus de ces sortes d'armes, on ne peut en proposer d'approvisionnement, mais seulement de faire usage de celles qui existent, et qu'on peut compter pour nombre dans les places où ces armes sont en état.

Fusils de troupes. Dans les places extraordinairement fortes par leur situation, ce qui peut leur procurer une défense très longue, il faut trois fusils par homme dans celles de la premiere classe, dans celles de la seconde deux par homme, un et moitié en sus dans celles au-dessous, et dans les places foibles un fusil par homme seulement.

Mousquetons; deux cents pour les deux premieres classes, cent cinquante pour les troisieme et quatrieme, cent pour les deux suivantes, cinquante pour les deux dernieres.

Paires de pistolets; moitié du nombre des mousquetons.

Pistolets de ceintures pour mineurs; cinquante pour les cinq premieres classes, et dix pour les trois dernieres.

Les cuirasses, calottes et plastrons sont dans la proportion des pistolets précédens.

Pierres à fusils; comme cette espece de munition est fort commune, on pense qu'on peut en avoir cent par fusil.

Faux à revers. Cette espece d'arme est tombée d'usage.

Baguettes de fer. On les approvisionne par tiers en tire-bourres, grattoirs et lavoirs, à raison de six cents par millier de fusils.

Platines ⅓

Platines; cent par mille de fusils.

Fûts de bois ; cent par mille de fusils.

Pièces d'assortiment; en tout quatre mille par mille de fusils.

Moules de fonte à balles de fusils ; vingt pour les places de la premiere classe, douze pour la seconde, huit dans les trois suivantes, et six dans la sixieme.

Chaudieres de fer pour fondre le plomb; deux dans les places de la premiere classe, une dans les autres, où l'on mettra les moules.

Cuillers de fer ; trois par chaudiere dans les places des deux premieres classes; deux dans les autres, et deux cisailles à ébarber pour chaque cuiller.

Poudre.

Pour savoir ce que l'on doit approvisionner de poudre dans une place, il faut se régler sur les armes à feu que l'on y destine, de maniere qu'il y en ait,

1°. Pour tirer les boulets, au moins au tiers de leur pesanteur.

2°. Dix livres par bombe de douze ou dix pouces.

3. Quatre livres par chaque bombe de huit pouces ou obus.

4°. Neuf cents livres par chaque pierrier.

5°. Cinq livres, tant par fusil d'approvisionnement que par chaque fusil dont les troupes de la garnison sont armées en y entrant.

6°. Une demi-livre pour chaque grenade à main ou de fossé.

7°. Pour les mines, ce qu'on estime convenable eu égard à la situation de la place et aux contre-mines qui peuvent s'y trouver. Et enfin quand on aura calculé sur ce pied la poudre qu'on veut approvisionner dans la place à munir, on ajoutera à la quantité trouvée un quart en sus , tant pour les artifices , le déchet, celle qui se trouvera pillée , peu ménagée ou brûlée, que parce qu'il vaut mieux en avoir une certaine quantité à la reddition , que d'en manquer: outre qu'il peut bien arriver qu'un magasin entier saute dans le courant d'un siege. Ainsi Lille , par exemple , ou Douay, n'auroit pas un trop fort approvisionnement , en supposant qu'il fût porté d'un million à un million deux cents mille livres.

Les poudres s'approvisionnent d'avance , et doivent être au sec.

Plomb. On peut le régler sur le pied de trente livres par fusil, tant d'approvisionnement que de troupes.

Meches; trois cents livres au moins par pieces de canon.

Menus achats. Comme ils dépérissent quand ils sont trop long-tems en magasin, il suffira de se les procurer dans le tems où l'on craint d'être assiégé, surtout dans les grandes villes où l'on a de la ressource sur ces objets. Pour les détails de ces munitions , on peut consulter les états précédens.

D'après un ingénieur au service du roi de Prusse, on met de plus , dans une place de premiere grandeur , pour les incendies , trente échelles, deux cents seaux de cuir bouilli ou de bois , quarante crocs pour éteindre le feu, quatre pompes de Hollande, trois mille hottes, trois cents brouettes, deux cents civieres , cinquante chevaux de frise , douze mille palissades de réserve, cinquante mille fascines, deux cents mille piquets , trois cents gabions.

Approvisionnement en munitions de bouche.

On suppose la place de dix bastions, ayant six mille hommes de garnison, y compris trois cents hommes de cavalerie et trois cents hommes d'artillerie.

Cet approvisionnement est pour trois mois; les habitans doivent en outre en avoir pour six.

Sacs de farine . . . . 3400 s.
Rations de biscuit pour les besoins pressans
    et imprévus 67000
Bœufs ou vaches 200
Moutons 400
Livres de lard salé 33000
Sacs de gruau, d'orge mondé 70
Sacs de pois, haricots, feves, lentilles . . . 132
Livres de fromage 66000
Livres de beurre salé 4000
Boisseaux de sel 800
Paniers d'œufs 65
Tonneau d'épiceries 1
Pieces d'eau-de-vie 40
Muids de vin 200
Tonnes de biere 700
Muids de vinaigre 7
Pieces d'huile d'olives 4
Moulins à bras 20
Livres de tabac à fumer 12000
Pots de grès 132
Tines garnies de crochets de fer 132
Petits barils pour les distributions 700
Gamelles de bois 2700
Cruches de terre 750
Chaudieres pour cuire 7
Bois pour les troupes et pour les besoins de la place.
Fagots 40000
Faisceaux de gros bois 40000
Rations de foin et de paille 40000
Rations d'avoine 40000
Ustensiles pour six à sept fours.

Cette table a été faite d'après les suppositions suivantes :

Une ration doit peser vingt-quatre onces, poids de
marc ; un pain de deux rations doit peser trois livres ;
pour lesquelles on met cinquante-six onces de pâte ,
parce que le pain , après la cuisson , diminue de quatre
onces par ration : un sac de farine pesant deux cents
livres donne cent quatre-vingt rations.

Ainsi trois mille sacs donneront cinquante-quatre
mille rations, qui suffiront pour le pain de six mille
hommes , à quatre-vingt-dix rations pour chacun.

Ajoutez mille sacs de farine, vous aurez cent quatre-
vingt mille rations de plus pour les officiers , leurs do-
mestiques et les hôpitaux.

Quoique la garnison diminue , il faut cet approvisionnement, parce qu'on donne le pain double à la
fin du siege , au reste de la garnison, qui est alors plus
fatiguée.

On donne , dès le commencement du siege, un bœuf
et deux moutons par bataillon, ce qui fournit une livre
et demie de viande au soldat pour sa nourriture pendant trois jours ; pour les deux jours suivans, on lui
donne une demi-livre de lard ou de bœuf salé, et quelquefois un quart de fromage et de légumes.

On a soin de conserver la viande fraîche , autant
qu'on peut pour les hôpitaux.

On doit d'ailleurs approvisionner les hôpitaux en lits,
médicamens , etc.

PROJET *d'approvisionnemens pour l'armement et la défense d'une place de premiere et huitieme classe ;* SAVOIR,

Places de	Premiere classe.	Huitieme classe.
Pieces de canon de fonte.		
Ordinaires. de 24	12	4
de 16	42	6
de 12	40	7
de 8	12	5
de 4	14	4
De bataille. de 12	4	
de 8	6	
de 4	8	
Totaux . . .	158	26
Affûts pour pieces de canons avec leurs armemens.		
De siege ou de place. de 24	18	6
de 16	63	9
de 12	60	10
de 8	18	7
de 4	21	6
De bataille. de 12	6	
de 8	18	
de 4	10	
Totaux . . .	214	38
Boulets. de 24	9600	3200
de 16	37800	4800
de 12	38200	5600
de 8	15000	4000
de 4	15000	4000
Totaux . . .	115600	21600
Cartouches à Balles de fer battu. de 24	480	160
de 16	1680	240
de 12	2000	550
de 8	1800	250
de 4	1500	200
Totaux . . .	7460	1200

Suite de l'approvisionnement des places de . . . .

	Première classe.	Huitieme classe.
Mortiers de fonte. { de 12 pouces	6	1
de 10 pouces	8	2
de 8 pouces	18	5
Totaux	32	8
Affûts à mortiers avec armement. { de 12 pouces	9	2
de 10 pouces	12	5
de 8 pouces	27	7
Totaux	48	12
Obusiers de fonte. { de 8 pouces	10	2
de 6 pouces	2	
Totaux	12	2
Affûts d'obus et armemens, { de 8 pouces	15	3
de 6 pouces	3	
Totaux	18	3
Pierriers de fonte.	8	
Affûts à pierriers.	12	
Bombes. { de 12 pouces	3000	500
de 10 idem	4800	1200
de 8 idem	15600	3500
Totaux	23400	5200
Obus. { de 8 pouces	7000	1400
de 6 pouces	1400	
Totaux	8400	1400
Grenades. { de fossé	12000	600
à main.	28000	4000
Totaux	40000	4600
Sacs à terre	50000	4500

Armemens pour les canons.

	Première classe.	Huitieme classe.
Lanternes de cuir. hampées { de 24	6	2
de 16	21	5
de 12	20	4
de 8	6	3
de 4	7	2
d'obusiers	12	3

Suite de l'approvisionnement des places de	Premiere classe.	Huitieme classe.
Écouvillons Hampés. de 24	24	8
de 16	80	10
de 12	88	14
de 8	56	10
de 4	44	8
d'obusiers	20	4
Refouloirs hampés. de 24	24	8
de 16	80	10
de 12	80	14
Ceux des autres calibres sont hampés avec les écouvillons.		
Leviers ordinaires de manœuvre	1672	350
Tire-bourres hampés	69	13
Dégorgeoirs	600	120
Masses de bois	200	40
Gargoussiers de tout calibre	80	36
Chapiteaux	125	28
Corne d'amorce	150	30

Armemens pour le service des mortiers et pierriers.

	Premiere classe.	Huitieme classe.
Curettes pour mortiers	48	12
pour obusiers	18	5
Spatules	80	50
Refouloirs, de 12 pouces	12	2
de 10 idem	16	4
de 8 idem	56	10
Crochet à bombes	200	50
Quart-de-cercle en cuivre de tout calibre . .	80	16
Chasse-fusées	200	50
Maillet	120	56
Tire-fusées avec tenailles	8	2
Refouloir de pierriers	16	
Plateaux ou paniers pour pierriers . . .	5000	
Mesures à poudre pour les batteries, de 8 livres	15	5
de 5 livres	56	8
de 4 idem	80	9
de 3 idem	52	10
de 2 idem	45	8
de 1 idem	150	50
d'une demie livre	60	10
d'un quart	60	10
Corne d'amorce	72	15
Coins de mire	150	30
Coussinet	90	20

Suite de l'approvisionnement des places de	*Premiere classe.*	*Huitieme classe.*
Bois à plate forme. Mandrins pour le canon . .	1280	350
Gîtes pour *idem*	512	112
Hennoir pour *idem* . . .	150	40
Lambourdes pour mortiers. .	430	70
Voitures de différentes espèces. Forges de campagne . . .	6	1
Chariot à canon	6	1
Caiss. de 12, 8. 4, d'obu. de 6 p.	38	
Caissons d'infanterie . . .	10	
Charrettes et chariots . . .	24	2
Triqueballes	5	1
Traîneaux, grand et petit . .	6	1
Avant-trains de siege à limoniere	20	4
Chassis pour le transport des affûts de place .	6	1
Engins à lever et peser. Chevres compl. dont une brisée.	5	1
Chevrettes et leur leviers . .	8	1
Crits grands et petits . . .	4	1
Fléaux de fer garn. de leurs plat.	2	1
Poids à peser	1000 l	500 l
Cordages. Cables de chevre, de rechange.	12	2
Prolonges. doubles . .	36	2
Prolonges. simples . .	80	7
Paires de traits simples et doub.	78	6
Travers	40	5
Menus cordages	350	55

Bois de remontage.

	Premiere classe.	*Huitieme classe.*
Paires de flasques de tout calibre	74	14
Roues en blanc pour rechange	90	6
Rais	2400	520
Jantes	1450	150
Moyeux de tout calibre	70	8
Aissieux	150	50
Aissieux de fer pour piece de bataille et caissons.	8	
Pieds de planches de bois blanc et de chêne. .	3500	400
Pieds de bois de différentes grosseurs pour blindages, et autres usages	5000	400

Gargousses de papier.

	Premiere classe.	*Huitieme classe.*
Pour canons de 24	10000	5500
de 16	58000	5000
de 12	58500	5800
de 8	15200	4100
de 4	15200	4100
Pour mortiers. de 12 pouces	5100	520
de 10 *idem*	5000,	1250
de 8 *idem* . , ...	16000	5600
d'obusiers de 8 pouces . , .	7500	1450

Suite de l'approvisionnement des places de	Premiere classe.	Huitieme classe.
Fusées à bombe et à obus, { de 12 et de 10 pouces . .	8500	2000
de 8 pouces	16200	4000
d'obusiers de 8 et 6 pouces. .	9000	1500
Totaux.	33700	7500
Fusées à grenades	41000	4800

Principaux artifices.

	Premiere classe.	Huitieme classe.
Salpêtre	3500	400
Soufre	1400	150
Poix noire ou blanche	2600	250
Goudron	9000	800
Cire neuve.	1400	150
Suif	2100	220
Fusées de signaux de trois especes	450	120
Balles à fer, { de 12 pouces	180	25
de 10 *idem*	220	40
de 8 *idem*	200	50
Lances à feu	1200	100
Etoupilles	10000	1000
Roches à feu	500	50
Tourteaux goudronnés	5000	800
Chaudiere de cuivre	2	1
Cuillers de fer pour les chaudieres . . .	6	3
Cisailles pour ébarber	4	2

Nota. On ne parle pas ici des ustensiles pour l'artifice, nous renvoyons pour cet objet au chapitre IX.

	Premiere classe.	Huitieme classe.
Réchauds de remparts	25	54
Gril à rougir les boulets	3	1
Outils à pionniers, { Pelles { quarrées	5000	800
rondes	1500	400
Pic-hoyaux	3000	600
Totaux.	9500	1800
Outils à mineurs . . . . , ...	300	50
Outils à ouvriers en bois	250	40
Outils tranchans, { Haches emmanchées . . .	700	200
Serpes	1400	400
Totaux.	2100	600
Manches d'outils, { à pionniers	6200	400
de haches	466	132
Totaux.	6666	532
Fers neufs de tous calibres	18000	1500
Clous de toutes especes	3000	250
Acier	1000	84
Charbon de terre	6000	1000

Suite de l'approvisionnement des places de ....

Armes de guerre.

	Premiere classe.	Huitieme classe.
Arquebuses à crocs	200	5o
Fusils { de rempart	53oo	68o
Fusils { de soldats	18ooo	15oo
Fusils { de dragons	5oo	
Mousquetons	5a5	1oo
Pistolets { de cavalerie	65o	1oo
Pistolets { à mineurs	5o	10
Sabres	200	20
Faux à revers	2oo	5o
Fourches	15o	25
Piques	5oo	70
Cuirasses ou plastrons de cavalerie	65o	1oo
Calottes pour *idem*	5a5	5o
Cuirasses complettes de sapeurs	12	4
Baguettes de fusils de rechange	56oo	5oo
Tirre-bourres	56oo	5.o
Gratoirs	18oo	15o
Lavoirs	18oo	15o
Platines de rechange	18oo	15o
Fûts de bois d'*idem*	18oo	15o
Pieces d'assortimens de toutes especes ...	72ooo	6ooo
Pierres } à fusils	18ooooo	15oooo
Pierres } à pistolets	2oooo	5ooo
Moules de fonte à balles de fusils	24	6
Chaudieres de fer pour fondre le plomb ..	2	1
Cuillers de fer	6	2
Poudre	15o ooo	25oooo
Plomb	65oooo	65ooo
Meche	5o ooo	85oo
Ustensiles contre les incendies. { Echelles	5o	6
{ Sceaux de cuir	25o	5o
{ Pompes aspirantes et refouloirs	4	1
{ Crocs	4o	4
Approvisionnemens de réserve pour le tems de siege. { Hottes ou paniers	12oo	15o
{ Brouettes	15o	20
{ Leviers	1oo	10
{ Chevaux de frise	5o	5
{ Fascines	12oo	12o
{ Piquets	1ooo	12o
{ Saucissons	5o	5o
{ Gabions	5oo	6o

Nota. Il faut avoir en outre la quantité de soixante voitures au moins de bois propres à saucissons, gabions, etc. et même pour blinder.

Fin de l'extrait.

TABLE

Contenant la force des garnisons et des munitions de guerre et de bouche nécessaires aux places de guerre de la grandeur énoncée ci dessous.

	Bastions — 4	5	6	7	8	9	10	11	12	13	14	15	16	17	18
La Garnison.															
Infanterie, supposé qu'il n'y ait d'autres dehors que les demi-lunes et les chemins couverts	2400	3000	3600	4200	4800	5400	6000	6600	7200	7800	8400	9000	9600	10200	10800
Cavalerie	240	300	360	400	480	540	600	660	720	780	840	900	960	1020	1080
La Bourgeoisie.															
On ne peut rien fixer à cet égard, parce que les places en ont toutes plus ou moins; nous avons dit ci-devant à quoi on peut l'employer.															
Les vivres (1).															
Une provision pour 3 mois, dont deux tiers de froment et l'autre de seigle, ce qui fait pour le froment *(septi.)*	1204	1455	1706	1957	2308	2559	2810	3061	3312	3563	4065	4316	4567	4818	5064
Et pour le seigle	602	727	855	978	1154	1279	1405	1530	1656	1786	2032	2158	2283	2409	2539
Le septier estimé à 255 liv. pesant, déchargé de 20 liv. de son, doit faire 158 rations de 2 liv. pesant chacune.															
Pois pour 3 jours de la semaine, à raison d'un quarte-ron par ration, le déchet estimé à la sixième partie, attendu que d'autres que des soldats en pourroient manger *(septi.)*	128	160	192	224	256	288	320	352	384	416	448	480	512	544	576
Feves, même quantité par ration, et pour deux jours de la semaine durant trois mois, déchet comme dessus	86	107	128	150	170	192	214	235	256	278	298	320	340	362	384
Lentilles pour deux jours de la semaine	Idem.	Idem.	Idem.	Idem.	Idem.	Idem.	Idem.	Idem.	Idem.	Idem.	Idem.	Idem.	Idem.	Idem.	Idem.
Riz	10	13	14	17	19	22	24	26	29	31	34	36	38	41	43
Orge mondé	Idem.	Idem.	Idem	Idem.	Idem.	Idem.	Idem.	Idem.	Idem.	Idem	Idem.	Idem.	Idem.	Idem.	Idem.
Orge en grain pour faire des ptisannes et nourrir la rolaille	92	115	138	161	185	208	230	253	276	299	322	344	370	392	415
Sel — *Minots.*	85	106	127	148	169	190	211	232	253	274	295	316	337	358	374
Poivre — *Livres.*	92	115	138	161	184	208	230	253	276	299	322	345	368	391	414
Clou de gérofle	22	15	29	32	36	40	43	47	50	54	58	61	65	68	72
Canelle	10	21	14	17	19	22	24	26	29	31	34	36	38	41	43
Muscade	Idem.	Idem.	Idem.	Idem.	Idem.	Idem.	Idem.	Idem.	Idem.	Idem.	Idem.	Idem	Idem.	Idem.	Idem.
Aulx sur le pied de deux têtes tous les jours à chaque chambrée pendant trois mois, lesdites chambrées estimées à six hommes, et les bottes à 20 têtes chacune, la sixième partie comptée pour déchet — *Bottes*	3300	4125	5051	5876	6701	7526	8351	9176	10001	10826	11651	12476	13301	14126	14951
Oignons distribués sur le pied de deux par jour à chaque chambrée, les torches composées de 20 têtes chacune, le déchet compris	3300	4125	5051	5876	6701	7526	8361	9176	10001	10826	11661	12476	13301	14126	14951

(1) Dans l'estimation suivante, on augmente un cinquième pour les officiers des troupes, les valets, l'hôpital, les ingénieurs, canonniers, mineurs, charpentiers, charrons, armuriers, et autres gens nécessaires à la défense des places, qui ne sont pas comptés dans le nombre des troupes, où il n'y a que les soldats et cavaliers.

	Bastions 4	5	6	7	8	9	10	11	12	13	14	15	16	17	18
Lard salé, à demi-quarteron par ration pendant cinq jours de la semaine ; la dixième partie comptée pour le déchet. *quint.*	236	296	356	416	476	536	596	656	716	776	836	896	956	1016	1076
Bœuf et vache distribués sur le pied de demi-livre par ration pendant cinq jours de la semaine ; la dixieme partie comptée pour le déchet, et chaque bœuf et vache sur le pied de 350 livres pesant l'un portant l'autre. *quint.*	944	1184	1424	1664	1904	2144	2384	2624	2864	3104	3344	3584	3824	4064	4304
Moutons pour les officiers malades et blessés, sur le pied d'une livre par chaque officier, et autant pour les blessés et malades ; le nombre des officiers estimé à 200, et chaque mouton à 30 livres pesant l'un portant l'autre, qui, réduits au poids, font. *quint.*	320	400	480	560	640	720	800	880	960	1040	1100	1180	1260	1320	1400
Veau et volaille pour les blessés, tout ce que l'on en pourra nourrir chez les particuliers, dans les fossés, et dehors de la place, dans les maisons publiques, et par-tout ailleurs où il y aura lieu.															
Fromages pour trois mois, à compter deux jours par semaine, à raison d'un quarteron par jour à chaque soldat. *quint.*	257	321	385	449	513	577	641	705	769	833	897	961	1025	1089	1153
Morue seche ou stock-fich	276	348	420	492	564	636	708	780	852	924	996	1068	1140	1212	1284
Morue verte	276	348	420	492	564	636	708	780	852	924	996	1068	1140	1212	1284
Harangs sors. *Caques.*	92	116	130	154	178	202	226	250	274	298	322	546	370	394	418
Harangs blancs.	Idem.	Idem.	Idem.	Idem.	Idem.	Idem.	Idem.	Idem.	Idem.	Idem.	Idem.	Idem.	Idem.	Idem.	Idem.
Beurre salé ou fondu, à demi-quarteron par ration pendant deux jours de la semaine.	128	160	192	224	256	288	320	552	384	416	448	480	512	544	576
Bonne huile de noix ou de navette, pour éclairer et pour les soupes deux jours de la semaine. *Pipes.*	10	12	14	17	19	22	24	26	29	31	34	36	38	41	43
Noix en coques. *Sepiiers.*	22	25	29	32	36	40	43	47	50	54	58	61	65	68	72
Poires et pommes seches, ce que l'on en pourra avoir.															
Fruits verds, ce que la saison, l'espace et le tems permettront d'en avoir. *quint.*															
Pruneaux pour les malades.	6	7	8	10	12	12	13	14	15	16	17	18	19	20	22
Huile d'olive de bonne qualité. *Pipes.*	12	14	17	19	22	24	26	29	31	34	36	38	41	43	46
Herbes potageres, ce qui pourra s'en cultiver dans les jardins.															
Boulangerie.															
Fours, de chacun de 10 ou 12 pieds de diametre, réduit, avec les logemens nécessaires pour les boulangers, pétrains, chaufour, éraux, bureaux pour la distribution du pain, pelles, tourgons, tables, mays à pétrain, chaudieres, bois, fagots, etc. en quantité suffisante pour pouvoir employer continuellement un nombre suffisant de boulangers	4	4	5	5	6	6	7	7	10	10	11	11	12	12	12
Moulins a cheval capables de pouvoir moudre chacun six septiers de bled par jour.	3	4	5	6	7	8	9	10	10	11	11	12	12	12	12
Moulins à bras pour moudre chacun un septier par jour (1).	17	19	22	24	26	29	31	34	36	38	41	43	46	48	50

(1) Ces moulins doivent être dans des souterrains bien assurés, s'il est possible ; ceci suppose le manquement des moulins à eau et à vent qui peuvent être brisés par les bombes et le canon.

	Bastions 4	5	6	7	8	9	10	11	12	13	14	15	16	17	18
Boissons.															
Vin de bonne qualité, à raison d'une chopine mesure de Paris, trois fois la semaine, pendant trois mois, le muid estimé à 280 pintes, tout déchet compris. *(muids)*	183	229	275	321	367	413	459	505	551	597	643	689	735	781	827
On aura soin, outre ce que dessus, que les cabarets en soient pourvus le plus qu'il sera possible.															
Bière trois fois autant que de vin, et partant. *(muids)*	549	687	825	963	1101	1239	1377	1515	1653	1791	1929	2067	2205	2343	2481
Eau-de-vie distribuée à raison de deux petites mesures par jour, de celle que les brandeviniers vendent un sol aux soldats. *(muids)*	72	90	108	126	144	162	180	198	216	234	252	270	288	306	324
Si l'on est en pays où le vin soit abondant et la biere rare, il faudra faire les provisions de vin au lieu de biere.															
Fourrages.															
Rations de foin réduites en bottes de 20 livres pesant, l'estimation augmentée du tiers à cause des autres chevaux. *(bottes)*	28800	36000	43200	50400	57600	64800	72000	79200	86400	93600	100800	115200	122400	129600	136800
Rations de paille réduites en bottes de 5 livres pesant. *(Idem.)*	Idem.	Idem.	Idem.	Idem.	Idem.	Idem.	Idem.	Idem.	Idem.	Idem.	Idem.	Idem.	Idem.	Idem.	Idem.
Avoine, à raison de trois quarts de boisseau mesure de Paris par ration, équivalent à trois picotins de 160 pouces cubes chacun, le septier compté pour 32 rations et le déchet à 5 pour cent. *(Septi.)*	945	1181	1417	1653	1889	2125	2361	2597	2833	3069	3305	3541	3777	4013	4249
Meubles de l'hôpital.															
Lits garnis de leurs chalits, paillasses, matelats, traversins et couvertures.	160	200	240	280	320	360	400	440	480	520	560	600	640	680	720
Couvertures de rechange, ou pour doubler quand il fait froid.	80	100	120	140	160	180	200	220	240	260	280	300	320	340	360
Draps de lit. *(Paires.)*	320	400	480	560	640	720	800	880	960	1040	1120	1200	1280	1360	1440
Draps pour ensevelir les morts.	240	300	360	420	480	540	600	660	720	780	840	900	960	1020	1080
Chemises de rechange.	320	400	480	560	640	720	800	880	960	1040	1120	1200	1280	1360	1440
Nappes.	40	50	60	70	80	90	100	110	120	130	140	150	160	170	180
Serviettes. *(Douzaines.)*	32	40	48	56	64	72	80	88	96	104	112	120	128	136	144
Batterie de cuisine complette avec tous les ustensiles nécessaires, vaisselles d'étain et de terre.															
Fagots pour l'hôpital.	2400	3000	3600	4200	4800	5400	6000	6600	7200	7800	8400	9000	9600	10200	10800
Bois de corde. *(Cordes.)*	120	150	180	210	240	270	300	330	360	390	420	450	480	510	540
Artillerie (1).															
Canons de 24 livres de balles, montés sur leurs affûts ordinaires.	4	6	8	10	12	14	16	18	20	20	20	20	20	20	20

(1) L'estimation de Vauban est un peu forte. Pour bien munir de canons une place, il n'y faut que huit pieces par bastion ou environ; c'est la regle la plus certaine. Il y en a assez pour défendre tout le front des attaques et en placer dans les ouvrages avancés; encore que pour une place de six bastions, il faut au plus 50 pieces; cette quantité est proportionnée au nombre de ses ouvrages, aux attaques que l'on y peut former, et au tems qu'elle peut tenir. Comme on ne fait guere que deux attaques,

	Bastions 4	5	6	7	8	9	10	11	12	13	14	15	16	17	18
Canons de 16 montés comme dessus..............	6	8	10	12	14	16	18	20	22	24	26	28	30	32	34
de 12 livres...........................	8	10	12	14	16	18	20	22	24	26	28	30	32	34	36
de 8 livres...........................	10	12	14	16	18	20	22	24	26	28	30	32	34	36	38
de 4 livres...........................	12	14	16	18	20	22	24	26	28	30	32	34	36	38	40
Total.....	40	50	60	70	80	90	100	110	120	128	136	144	152	160	168
Arquebuses à croc garnies de leurs chevalets.........	40	50	60	70	80	90	100	110	120	130	140	150	160	170	180

BOULETS.

	Bastions 4	5	6	7	8	9	10	11	12	13	14	15	16	17	18
Boulets du calibre de 24 liv. à 400 boulets par pièce...	1600	2400	3200	4000	4800	5600	6400	7200	8000	9600	9600	9600	9600	9600	9600
du calibre de 16 liv. à 400 boulets par pièce...	2400	3200	4000	4800	5600	6400	7200	8000	8000	8000	8000	8000	8000	8000	8000
du calibre de 12 liv. à 400 boulets par pièce...	3200	4000	4800	5600	6400	7200	8000	8800	9600	10400	11200	12000	12000	12000	12000
du calibre de 8 liv. à 400 boulets par pièce...	4000	4800	5600	6400	7200	8000	8800	9600	10400	11200	12000	12000	12000	12000	12000
du calibre de 4 liv. à 400 boulets par pièce...	4800	5600	6400	7200	8000	8800	9600	10400	11200	12000	12800	13600	14400	15200	16000
Total.....	16000	20000	24000	28000	32000	36000	40000	44000	47200	51200	53600	55200	56000	56800	57600

MORTIERS.

	Bastions 4	5	6	7	8	9	10	11	12	13	14	15	16	17	18
Mortiers de 12 à 13 pouces de diametre, dont la charge est de 6 livres de poudre....................	6	8	10	12	14	16	18	20	20	20	20	20	20	20	20
Mortiers de 18 pouces de diametre pour tirer des pierres.	6	8	10	12	14	16	18	20	20	20	20	20	20	20	20
Mortiers du calibre de 33 liv. de balle, ou de six pouces de diametre pour tirer des demi-bombes..............	6	8	10	12	14	16	18	20	20	20	20	20	20	20	20
Total.....	18	24	30	36	42	48	54	60	60	60	60	60	60	60	60

on en placeroit quinze par chaque attaque, ce qui feroit trente pour les deux, et vingt sur les autres bastions et ouvrages éloignés, lesquelles serviroient dans la suite du siege pour remplacer les défectueuses, et augmenter dans le besoin celles des attaques. Comme l'on ne tire pas du canon de toutes les faces des bastions, parce que ceux mêmes qui sont proche des attaques ne voient souvent qu'en écharpent et d'un côté les ouvrages des ennemis, les autres pieces destinées pour les autres faces servent dans les différens ouvrages avancés de l'attaque; et lorsque l'officier qui commande l'artillerie est bien entendu, il trouve le moyen de ménager ces pieces et de s'en servir à propos suivant les travaux et les attaques des assiégeans. Il faut encore remarquer que vers la fin du siege, le feu du canon de la place diminue beaucoup à cause de la proximité des travaux des ennemis, et que les faces des ouvrages attaqués sont alors boulversées et détruites de maniere que l'ou n'y peut conserver des batteries entieres. Comme on a pour lors moins de pieces ensemble en batterie, il faut autant qu'il est possible les disperser. Il suffit, dans ce nombre de 50 pieces, d'en avoir six de 24 et huit de 16, pour être placées sur les cavaliers et les bastions de l'attaque; elles servent à détruire les batteries et les travaux des assiégeans, elles font un effet surprenant tirées à cartouche pour les coups de main, lorsque les ennemis veulent donner l'assaut aux ouvrages; mais il y a tant de difficulté à les changer de place dans les occasions pressantes, et la consommation de la poudre est si considérable, qu'il n'est pas à propos d'en avoir davantage. Celles de 12 sont encore trop difficiles à remuer pour en avoir plus de dix dans une place, elles servent pour opposer leur feu aux batteries des assiégeans, et pour aider à les détruire. Les douzes pieces de 8 sont très-utiles, parce qu'il est beaucoup plus aisé de les changer de place que ces premieres : on s'en sert avec utilité pour inquiéter souvent les travaux des assiégeans. On ne sauroit avoir trop de pieces de 4 pour la défense de la place : c'est pour cela qu'on y en met quatorze. On peut les placer par-tout et en tout tems; la facilité qu'il y a de les transporter d'un lieu à un autre avec peu de monde les rend d'un grand usage : on s'en sert même pour un coup de main dans les ouvrages les plus détruits par la bombe, en redressant un peu la terre. Elles servent pour frapper la tête des tranchées et des travaux que des assiégeans poussent en avant; on les tire à barbette sur tous leurs ouvrages; elles sont propres à toutes les expéditions brusques et difficiles, et même aux sorties : ajoutez à ces avantages celui de la consommation qui est très petite, puisque chaque piece en six coups, à deux livres par coups, ne consomme pas plus de poudre qu'une piece de 24 en un. Il faut encore observer que les six boulets de 4 tirés à propos dans une tranchée en même tems et au même point, font beaucoup plus d'effet qu'un boulet de 24, lorsqu'il n'y a pas de mur ou de batterie à renverser; ils frappent une plus grande partie de terrain, et tuent beaucoup plus de monde.

Les pieces de 3 ou de 2, et celles d'une livre, doivent se placer dans le chemin couvert et dans les autres ouvrages des dehors; leur utilité se connoît depuis le premier jour du siege jusqu'au dernier.

On remarquera, 1°. que les pieces de 3, de 5 et de 6 liv. de balle sont à-peu-pres aussi bonnes que celles de 4 liv. quand on pourra avoir des boulets de ces calibres en suffisante quantité.

2°. Que lorsqu'il se trouvera des pieces de fer avec des boulets de calibre, on pourra fort bien s'en servir dans les dehors, pourvu qu'elles aient été éprouvées, en diminuant un peu de la charge ordinaire.

	Bastions 4	5	6	7	8	9	10	11	12	13	14	15	16	17	18
Bombes, Grenades et Paniers à tirer des pierres.															
Pour le calibre de 12 à 13 pouces de diametre ; leur charge est de 15 livres de poudre	bomb. 1800	2400	3000	3600	4200	4800	5400	6000	6000	6000	6000	6000	6000	6000	6000
Pour celui de 18 pouces à tirer des pierres	1800	Idem.	Idem.	Idem.	Idem.	Idem.	Idem.	Idem.	Idem.	Idem.	Idem.	Idem.	Idem.	Idem.	Idem.
Demi-bombes, du calibre de 33 livres de balle, ou de six pouces de diametre	4000	5000	6000	7000	8000	9000	10000	11000	11000	11000	11000	11000	11000	11000	11000
Grenade à main	2400	3000	3600	4200	4800	5400	6000	6600	7200	7200	7200	7200	7200	7200	7200
l'estimation des grenades paroît trop forte : elles ne sont plus tant en usage qu'elles l'étoient autrefois.															
TOTAL....	10000	12800	15600	18400	21200	24000	26800	29600	30200	30200	30200	30200	30200	30200	30200
Affûts et plate-formes garnies (1).															
Affûts de campagne, de réserve pour des pieces de 24 liv.	4	5	6	7	8	9	10	11	12	13	14	14	14	14	14
de 16	6	7	8	9	10	11	12	13	14	15	16	17	18	19	20
de 12	8	9	10	11	12	13	14	15	16	17	18	19	20	21	22
de 8	10	11	12	13	14	15	16	17	18	19	20	21	22	23	24
de 4	12	13	14	15	16	17	18	19	20	21	22	23	24	25	26
TOTAL....	40	45	50	55	60	65	70	75	80	85	90	94	98	102	106
Avant-trains	9	12	15	18	21	24	27	30	33	36	40	40	40	40	40
Affûts de réserve pour toutes les pieces à l'usage des places, plus solides et moins chers que ceux de campagne, non compris ceux des pieces qui sont déjà montées	60	69	78	87	96	105	114	123	141	150	150	150	150	150	150
Affûts de mortiers à grosses bombes, garnis de tout ce qui leur est necessaire	6	8	10	12	14	16	18	20	20	20	20	20	20	20	20
Affûts de mortiers à demi-bombes	6	8	10	12	14	16	18	20	20	20	20	20	20	20	20
Affûts de pierriers	6	8	10	12	14	16	18	20	20	20	20	20	20	20	20
TOTAL....	18	24	30	36	42	48	54	60	60	60	60	60	60	60	60
Plate-formes pour le canon (2) de dix-huit pieds de long sur 10 et demi de large, accommodées des gîtes et heurtoirs nécessaires, un tiers en réserve plus que de pieces, ci	60	70	80	90	100	110	120	130	140	150	160	160	160	160	160
Plate-formes pour les mortiers et pierriers (3), la moitié plus que de mortiers, et partant	20	26	32	38	44	50	54	58	60	60	60	60	60	60	60
Coins de mire emmanchés pour le canon, à 3 par piece	120	138	156	174	192	210	228	246	254	282	300	318	336	354	372
Leviers à 5 par piece : il en faudroit 6 ou 8 à chaque piece	200	250	300	350	400	450	500	550	600	600	600	600	600	600	600

(1) Quelques ingénieurs modernes voudroient que tout le canon d'une place, pendant un siege, fût monté sur des affûts marins, pour donner moins de prise aux coups des assiégeans, et pour n'être pas si-tôt démontés. D'autres voudroient seulement 4, 6, 8, 10, 12, etc. affûts de cette espece dans une place de 4, 5, 6, 7, 8, etc. bastions, pour servir aux petites pieces à barbette des angles des bastions, ou des autres ouvrages où il y a des plate-formes élevées.

Ces vues sont remplies dans la plupart des places, où l'on fait usage aujourd'hui des affûts qu'on appelle affûts de siege. D'après cela on peut diminuer de moitié les affûts de réserve.

(2) Une plate-forme, pour être bien faite, doit être composée d'un heurtoir de 7 pieds de long sur 6 à 7 pouces quarrés, de cinq gîtes de 18 pieds de long sur cinq à six pouces quarrés, et de 18 madriers de 10 pieds et demi réduits de long sur un de large, et deux pouces et demi d'épaisseur, le tout cloué à tête perdue dans le bois et bien juointement, avec pente de quatre pouces du derriere au devant.

(3) Les plate-formes des mortiers ont six à huit pieds quarrés, et sont ordinairement composées de poutelles redoublées en croix de sept à huit pouces d'épais, posées de niveau sur la terre, auparavant bien battue et applanie.

	Bastions 4	5	6	7	7	9	10	11	12	13	14	15	16	17	18
Lanternes de tout calibre, un tiers de plus que ne porte le nombre des pieces, et partant : (il en faudroit deux par piece)	53	61	69	77	85	93	101	109	117	125	133	141	149	157	165
Écouvillons garnis de leurs refouloirs, etc. (il en faut aussi deux par piece)	53	61	69	77	85	93	101	109	117	125	133	141	149	157	165
Épinglettes à déboucher les lumieres. On les appelle aussi dégorgeoirs : il en faut pareillement deux par piece	55	61	69	77	85	93	101	109	117	125	133	141	149	157	165
Boute-feux garnis de doubles serpentius, et ferrés en pointe par le bout du manche	53	61	69	77	85	93	101	109	117	125	133	141	149	157	165
Semelles, autant que d'affûts	60	69	78	87	96	105	114	123	132	141	150	159	168	177	186
Portieres à l'épreuve du mousquet, garnies de leurs chassis	60	69	78	87	96	105	114	123	132	141	150	159	168	177	186
Fronteaux de mire à l'épreuve	60	69	78	87	96	105	114	123	132	141	150	159	168	177	186
Cuillers à mortiers pour les nétoyer	10	12	14	16	18	20	22	24	24	24	24	24	24	24	24
Crics simples ou viudas	4	6	8	10	12	12	14	14	14	14	14	14	14	14	14
Gros crics à double force	4	6	8	10	12	12	14	14	14	14	14	14	14	14	14
Chevres garnies de leurs poulies, leviers et cables	6	8	10	12	14	14	16	16	16	16	16	16	16	16	16
Jumelles garnies de leurs pinces et chevilles de fer	3	4	5	6	6	7	7	8	8	8	8	8	8	8	8
Triqueballes	3	4	5	6	6	7	7	8	8	8	8	8	8	8	8
Traineaux pour chaque espece de canon	6	8	12	12	14	16	18	20	20	20	20	20	20	20	20
Pinces de fer de quatre pieds et demi de long	20	24	28	32	36	40	44	48	52	56	60	64	68	72	76

CORDAGES.

	Bastions 4	5	6	7	7	9	10	11	12	13	14	15	16	17	18
Cables de 5 pouces de tour sur 6 toises de long	3	4	5	6	7	8	9	10	10	10	10	10	10	10	10
Doubles prolonges de 4 po. de tour sur 12 toises de long	12	14	16	18	20	22	24	24	26	28	30	30	30	30	30
Prolonges simples de 16 lig. de diam. sur 6 toises de long	12	14	16	18	20	22	24	24	26	28	30	30	30	30	30
Traits communs, de 10 pi. de long sur 4 po. de tour	12	14	16	18	20	22	24	24	26	28	30	30	30	30	30
Gros traits à canon, de 5 po. de tour sur 10 pi. de long	12	14	16	18	20	22	24	24	26	28	30	30	30	30	30
Traverses de 4 toises de long sur 3 po. et demi de tour	12	14	16	18	20	22	24	24	26	28	30	30	30	30	30
Petits traits de 3 po. et demi de tour sur 10 pi. de long	12	14	16	18	20	22	24	24	26	28	30	30	30	30	30
Autres cordages de la grosseur du doigt et partie de celle d'un pouce (*toises*)	267	333	400	467	534	601	666	733	800	867	933	1001	1068	1135	1202
Harnois complets pour des chevaux de trait	14	18	20	24	28	30	34	38	42	46	50	54	58	60	60
Charrettes à ridelles planchéyées, pour mener des munitions de toutes especes	10	12	14	16	18	20	22	24	26	28	30	36	36	36	36

FERRONERIE.

	Bastions 4	5	6	7	7	9	10	11	12	13	14	15	16	17	18
Grosses forges garnies de soufflets, enclumes, bigornes, marteaux, tenailles, étaux, et généralement de tout ce qui leur est nécessaire	4	5	6	7	8	9	10	10	10	10	10	10	10	10	10
Boutiques d'armuriers garnies de leurs forges et de tous les outils nécessaires, à pouvoir employer chacune quatre hommes	4	5	6	7	8	9	10	10	10	10	10	10	10	10	10
Boutiques de serruriers	4	5	6	7	8	9	10	11	12	12	12	12	12	12	12
Forges à taillandiers garnies de leurs émouloirs et de tous les outils nécessaires au métier	2	3	4	5	6	7	8	9	10	10	10	10	10	10	10

	Bas-tions 4	5	6	7	8	9	10	11	12	13	14	15	16	17	18
Fer plat et quarré de tous échantillons......*quintaux*.	333	417	500	583	668	750	833	917	1000	1083	1166	1249	1332	1416	1499
Acier bien choisi et appareillé au besoin qu'on en peut voir.	14	17	20	23	27	31	34	37	40	43	46	50	54	58	62
Clous picards......*quintaux*.	4000	5000	6000	7000	8000	9000	10000	11000	12000	12000	12000	12000	12000	12000	1200
Clous à palissades de 6 pouces de long.	15333	16665	20000	23333	26666	30000	33334	36667	40000	43333	4666.6	9990	53332	56666	59999
Autres gros clous de différentes especes.	2667	3333	4000	4666	5334	6000	6666	7333	8000	8666	9332	10000	10668	11334	11891
Clous à crochets.	2400	3000	3600	4200	4800	5400	6000	6600	7200	7800	8400	9000	9600	10200	10800
Charbon de terre, si l'on est en lieu d'en avoir. *quintaux*	134	168	200	233	268	301	334	367	400	433	466	501	536	569	603
Charbon de bois......*vans*(1).	1000	1250	1500	1750	2000	2250	2750	2500	3000	3250	3500	3750	4000	4250	4500

ARMES A FEU.

	Bas-tions 4	5	6	7	8	9	10	11	12	13	14	15	16	17	18
Mousquets de réserve (2) de même calibre, bien conditionnés et de bon fer, sinon autant de bons fusils.	2400	3000	3600	4200	4800	5400	6000	6600	7200	7800	9400	10000	10600	11200	11800
Bons fusils à l'épreuve à grosses platines, façon de celle des boucauniers, bien choisis et de bonne qualité, non compris les armes ordinaires des troupes.	2400	3000	3600	4200	4800	5400	6000	6600	7200	7800	9400	10000	10600	11200	11800
Fusils à canon rayés, bien éprouvés. (J'aimerois mieux de ceux des boucauniers).	500	750	1000	1250	1500	1750	2000	2250	2500	2750	3000	3250	3500	3750	4000
Mousquets avec leurs bandoulieres garnies.	100	125	150	175	200	225	250	275	300	325	350	375	400	425	450
Pistolets......*paires*.	100	125	150	200	250	300	350	400	450	500	550	600	650	700	750
Pistolets de ceinture.	100	125	150	175	200	225	250	275	300	325	350	375	400	425	450
Mousquetons d'un pi. et demi de canon, pour les mineurs.	30	40	50	60	70	80	90	100	100	100	100	100	100	100	100
Baguettes de réserve.	2000	2500	3000	3500	4000	4500	5000	5500	6000	6500	7000	7500	8000	8500	9000
Baguettes de fer avec tire-bourre et grattoir.	100	125	150	175	200	225	250	275	300	325	350	375	400	425	450
Coussinets avec leurs lanieres.	2000	2500	3000	3500	4000	4500	5000	5500	6000	6500	7000	7500	8000	8500	9000
Laguettes à mouler et calibrer les cartouches.	100	125	150	175	200	225	250	275	300	325	350	375	425	400	450
Torchons de vieille toile pour essuyer et nétoyer les armes, de demi-aune quarrée chacun.	400	500	600	700	800	900	1000	1100	1200	1300	1400	1500	1600	1700	1800
Etoupes et vieilles meches pour bourrer......*tonnes*.	20	30	40	50	60	70	80	90	100	100	100	100	100	100	100

Pieces pour remonter et raccommoder les armes à feu.

	Bas-tions 4	5	6	7	8	9	10	11	12	13	14	15	16	17	18
Fûts de rechange.	1000	1250	1500	1750	2000	2250	2500	2750	3000	3250	3500	3750	4000	4250	4500
Chiens de fusil.	600	650	700	750	800	850	900	950	1000	1050	1100	1150	1200	1250	1300
Vis de platines et culasses.	2000	3000	4000	5000	6000	7000	8000	9000	10000	11000	12000	13000	14000	15000	16000
Batteries.	600	650	700	750	800	850	900	950	1000	1050	1100	1150	1200	1250	1300
Gachettes.	600	650	700	750	800	850	900	950	1000	1050	1100	1150	1200	1250	1300
Porte-baguettes.	2000	2500	3000	3500	4000	4500	5000	5500	6000	6500	7000	7500	8000	8500	9000
Sous-gardes.	600	650	700	750	800	850	900	950	1000	1050	1100	1150	1200	1250	1300
Vis en bois.	4000	4500	5000	5500	6000	6500	7000	7500	8000	8500	9000	9500	10000	10500	11000
Plaques de crosses, ou talons de fusil.	200	250	500	350	400	450	500	550	600	650	700	750	800	850	900
Ressorts de gachettes.	600	650	700	750	800	850	900	950	1000	1050	1100	1150	1200	1250	1300

(1) Le van est une mesure de charbon, qui n'est autre chose qu'un van à vanner qu'on remplit tant qu'il en peut tenir; un van peut entretenir une forge commune une journée entiere ou fort approchant. On ne le vend en Flandre que dix sous; il contient à-peu-près trois pieds cubes.

(2) On les convertira incessamment, ou du moins autant que l'on pourra, en fusils à platine de boucauniers.

	Bastions 4	5	6	7	8	9	10	11	12	13	14	15	16	17	18
Machines du chien	200	250	300	350	400	450	500	550	600	650	700	750	800	850	900
Grands ressorts	600	650	700	750	800	850	900	950	1000	1050	1100	1150	1200	1250	1300
Ressorts de batterie	600	650	700	750	800	850	900	950	1000	1050	1100	1150	1200	1250	1300
Vis des chiens	300	325	350	375	400	425	450	475	500	625	550	575	600	625	650
Détentes	600	650	700	750	800	850	900	950	1000	1050	1100	1150	1200	1250	1300
Clefs	200	250	300	350	400	450	500	550	600	650	700	750	800	850	900
Serpentins	200	250	Idem.	Idem.	Idem.	Idem.	Idem.	Idem.	Idem.	Idem.	Idem.	Idem.	Idem.	Idem.	Idem.
Gachettes	200	250	Idem.	Idem.	Idem.	Idem.	Idem.	Idem.	Idem.	Idem.	Idem.	Idem.	Idem.	Idem.	Idem.
Couvertes	200	250	Idem.	Idem.	Idem.	Idem.	Idem.	Idem.	Idem.	Idem.	Idem.	Idem.	Idem.	Idem.	Idem.
Platines pour mousquets	600	650	700	750	800	850	900	950	1000	1050	1100	1150	1200	1250	1300
Pour fusils	200	250	300	350	400	450	500	550	600	650	700	750	800	850	900
Pour pistolets	20	30	40	50	60	70	80	90	100	110	120	130	140	150	160

Armes de main.

	Bastions 4	5	6	7	8	9	10	11	12	13	14	15	16	17	18
Cuirasses et pots en tête, à l'épreuve	120	130	140	150	160	170	180	190	200	200	200	200	200	200	200
Rondaches de bois durs et bien choisis, pour parer les pierres, garnies de leurs bandouilleres et brassarts	100	125	150	175	200	225	250	275	300	325	350	375	400	400	400
Epées de reserve	400	500	600	700	800	900	1000	1100	1200	1300	1400	1500	1600	1700	1800
Sabres	200	250	300	350	400	450	500	550	600	650	700	750	800	850	900
Baïonnettes à douille, pour s'ajuster au bout du canon du fusil. La douille doit être juste au canon, de 5 pouces de long et 15 pouces de lame triangulaire et non plate ou quarrée, les trois arêtes égales et continues d'un bout à l'autre, et le guuon bien renforcé ; ladite baïonnette paralelle au canon, sans décliner dedans ni dehors	1200	1300	1400	1500	1600	1700	1800	1900	2000	2000	2000	2000	2000	2000	2000
Faulx à revers	80	100	120	140	160	180	200	220	240	260	280	300	320	340	360
Pertuisanes, ou hallebardes, de 6 pieds de long	100	125	150	175	200	225	250	275	300	325	350	375	400	425	450
Espontons à fer quarré et émoulu de 15 à 18 po de long, faisant 7 pieds et demi ou 8 pieds avec la hampe de 6 pieds, ferrées en pointe par le talon	600	625	650	675	700	725	750	775	800	825	850	875	900	925	950
Piques à fer quarré et émoulu, de 12 à 13 pi. de longueur	1000	1100	1200	1300	1400	1500	1500	1500	1500	1500	1500	1500	1500	1500	1500

Outils et matériaux de réserve. :-

	Bastions 4	5	6	7	8	9	10	11	12	13	14	15	16	17	18
Haches communes et bien choisies, toutes emmanchés	100	125	150	175	200	225	250	275	300	325	350	375	400	425	450
Serpes emmanchées	200	250	300	350	400	450	500	550	600	650	700	750	800	850	900
Fourches ferrées, emmanchées de 6 pieds de long, pour repousser les échelles en cas d'escalade	134	167	200	233	266	301	334	367	400	433	466	500	533	566	600
Touchets bien emmanchés avec leur croisillou au bout	134	167	200	233	266	301	334	367	400	433	466	500	533	566	600
Pics à hoyaux	134	167	200	233	266	301	334	367	400	433	466	500	533	566	600
Feuilles de sauge	68	83	100	117	134	150	166	183	200	217	234	251	268	284	301
Pics à rocs bien acérés, ayant bon œil et bonne tête	100	125	150	175	200	225	250	275	300	325	350	375	400	425	450
Pelles de fer appelées écoupes	200	250	300	350	400	450	500	550	600	650	700	750	800	850	900
Pelles de bois ferrées	200	250	300	350	Idem.	Idem.	Idem.	Idem.	Idem.	Idem.	Idem.	Idem.	Idem.	Idem.	Idem.
Pelles de bois non ferrées	200	250	300	350	Idem.	Idem.	Idem.	Idem.	Idem.	Idem.	Idem.	Idem.	Idem.	Idem.	Idem.
Brouettes	200	250	300	350	Idem.	Idem.	Idem.	Idem.	Idem.	Idem.	Idem.	Idem.	Idem.	Idem.	Idem.
Hottes garnies de bretelles	400	500	600	700	800	900	1000	1100	1200	1300	1400	1500	1600	1700	1800

Bancaux

Défense des Places. *Table IX.*

	Bastions 4	5	6	7	8	9	10	11	12	13	14	15	16	17	18
Baneaux.	15	20	25	30	35	40	45	50	55	60	65	70	75	80	85
Hottes de tête bien faites pour parer aux pierres.	400	450	500	550	600	650	700	750	800	850	900	900	900	900	900
Planches de bois blanc, de 10 pieds de long sur 12 po. de large et 1 po. et demi d'épais.	400	500	600	700	800	900	1000	1100	1200	1300	1400	1500	1600	1700	1800
Bois à faire ponts d'ouvrages, de 8, 9 à 10 pouces de tour. . . . *Toises.*	200	250	300	350	400	450	500	550	600	650	700	750	800	850	900
Clayes de 6 pieds de long et 3 pieds de large.	150	200	250	300	350	400	450	500	500	500	500	500	550	500	500
Madriers de 6 pieds de long sur 12 et 14 pouces.	100	125	150	175	200	225	250	275	300	325	350	375	400	425	450
Palissades de réserve.	10000	12500	15000	17500	20000	22500	25000	27500	30000	32500	35000	37500	40000	42500	45000
Manches d'outils de toutes sortes.	800	1000	1200	1400	1600	1800	2000	2200	2400	2600	2800	3000	3200	3400	3600
Bois blanc propre à faire des ponts à radeaux, de 7 à 8 po. quarrés sur 10 à 12 pi. de longueur. . . . *Toises.*	200	250	300	350	400	450	500	500	500	500	500	500	500	500	500
Planches de même bois, de pouce et demi d'épais sur un pied de large. . . . *Toises.*	400	500	600	700	800	900	1000	1100	1200	1300	1400	1500	1600	1700	1800
Cordages pour les conduire et attacher, moitié d'un doigt de gros et l'autre d'un pouce. . . . *Toises.*	100	125	150	175	200	225	250	275	300	300	300	300	300	300	300
Chevaux de frise à 4 rangs de pointes, dont les arbres auront 12 pieds de long sur 5 à 6 pouces de diametre, les pointes ayant 2 pieds de long de part et d'autre sur 20 lig. de diametre.	80	100	120	140	160	180	200	200	200	200	200	200	200	200	200
Paniers à parapets, de 15 po. de hauteur, 12 de diametre par en haut réduits à 10 et demi par en bas.	2000	2500	3000	3500	4000	4500	5000	5500	6000	6000	6000	6000	6000	6000	6000
Sacs à terre de 8 pouces de diametre et 20 po. de long.	4000	5000	6000	7000	8000	9000	10000	10000	10000	10000	10000	10000	10000	10000	10000

Outils de mineurs.

	Bastions 4	5	6	7	8	9	10	11	12	13	14	15	16	17	18
Marteaux à deux pointes.	20	30	40	50	60	70	80	90	100	100	100	100	100	100	100
Marteaux pointus par un bout et à tête fourchue de l'autre, pour casser la roche, acérés comme dessus, et courts emmanchés.	20	30	40	50	60	70	80	90	100	100	100	100	100	100	100
Petites pinces de fer de 2 pieds et demi de long.	40	50	60	70	80	90	100	110	120	120	120	120	120	120	120
Coins de fer.	50	60	70	80	90	100	110	120	130	130	130	130	130	130	130
Ciseaux.	40	50	60	70	80	90	100	110	120	130	140	150	160	170	180
Masses de fer.	70	80	90	100	110	120	130	140	150	150	150	150	150	150	150
Pelles de fer courbées.	20	30	40	50	60	70	80	90	100	100	100	100	100	100	100
Écoupes court emmanchées.	20	30	40	50	60	70	80	90	100	100	100	100	100	100	100
Couteaux à terre.	30	40	50	60	70	80	90	100	100	100	100	100	100	100	100
Tarieres pour sonder.	8	10	12	14	16	18	20	22	24	26	28	30	30	30	30
Paniers à deux anses, pour vuider les terres.	60	80	100	120	140	160	180	200	220	240	260	260	260	260	260
Petites haches.	8	10	12	14	16	18	20	22	24	26	28	30	30	30	30
Bois pour étayer les mines, de 3 à 4 pouces quarrés, sur 4 pieds et demi de long. . . . *Toises.*	600	800	1000	1200	1400	1600	1800	2000	2000	2000	2000	2000	2000	2000	2000
Grosse toile forte et serrée, à faire des saucissons. *Aunes.*	200	150	200	250	300	350	400	450	500	500	600	500	500	500	500
Bois pour faire des tours à chevalets. . . . *Toises.*	50	60	70	80	90	100	110	120	130	140	150	160	170	180	190
Cordages d'un po. de diam. pour les bouriquets. *Toises.*	100	150	200	250	300	350	400	450	500	500	500	500	500	500	500
Angels. . . . *Toises.*	600	800	1000	1200	1400	1600	1800	2000	2200	2400	2600	2800	3000	3200	3400
Chandeliers de fer avec une pointe en bas et une autre en équerre.	40	50	60	70	80	90	100	110	120	130	140	150	160	170	180

	Bastions 4	5	6	7	8	9	10	11	12	13	14	15	16	17	18
Planches de bois de deux pouces d'épaisseur et 1 pied de large, pour faire des boites et coffres à fougasses. . *Toises.*	60	80	100	120	140	160	180	200	220	240	260	280	300	300	500
Machines et outils pour les places où il y a de l'eau.															
Les équipages des écluses étant en bon état, il faut les tripler à cause des accidens qui peuvent arriver, ce qu'il est essentiel d'observer, suivant les places où l'on se trouvera.															
Bateaux de 30 pieds de long, huit de large, sur 2 et demi de profondeur, en approchant.	4	8	10	12	14	16	18	20	22	24	26	28	30	32	34
Traquets pour enlever la vase du fond des fossés. . . .	10	12	14	16	18	20	22	24	24	24	24	24	24	24	24
Crocs à pousser les bateaux.	20	22	24	26	28	30	32	34	36	36	36	36	36	36	36
Rames.	40	50	60	70	80	90	100	100	100	100	100	100	100	100	100
Écopes de bois pour épuiser les eaux.	10	12	14	16	18	20	22	24	26	28	30	30	30	30	30
Faulx en croissant à couper les herbes sur le fond. . . .	8	10	12	14	16	18	20	20	20	20	20	20	20	20	20
Crocs à trois pointes recourbées pour tirer les glaces, bois, gazons, et autres ordures du fond des fossés.	10	15	20	25	30	35	40	40	40	40	40	40	40	40	40
Louchets tranchans emmanchés de long, pour détacher les gazons du fond des fossés.	8	10	12	14	16	18	20	22	22	22	22	22	22	22	22
Outils pour les accidens du feu.															
Grandes échelles de 30 pieds de longueur.	8	10	12	14	16	18	20	20	20	20	20	20	20	20	20
Échelles moyennes de 20 pieds.	10	15	20	25	30	35	40	40	40	40	40	40	40	40	40
Autres petites de 10 pieds.	20	30	40	50	50	50	50	50	50	50	50	50	50	50	50
Crocs ferrés gros et long emmanchés, pour tirer les maisons à bas.	20	30	40	50	50	50	50	50	50	50	50	50	50	50	50
Pompes à bras et seringues de bonne grandeur pour éteindre le feu.	4	5	6	7	8	9	10	10	10	10	10	10	10	10	10
Seaux de cuir.	100	125	150	175	200	225	250	275	300	325	350	350	350	350	350
Provision de matériaux nécessaires en cas de siege.															
Gabions de 6 pieds de hauteur sur 4 et demi de diametre.	200	250	300	350	400	450	500	550	600	600	600	600	600	600	600
Gabions de 3 pi. de diametre sur 3 pi. de hauteur. . . .	600	800	1000	1200	1400	1600	1600	1600	1600	1600	1600	1600	1600	1600	1600
Fascines en provision.	10000	15000	20000	25000	30000	35000	40000	40000	40000	40000	40000	40000	40000	40000	40000
Piquets de 3 pi. de long.	20000	30000	40000	50000	50000	50000	50000	50000	50000	50000	50000	50000	50000	50000	50000
Vieilles futailles.	400	500	600	700	800	900	1000	1100	1200	1300	1400	1500	1600	1700	18000
Fourches et fourchettes pour bouter dans les dehors, justieras de 10 pieds de long sur 6 ponces de grosseur, corrières, poteaux, perches, paille en gluy, pour couvrir les hangards et s'y coucher, tentes, et autres choses semblables, en suffisante quantité, à proportion de la garnison.															

Poudre, plomb et leurs accompagnemens.	Bas-tions 4	5	6	7	8	9	10	11	12	13	14	15	16	17	18
Poudre (1). . . . . *Livres.*	186666	233333	280000	326666	373333	420000	466666	513333	560000	606666	650000	700000	700000	700000	700000
Plomb par rapport à la quantité de poudre destinée à la mousqueterie, sur le pied de 30 coups par liv. de poudre, et de 18 balles à la liv. de plomb. . . . . *Livres.*	227238	284882	341859	398855	454476	512120	569784	626741	683718	739558	797670	853311	853311	853311	853311
Mèches (2).	40000	50000	60000	70000	80000	90000	100000	110000	120000	130000	140000	150000	160000	170000	180000
Pierres à fusil bien choisies, à 20 pour chaque fusil, ou approchant (3).	24000	30000	36000	42000	48000	54000	60000	66000	72000	78000	84000	90000	96000	102000	108000
Pierres à pistolets.	2000	2750	3500	4250	5000	5750	6500	7250	8000	8750	9500	10250	11000	11750	12200
Moules à faire 40 balles à la fois, accommodés aux calibres des mousquets de la place.	10	15	20	25	30	35	40	40	40	40	40	40	40	40	40
Moules du calibre des arquebuses à croc.	2	3	4	5	6	7	8	9	10	10	10	10	10	10	10
Culiers de fer à fondre le plomb. . .	14	17	20	23	27	31	34	37	40	40	40	40	40	40	40
Tricoises ou pinces à roguer le plomb.	14	17	20	23	27	31	34	37	40	40	40	40	40	40	40
Conteaux ou ciseaux destinés au même usage.	14	17	20	23	27	31	34	37	40	40	40	40	40	40	40
Mesures de fer-blanc pour les canons, réglées sur la charge ordinaire, le tiers et le quart de chaque piece, à cause de la diversité des calibres.	320	400	480	560	640	720	800	880	960	1000	1000	1000	1000	1000	1000
Mesures d'une livre pour la distribution de la poudre aux trompes.	30	40	50	60	70	80	90	100	100	100	100	100	100	100	100
Mesure d'une demi-livre.	30	40	50	60	70	80	90	100	100	100	100	100	100	100	100
d'un quarteron.	30	40	50	60	70	80	90	100	100	100	100	100	100	100	100
d'un demi-quarteron. . . .	30	40	50	60	70	80	90	100	100	100	100	100	100	100	100
Charges de bois pour les arquebuses à croc.	60	80	100	120	140	160	180	200	200	200	200	200	200	200	200
* Charge de fer-blanc pour la mousqueterie	8000	10000	12000	14000	16000	18000	20000	22000	24000	24000	24000	24000	24000	24000	24000
* Charges pour les pistolets.	500	600	700	800	900	1000	1100	1200	1300	1300	1300	1300	1300	1300	1300
Coffres de bois, ou magasins portatifs pour les dehors et les postes avancés, de 6 pieds de long, 3 de large, et deux et demi de profondeur, mesurés dans œuvre : le vuide séparé en 3 parties égales : le cou-															

(1) La quantité de poudre nécessaire pour la défense d'une place assiégée est ici beaucoup au-dessous de l'estimation qu'en fait *Vauban* (page 73 de ces mémoires), ainsi qu'on l'a déjà remarqué dans une note au bas de la page 84. Cette différence vient de ce que *Vauban* n'avoit fait d'abord cette estimation que sur le pied de 40 jours de siege, comme il est aisé de s'en convaincre dans le *Traité de la défense des places*, par *Le Blond* (seconde édition de 1762, page 14), au lieu que dans le manuscrit de *Vauban* que nous avons suivi pour cette édition, la durée du siege est prolongée jusqu'à 48 jours, ce qui produiroit environ un septieme (a) d'augmentation sur la quantité de poudre indiquée dans cette table. Il en est de même du plomb pour la mousqueterie.

(2) Voyez notre observation, page 77, qui réduit la quantité de meche pour une place à 6 bastions, à 17,760 liv. En prenant pour cette quantité 18,000 liv., il en résulte que la meche peut être réduite à-peu-près aux trois onziemes du poids proposé par Vauban.

(3) Vauban ne comptoit que la moitié des armes avec des chiens à pierre : il faut doubler ses résultats.

(a) Le septieme de 41 est moins que 6, ainsi le résultat seroit pour moins de 47 jours. En prenant le cinquieme qui est un peu plus fort que 8, l'on approche *en plus* tout aussi près du nombre 48, et il en résulte 556 milliers de poudre, nombre approchant de 540 milliers, trouvé page 73.

	Bastions 4	5	6	7	8	9	10	11	12	13	14	15	16	17	18
vercle fait en dos d'âne, qui n'ouvre que de la moitié, l'autre contenant encore trois petites armoires pour des munitions, le tout bien goudronné et couvert d'une peau de bœuf passée avec son poil.	20	25	30	35	40	45	50	55	60	65	70	75	80	85	90
Barils à bourses pour la poudre.	20	25	30	35	40	45	50	55	60	65	70	75	80	85	90
Caches à mèches.	100	120	140	160	180	200	220	240	250	250	250	250	250	250	250
ARTIFICES.															
Tourteaux goudronnés à 600 de consommation par nuit pendant 40 nuits de tranchée.	16000	20000	24000	28000	32000	36000	36000	36000	36000	36000	36000	36000	36000	36000	36000
Fascines goudronnées de 2 pi. et demi de long sur 6 po. de diam., à 150 de consommation par nuit pendant 40 nuits.	4000	5000	6000	7000	8000	9000	10000	10000	10000	10000	10000	1000	1000	1000	1000
Menus copeaux et bois fendus secs et goudronnés. *Chariots*	2	3	4	5	6	7	8	9	9	9	10	10	10	10	10
Fagots choisis non goudronnés.	1300	1600	2000	2300	2600	3000	3500	4000	4500	5000	5000	5000	5000	5000	5000
Bois de corde. *Cordes.*	200	250	300	550	400	450	500	500	500	500	500	500	500	500	500
Balles ardentes à pouvoir tirer avec des mortiers du calibre de 12 à 13 pouces.	200	250	300	350	400	450	500	550	600	600	600	600	600	600	600
Balles ardentes à pouvoir tirer avec des mortiers de 33 liv. de balle, ou de 6 po. de diamètre.	600	800	1000	1200	1400	1600	1800	2000	2000	2000	2000	2000	2000	2000	2000
Balles à feu de la grosseur d'une grenade, pour jeter à la main.	2000	2500	3000	3500	4000	4500	5000	5500	6000	6000	6000	6000	6000	6000	6000
Porte-feux de grosses bombes.	1000	1200	1500	1800	2000	2500	3000	3500	4000	4000	4000	4000	4000	4000	4000
Porte-feux de petites bombes.	2000	3000	4000	5000	6000	7000	8000	9000	10000	10000	10000	10000	10000	10000	10000
Porte-feux de grenades.	50000	40000	50000	60000	70000	80000	90000	100000	100000	100000	100000	100000	100000	100000	100000
Barils foudroyans.	40	50	60	70	80	90	100	100	100	100	100	100	100	100	100
Lances d'attaques, qui tirent 4 coups chacune.	100	120	140	160	180	190	200	200	200	200	200	200	200	200	200
Lances à éclairer.	200	250	500	350	400	450	500	550	600	600	600	600	600	600	600
Cordes à feu pour éclairer.	200	250	300	350	400	450	500	550	600	600	600	600	600	600	600
Roches à feu pour allumer les artifices. *Livres.*	15	20	25	30	35	40	45	50	50	50	50	50	50	50	50
Cire neuve. *Quintaux.*	4	5	6	7	8	9	10	11	12	13	12	12	12	12	12
Poix-raisine. *Quintaux.*	6	8	10	12	14	16	18	20	20	20	20	20	20	20	20
Poix noire.	6	8	10	12	14	16	18	20	20	20	20	20	20	20	20
Goudron. *Tonnes.*	20	25	30	35	40	45	50	55	60	60	60	60	60	60	60
Huile de noix ou de navette pour les lampes. *Bariques.*	2	3	4	5	6	7	8	8	8	8	8	8	8	8	8
Huile de lin. *Bariques.*	4	5	6	7	8	9	10	11	12	12	12	12	12	12	12
Suif. *Quintaux.*	6	8	10	12	14	15	16	18	20	20	20	20	20	20	20
Chandelles de 8 à la livre. *Livres.*	200	300	400	500	600	700	800	800	800	800	800	800	800	800	800
Flambeaux de cire.	100	150	200	250	300	350	400	400	400	400	400	400	400	400	400
Chaudières à fondre le goudron.	6	8	10	12	12	12	12	12	12	12	12	12	12	12	12
Salpêtre.	2500	3000	3500	4000	4500	5000	5500	6000	6000	6000	6000	6000	6000	6000	6000
Soufre.	600	700	800	900	1000	1000	1000	1000	1000	1000	1000	1000	1000	1000	1000
Charbon de bois blanc. *Quintaux.*	6	8	10	12	14	16	18	20	22	24	26	28	30	30	30
Tamis de soie et de crin.	10	12	14	16	18	20	22	24	24	24	24	24	24	24	24
Lampes.	20	25	30	35	40	45	50	50	50	50	50	50	50	50	50
Ficelle commune. *Livres.*	100	150	200	250	300	350	400	450	500	500	500	500	500	500	500
Ficelle double.	100	150	200	250	500	350	400	450	500	500	500	500	500	500	500

Papier

	Bas-tions 4	5	6	7	8	9	10	11	12	13	14	15	16	17	18
Papier commun. . . . . *Rames.*	20	30	40	50	60	70	80	90	100	100	100	100	100	100	100
Papier gris. . . . . *Rames.*	100	130	150	170	200	230	250	270	280	300	300	300	300	300	300
Parchemin pour les gargousses. . . . . *peaux.*	100	150	200	250	300	350	400	450	500	500	500	500	500	500	500
Egrugeoirs pour les artifices.	6	8	10	12	12	12	12	12	12	12	12	12	12	12	12
Fer blanc . . . . *Feuilles.*	100	150	200	250	300	350	400	450	500	500	500	500	500	500	500
Tables à composition.	6	8	10	12	12	12	12	12	12	12	12	12	12	12	12
Clous à demi picards . . . . *Livres.*	1600	1800	2000	2200	2400	2600	2800	3000	3200	3400	3600	3800	4000	4000	4000
Clous à crochet.	1600	1800	2000	2200	2400	2600	2800	3000	3200	3400	3600	3800	4000	4000	4000
Lanternes claires	10	15	20	25	30	35	40	45	50	50	50	50	50	50	50
Lanternes sourdes.	10	15	20	25	30	35	40	45	50	50	50	50	50	50	50
Rechauds à goudron dont le fond est fait comme un plat, avec une pointe au milieu, et le reste comme la carcasse d'une lanterne : le tout suspendu avec une chaînette de fer, au bout d'une hampe de dix pieds de long. . . .	50	60	70	80	90	100	100	100	100	100	100	100	100	100	100
Petits chariots à feu pour porter des feux et éclairer le long du chemin couvert	10	15	20	25	30	30	30	50	30	30	30	30	30	30	30
Poulies de 5 po. de diam. , garnies de leur mouffle.	40	50	60	70	80	90	100	100	100	100	100	100	100	100	100
Cordages pour les poulies, de la grosseur du doigt. *Toises.*	200	300	400	500	600	600	600	600	600	600	600	600	600	600	600
Fil retors double pour coudre. . . . . *Livres.*	6	8	10	12	14	16	18	20	22	24	26	28	30	30	30
Aiguilles communes	200	250	300	350	400	450	500	550	600	650	700	750	800	850	900
Aiguilles de bourreliers	15	20	25	30	35	40	45	50	55	60	60	60	60	60	60
Petites maillets pour charger les porte-feux	20	25	30	35	40	45	50	55	50	60	60	60	60	60	60
Baguettes à charger les porte-feux des bomb. et grenad.	60	80	100	120	140	160	180	200	200	200	200	200	200	200	200
Forces et ciseaux pour couper de la toile et du pap. *paires.*	10	15	20	25	30	35	40	45	50	50	50	50	50	50	50
Balances avec des poids pour peser depuis 1 l. jusqu'à 100.	2	3	4	5	6	7	8	9	10	10	10	10	10	10	10
Romaines pour peser depuis 100 jusqu'à 500.	1	2	3	4	5	6	7	8	9	10	10	10	10	10	10
Pesons communs	6	8	10	12	14	16	18	20	20	20	20	20	20	20	20

T A B A C.

Une livre de tabac contient 112 pipes, d'expérience faite, que nous passerons ici pour 100 à cause du déchet. Supposons donc 4 pipes le jour par homme, il viendra ce qui suit à chaque place pour trois mois de tems, qui étant bien ménagé, ira bien jusqu'à quatre . . . . . *Livres.*

	Bas-tions 4	5	6	7	8	9	10	11	12	13	14	15	16	17	18
	8640	10800	12900	15060	17220	19380	21540	23700	25860	28020	30180	32340	34500	36660	38820

Fin de la Table.

3

Nous ajouterons deux articles à cette seconde partie,
dont l'objet ne sauroit manquer d'être d'une grande
utilité : l'un traitera de la nécessité d'entretenir dans
une place de guerre une compagnie franche d'infanterie ; l'autre, de pratiquer, quand cela est possible,
un camp retranché devant la place.

De l'établissement d'une compagnie franche d'infanterie pour la défense de chaque place, composée de gens du pays.

Je voudrois donc établir une compagnie d'infanterie
dans chaque place, commandée par des capitaines
bons partisans, de même que les officiers subalternes,
à qui je souhaiterois la même qualité, tous connoissant bien le pays et les chemins de toutes especes,
à huit, neuf et dix lieues à la ronde, et les soldats
aussi ; afin que quand il s'agiroit d'aller à la guerre,
ils ne fussent pas obligés de se servir de guides
étrangers.

Ces mêmes compagnies pourroient faire la garde en
tems de paix dans leur place, mêlées avec les autres
troupes ; ce seroient des guides tout trouvés pour les
troupes passantes qui vont et viennent, et pour nos
armées, quand elles approcheroient de ces places.
Elles seroient très propres pour aller en partis, établir et étendre la contribution, et la faire venir, pour
faire les escortes ordinaires, donner la chasse aux
partis ennemis, harceler leur armée, et contenir leurs
coureurs ; pour apprendre des nouvelles et fournir des
espions. Rien ne seroit si utile, en tems de guerre,
qu'une vingtaine de ces compagnies répandues dans
les principales places de la première ligne, depuis la
Mozelle jusqu'à la mer. Quand les ennemis se met-

troïent en campagne , ces compagnies se mettant à leurs trousses , leur feroient bien du mal, soit seules , deux ou trois , cinq ou six jointes ensemble ; car elles seroient en état de faire des especes de sociétés de belles et bonnes entreprises, ou de porter de grands dommages aux ennemis ; par les prisonniers qu'elles feroient continuellement sur eux , et par les chevaux et bagages qu'elles enleveroient tous les jours. Comme je suppose que ces compagnies seroient composées de gens à-peu-près originaires des gouvernemens de leurs places , officiers et soldats, en les traitant bien, et leur permettant d'aller voir quelquefois leurs parens , on se les affectionneroit , et l'on seroit fidelement averti de ce qui se passeroit dans l'étendue des gouvernemens et des environs.

Quant à la paie , il faudroit donner aux soldats six sous, et aux capitaines , lieutenans et sous-lieutenans à proportion, avec une certaine quantité de places de gratification. Ces compagnies , perpétuellement entretenues sur le pied de 50 hommes au moins, pourroient , dans le besoin , être augmentées jusqu'à 60 , 80 et davantage. Il ne faudroit pas leur faire faire de garde en tems de guerre , mais les employer uniquement aux escortes, aux guides et aux partis. On pourroit leur donner le nom des villes auxquelles elles seroient attachées, comme , par exemple , la compagnie de Dunkerque , la compagnie de L'lle, de Tournay, de Condé , et ainsi des autres. Vingt de ces compagnies répandues à l'entour d'une armée ennemie, lui feroient plus de mal que trente bataillons ordinaires , ne coûteroient pas tant que dix , et seroient toujours complettes.

J'ai vu autrefois de ces compagnies-là , qui étoient très bonnes , dans les places frontieres de Lorraine , de Champagne et de Picardie, et qui servoient bien ; les gouverneurs, commandans de roi et majors des places frontieres en avoient chacun une, qui faisoient presque toujours la moitié des garnisons. C'étoient elles qui mettoient le pays ennemi à contribution, et qui faisoient les escortes. Ce fut par le moyen de ces compagnies que le maréchal de la Ferté purgea la Lorraine des partis bleus et des cravattes des bois, dont elle étoit pleine, et tellement infectée avant lui, qu'on n'y pouvoit plus labourer la terre : on étoit obligé d'aller jusqu'à Châlons pour chercher des bleds, par le peu de monde qui étoit resté dans le pays.

Aussitôt qu'il y fut, il mit sur pied une compagnie de cent hommes à grosse paie, bien chosis, avec chacun deux bons chevaux de maître, et une autre compagnie de pareil nombre à pied ; après quoi il fit savoir aux places les plus prochaines des ennemis, qu'il feroit bonne guerre à tous les partis munis de bons passe-ports, qui se trouveroient au-dessus de vingt hommes ; mais qu'il feroit main-basse sur tous ceux qui se trouveroient au-dessus de ce nombre ; et que de son côté, il vouloit bien se soumettre aux mêmes peines.

Il exécuta depuis à la lettre ce qu'il avoit promis, si bien qu'en moins de trois ou quatre ans, les deux compagnies, assistées de quelques autres, défirent plus de trente de ces partis, dont elles amenoient les commandans à Nancy, quand elles les pouvoient prendre, où le maréchal les faisoit tous pendre, sans faire grace à pas un ; ce qui nétoya la Lorraine de ces voleurs en fort peu de tems, sans qu'il en restât un seul. Ce fut pour lors que cette province si agitée et à demi dépeuplée, fut tranquille comme la plaine St.-Denis, et se repeupla fort bien.

Plusieurs gouverneurs de la frontiere, de ce tems-là,

entretenoient aussi des compagnies franches de cavalerie fort bien composées, qui avoient même de la réputation : j'en ai vu de très bonnes à Danvillers et à Guise. Ce fut avec ces compagnies rassemblées, que Grand-Pré donna ce fameux combat de cavalerie, qui fit tant de bruit près de Sillery, où ils se rallierent trois ou quatre fois, et s'entre-chargerent si rudement de part et d'autre, qu'étant tous fort affoiblis, chacun se retira de son côté.

Des camps retranchés sous les places.

Le second avantage que je voudrois procurer aux places situées un peu commodément pour cela, ce seroit de bons camps retranchés, capables de renfermer dix à douze mille hommes. Quand ils seroient une fois faits, on s'en serviroit au besoin, et non autrement; mais aux places où il ne se trouveroit pas de situation propre, j'en voudrois faire de petits, pour recevoir les convois sans les faire entrer dans les places, où ils causent toujours du désordre, gâtent les ponts et les pavés, etc. Les paysans des environs pourroient s'y réfugier avec leurs bestiaux, quand les ennemis fourageroient les environs de la place ; on y pourroit faire camper les troupes qui ne feroient que passer, et y retirer les bestiaux destinés à la subsistance des garnisons pendant un siege. Les camps coûtent fort peu, parce que leur enceinte doit consister en un simple retranchement de terre, un fossé de quatre toises de large, avec une palissade sur la berme, et des ponts et barrieres sur les entrées et les sorties ; je voudrois toujours y ajouter une bonne haie vive.

Après la prise d'Ath, les vivres ayant établi leurs

fours dans la ville, d'où ils tiroient le pain des deux armées, comme le nombre des caissons remplissoit toutes les rues à ne savoir s'y tourner ni où se mettre, ce qui causoit beaucoup d'embarras à l'entrée et à la sortie des portes : je m'avisai de faire retrancher un petit camp gratuitement par les troupes de la garnison, où l'on mit une garde. A mesure que les caissons arrivoient, ils entroient dans le camp, où on les faisoit ranger par brigades ; quand ils étoient arrivés, on faisoit sortir les premiers arrivés en file du camp, pour aller charger à la ville. Entrant par une porte et sortant par l'autre, quand ils avoient chargé, ils revenoient se remettre à leur place, jusqu'à ce que tous fussent chargés ; cela fait, ils se mettoient en marche pour aller joindre leur armée, sans que cela fît la moindre confusion, ni qu'aucun d'eux se trouvât en danger d'être pris, comme il seroit infailliblement arrivé, s'ils avoient été obligés de coucher une partie hors la ville et l'autre dedans, ne pouvant tous y tenir.

TRAITE

TRAITÉ

DE

LA DÉFENSE

DES PLACES.

TROISIEME PARTIE.

AVANT-PROPOS.

Quoique plusieurs gouverneurs, se fiant trop en leur courage, aient négligé la science de défendre les places, cette science est cependant très estimable. Ils ont cru qu'il suffisoit d'avoir exposé leur vie dans toutes les occasions ou recherchées ou offertes durant le siege, pour avoir rempli leur devoir. L'exemple de plusieurs places qui, bien que prises faute de conduite, ont été défendues avec beaucoup de valeur et d'éclat, les a fait tomber dans cette erreur; et ils n'ont point craint le blâme qu'ils pouvoient mériter en se rendant plutôt qu'ils ne l'auroient fait, s'ils avoient daigné joindre à la valeur, la science qu'ils ont négligé d'apprendre.

Cette science, si nécessaire à un gouverneur, ne peut s'acquérir que très médiocrement par la lecture des meilleurs livres; elle veut une application plus étendue, et l'expérience seule peut la former. Il est

K

aisé de juger, par le grand nombre des fautes qui se sont faites dans la défense des places, et des fausses maximes qui y ont été reçues, combien cette heureuse expérience est rare et difficile à acquérir.

Plusieurs gouverneurs ont cru que leurs dehors étant pris, et le mineur attaché au corps de la place, ou tout au plus le bastion étant ouvert, ils pouvoient capituler avec honneur, après avoir paru l'épée à la main sur le haut de la breche, à la tête d'un bataillon qui ne combat point, mais qui seulement essuie tout le feu du canon et de la mousqueterie de l'attaque, et se retire ensuite de la breche, derriere quelque foible retranchement, qui semble n'avoir été fait que pour la capitulation des troupes, et non pour la défense de la place.

La cause d'une si prompte capitulation est quelque-fois le raisonnement des officiers, qui, ménageant peu leur honneur et leur gloire, et voulant se conserver quelques petits équipages, persuadent au gouverneur, qui souvent veut bien être persuadé, qu'il peut capituler avec honneur, et qu'il vaut beaucoup mieux, par un traité volontaire, assurer la liberté des habitans, et sortir tambour battant, enseignes déployées, balle en bouche, la meche allumée par les deux bouts, et traîner avec soi quelques pieces de canon et des équipages, que d'attendre à une extrémité prochaine, et courir le risque d'être emporté de vive force. Ils lui représentent qu'une partie des soldats sont blessés, d'autres malades, et que ceux qui sont en état de servir, sont rebutés par les longues veilles et les grandes fatigues qu'ils ont eu, et qu'ils méritent bien qu'on songe à leur conservation : ils emploient enfin cent autres raisons pour insinuer au gouverneur le dessein qu'il avoit peut-être déja pris de capituler. Il est bien aise qu'ils lui en fassent l'ouverture, et après quelques formalités, il convient avec eux qu'il faut se rendre ; comme si un bastion, qui ne peut être dépouillé de sa chemise qu'en un seul endroit, donnoit une libre entrée aux ennemis, et que l'on n'eût revêtu la place de ses remparts que pour une capitulation, que des troupes ont souvent faite dans de foibles retranchemens, et même en rase campagne. Comme s'il étoit impossible de réparer une breche, et de la bien défendre, et de faire de bons retranchemens les uns derriere les autres ; ce qui cependant est aisé, comme je le ferai voir dans la suite de cet ouvrage.

Nous avons expliqué, en parlant de l'attaque des places, la maniere de les défendre. Nous avons même supposé que le gouverneur de la ville assiégée étoit intelligent, qu'il profitoit des avantages que lui pourroit fournir la situation ou la construction de sa place, pour faire une longue et belle défense, et qu'il ne se rendroit qu'à l'extrémité. Il s'en faut beaucoup que les places qui ont été assiégées depuis trente ans (1), soit par les François ou par les ennemis, aient fait une défense si bien conduite, si l'on excepte Keiserwerth (2). Cependant il ne seroit pas impossible de pratiquer encore plus de chicanes, et de rendre la défense plus longue et plus ruineuse à l'assiégeant, si les gouverneurs et les officiers des places étoient mieux instruits de leur devoir qu'ils ne le sont, et s'ils vouloient bien sacrifier leurs intérêts à leur gloire et au bien de la patrie. C'est ce que nous allons expliquer.

Nous supposerons que la place est suffisamment

______

(1) Vauban écrivoit ceci en 1706.

(2) Voyez dans ce *Traité de la défense des places*, à la suite d'une dissertation sur les palissades qui est à la fin de l'ouvrage, ce que Vauban rapporte de ce siege de Keiserwerth, fait en 1702.

munie de troupes , d'artillerie, de munitions de guerre et de bouche , de médicamens , et de toutes les autres choses nécessaires pour la nourriture et le soulagement des troupes et pour la défense de la place.

Des moyens d'empêcher le siege d'une place.

Nous commencerons cette troisieme partie par la proposition d'un moyen qui pourroit servir utilement à empêcher le siége d'une place : voici en quoi il consiste.

Il est constant que l'un des plus sûrs moyens d'empêcher le siege d'une place, c'est d'opposer une armée à celle des ennemis qui la tienne en échec , et l'empêche de se déterminer, comme nous l'avons déja dit ci-devant ; mais comme ce moyen n'est pas infaillible , attendu l'inégalité des armées , et que l'ennemi , qui ne nous fait pas confidence de son dessein , peut souvent vous tromper , dans les différentes vues qu'il vous présente , par la diversité de ses mouvemens , cherchant à vous donner un combat dont l'événement est plein d'incertitude , à quoi il n'est pas toujours sage de se commettre ; il me paroît que l'expédient le plus sûr pour se tirer d'affaire , est de faire un camp retranché sous les places qui peuvent être assiégées. Ces camps, ainsi que nous l'avons dit à la fin de la seconde partie (page 142), doivent être de capacité convenable à pouvoir renfermer dix à douze mille hommes, disposés sur deux ou trois lignes, selon l'espace , qu'il faut bien choisir ; car il n'y a point de place qui ne présente quelque endroit plus favorable et plus avantageux l'un que l'autre.

1°. Si ces camps sont construits avec soin, et qu'on y mette le tems nécessaire , on pourra les rendre très bons, en donnant , par exemple , 5, 6 à 7 toises ré=

duites, de largeur, à leurs fossés, sur 9 à 10 pieds de profondeur. Alors relevés de deux à trois pieds, rabattus en glacis du côté de la campagne, ensorte que la superficie soit rasée du côté du retranchement, il en sortira assez de terre pour lui faire un parapet de 12 pieds d'épaisseur, mesuré au sommet, avec trois banquettes, afin que la cavalerie puisse être en sureté derriere.

Ce retranchement étant bien flanqué, gazonné devant et derriere, surmonté d'un petit surtout, au lieu de panniers, et palissadé en pente sur la berme, ou garni d'une haie vive, le tout accompagné de batteries, traverses et épaulemens nécessaires, et le terrain des environs étant bien applani jusqu'à l'extrême portée du canon ; un tel camp ne sauroit manquer d'être excellent, et en état de bien résister à une insulte : notamment si le fossé a 5, 6 et 7 pieds d'eau, ou si son bord extérieur est escarpé, en taluant de demi-pied sur pied ; car pour lors il fera, à peu de chose près, le même effet qu'un fossé revêtu.

2°. Si donc un camp retranché de la sorte est gardé par un corps de dix à douze mille hommes, indépendamment de la garnison, que je suppose devoir être d'ailleurs conforme à ce qui est marqué dans la table précédente, il est preque sûr que l'ennemi ne fera pas le siege en question, ou que, s'il le fait, il en aura le démenti : car voici à-peu-près qu'elle seroit sa situation.

3°. Supposons qu'il assiege la place, il sera obligé, d'abord, de faire une circonvallation d'une étendue immense, à cause du camp retranché, et de la bien garnir de troupes, s'il veut éviter d'y être souvent battu, et comme il faudra qu'il fasse des lignes très bonnes et bien précautionnées, ces manœuvres lui consommeront bien du tems, et pourront même l'empêcher d'avoir une armée d'observation.

4°. Si, malgré ces difficultés, il s'opiniâtre à vouloir faire le siege, et que pour cet effet il fasse de si grands efforts qu'il mette sur pied une armée d'observation, celle-ci sera vraisemblablement si foible, qu'elle n'osera approcher de notre armée principale, ni en soutenir la présence.

5°. Si pour se fortifier elle affoiblit l'armée assiégeante, les troupes du camp retranché, fortifiées de celles de la garnison, pourront entreprendre sur ses quartiers les plus foibles, et lui jouer souvent de fort mauvais tours.

6°. S'il attaque la place, la garnison, fortifiée par les troupes du camp, sera en état de faire des sorties équivalentes à de petites batailles, qui pourront l'affoiblir et le mettre dans un grand désordre.

7°. Si, pour prévenir le mal que le camp lui pourra faire, il se résout à l'attaquer le premier, il le fera dans les regles, c'est-à-dire, par tranchées et batteries, ou par une insulte générale.

8°. Si c'est dans les regles, les troupes du camp, assistées de la garnison, pourront lui faire de grandes sorties, qui l'endommageront considérablement, et se donneront le tems de lui substituer à couvert plusieurs retranchemens les uns devant les autres, pendant que l'ennemi sera obligé de faire toutes ses tranchées et ses batteries à découvert, ce qui le retardera considérablement, et donnera aux troupes du camp tout le tems nécessaire de faire ce qu'elles voudront, et par conséquent de lui opposer retranchemens sur retranchemens, ce qui réduira l'ennemi à des pertes et des peines toujours nouvelles.

9°. Si l'ennemi attaque par une insulte générale,

toutes les apparences sont contre lui, parce qu'il sera obligé d'essuyer tout le feu des retranchemens pendant un long espace de tems, sans pouvoir rendre la pareille à ceux du dedans, ni pouvoir joindre le fossé.

10°. Si, par une opiniâtreté mal-entendue, il revient plusieurs fois à la charge, après avoir été repoussé souvent, ses pertes augmenteront de plus en plus; mais supposant qu'il parvienne à gagner le haut du retranchement, les troupes du camp, fortifiées de la cavalerie et des secours de la garnison, pourront le chasser.

11°. Si, malgré tout cela, il s'y maintient, après en avoir été plusieurs fois repoussé, il n'osera y entrer qu'il ne se soit fait des ouvertures dans le retranchement, pour faire passer sa cavalerie. Or, comme ces ouvertures ne pourront pas se faire bien vîte, à cause de la solidité du retranchement, la cavalerie du camp, jointe à ses grenadiers, pourra tomber sur les premiers passés de l'ennemi, et les ramener bien vîte, ou du moins les contenir. Pendant ce tems-là, elle pourra s'emparer du deuxieme retranchement, le faire valoir, et faire sa retraite quand il en sera tems, donnant à l'infanterie tout le loisir de se retirer dans les dehors de la place, à quoi les canons bien disposés la favoriseront beaucoup. Ainsi tous les corps pourront s'y rendre sans désordre, après avoir eu le soin, quelques jours auparavant, d'y retirer leurs petits bagages, c'est-à-dire, les choses absolument nécessaires. Ces troupes une fois campées dans ces dehors, donneront un grand renfort à la garnison, qui, par ce moyen, deviendra puissante, et en état de donner bien des affaires à une armée qui aura déja beaucoup souffert.

12º. Cette garnison étant donc forte et nombreuse au-delà du nécessaire, sa résistance, vraisemblablement, sera proportionnée à ses forces, et pour lors les sorties ne seront point épargnées. Quelle apparence y a-t-il après cela, qu'une armée affoiblie par les actions précédentes de l'attaque du camp, puisse encore trouver assez de ressource en elle-même pour surmonter toutes les fortes oppositions qui lui seront faites ?

13º. Si cette armée, que je suppose des plus fortes, se renferme toute entiere dans les lignes, l'ennemi n'en aura point d'observation ; s'il n'en a point, la nôtre, quelque médiocre qu'elle puisse être, deviendra maîtresse de la campagne, tant que le siege, qui ne sauroit manquer d'être long, durera, et sera en état de prendre des postes avantageux, de s'y retrancher, de lui couper les vivres, d'enlever ses convois, de courir et de ravager son pays.

14º. Si l'ennemi met une armée d'observation sur pied, il est certain que l'étendue immense des lignes fera qu'elles seront toujours mal garnies, l'armée assiégeante fort affoiblie, et même en danger de se voir enlever quelques quartiers. Il faut convenir de plus, qu'elle sera obligée à de grosses gardes de tranchée, et à bien garnir ses lignes, si elle veut éviter d'être battue. Il doit nécessairement résulter de-là, que l'armée d'observation sera obligée de secourir l'armée assiégeante, ce qui affoiblira celle-là au point de n'oser paroître devant notre armée, qui pourra profiter de cette foiblesse pour s'approcher des lignes, prendre des postes au plus près du camp retranché, et s'y retrancher elle-même ; par ce moyen, elle mettra une partie des quartiers ennemis entre le camp retranché et elles, où ils se trouveront dans une très mauvaise situation.

15°. Si l'ennemi fortifie son armée d'observation, pour se mettre en état d'aller combattre la nôtre, il ne le pourra faire qu'en affoiblissant l'armée assiégeante, ce qui l'exposera aux insultes du camp retranché, quelques bonnes que puissent être ses lignes. D'ailleurs, si notre grande armée est bien retranchée, l'ennemi ne peut faire une entreprise sur elle sans se commettre beaucoup.

16°. Si, pour renforcer ces quartiers, l'ennemi prend le parti d'affoiblir les plus éloignés, les troupes du camp, fortifiées de celles de la garnison, pourront battre ses quartiers l'un après l'autre, de sorte que, de quelque côté qu'on puisse considérer la situation de l'ennemi en cet état, les apparences ne lui promettent pas un bon succès, et tout bien considéré, il paroît qu'il y a bien de l'imprudence à hazarder de telles entreprises.

17°. Si l'ennemi prend le parti de fortifier ses lignes par des redoutes, comme on faisoit anciennement, il pourra bien parvenir à s'y mettre enfin en sureté ; mais cette précaution, qui lui coûtera bien du tems, n'empêchera pas que les troupes du camp ne puissent faire leur devoir à la défense de la place, qui, pendant ce tems, pourra se mettre en état de lui tailler de la besogne.

18°. Au surplus, on suppose ce camp fourni de tous ses besoins, tant pour la subsistance des hommes que pour celle des chevaux ; il n'y a point de place en première ligne de notre frontiere, ni même de la seconde, où l'on ne puisse trouver des situations qui favoriseront les oûvrages de ce camp, notamment s'ils sont faits avec un peu de loisir et de circonspection, sans attendre le péril d'un siege, qui fait précipiter toutes choses, et ôte le plus souvent les moyens

de faire ce que l'on voudroit pour se mettre en état
de bien faire ; la dépense en seroit médiocre et l'utilité
incomparable.

19°. Je sais l'objection qu'on me fera contre ces
camps , qui est l'affoiblissement de l'armée principale ;
mais on doit considérer que ce n'est que pour un tems
très médiocre, ce détachement ne devant durer qu'autant que le péril durera. La grande armée ne manquera pas de situation avantageuse pour se camper
et se retrancher ; elle pourra même fort incommoder
l'ennemi dans ses convois et dans ses fourrages, tant
par elle-même que par ses partis. Après tout , ne vaut-il
pas mieux qu'elle demeure quelque tems dans une
espece d'inaction, que de voir perdre une bonne place
à sa vue, sans aucun moyen de la pouvoir secourir ,
comme il arriveroit infailliblement si l'ennemi pouvoit
mettre sur pied une armée d'observation un peu
forte : je pourrois ajouter encore que l'armée assiégeante se trouvant en partie investie par notre
grande armée , la difficulté des convois et du fourrage seroit seule capable de l'obliger à la levée du
siege.

Remarques sur l'article précédent

« Ce que *Vauban* dit ici de l'avantage des camps
retranchés sous le canon des places de guerre , est
d'une grande vérité et d'une haute importance. Les
plus grands généraux ont pensé , et l'expérience a
prouvé , qu'une armée, même affoiblie par un combat,
qu'une armée vaincue, devenoit invincible ensuite par un
camp pris dans une telle position. *Après une bataille
perdue*, dit Frédéric II , roi de Prusse, *on se met sous
la protection d'une place forte, comme fit le maréchal de Neuperg , qui, étant battu à Molvitz , prit*

*un camp excellent sous la ville de Neiss. Il est vrai
qu'un général qui occupe des camps pareils , est inattaquable tant qu'il peut s'y maintenir.* Après la bataille de Laufeld, le vaincu se retira sous le canon de
Maestricht, avec un égal avantage (1). Nous avons , il
est vrai , vu forcer le camp de Famars , près Valenciennes , par les Autrichiens ; mais il faut convenir
que les dispositions de vigilance et de défensive y étoient
toutes mauvaises; et qu'à l'inexpérience et à la mal-
habileté , se joignoit la circonstance d'un trop grand
éloignement de la place ; ce camp étoit hors de la
portée du canon de ses remparts. L'on peut opposer à
cet événement la contenance imposante que fait depuis
deux ans le camp retranché de Maubeuge , où les
mêmes défauts ne sont pas à remarquer , et que l'ennemi n'ose sérieusement entamer, à cause de sa force
redoutable. Depuis la prise de Condé , de Valenciennes,
du Quesnoi et de Landrecy , Maubeuge seul arrête les
progrès que les ennemis se proposoient de faire par
la trouée qu'ils vouloient former entre Philippeville et
Valenciennes; et la résistance de Maubeuge couvre la
place d'Avesnes , et se liant avec elle, tient le Quesnoi,
occupé par les ennemis, dans l'isolement et l'état de la
défensive.

Maubeuge est cependant une mauvaise place , qui
ne doit sa force qu'au camp de Falise. Ce camp
avoit existé autrefois du tems de Vauban, mais il avoit
alors moins d'étendue. Dès l'ouverture de cette guerre ,
on le reconstruit de nouveau ; il fut tracé , avec infiniment de talens , par Lafite, chef de brigade au corps du
génie : il ne le composa d'abord que de treize lunettes

---

(1) Si nous eussions été en guerre avec la Hollande , après la bataille
de Jemmappe , les Impériaux se fussent encore retirés sous le canon de
Maestricht vraisemblablement.

détachées , seulement liées entre elles par la protection de leurs feux. Dans cet état, il pouvoit couvrir
une armée de douze mille hommes ; mais on n'avoit
alors que 4800 hommes , tant infanterie que cavalerie ,
pour la garde de ce camp et la place de Maubeuge.
Cette position étoit d'autant plus dangereuse , que
les troupes, la plupart de nouvelle levée, étoient exposées aux irruptions de la cavalerie , et qu'il y avo't à
la gauche un espace considérable dont les retranchemens ne consistoient qu'en des haies de jardin , tand's
que le camp offroit la même circonstance sur son
flanc droit, opposé au village de Louvroel, qui le do-
minoit à la demi-portée de fusil. Je saisis ces défauts ,
et fus d'avis de lier les redoutes entre elles par des
glacis , dont la queue, creusée de trois pieds en terre ,
offriro't un ressaut, derriere lequel on pourroit placer
de forts abattis. Je proposai de même d'établir , vers
les lunettes avancées , du côté du village de Rousies et
de la manufacture d'armes, des communications couvertes d'un parapet en glacis , garanti de même par
des abattis, et d'élever des parapets derriere les haies
qui en occupoient la berme, en y ajoutant plusieurs
redoutes pour les flanquer , et lier mieux les défenses du camp avec celles de la place de Maubeuge.
Ces travaux furent promptement et fort bien exécutés
par les officiers du génie de la place. Au retour de la
Belgique, de nouvelles réflexions découvrirent deux autres défauts majeurs, qu'on n'avoit pas eu le tems de faire
rectifier : d'une part, la prise du village de Louvroel
en eût rendu la défense difficile ; de l'autre, ce camp
se présentoit de revers aux hauteurs de la Croix-
Saint-Guilain et d'Asvent, au-dessus et au-dessous
de la place , sur la rive gauche de la Sambre. Pour
remédier au premier inconvénient, je proposai de for-

tifier la tête du village de Louvroel , par deux redoutes liées entre elles et avec une batterie , qui appuyoient ainsi le camp par sa droite à la Sambre , et qui dominoient toutes les avenues par lesquelles l'ennemi pouvoit se présenter. Je dressai le plan du terrain avec le dessin de ces retranchemens. Pour ôter à l'ennemi l'avantage de ces revers , j'indiquai l'emplacement de deux redoutes sur les hauteurs qui le lui offroient; et tous ces ouvrages adoptés par le commandant de la division , et exécutés avec le zele et l'intelligence ordinaires des officiers du génie , ont enfin mis ce camp et la place de Maubeuge dans cet état formidable de résistance , contre lequel les Autrichiens ont vainement essayé leurs efforts , dans la vue de le forcer et de tenter le siege d'Avesnes , seule place qui restoit en communication avec cette importante position. Elle est aujourd'hui occupée par un corps considérable , et l'on m'assure que l'on y a construit un réduit de retraite , et que les avenues des redoutes ont été fortifiées de puits et autres obstacles , indépendamment des nombreuses fougasses que j'avois demandé qu'on y pratiquât.

Je suis entré dans ces détails , pour donner par cet exemple un appui au principe de Vauban , en y ajoutant des idées relatives à la maniere d'occuper le terrain sous le canon d'une ville forte.

Il en résulte que les plus mauvaises plaes peuvent ainsi devenir très fortes; car il en est peu de plus imparfaites que celle de Maubeuge du côté de Falise : et dans l'état où elle se trouve dans son ensemble avec le camp , il en est peu de plus menaçantes pour l'ennemi qui auroit l'audace de l'attaquer.

Mais , dans la construction de ces camps , il faut ; 1º. les lier aux défenses de la place , et protéger celles-

ci par les siennes ; 2°. s'emparer de tous les points do-
minans ; 3°. proportionner l'enceinte à la quantité et à
la qualité des troupes ; 4°. l'appuyer, autant qu'on le
peut, à des escarpemens ou à une riviere, s'il en
coule une à portée ; 5°. laisser sur les flancs de larges
ouvertures de 8 ou 10 toises, pour les sorties et les
mouvemens de la cavalerie, en prenant le soin de les
fermer avec des chevaux de frise, et de les défendre
par des feux croisés d'infanterie et d'artillerie.

Vauban propose des retranchemens assez élevés
pour couvrir la cavalerie, avec des fossés larges et
profonds, afin de former des glacis en avant des
ouvrages. Cette méthode est excellente, mais elle
demande beaucoup de travail, et rarement on a
le tems et le nombre d'hommes nécessaires pour
l'exécuter, quand on ne s'y prend qu'à l'entrée d'une
campagne. Au surplus, le relief des lunettes de Maubeuge est assez considérable pour servir de traverse
à la cavelerie. Il n'en est pas de même du glacis qui les
lie ; mais ce n'est-là qu'un avantage de plus : il garantit
également des irruptions subites de l'ennemi, parce
qu'il est flanqué dans toutes ses parties à bout portant,
par l'artillerie et la mousqueterie et qu'il laisse, au
besoin, la faculté de le franchir, pour marcher à l'ennemi en ordre de bataille, en se préparant à cette
manœuvre pendant la nuit, par des moyens faciles
d'applanir les obstacles qui s'y opposent.

En général, les camps retranchés destinés à des corps
nombreux, doivent, autant qu'il est possible, réunir
toutes les perfections de la défensive, en conservant
aux troupes la faculté offensive, afin de faire tomber
les objections légitimes que de grands capitaines ont
faites contre les rentranchemens dépourvus de cette
faculté.

Des devoirs des gouverneurs.

Le premier devoir d'un gouverneur consiste, 1°. dans une parfaite connoissance de sa place, en gros et en détail, de maniere qu'il entende bien les propr étés de chaque piece de sa fortification, la con luite qu'il faut tenir pour leur défense, et jusqu'où elle peut se pousser.

2°. De ne point se laisser corrompre ni surpren're par les ennemis couverts, ni par les amis apprens, mais de se conduire tou'ours avec une défiance générale, qui ne donne sujet à personne d'oser même lui rien proposer de contraire au service.

3°. D'avoir une attention continuelle sur sa garnison, sur les rondes et patrouilles qui s'y font, et sur ses gardes ; de les voir monter et descendre, de les visiter souvent dans les corps-de-garde, pour voir si chacun est à son poste et y fait son devoir.

4°. De faire souvent le tour de son rempart, d'en visiter toutes les parties, notamment les ponts, portes et fermetures, les égouts même (1), et toutes les entrées et sorties d'eau, qu'il faut tenir toujours bien en état et en sûreté, pour que l'ennemi ne puisse s'y glisser par aucun endroit.

5°. D'avoir la même attention pour toutes les parties qui composent les dehors ; les visiter toutes, et en connoître à fond les défauts et les avantages, même ceux du terrain des environs, jusqu'à portée et demie de canon de la place, et en faire de bons plans particuliers.

6°. Il n'est pas moins nécessaire qu'il ait une carte

----

(1) L'histoire fournit des exemples de la prise des villes par les égouts ; c'est ainsi que Villeroi fut pris dans Crémone.

générale et bien raisonnée de toute l'étendue du er-
rain qui l'avoisine à plusieurs lieues de distance , avec
une description exacte des maisons et des citoyens qui
les habitent , du nombre des chevaux et des char-
rues , etc. et sur-tout des arts et métiers qui s'y
trouveront ; il faut renouveler tous les ans ce dénombrement.

7°. Il faut qu'il fasse toutes les nuits , ou qu'il fasse
faire par les officiers supérieurs à ses ordres , les rondes à des heures différentes ; il parlera à toutes les
sentinelles , visitera les armes et gargousses des soldats ,
appellera celles du dehors , et les obligera à répondre ,
pour tenir tout son monde en haleine.

8°. Il faut bien établir à propos le nombre des
sentinelles autour de la place , sur-tout le long des
passages des portes , des entrées et sorties d'eau , et
avoir des guêteurs fideles et intelligens sur les plus
hauts clochers, pour être averti de tout , et pour prévenir jusqu'aux moindres surprises.

9°. Mettre des consignes à ces mêmes portes , qui
auront soin d'interroger les gens qui s'y présenteront ,
pour savoir qui ils sont , d'où ils viennent , et où ils
vont, et selon leur réponse , les consigner aux officiers
de garde pour les faire mener au gouverneur , ou pour
les laisser passer , s'ils n'ont rien à dire.

10°. Considérer sa place comme sa maîtresse , pour
lui donner tous ses soins et ses assiduités , dehors et
dedans, conserver les arbres de son rempart, les faire
élaguer tous les ans en bonne saison , remplacer ceux
qui manquent , planter des bois taillis dans tous les
talus du rempart des demi-lunes et autres lieux ; notamment de l'osier franc, parce qu'il est fort nécessaire dans les places pour faire des paniers , des
hottes , etc. Les arbres du rempart doivent être sacrés ,

et

et tellement respectés, que jamais on ne les coupe qu'en vue d'un siege, pour en faire des affûts, plate-formes, palissades et cabanes, contre les demi-bombes et les pierres. On peut cependant en couper quand ils sont en maturité, et les faire sécher long-tems avant que de les mettre en œuvre, ou les conserver dans des magasins, observant d'en planter d'autres en même tems et en même quantité (1).

11°. Visiter souvent les magasins à poudre et l'arsenal, se faire un plaisir de faire bien arranger les munitions, et les tenir sechement et proprement, chacune à la place qui lui est destinée. On doit se rendre fort sévere là-dessus envers les garde-magasins, qu'il faut observer de près, pour s'assurer de leur fidélité et de leur exactitude (2).

12°. Se faire aimer sincérement de ses officiers et de sa garnison, en leur rendant justice et leur faisant tous les plaisirs qui dépendront de lui.

13°. Un des meilleurs avis qu'on puisse donner à un gouverneur de place, c'est de ménager sur sa table, sur son jeu, et sur ses dépenses extraordinaires les moins nécessaires, une somme de deux ou trois mille livres, et de la faire convertir en demi-écus, quarts et demi-quarts d'écus, qu'il mettra dans une cassette, où il ne touchera jamais qu'en cas de siege, et que la tranchée ne soit ouverte; pour lors, il en mettra dans ses poches tous les jours, pour les distribuer çà et là, en visitant ses postes, aux soldats nécessiteux, qui sont

---

(1) Ces objets ne sont pas du ressort d'un commandant de place, ils regardoient plus particulièrement l'administration du corps du génie; mais le commandant peut les surveiller, et employer l'autorité du gouvernement par-tout où la sienne est insuffisante.

(2) Ceci regarde aussi en particulier les commandans d'artillerie dans les places.

M

exténués de fatigue, de faim, de soif, ou qui sont malades. J'ai remarqué plusieurs fois qu'un escalin ou deux donnés à propos à un pauvre soldat, lui font plus de bien qu'un écu donné quand il est à son aise et en santé, ce qui, peu-à-peu, lui attirera l'amitié des soldats de sa garnison. Il est bon de leur dire que, si on leur donne peu, on leur donnera presque tous les jours, afin d'exciter leur confiance et leur courage à b'en faire. Ces petites libéralités, qu'un gouverneur fait à ses dépens, ne doivent point l'empêcher d'en fa're de grosses aux dépens de l'état, aux officiers blessés, et aux soldats qui se seront distingués, ayant soin de les accompagner de paroles gracieuses et compatissantes à leurs maux; rien n'est plus capable que cela de lui attirer l'estime et le cœur de sa garnison.

C'est dans la paix, mieux que dans la guerre, que le gouverneur peut se donner tout entier à l'étude de sa place, et s'appliquer à tout ce qui peut y convenir, parce que c'est dans les tems de repos et de loisir que l'on peut faire tel arrangement qu'on veut; c'est donc pendant la paix qu'il doit examiner tous les besoins de sa place (1).

Des souterrains.

Les souterrains sont d'une grande nécessité pendant un siege, pour y loger les poudres et les matieres combustibles, observant qu'il faut les diviser, autant

---

(1) L'on voit que Vauban suppose, dans la tâche qu'il prescrit, avec tant de raisons, aux commandans des places, suppose qu'il sont permanens et à résidence fixe. Un commandant amovible n'a pas le tems de se former la moindre partie de ces notions; d'où il résulte évidemment le plus grand affoiblissement dans la défense des frontieres, fondé sur des principes si contraires au bien du service.

qu'il sera possible, et les mettre en différens lieux éloignés les uns des autres. C'est pourquoi il est à propos de bien examiner, non seulement les souterrains appartenans à l'état, mais encore ceux des particuliers et des communautés; tenir registre de leur quantité, longueur, largeur et hauteur, afin de juger combien ils pourroient contenir de poudre enchapée, et remarquer ceux qui sont voûtés à plein cintre, comme étant les meilleurs.

Les caves communes, qui n'ont qu'une brique d'épaisseur, sont les plus mauvaises de toutes les voûtes; celles à deux briques d'épaisseur, et approchant du plein cintre, valent mieux; mais les meilleures sont celles qui ont trois briques d'épaisseur, quand elles sont chargées de quatre à cinq pieds de terre, ou de deux ou trois étages de planches au-dessus; on peut s'y fier, pourvu qu'elles soient bien seches.

Des magasins à poudre.

Nos magasins à poudre faits à la moderne sont fort bons; et jusqu'ici il n'en est arrivé aucun accident fâcheux, bien qu'il soit tombé de grosses bombes dessus en plusieurs endroits : je ne suis cependant pas d'avis qu'on s'y fie trop, parce que contenant, pour l'ordinaire, 90 à 100 et 120 milliers de poudre, si par malheur le feu y prenoit, cet accident seroit capable de bouleverser toute une ville, et de tuer la moitié des habitans. Dans les endroits où il en manquera, il en faudra faire faire de provisionnels par le mineur, sous le rempart et sous les lieux élevés, étayés de bois dans tous les endroits qui le pourront porter; ceux-ci sont sujets à de grandes humidités, et ne valent pas grand chose. Ce sont des ouvrages qui peuvent se faire peu-à-peu sous toutes les parties du

rempart ; on peut même en faire servir les contre-
mines qui ne sont point opposées aux attaques de la
place, ainsi que les portes des sorties dont on peut
se passer.

Quand on en pourra faire de maçonnerie, sous les
faces, flancs et courtines des bastions, ou sous quelques autres parties des remparts, ou au-dedans de la
place, ils sseront bons par-tout, selon les façons qu'on
leur voudra donner. Il n'en faut pas faire qui n'aient
au moins huit pieds de largeur, afin d'y pouvoir mettre
deux rangées de barriques enchappées, de deux pieds
et demi de long chacune, et de laisser au milieu une
allée de trois pieds. Les murs de ceux-ci doivent être
adossés d'une pierrée ou muraille seche, d'un pied et
demi d'épaisseur, moussée et bien arrangée par main
de maçon, la voûte très bien faite, à plein cintre,
de deux pieds et demi d'épaisseur, avec un extrados
bien cimenté, une cheminée à feu sur le derriere, dont
les tuyaux débouchent dans le parapet ; ces tuyaux
ne doivent pas avoir plus de six pouces de largeur
par le haut, à leur sortie, de peur que les bombes ne
les embouchent. A l'égard de la longueur de ces souterrains, on peut leur donner celle qu'on jugera à
propos. Leurs voûtes doivent être recouvertes de quatre doigts d'épais de bon gravier, avec cinq à six pieds
de terre au-dessus. Quand il y aura lieu d'accoler deux
ou trois souterrains ensemble, même quatre, ils n'en
vaudront que mieux, et se feront à meilleur marché.
Si, au lieu de huit pieds de largeur, on leur en donne
neuf, ils en seront meilleurs, puisque l'allée du milieu
ayant près de quatre pieds de large, elle sera plus
commode pour le remuement des barriques. Si on
leur donne dix pieds, le souterrain sera plus grand et
capable de contenir plus de munitions ; mais on n'y

pourra mettre que deux rangées de barriques, qui occuperont le milieu : on pourra engerber trois barriques l'une sur l'autre, en laissant deux allées du côté des murs, de deux pieds et demi de large chacune. Si on leur donne onze pieds, les deux allées auront chacune trois pieds, mais il n'y aura toujours que deux rangées. Si on leur donne douze pieds de largeur, l'espace en sera beau et grand; mais si on y met trois rangées, elles occuperont le milieu, et on pourra engerber de trois, et même à celle du milieu de quatre; dans le besoin, avec deux allées attenant des murs, de deux pieds trois pouces chacune de large, ce qui est un peu étroit. Remarquez qu'il ne faut pas que les barriques touchent la terre, mais qu'elles portent sur des chantiers de bois.

On donnera aux voûtes de ceux-ci deux ou trois pieds d'épaisseur, et on les fera toujours à plein cintre; on les cimentera avec soin, et on les environnera d'une pierrée. Comme il n'y auroit point de rempart assez élevé pour les pouvoir recouvrir de 5 à 6 pieds de terre, il en faudra enfouir le sol de 4, 5 à 6 pieds au-dessous de sa base, si le fond et la qualité du terrain le permettent. Quand on en voudra faire de plus grands, il faut les engager sur les surtous des pointes ou des angles flanqués des bastions et des demi-lunes; car j'en voudrois aussi quelques-uns dans ces pieces. On en pourra mettre encore sous les cavaliers, sous les grosses traverses, et sous les buttes des moulins à vent, sous les autres élévations qui se trouveront dans la place.

Des magasins souterrains, pour les vivres et les autres munitions.

La construction d'un ou deux bons souterrains, tous les ans, n'iroit pas à une dépense bien considérable, et produiroit un très grand bien au bout de huit ou dix ans, dans une place, qui, par ce moyen, se trouveroit abondamment pourvue de bons et excellens magasins propres à tout ; mais il faut sur toutes choses les bien précautionner contre l'humidité, autrement tout s'y corromproit. Pour cet effet, il faudra les paver de brique, choisie entre la plus cuite, posée de champ et debout sur un massif de maçonnerie, avec pente du côté des égouts les plus commodes ; il sera même bon de leur en faire exprès.

C'est dans les grands souterrains qu'il faudra faire des fours, avec toute la suite et les accompagnemens d'une boulangerie.

Quand quelque citoyen fera bâtir, il faudra l'engager à faire de bonnes caves, avec des puits et des cheminées, et tout ce qu'il faudra pour y pouvoir habiter en sureté dans le tems d'un siege : le tout avec doubles planchers au-dessus, et beaucoup de fumier et de fascines, en cas de siege.

Comme les magasins à poudre demeureront vuides en ce tems-là, le gouverneur en choisira un pour sa demeure, un autre pour mettre les blessés de considération, et un troisieme pour mettre des munitions importantes : pour ce qui est des grandes villes, où il se trouve beaucoup de souterrains, il y a toujours assez de lieux propres à se mettre en sureté.

C'est dans les grands vuides qui se trouvent dans l'enclos de ces places, que je voudrois faire camper les troupes de la garnison pendant un siege, et non les loger dans les casernes près des attaques, où il y a apparence que les coups échappés des ennemis feront de grands ravages.

Le gouverneur ne doit pas se donner moins d'attention pour savoir où il mettra les autres munitions en sureté; telles que les feux d'artifices, les armes de rechange, les bombes et grenades chargées, les farines, les chairs salées, les boissons, etc. et à mesure qu'il se fixera à quelque chose, il sera bon d'en faire un mémoire, à la charge de le revoir souvent, et d'y ajouter et diminuer ce qu'il jugera à propos; c'est ainsi qu'il doit peu-à-peu disposer ses affaires, pour n'en être point embarrassé dans le tems d'un siege.

Je lui conseille, de plus, de faire le projet de ses dispositions pour les emplois subalternes, à différens officiers de sa place, pendant un siege. Par exemple, soit que le gouvernement lui nomme un conseil ou non, il fera bien de s'en faire un d'avance, composé de l'officier le plus en grade de sa place, de l'intendant ou commissaire-ordonnateur, du commandant de l'artillerie, du principal ingénieur, des deux premiers colonels de la garnison; et supposé qu'il y ait des officiers-généraux, les y faire entrer, et ne rien faire d'important sans prendre l'avis de ces personnes-là, sauf à lui de faire ensuite ce qu'il jugera à propos.

Remarques sur les articles des magasins à poudre et souterrains.

« Il seroit à désirer que l'on pût calculer d'avance l'étendue des emplacemens dont on a besoin pour loger tous les objets nécessaires à un siege, mais il en est de plusieurs especes qui ne peuvent être soumis à ce calcul. que lorsqu'ils sont emmagasinés ; c'est donc dans cet état qu'il faudroit les toiser. En attendant que ce procédé ait été suivi, nous allons placer ici quelques observations relatives aux matieres susceptibles d'occuper des espaces d'une dimension connue, et qui forment la majorité des grands objets nécessaires dans une place assiégée.

Emplacement des grains.

Nous en soumettrons la mesure à l'usage de Paris. Le litron est une mesure de 36 pouces cubes : le boisseau contient 16 litrons ou 576 pouces cubes : le septier contient 12 boisseaux ou 6912 pouces cubes.

Cela posé, la toise cube contenant 373.248 pouces cubes, elle contiendra exactement 54 septiers.

L'expérience a prouvé que le septier de grain mis dans un sac de trois pieds de longueur, et d'une largeur suffisante pour le contenir, prend 13 pouces 10 lignes d'équarrissage, lorsqu'il est couché, y compris les vuides des sacs, quoique foit serrés entre eux. Cinq de ces sacs occupent donc, en longueur, 69 pouces 2 lignes ; et l'on n'en pourroit mettre davantage sur celle d'une toise. Il y aura donc deux de ces rangées ou dix sacs, sur une surface d'une toise quarrée ; et comme il peut en tenir évidemment cinq fois cette quantité sur la hauteur d'une toise, il en résulte que la toise cube contiendra 50 sacs d'un septier, en les recroisant alternativement lit par lit.

L'on ne doit pas empiller les grains sur une plus grande hauteur, dans les rez-de chaussée, 1°. parce que ce seroit leur nuire ; 2°. parce que les sacs du lit inférieur creveroient sous le poids des autres ; 3°. parce que la manœuvre en seroit trop difficile.

Quant aux étages, ils ne peuvent supporter que la

charge de trois sacs de hauteur ; ainsi la toise quarrée n'en contiendra que trente.

Si l'on met les grains dans des tonnes ou barriques, de 5 pieds de longueur et 2 de largeur , mesurés extérieurement , l'on pourra en placer six sur une toise quarrée ; mais on ne devra pas les engerber sur plus de trois de hauteur. Cette mesure , réduite intérieurement à 2 pieds 8 pouces de longueur et 1 pied 10 po. de diametre , contient 12,144 pouces cubes de vuide : c'est celle que l'on appelle le muids de Paris. Or, comme il en entre 18 dans une toise quarrée , cet espace contiendra 218,592 pouces cubes de grains, qui , divisés par 6912 pouces cubes contenus dans un septier , donnent 31 septiers de grains en tonneaux d'un muids, sur trois de hauteur , que contiendra une toise quarrée.

A cette dimension , il faut ajouter celle des allées , de trois pieds et demi , qu'il faut laisser entre les engerbures , pour les visites et les manœuvres de ces denrées.

Il n'est pas nécessaire de prévenir que cet arrangement convient à toutes les natures de graines, parmi lesquels nous comprenons aussi les légumes secs ; et que , pour avoir l'espace total , il ne s'agit que d'appliquer notre calcul à chaque quantité totale de l'approvisionnement.

Boissons , et toute espece de liquide , excepté l'eau , dont nous avons parlé à l'article des citernes.

Les boissons renfermées dans des muids, donnent les mêmes résultats que nous venons de trouver, avec cette différence , que Cormontagne prétend que les

soins qu'il faut leur donner ne permettent pas de les
engerber : on ne peut placer que six muids sur une toise
quarrée, ce qui demande pour les liquides un espace
triple de celui qu'exigent les grains. Nous pensonsqu'o
peut néanmoins engerber les boissons, les huiles, et c.
sur deux de hauteur, ensorte que chaque toise con-
tienne douze muids ; mais qu'il est indispensable de
laisser aussi des passages de 3 pieds 6 pouces au moins,
pour la facilité des visites, secours et mouvemens
nécessaires à ces objets ; ensorte que, dans un emplacement de vingt-deux pieds et demi de largeur, il ne
pourroit y avoir que deux engerbures, occupant douze
pieds, et trois allées, savoir, une entre les engerbures
et chaque mur, et une autre au milieu, entre les engerbures mêmes ; ce qui réduit en définitif nos calculs
pour l'emplacement des liquides, comparés à ceux des
grains, à la proportion de 3 à 2.

Emplacement des vivres non fluides.

Cormontagne établit en fait, qu'un muids renferme
quatre quintaux de ces matieres. Cette supposition est
assez gratuite ; car le lard, la morue, le fromage, le
sel, etc. ont des pesanteurs spécifiques différentes,
et s'entassent plus ou moins. Sans doute qu'il a pris nu
terme moyen ; mais cette méthode seroit encore inexac-
te, parce que les quantités de chaque espece sont très
sensiblement différentes. Quoi qu'il en soit, comme
nous ne connoissons rien de mieux sur cette matiere,
nous suivrons cette donnée. Il en résulte que chaque toise quarrée contiendra 18 muids ou 72 quintaux de ces
denrées, en les engerbant de trois de hauteur, ce qui
ne doit se faire que dans la grande nécessité. Il faudra,
de même que pour les boissons, se ménager des allées
pour la visite et la manœuvre de ces objets.

Bois.

Dans les grandes places , les espaces nécessaires au bois ne manquent jamais : on le place dans des lieux éloignés des attaques. Il n'en est pas de même dans les petites , où tous les points sont également exposés aux accidens du feu produit par les bombes et les art fices. Dans ce cas , les fossés , s'ils sont secs , sont la seule ressource que possede l'assiegé , en choisissant ceux où l'on prévoit que les attaques ne se porteront pas.

Mais dans des forts ou châteaux situés sur des rochers , et n'ayant pas de fossés , ou dans des places où les fossés sont marécageux ou pleins d'eau , l'on est forcé de renfermer le bois dans leur intérieur , et souvent même dans les souterrains. Pour connoître l'espace nécessaire à cet objet , il suffit de savoir qu'une corde de bois contient 8 pieds de longueur , 4 de hauteur et 4 de profondeur, ce qui fait un espace de 128 pi. cubes.

Poudre.

Il faut ajouter à ce que Vauban dit sur les magasins poudre (page 178 et suiv.), que les barils enchapés, de 200, ont 27 pi. 9 l. de longueur extérieure, et que leur diametre au bouge, c'est-à-dire au centre, où il est le plus fort, est de 23 pouces 6 lignes , et de 21 pouces 6 lignes aux bouts. Les barils enchapés de 100 livres , ont 23 pouces 9 lignes de longueur, et 18 pouces 9 lignes de diametre au bouge.

Un magasin de 60 pieds de longueur et de 25 de largeur, ainsi que Vauban en indique la construction , peut contenir 94,800 livres de poudre dans de pareils barils, engerbés de trois de hauteur seulement; attendu qu'une plus grande élévation produiroit des accidens : dans cet état, on trouve les allées nécessaires au service. Un tel magasin ayant quarante-une toises deux tiers quarrés de surface, ou 1500 pieds quarrés, il en résulte que l'on peut loger ainsi soixante-trois livres un cinquieme de poudre par pied quarré, ou deux mille deux cents soixante-quinze livres un cinquieme par toise quarrée, y compris les espaces nécessaires à la manœuvre et à la conservation des barils.

Les accidens qui arrivent fréquemment aux poudres, dans les sieges des places resserrées, sont si terribles et tellement décisifs contre leur défense, que rien ne doit être négligé pour les prévenir. Pour conserver avec plus de sureté celle qui est destinée au service particulier des batteries, l'on pratique, sous les remparts des ouvrages, de petits magasins provisionnels, que l'on construit en charpente, avec des chassis et des madriers semblables à ceux que l'on emploie dans ces contre-mines : on les creuse dans le massif de ces ouvrages de la même maniere, en observant de laisser au moins 6 pieds de hauteur de terres au-dessus du ciel de ces abris. Les figures 7, 8 et 9, expliquent cette construction d'une façon assez claire, pour qu'il soit inutile d'y ajouter d'autres développemens. Chacun de ces petits magasins peut contenir au moins seize barils de 200 livres de poudre, ce qui fait un approvisionnement de 3200 livres, que l'on pourroit, au besoin, porter à 4800 livres, en plaçant trois rangs de barils l'un sur l'autre.

Or, la plus forte batterie ne doit pas être composée de plus de quatre pieces de 24 ou de six de 16; et Cormontagne pense, avec raison, que l'on doit s'attacher à diriger l'artillerie en rouage sur celle de l'ennemi; mais sur-tout sur la tête des tranchées chargeant au tiers du poids du boulet, pour en obtenir l'effet meurtrier du ricochet. Les pieces de 24 étant donc chargées de 8 livres de poudre, et chacune devant tirer vingt coups par 24 heures, la batterie de 24 consommera 640 livres de poudre ; ainsi l'approvisionnement de 3200 livres suffira pour cinq jours de consommation, ou au moins pour trois, en y comprenant celle des mortiers placés à la même batterie.

6 pieces de 16 à 20 coups, à raison de 6 liv. de poudre pour chacune, consommeront dans le même tems 720 livres de poudre ; ainsi le magasin y fournira pendant quatre jours et demi, et au moins pendant deux jours, y compris la consommation des mortiers. Si l'on réduisoit ces charges à cinq livres un tiers, le résultat seroit exactement le même que pour les quatre pieces de 24.

Gîte des troupes.

Sous les blindages, Cormontagne ne compte que deux hommes par toise courante, il donne ainsi 3 pieds d'espace à chacun. Nous avons réduit cettedimension à 2 pieds ; et nous y sommes d'autant plus autorisé, que le même auteur place quatre hommes par toise quarrée dans les souterrains, où il suppose que l'on a transporté les fournitures des casernes. Nous ne connoissons pas le motif de cette grande différence ; il nous paroît qu'il donne trop d'un côté et pas assez de l'autre. Notre avis est donc de s'en tenir à trois hommes par toise, dans tous les cas, en observant seulement, avec Cormontagne, que les abris les plus commodes sont ceux qui ont 15 pieds de largeur, parce qu'il reste au milieu une allée de 3 pieds de largeur au moins : cet espace est sur-tout nécessaire pour les dépôts des malades et blessés. »

De l'emploi et de la destination des principaux officiers de la garnison en tems de siege.

On donnera au premier officier en grade après le commandant, le commandement général des dehors, notamment des chemins couverts, avec des officiers subalternes, en qualité d'aides-de-camp, pour porter les ordres, et un des officiers de la place. Ce sera à lui à garnir les postes qui lui seront confiés, du monde nécessaire, et de leur prescrire ce qu'ils auront à faire; à fournir les munitions nécessaires, bombes, balles, poudre, grenades; à faire tous les matins ramasser les munitions répandues le long des postes. Il doit faire aussi les détachemens des gens commandés pour les sorties et les diriger, faire rétablir les palissades et les barrieres rompues, faire remettre des sacs à terre et des paniers sur le parapet, etc. et tout ce qui pourra dépendre de ses soins, dont il rendra compte au gouverneur (1).

On chargera le commandant de l'artillerie du soin général de tout ce qui regardera le service et le mouvement du canon, des batteries nouvelles, de la réparation des vieilles, du changement de pieces, des piquets, fascines, plate-formes, outils, et du monde nécessaire pour ces opérations. Il doit fournir les munitions, soit pour le canon, les mortiers à bombes et à pierres, etc. soit pour les armes des troupes; de quoi il rendra tous les jours compte au gouverneur.

L'intendant ou commissaire - ordonnateur dirigera les vivres, la police et l'hôpital; ordonnera de tous

______

(1) Nous laissons subsister la dénomination de gouverneur comme synonyme de commandant en chef.

les paiemens, tant des troupes que des ouvrages, des revues, de la distribution du pain, du vin, des chairs salées, le tout avec le consentement du gouverneur.

Comme la défense des places assiégées est un métier pénible pour tout le monde, il faut réparer les forces perdues par une nourriture abondante; c'est pourquoi, au lieu que le pain de munition n'est pour l'ordinaire que d'une livre et demie, il faut qu'il soit, pendant tout le siege, de deux livres, bien cuit et bien conditionné. Si on veut le décharger de vingt livres de son par septier, le pain en sera beaucoup meilleur, et les soldats en seront mieux nourris. Tous ces soins regardent encore le commissaire-ordonnateur, ainsi que de faire livrer la viande, le lard, du fromage, des pois, des feves, etc. du vin, de la bierre, de l'eau-de-vie, et les autres choses nécessaires à la vie.

Le directeur de l'hôpital sera chargé du soin des malades et des blessés, sous la direction d'un commissaire, qui aura soin de les visiter et de les faire panser journellement; il pourvoira à leur nourriture: le tout sous les ordres de l'intendant, qui en rendra compte au gouverneur.

Le garde-magasin ne fera point de distribution de poudre, de balles, ni autres munitions, que par les ordres du gouverneur, et en présence d'un officier de la place. Il rendra compte tous les soirs de ses consommations, sans y manquer. Comme il aura beaucoup d'affaires, il faudra lui donner des aides du corps de l'artillerie, lesquels auront soin que les armes soient réparées promptement par les armuriers et serruriers préposés à cela, et que celles de rechange soient distribuées aux troupes sans aucun délai, dont le garde-magasin tirera des reçus des chefs des régimens, pour prévenir les abus.

Tous les seconds chefs des régimens seront chargés du détail de leur régiment, par rapport aux armes et à tout ce qui concerne la mousqueterie. Il sera du soin des adjudans-majors de parcourir, tous les matins et tous les soirs, les postes de leurs régimens, pour faire ramasser les munitions répandues, comme les mèches, les balles, pierres à fusil, et de châtier ceux qui les dissipent mal-à-propos.

L'ingénieur en chef sera chargé de faire réparer les breches faites par le canon ennemi, du répaississement des parapets, des réparations des vielles traverses, d'en faire de nouvelles, des communications et bouts de tranchées nécessaires derrière les breches, pour communiquer d'une traverse à l'autre, des ponts à fleur-d'eau, radeaux, bateaux, pour communiquer aux fossés, de remplacer les palissades, et généralement de faire tout ce qui appartiendra à la fortification, dont il distribuera le soin à ses subalternes et aux ouvriers qui seront sous lui.

Quand aux ouvrages d'artillerie, ils seront dirigés par les officiers de ce corps, sous l'autorité de celui qui les commandera; mais pour la situation des batteries, elle sera choisie par le gouverneur, sur la proposition qu'en fera l'ingénieur, de concert avec le commandant de l'artillerie.

A l'égard des contre-mines, elles doivent être préparées de longue-main, avant le siege, par l'ingénieur de la place, autorisé du gouvernement, et par l'officier des mineurs qui les commandera, lesquels auront tous leur relation au gouverneur et à l'ingénieur en chef, quand il sera question de les charger et de les faire jouer.

Le commandant de la cavalerie sera chargé de la direction de toutes les gardes, tant des dehors que du dedans;

dedans; ce sera lui qui , par les ordres du gouverneur ,
ou de l'officier supérieur de la place , en son absence ,
réglera les sorties et les courses de la cavalerie, et qui
la fera agir de jour et de nuit; il aura soin aussi des
gardes distribuées dans les carrefours de la ville.,
pour empêcher les assemblées tumultueuses , et de
faire toutes les patrouilles à cheval, de l'une et de l'autre
garde.

Le gouverneur choisira entre les citoyens les plus
honnêtes et les plus fideles, pour les faire capitaines.
Ceux-ci seront uniquement employés à prendre garde
au feu , et à l'éteindre quand il s'allumera quelque
part. Pour cet effet , on leur partagera tous les quartiers de la ville qui peuvent y être exposés, afin que
chacun d'eux sache de quoi il sera chargé.

Le magistrat doit presque toujours être assemblé ,
pour donner les ordres convenables aux citoyens , et
avoir toujours quelqu'un de son corps auprès du gouverneur.

Tout le détail de la défense étant ainsi distribué aux
chefs , chacun, selon son emploi, se trouvera à une
heure marquée chez le gouverneur , pour lui rendre
compte des choses dont il aura été chargé, et recevoir
ses ordres sur la continuation de ce qu'il aura à
faire. Tous les adjudans-majors des corps s'y trouveront aussi à leur tour , pour prendre l'ordre, et de-là
ils se rendront chez les garde-magasins, pour y prendre
les munitions nécessaires à leurs postes.

Quant aux officiers - majors de la place, ils seront
uniquement destinés à faire distribuer les munitions ,
à prendre garde que le garde-magasin n'excede et ne
soit excédé au-delà de ce qui aura été ordonné , à visiter les postes, les corps-de-garde du dedans, pendant
la nuit, et du dehors, pendant le jour, à diriger les

N

gardes, à faire ouvrir et fermer les portes, et à faire
exécuter par-tout les ordres du gouverneur; c'est
pourquoi ils se feront toujours accompagner par des
gens armés qui ne les quitteront point.

Des dispositions que doit faire un gouverneur menacé d'un siege.

Dans une longue paix, les gouverneurs et les principaux officiers des places fortes oublient que leur ville
peut être assiégée, et ils en négligent les environs. Ils
permettent aux citoyens de faire des jardins entourés
de haies et de fossés, de planter des arbres, quelquefois même de bâtir des maisons sous la portée du
canon de la place; ce qui ne devroit jamais se permettre. Mais lorsqu'une place peut craindre d'être
assiégée, il faut absolument réparer cette faute et tout
raser.

Le gouverneur ne doit jamais rien souffrir sous la
portée de son canon, qui puisse lui dérober la vue
de l'ennemi. Il ne doit y laisser aucun fossé sec à remplir, aucun buisson à couper, aucune éminence, s'il
est possible, sans la faire raser et applanir (1).

---

(1) La guerre seule apprend combien cette maxime est importante; elle
a été consacrée par des lois; mais la complaisance, l'intérêt personnel y
ont sans cesse dérogé. Quand le moment de l'approche de l'ennemi arrive, rien n'est plus difficile que de parvenir à la destruction de ces
objets, qui renferment quelquefois la fortune d'une famille, les besoins
d'un nécessiteux : alors les réclamations contradictoires s'élèvent de
tous les côtés ; ceux qui n'ont aucune de ces propriétés veulent qu'on les
abbatte toutes dès qu'ils apperçoivent un parti ennemi, auquel ils supposent gratuitement le projet d'un siege ; ceux au contraire qui y attachent
leur bien-être ou leur agrément, réclament contre ce procédé, alors même
qu'ils apperçoivent des préparatifs menaçans. J'ai assisté à un conseil de
guerre auquel les officiers municipaux furent appelés, parce que les uns

Le gouverneur ne doit jamais s'absenter quand il y aura guerre déclarée, ni découcher de sa place, s'il est possible, notamment si elle est frontière de la première ligne; mais il doit y résider assiduement, lui et tout son état-major. Pour lors son application et la leur doit redoubler pour la sureté de la place; il doit faire agir les compagnies-franches dans ce tems-là, pour établir la contribution, la pousser le plus loin qu'il pourra, et apprendre des nouvelles des ennemis; car il faut toujours savoir ce qu'ils font, et même à quoi ils pensent, s'il est possible : cette connoissance dépend assez des manœuvres qu'on leur voit faire. C'est aussi le tems de faire agir les amis qu'il aura pratiqué pendant la paix, afin qu'il soit mieux informé des desseins que l'ennemi pourroit avoir contre lui; c'est encore celui de répéter le dénombrement des familles du territoire soumis à son commandement, de la quantité d'hommes et de chariots qu'on en pourroit tirer au besoin, pour le service de la place; et du détail de tout ce dont nous avons fait mention ci-dessus.

S'il se voit dans le cas d'être assiégé, il doit continuer d'envoyer des partis rôder à l'entour des armées et des places ennemies, pour en apprendre des nouvelles plus certaines; faire cependant amas de toutes choses nécessaires à une bonne défense; faire convertir les bleds en farine; commander aux citoyens de

---

accusoient le général qui commandoit dans la place, d'inhumanité, de persécution gratuite envers les citoyens, lorsqu'ils le voyoient disposé à détruire ces propriétés ; et les autres de vouloir trahir la cause publique en favorisant les approches de l'ennemi, lorsqu'il jugeoit que cette précaution n'étoit point encore nécessaire. En quel sens qu'il prît son parti, il se créoit des ennemis, des accusateurs. L'imprévoyance fait qu'on agit en tems de paix comme si la guerre ne devoit jamais arriver.

s'en approvisionner pour trois mois, et obliger ceux qui sont inutiles dans un siege, comme les femmes, les vieillards, les enfans, de sortir de la place.

S'il apprend que les ennemis font quelques démarches de son côté, il faut qu'il fasse rentrer ses partis, de peur qu'ils ne soient coupés, et n'en laisser dehors que quelques-uns pour faire des prisonniers, afin d'apprendre par eux des nouvelles plus certaines.

Il sera bon qu'il fasse dès-lors tous les préparatifs à une prompte défense, et qu'il se tienne sur ses gardes, comme s'il devoit être investi et assiégé à tout moment. Pour cet effet, il doit tous les jours s'attaquer lui-même en secret, et chercher autant de différentes défenses qu'il peut inventer de nouvelles attaques.

Devoirs des gouverneurs après l'investissement de la place.

La plupart des gouverneurs n'ont pas plutôt appris qu'ils sont investis, qu'ils contribuent eux-mêmes à faciliter aux ennemis l'attaque de leur place, en leur marquant, par des canonnades réitérées, le terrain qu'ils doivent occuper pour leur campement. Si au contraire ils demeuroient dans le silence, il pourroit arriver, de deux choses l'une, ou que leur camp auroit trop d'étendue, ou qu'il n'en auroit pas assez. Dans le premier cas, la circonvallation en seroit d'une garde plus difficile contre les secours qui peuvent venir à la place; s'il se trouvoit trop proche, quelques jours après, lorsque le canon des remparts commenceroit à tirer, l'assiégeant seroit obligé de s'éloigner et de recommencer ses travaux (1).

---

(1) Cette maxime et encore très importante, et il est très difficile de la faire comprendre aux troupes ; avec les meilleurs démonstrations ,

On doit donc laisser l'ennemi asseoir son camp à son aise, sans lui tirer d'autre canon que celui des barbettes, auquel on donnera seulement demi-charge, pour ne pas lui montrer où il doit placer ses camps : s'il les établit trop près de la place, ce sera tant mieux, il faudra l'y laisser bien établir ; et après qu'il y sera campé, changer le canon des barbettes et y en mettre de plus fort, puis tirer sur ses camps, s'ils sont à portée, ce qui l'obligera à décamper et à changer de place, et lui causera du retardement.

Lorsque la ville sera investie, il ne faut pas se commettre avec l'ennemi les premiers jours, mais s'attacher à de petites escarmouches de cavalerie et d'infanterie, avec ses coureurs et ses petites gardes, soutenues par de l'infanterie, toujours en cédant terrain, pour les attirer le plus près de la place qu'il sera possible. Cependant on ne doit pas tirer un seul coup de canon que l'ennemi ne soit fort près, on ne doit pas même laisser paroître trop de gens sur le rempart (1) : mais quand il sera bien à portée, pour lors on doit le saluer de toute l'artillerie qui pourra le voir; on doit ensuite faire pousser les plus avancés jusqu'à ce que l'ennemi

---

il est presque impossible d'y parvenir. Cependant l'ennemi envoie exprès des partis vers la place pour provoquer ces inutiles, ces pernicieux tiraillemens, afin de connoître la distance à laquelle il doit s'établir. Il semble au soldat, sur-tout quand il est de nouvelle levée, que celui qui les défend, prêche le ménagement des ennemis, et facilement il est accusé de connivence : comme si des coups qui ne portent jamais, et qui ne font que du bruit, pouvoient quelque chose pour la victoire. J'ai vu des hommes se presser de dissiper leur munitions en pure perte, se retirer du combat, puis dénoncer leurs chefs pour en avoir manqué, alors qu'il avoit été impossible de les remplacer.

(1) Les curieux s'en emparent presque toujours, et il faudroit des actes de violence pour les en faire retirer : ils détruisent ainsi tous les talus et dégradent les objets les plus importans.

tourne tête et pousse les nôtres à son tour, lesquels étant soutenus par le canon rechargé de nouveau, et par quelques grenadiers détachés avec la cavalerie, remettront encore l'ennemi sur le retour, avec perte, sans doute, de quelques-uns des siens; ceci peut se faire en plusieurs endroits des environs de la place, et se répéter à plusieurs reprises.

On continuera cependant à faire garde de cavalerie hors de la place, à 200 et 250 toises du chemin couvert, dont il faudra tenir les barrieres ouvertes, afin que si les gardes sont repoussées, elles puissent s'y retirer. On commencera à mettre en usage ses dispositions pour faire la garde dans le chemin couvert, et pour delà pouvoir soutenir nos gardes avancées de cavalerie, à laquelle on fera bien de joindre quelques compagnies de grenadiers, pour la fortifier. S'il y a quelques couverts aux environs, où elles puissent se mettre, il faudra les y poster : ce qui sera très à-propos, pour réprimer les insolences des assiégeans, s'ils s'avisent de les venir chercher.

C'est dans ce tems-là que la garnison pourra sortir avantageusement la bayonnette au bout du fusil, ce qui fera rassembler beaucoup d'ennemis sous le feu du canon de la place, où ils ne trouveront pas leur compte.

Quelques jours avant l'arrivée des troupes ennemies, il faudra mettre le feu à toutes les maisons et bâtimens des dehors qui pourroient favoriser les gardes et les approches, ainsi qu'à tous les fourrages des environs, afin que l'ennemi n'en profite point (1).

____

(1) Cette opération est encore extrêmement délicate : on vous accuse de dévastation, et tel qui sait que l'ennemi viendra lui piller son fourrage et ses bestiaux, aime mieux les garder pour lui, dans le vain espoir

Lorsque l'ennemi s'avancera pour reconnoître les lieux les plus commodes pour l'attaque, ce qui se fait ordinairement un jour ou deux avant l'ouverture de la tranchée, et quelquefois le même jour (car quoique les environs de la place aient été déja reconnus par différentes personnes, le général y va cette derniere fois pour se résoudre); le gouverneur doit bien prendre garde qu'aucun des siens ne soit pas prisonnier; car le soldat le plus mal-habile peut quelquefois donner des avis importans.

Si les ennemis qui se sont approchés de la place sont foibles, il faut faire sortir un plus grand nombre de soldats, pour les tenir éloignés par le feu de leur mousqueterie. Si l'ennemi est fort, on ne doit laisser au-dehors que quelque peu de cavalerie ou d'infanterie, qui puisse, par une prompte retraite, lui faire essuyer tout le feu de la place.

Dans ces occasions, les gens sortis de la place doivent s'attacher à tirer sur les particuliers, parce qu'un général qui va reconnoître, se détache ordinairement du gros qui l'accompagne, et ne se laisse suivre que de quelques ingénieurs ou officiers intelligens et capables de remarquer avec lui les défauts de la place, et de lui aider à choisir l'endroit le plus commode pour ses attaques. C'est sur ces gens-là que ceux qui sont commandés au-dehors doivent faire feu; car ce sont des têtes qu'il vaut beaucoup mieux abattre qu'un plus grand nombre de moindre importance, puisqu'il n'y a que ceux qui doivent être chargés de la principale conduite des attaques, auxquels le général aura permis de le suivre.

---

qu'ils échapperont, que d'en faire le sacrifice aux siens : cependant cette précaution est très importante.

N 4

Au commencement du siege, quoique l'ennemi serré
la place de près, par ses gardes avancées, il faudra
toujours envoyer des partis hors du chemin couvert,
pendant la nuit, qui ne s'éloigneront guere plus de
100 ou 200 toises de la place. Ils s'y tiendront ventre
à terre, cachés dans des fonds ou dans des lieux couverts, s'il y en a; les partis demeurant en silence,
tâcheront de découvrir ceux qui s'avanceront, de les
couper, et de prendre quelques ingénieurs, ou de les
tuer.

Pendant que l'ennemi travaillera à faire ses lignes
et ses préparatifs pour l'ouverture de la tranchée, les
gardes avancées de la place auront de continuelles
escarmouches avec les siennes, en observant de ne pas
trop s'avancer, pour qu'elles ne soient pas coupées.

Comme il est important de savoir de quel côté l'ennemi attaquera, on pourra le démêler, en observant
la partie où nos troupes auront plus de désavantage,
où le resserrement des gardes sera plus fréquent; on
en jugera aussi par l'amas des matériaux plus abon-
dans, et par l'établissement du parc, qu'on tâche toujours de faire à portée de l'ouverture de la tranchée.
Tout cela pourra se découvrir des lieux élevés de la
place, avec de bonnes lunettes; mais il sera encore plus
sûr de l'apprendre par des espions.

Pour cet effet, il sera bon d'avoir une certaine
quantité de soldats affidés dans la compagnie franche,
à la haute-paie, qui, faisant semblant de déserter,
prendront parti chez les ennemis; et quand il y aura
quelques mouvemens importans, ils se jetteront dans
la place, non tous à la fois, mais en différens tems,
selon la leçon qu'on leur aura faite. Il ne faudra pas
qu'ils désertent tous à la fois, ni qu'ils sachent les

desseins les uns des autres , de peur qu'ils ne se tra-
h:ssent (1).

C'est dans ce tems-là que le gouverneur doit régler
les gardes de la place , et celles des dehors et des chemins couverts, premièrement, sur le pied d'attendre
l'ennemi de tous côtés , parce qu'on ne sauroit être
bien informé du parti qu'il prendra.

Il sera bon , dans ces premiers tems , d'avoir un pi-
quet de cavalerie et d'infanterie prêt à marcher , et en
état de renforcer les endroits attaqués, mais pour n'agir
que pendant la nuit et dans les chemins couverts (2).

Il est à présumer que le gouverneur aura eu soin de
se munir d'un chiffre pour donner de ses nouvelles
au général et aux villes prochaines , et qu'il sera convenu des signaux pour établir une espece de correspondance du plus haut clocher de la ville , avec un
ou deux de la campagne , à une ou deux lieues aux
environs. Le général aura soin d'y faire mettre une
garde, avec un homme intelligent, qui aura une copie
des signaux réciproques , au moyen de quoi il pourra
être averti de ce qui se passera dans la place, suivant
les principaux événemens dont ils seront convenus
avant le siege (3).

*Manœuvres de la garnison pendant les premiers
jours d'un siege.*

Le gouverneur ayant reconnu le dessein de l'ennemi par le lieu de l'ouverture de la tranchée , il

---

(1) Ce moyen trop usé ne réussit plus : les ennemis n'emploient plus
dans la ligne contre vous les déserteurs qui lui arrivent; il les dépaïse.

(2) La cavalerie ne peut pas agir dans les chemins couverts.

(3) Ce moyen trop peu pratiqué seroit extrêmement utile pour la communication des généraux et le concert de leurs moyens ; mais il faudroit
qu'il fut bien préparé. Le *Télégraphe* est une invention très ingénieuse,
qui remplit parfaitement cet objet.

doit faire travailler diligemment à des fourneaux sous
le glacis de la contrescarpe , et avancer aux pointes
des angles saillans de la même contrescarpe , de petits
travaux enfoncés , en forme de contre-garde , sous le
parapet desquels on fera aussi quantité de petits fourneaux , et il fera planter des palissades à deux pieds
du parapet , au-dedans de l'ouvrage , élevées d'un
pied et demi plus que la hauteur du petit travail.

Le jour , ou plutôt la première nuit de l'ouverture
de la tranchée , le gouverneur doit demeurer dans le
silence , jusqu'à ce qu'il soit assuré du vrai lieu de
l'attaque. Il doit tenir toute la garnison sous les armes ,
et s'assurer contre les surprises ; parce que l'ennemi
pourroit feindre plusieurs attaques , et par ce moyen
emporter quelqu'un des dehors , duquel il pourroit se
saisir à la faveur de quelque fossé , rideau , ou autre
couvert voisin qu'on auroit négligé , ou auquel on
n'auroit pas eu le tems de songer à remédier. Cela arrivant , il n'y a rien à ménager ; il faut tout hazarder
pour chasser l'ennemi qui s'en seroit emparé , réparer
ce qu'il auroit détruit , et détruire ce qu'il auroit fait
pour se couvrir ; tâcher de fortifier ce lieu-là mieux
qu'il n'étoit auparavant , soit par des ouvrages de
maçonnerie , de terre , ou du moins de palissades , et
j'ose même assurer que , quoique la présence de l'ennemi soit un obstacle très incommode à qui veut réparer ou construire des travaux , cet obstacle néanmoins n'est pas insurmontable , puisque l'on a vu à
Lérida , en 1647 , les assiégés fonder et élever une
muraille à l'épreuve du canon , entre l'ouverture de
la tranchée et la place , à qui elle formoit une seconde
enceinte.

Le vrai lieu de l'attaque n'étant plus douteux au
gouverneur , il ne doit s'y opposer par aucune sortie ,

mais se contenter de tirer quelque coup au bruit , si
ce n'est que l'ennemi s'approche de trop près ; alors
il faut ordonner qu'on fasse feu de toutes parts , et
faire travailler nuit et jour aux contre-mines de la
demi-lune , et des bastions attaqués , si elles n'étoient
pas faites auparavant ; faire dégorger les embrasures
au-de lans et au-dehors de la place , dans tous les lieux
qu'il jugera les plus nécessaires , pour opposer , s'il est
possible , un plus grand nombre d'artillerie aux batteries ennemies. Dans les combats de troupes contre
troupes , l'avantage demeure le plus souvent à celui
qui tire le dernier ; mais au contraire , dans les sieges ,
celui qui commence le premier à tirer , a ordinairement
l'avantage , lorsque d'ailleurs son artillerie est la plus
nombreuse et la mieux servie (1).

Je souhaiterois cependant qu'un gouverneur ne se
servît jamais de son canon, que pour rompre quelque
batterie plus foible que celle qu'il y peut opposer, ou
quelque logement qui l'incommoderoit dans la suite ,
parce que l'on doit ménager extrêmement la poudre
dans une place assiégée. D'ailleurs, à bien considérer
toutes choses, les assiégeans ont presque toujours plus
de canon que les assiégés, et plus de munitions, ce qui
les rend tout-à-fait superieurs , principalement aux
places ordinaires. Ainsi je crois qu'il seroit plus utile

---

(1) Cette maxime est vraie ; mais rarement l'assiégé peut opposer
à l'assiégeant une artillerie supérieure. Il faut alors qu'il s'oppose de toutes
ses forces à l'établissement des batteries d'attaque ; mais une fois qu'elles
existent en état de superiorité, il n'est plus prudent de combattre de batterie
à batterie : l'assiégé doit essentiellement songer alors à couvrir les siennes de l'effet de celles de l'assiégeant , et diriger tous les feux par lesquels il ne pourra pas les prendre en rouage, sur la tête des travaux
pour en arrêter les progrès : le tir à ricochet produit le plus grand effet,
et ménage beaucoup la poudre.

de réserver la poudre pour la mousqueterie , qui en consume moins et fait plus de mal aux assiégeans , et pour de petits fourneaux ; car la charge de dix ou douze pieces de batterie , placée sous un logement , le détruit plus facilement que cent volées de canon.

Pour revenir à notre défense , supposons que l'ennemi soit en état d'ouvrir la tranchée le sept, huit, neuf ou le dixieme jour de son arrivée devant la place , il faut , d'abord que le gouverneur saura le côté de l'attaque , qu'il y fasse mener le plus de canon qu'il pourra , et qu'il renforce la garde du chemin couvert vis-à-vis (1).

Je mettrois en batterie , pendant la premiere nuit , tous les fusils à chevalets , à 50 ou 100 toises hors des glacis , en lieu avantageux , ou d'un accès difficile , les faisant garder par deux compagnies de grenadiers , et par la garde de cavalerie. Je ferois ensuite reconnoître de près les ennemis , par quatre-vingt ou cent cavaliers , qui passeront brusquement au travers de leurs travailleurs , chargeant et tuant tout ce qu'ils rencontreront. Quand ils les auront bien mis en désordre , ils se retireront derriere les fusils à chevalets , ou aux feux allumés à la quatrieme ou cinquieme barriere du chemin couvert des places d'armes prochaines , qu'on laissera ouvertes pour les recevoir , en cas qu'ils fussent poursuivis. Sinon ils tourneront tête , et se rangeront derriere les grenadiers et les chevalets , qui , dans ce tems-là , doivent faire grand feu. Si cette course

---

(1) Il faut beaucoup de sagesse dans l'emplacement des batteries , et Je varier à mesure que l'ennemi lui-même en change. Si les affûts de place sont très commodes , parce qu'ils n'assujétissent plus aux embrasures , ils le sont moins sous le rapport de la difficulté de les manœuvrer. Il faut garder beaucoup d'artillerie en réserve pour les remplacemens ; et sur-tout pour le moment de l'établissement des batteries de breche et du passage du fossé.

est bien exécutée, l'ennemi mis en désordre aura de la peine à se rallier de toute la nuit; mais comme le coup est hazardeux, il faudra faire tirer en même tems des mortiers du chemin couvert, cinq ou six balles ardentes à toute volée, pour éclairer et mieux découvrir l'ennemi; ce qui servira de signal aux batteries tournées de ce côté-là pour y tirer aussi, en élevant leur coup à cause de l'éloignement de l'ennemi. Voilà à quoi il faudra s'en tenir la premiere nuit : un peu avant le grand jour, il faudra faire retirer les fusils à chevalets dans le chemin couvert, et les bien nettoyer, pour s'en servir pendant le jour, et les transporter dans les angles du chemin couvert les plus avancés.

On pourra encore tenir la garde de la cavalerie hors de la place, sur-tout si la tranchée est fort éloignée, ou s'il y a quelque couvert où l'on puisse la mettre, sinon il faut la faire retirer dans le chemin couvert, et la poster dans les places d'armes à droite et à gauche, pendant le jour. Lorsqu'on découvrira pleinement la tranchée, il faut la canonner tant qu'on pourra, avec jugement, et non au hazard. Il faudra aussi disposer les batteries fixes sur le front des attaques, tant sur les faces des bastions que sur les courtines, et commencer par l'établissement des plate-formes, et tout ce qui s'ensuit, mais ne point ouvrir les embrasures que l'on ne voie l'ennemi : observant de ne jamais opposer nos batteries aux siennes, mais de les prendre en biais; autrement son canon auroit bientôt démonté celui que nous pourrions lui opposer (1).

Il faudra resserrer les gardes de la place sur cette

____

(1) Les commandans des places assiégées, sans expérience, méprisent presque toujours cette maxime ; de-là la promptitude avec laquelle l'ennemi parvient à anéantir leur artillerie.

avenue, mettre beaucoup de monde dans le chemin couvert, et garnir les demi-lunes et les autres dehors; à l'égard du corps de la place, il faut mettre le bivouac derriere et vis-à-vis l'attaque.

De la ligne de contre-approche.

Le jour qui suit la premiere nuit de l'ouverture de la tranchée, le gouverneur doit connoître par ce premier travail de l'ennemi, ce qu'il pourra faire la seconde, et jusqu'à quelle distance des travaux de la place il pourra conduire son attaque. S'il juge que la tête de la tranchée puisse arriver à la portée du pistolet de ses dehors, il ira, par une *ligne de contre-approche*, sur la droite et sur la gauche des attaques, et enfilera par-là une ou plusieurs lignes du travail de l'ennemi, selon qu'il les aura plus ou moins avancé, et suivant la direction qu'il leur aura donné.

Tant de gens ont parlé de cette ligne de contre-approche, sans l'expliquer, que plusieurs personnes ont cru que c'étoit une ligne imaginaire. Quelques-uns ont pris pour cette ligne, les logemens qu'on a faits sur le bord d'une riviere que l'assiégeant étoit obligé de passer pour conduire son attaque vers la place assiégée, comme il arriva au passage de la riviere d'Aisne, au siege de Sainte-Menehould, et dans la défense de plusieurs autres places; mais la vérité est que personne ne l'a mise en usage de notre tems. Cette ligne est une espece de tranchée que l'assiégé fait depuis son chemin couvert, à droite et à gauche des attaques, pour enfiler les travaux de l'ennemi; elle doit être, à mon avis, éloignée de 50 à 60 toises de l'attaque, et d'une longueur telle que l'on jugera nécessaire, pour voir de revers l'ennemi dans son travail. L'ouverture doit être faite en dehors des places d'armes ou réduits, placés dans l'angle rentrant de la contrescarpe , entre la demi-lune non attaquée et le bastion attaqué (1).

Il faut placer , aux côtés de l'ouverture de cette ligne de contre-approche , de petites pieces d'artillerie , et dans la demi-lune , vis-à-vis cette même ouverture , de bonnes pieces de canon , pour la nettoyer , en cas que les ennemis voulussent s'y loger , après en avoir chassé les assiégés.

L'ennemi fera des retours pour s'épauler contre cette contre-approche , où il poussera une ligne pour la joindre , croyant la rendre sans effet; mais cette même ligne qu'il fera , rendra sa cavalerie inutile contre les sorties des assiégés, outre qu'une autre ligne , plus éloignée et plus étendue , fera le même effet que la premiere , et rendra à cette premiere l'usage pour lequel elle avoit été faite avant la jonction qu'en avoit fait l'ennemi avec l'attaque ; d'autant que le feu de cette seconde ligne de contre-approche , verra en flanc et de revers celle de la jonction , laquelle étant vue , sera inutile , et favorable aux assiégés.

Si la tranchée est sur une ligne droite , hors l'enfilade des travaux de la place , et assurée seulement par des redoutes , de distance en distance , les lignes qui seront dans l'intervalle des redoutes , seront assurément vues de la ligne de contre-approche , et par conséquent elles seront désertes (2). Si , entre les redou-

---

(1) Cette ligne a pour objet de déborder la tranchée de l'ennemi pour la prendre en flanc ; il faut qu'elle ne soit ni plongée ni enfilée elle-même : en conséquence il faut l'ajuster au terrain , et lui faire un retour à son extrémité pour la couvrir. Nombre de positions ne conviennent pas à la ligne de contre-approche : on ne la pratique plus , et c'est un mal chaque fois qu'on peut la placer avantageusement.

(2) Ceci n'est vrai qu'autant que les redoutes sont en avant ou en arriere dans une tranchée environnante ; car si elles sont dans sa direction

tes, les ennemis ont fait de grandes places d'armes, le seul remede est de les attaquer de front, à force de grenades, tandis que les gens commandés les chargeront en flanc, et que le canon et la mousqueterie de la place feront un feu perpétuel sur les redoutes.

Des sorties.

Les sorties faites à propos, peuvent considérablement retarder les approches. L'ordre qu'il faudroit y observer seroit de faire marcher à la tête un petit bataillon de 90 hommes, trente de front sur trois de hauteur, et 30 grenadiers, formeroient un quatrieme rang allant aux ennemis, où étant arrivés, ils passeroient par les intervalles, et se porteroient entre le premier et le second rang, ou bien ils prendroient le devant, sans s'assujétir à l'ordre du bataillon, selon l'occasion qui se présenteroit.

Les 90 hommes seroient armés de toutes pieces; ayant en main de fortes et longues pertuisanes ou fourches à crochets, ou autres armes de pareille nature, l'épée et les pistolets à la ceinture (1). Un autre bataillon de 180 hommes suivroit de près, à trente de front sur six de hauteur, dont le premier rang seroit aussi armé de toutes pieces, et les autres à l'ordinaire, et les chefs de file, ainsi armés, feroient l'arriere-

---

même, assurément les redoutés serviront de traverses aux lignes qui seront dans leurs intervalles, contre les feux de flanc de la ligne de contre-approche. Ceci ne doit donc s'entendre que des boyaux poussés en avant en ligne droite.

(1) Nous donnerons dans le supplément du troisieme volume de cet ouvrage, le dessin de quelques armes très propres à la destruction des tranchées, et à mettre les travailleurs en fuite; sur-tout à enfoncer les gardes qui les appuient.

garde

garde dans la retraite. Après le second bataillon , mar-
cheroient 200 travailleurs avec des outils , pour raser
le travail de l'ennemi ; quinze ou vingt seroient chargés de feux d'artifice , pour brûler ce qui ne pourroit
pas être détruit promptement , et quelques-uns porteroient les choses nécessaires à enclouer le canon ,
si on n'avoit pas le loisir de l'amener dans la place ,
ou de l'exposer à l'artillerie des assiégés. Derriere tout
cela , un bataillon de 3 ou 400 hommes doit marcher
au petit pas , à la tête des travaux des ennemis , et
là faire *halte*, si ce n'est que ceux qui les précedent eussent besoin de son secours pour achever de
vaincre.

Il est peu d'actions dans la guerre où la diligence ,
la vigueur et la bonne conduite soient plus nécessaires
qu'en celle-ci. Par la diligence , vous surprenez les
ennemis ; par la vigueur , vous les mettez en désordre ,
et les contraignez d'abandonner un travail qu'ils ne
gagneront et ne rétabliront pas facilement, quand vous
l'aurez détruit ; et par la bonne conduite , vous vous
servez de leurs travaux contre eux-mêmes, et faites
ensuite d'une fuite forcée , une belle retraite. Enfin ,
la bonne conduite garantit presque toujours des dangers qui suivent la mauvaise.

La premiere sortie , qui a pour objet la destruction
des travaux ennemis , doit être faite le jour de l'ouverture de la ligne de contre-approche ; parce que le feu
de cette nouvelle ligne verra , en flanc et derriere ,
l'ennemi dans son travail, et ne laissera aux gens sortis
qu'une partie de la tranchée à surmonter , puisque la
défense des lignes sera séparée, si l'attaque va d'angle
en angle , ou , ce qui est la même chose, de retour
en retour, et que la partie vue de la contre-approche
sera abandonnée par ceux qui seroient à sa garde ,

qui se seront ret rés aux endroits que la contre-approche ne peut voir. S la sortie prend les assiégeans dans cette marche, on ne doit pas douter qu'elle ne les conduise au dehors de tous leurs travaux, presque sans pe ne.

L'ordre que je propose pour les sorties, n'étant pas une loi, ne do t pas être suivi si exactement, qu'il puisse ôter à l'assiégé une occasion de chasser l'assiégeant de son travail. Les connoissances que le gouverneur aura de la foiblesse et de la mauvaise conduite de ceux qui seront de garde à la tranchée, doit obliger de les attaquer avec plus ou moins de force; il doit encore le faire, lorsque le mauvais tems aura mis l'ennemi en état de ne pouvoir se servir de ses armes à feu contre les troupes qui sortiront sur lui. Comme le succès des sorties fait un des principaux retardemens de l'attaque, le gouverneur ne doit pas se contenter d'avoir une seule fois battu l'ennemi, et détruit ses travaux, il doit si bien prendre ses mesures par lui-même, que, sans trop fatiguer ses soldats, il rebute l'assiégeant, tantôt par de petites et même des fausses sorties, et tantôt par de véritables, qui produisent leurs effets.

Je ne sais quelle raison a pu empêcher jusqu'ici les gouverneurs de faire sortir de leurs places quinze ou vingt cavaliers, pour chasser les travaill urs de l'attaque. Je ne demande pas que cette petite troupe combatte, mais qu'elle fonde seulement sur 6 ou 700 hommes, qui n'ont pour toute arme que l'épée et la pele, et qui ne demandent qu'un prétexte pour se retirer, ou, pour mieux dire, pour prendre la fu te. Quelque soin que prenne ensuite un off ier-général pour rassembler les pionniers, il est certain qu'il ne s'en retrouvera pas la moitié, ce qui retardera extrê

îhement le travail. Outre l'effet de cette petite sortie ,
dont je viens de parler, elle en produira un autre non
moins considérable que le premier, puisqu'elle servira
à découvrir les postes que tiendront les troupes commandées sur la droite et la gauche des attaques, pour
soutenir les travailleurs ; lesquels étant reconnus par
les assiégés , ils feront feu à coup sûr sur ces troupes , qui n'ont point de couvert pour les en garantir.

Si l'on oppose à ce que je viens de dire , que ces
mêmes troupes iront à la charge sur ce petit nombre
de cavaliers , commandé seulement pour donner l'é-
pouvante à des travailleurs , je dirai ce que j'ai dit ,
qu'ils ne vont pas là combattre des gens armés , mais
seulement pour chasser des pionniers, et découvrir les
postes de ceux qui les soutiennent , et se retirer sans
combattre ; cela réussissant tant soit peu , ce sera toujours une nuit inutile aux ennemis.

Je suis surpris que , dans toutes les défenses des
places qui ont été attaquées pendant une si longue
suite de guerres , aucun des gouverneurs n'ait fait sortir
de sa place huit ou dix braves soldats assez intelligens, pour prendre ceux qui ont le principal soin de
la conduite des attaques. Rien , ce me semble , n'est
plus facile à exécuter, puisque l'on ne peut pas ignorer
que ceux qui sont chargés de conduire les lignes de
la tranchée , vont reconnoître et tracer les ouvrages
sans bruit , très peu , ou point du tout accompagnés ,
et qu'il n'est pas difficile à huit ou dix hommes bien
résolus de se glisser sur le ventre à la faveur de la
nuit , et de prendre par derriere celui qui, ne crai-
gnant rien derriere lui, n'a pour objet que son travail,
Tout ceci doit être exécuté sans bruit.

Suite des manœuvres de la garnison, après l'ouverture de la tranchée.

La seconde nuit, l'ennemi se rectifiera et continuera de pousser en avant ; comme il sera encore trop loin pour que la mousqueterie de la place puisse l'atteindre, il faudra se contenter de faire feu des postes les plus avancés, et continuer à tirer du canon et des fusils à chevalets ; observant qu'à mesure que l'ennemi s'avancera, il ne sera plus nécessaire de tant hausser les coups : c'est pourquoi il faudra tous les jours renouveler l'essai de la portée des armes, afin de se régler pour la nuit suivante. On pourra bien faire une petite sortie pendant la nuit, pour tâcher de déranger l'ennemi et voir où il en est ; mais je ne suis point d'avis que la garde de cavalerie répete la course de la nuit précédente, parce que vraisemblablement l'ennemi y sera préparé, et la sortie seroit trop dangereuse : il ne faut pas non plus faire de sortie de jour, l'ennemi seroit trop éloigné, et l'on sortiroit des avantages de la place pour l'aller chercher.

La troisieme nuit, comme l'ennemi commencera à s'approcher, il faudra faire grand feu du chemin couvert, et un peu élever les coups : c'est à quoi les chefs des régimens et les officiers auront attention ; car il faut que le feu soit conduit sagement. Les deux premieres heures de la nuit (comme c'est le tems où l'on pose les travailleurs), ce premier feu se fera par les deux tiers des gardes ; les deux heures suivantes, par le tiers qui n'aura point tiré ; les deux autres heures d'après, par l'un des premiers tiers de ceux qui auront fait feu pendant les deux premieres heures ; les deux suivantes par l'autre tiers, et ainsi de suite. Pendant qu'un tiers de la garde se reposera, il faut

qu'il nettoie ses armes, et qu'il les recharge aussitôt,
pour ne point discontinuer ni affoiblir le feu.

Pendant la nuit, il sera bon de faire quelques petites sorties, pour donner l'allarme aux travailleurs des
ennemis, et voir les progrès qu'ils feront : observant,
1°. de ne point faire ces sorties directement devant
les attaques, pour ne pas se mettre entre deux feux,
mais de prendre toujours à droite ou à gauche; 2°. de
ne point faire cesser tout le feu pendant la marche,
mais le faire continuer des endroits dont les vues seront détournées des marches de la sortie, afin qu'elle
n'en soit point incommodée, et que l'ennemi ne s'en
apperçoive point ; 3°. entre une ou deux petites sorties, d'en faire quelqu'une qui soit plus forte, quand
elle se pourra faire, sur-tout dans un tems favorable
pour cela ; 4°. d'observer que les retours doivent toujours être accompagnés de feux à éclairer sur les barrieres, pour montrer aux troupes les lieux de leur
retraite; 5°. de faire tirer quelques balles ardentes du
côté de l'ennemi, pour tâcher qu'il soit vu de notre
mousqueterie ; 6°. de favoriser la retraite des nôtres,
par une douzaine ou deux de coups de canon. La
cavalerie de garde se tiendra hors du chemin couvert
pendant ce tems-là, pour soutenir les nôtres, et donner
l'allarme de plusieurs autres côtés, par d'autres troupes de cavalerie. Pendant le jour, il faut que tout se
renferme dans le chemin couvert, où il suffira de faire
un feu de huit à dix hommes de chacun des grands
angles les plus avancés, qu'un officier dirigera sagement, pour que le soldat ne tire point au hazard.

A la troisieme journée, qui sera la suite de la troisieme nuit, je ne vois pas que l'ennemi puisse être
encore assez près de la place pour entreprendre une
sortie de jour, sans quitter les avantages de la place,

c'es-à-dire , la protection du feu de son canon, qui porte jusqu'à 100 ou 120 toises du chemin couvert (1). Au-delà de cet espace, je trouve aux sorties qu'on fait, beaucoup d'ostentation et peu d'utilité , parce qu'il faut conserver la garnison pour les grands coups. Car , quand on fait une sortie de trop loin, on est toujours ramené avec perte et confusion, ce qui jette la consternation dans la garnison ; c'est acheter trop cher un certain brillant inutile. Il faut donc, pour résoudre une sortie, 1°. que l'ennemi vous en fournisse les moyens, par les fautes qu'il fera dans la conduite de ses tranchées et dans sa marche ; 2°. qu'il ait avancé quelque bout de tranchée , ou place d'armes , inconsidérément, qui soit mal soutenu ; 3°. que la disposition du terrain puisse cacher une partie de votre marche , pour l'aller chercher, et que votre feu puisse favoriser la retraite de vos troupes.

Quand l'ennemi fera des fautes aussi grossieres dans ses tranchées, que celles qu'il fit au siege d'Ath (*Pl. I*), j'approuverai toujours les sorties. Voici quelles furent ces fautes : Au siege d'Ath , en 1706, les ennemis pousserent par la gauche une ligne marquée *SS*, sur le Montferon , vis-à-vis le bastion de Luxembourg *K* , qui se prolongeoit jusque près et vis-à-vis le bastion d'Artois *L* (*Pl. I*) ; ils établirent sur cette ligne deux batteries de quinze pieces de canon et six mortiers, pour battre la face droite du bastion de Luxembourg *K* , qui étoit à la vérité fort découverte, mais qui cependant n'étoit pas devant leur attaque, et qui d'ailleurs étoit protégée par la demi-lune des Sœurs-Noires *P*, bien revêtue , enveloppée de son chemin couvert et

______

(1) Cela doit s'entendre de but en blanc ; car la portée du canon est beaucoup plus étendue.

d'un bon avant-fossé, et par le chemin couvert d'une grande redoute *B*, bien revêtue par-devant et enveloppée d'un avant-chemin couvert, dont les ennemis n'étoient pas les maîtes. La face droite de Luxembourg étoit d'ailleurs flanquée par le bastion d'Artois, qui étoit entier, et le fossé de la place étoit grand et profond. Il résultoit de-là, que cette breche ne pouvoit être que très inutile à l'ennemi, et que si on avoit fait une sortie de 400 hommes en plein jour, du chemin couvert *R*, on auroit infailliblement battu cette grande ligne de tranchée d'un bout à l'autre, et ruiné toutes les batteries, qui n'étoient soutenues de rien, le fort des attaques étant tout entier du côté de la porte de Mons, au - delà de la riviere de Willet ou d'Irconvel. Quand il se présentera de telles occasions, je trouverai les sorties fort à propos; mais quand les avantages sont égaux, les sorties sont aussi fort douteuses, à moins qu'on ne puisse surprendre l'ennemi. En un mot, j'ai bien vu des sieges, mais je n'en ai jamais vu où les sorties aient retardé les progrès des attaques d'un demi-jour, quand elles sont bien dirigées.

Si l'ennemi s'y prend bien, il ne manquera pas de commencer à établir ses batteries dès le second jour, ce qui l'occupera du moins jusqu'au quatrieme et cinquieme. Dès que son canon commencera à tirer, il faudra descendre le nôtre de dessus les barbettes pendant le jour, et l'y remonter pendant la nuit. On pourra, quelques jours auparavant, couvrir ces barbettes par deux ou trois rangées de gabions, pleins de terre et de fumier, de quatre pieds et demi de diametre, sur autant de hauteur, et cela dès qu'il commencera à tirer : il continuera à le faire avec plus de violence.

O. 4

Le sixieme jour, comme tout son canon sera en batterie, il fera grand bruit, mais il ne faut pas s'en étonner, car ce grand feu n'aboutira qu'à déchirer le sommet de vos parapets, sans faire de breche qui puisse vous mettre en danger.

Quand la garnison est forte, et l'assiégeant foible, celui-ci ne fait ordinairement qu'une attaque, ou, s'il en fait deux, elles sont liées. Ce parti est sans doute le meilleur, parce que le service de la tranchée est plus commode, et le secours de l'une à l'autre plus facile, on y emploie moins de monde, et un seul parc peut suffire à leurs besoins; en un mot, elles se soutiennent beaucoup mieux contre les sorties que les autres.

Si la garnison est foible et l'assiégeant fort, il pourra faire une troisieme attaque séparée des deux liées, pour faire plus de diversion; mais ces attaques sont rares, et presque toujours fausses : pour lors elles imposent peu à la place quand elles sont reconnues pour telles, parce qu'elles ne se mettent point à portée d'essuyer une grande sortie ni de rien entreprendre; ainsi de pareilles attaques sont plus nuisibles à l'assiégeant qu'à l'assiégé.

La quatrieme nuit, l'ennemi continuera de pousser ses attaques vers la place, plus ou moins précautionnées, selon l'intelligence de ceux qui les conduisent. S'il se précautionne par des places d'armes bien disposées, la marche en sera plus lente et la tranchée plus sûre; s'il se néglige et qu'il ne pense qu'à faire chemin, comme il s'avancera étant mal soutenu, on pourra entreprendre sur lui, soit par des sorties bien conduites, soit par l'effet du canon bien dirigé, soit par les secours de la cavalerie, et de tous les trois ensemble. De-là en avant, la conduite de l'ennemi doit être assez uniforme. Jusqu'à ce qu'il soit à portée d'entreprendre sur le chemin couvert , tout se passera à avancer sa marche , à assurer sa tranchée le plus qu'il pourra , et à remuer et servir le canon de ses batteries , ainsi que ses mortiers à bombes et à pierres. Tout cela ne se fera pas avec la même diligence qu'au commencement , à cause du travail qui augmente à mesure qu'on approche , et du feu de la place , qui , découvrant de plus près , devient plus meurtrier et plus dangereux.

Comme les pierres et les grenades jetées avec les mortiers sont plus malfaisantes que les bombes , et qu'elles tuent et blessent beaucoup de monde, il faudra s'en précautionner de son mieux , par des bonnets d'osier faits comme des hottes, matelassées par le dedans , et dont le fond sera fourré de foin. (*Pl. III , fig. B*).

On se fera de petites places , de distance en distance , joignant le parapet , qu'on recouvrira par des palissades, appuyées et rangées en appentis, et par des loges de rondins de bois et de madriers enfoncés dans les talus des remparts et au bord des fossés et des traverses , comme on en voit sur la planche III. Quand l'ennemi commencera à tirer des bombes et des pierres, il faudra tenir la garde dans des lieux couverts, au plus près des attaques, et ne garnir le vis-à-vis , pendant le jour , que par de petits détachemens , souvent relevés , qui se coleront contre les parapets; mais la nuit, il faudra que toute la garde s'y trouve , et border les parapets de tout ce qu'on aura de monde.

De la défense des places contreminées (1).

Si l'on y faisoit bien attention, et si l'on vouloit mettre quelque proportion entre la défense d'une place

------

(1) Vauban ayant donné séparément un Traité des mines, ce traité fera partie du troisieme volume de cet ouvrage.

et la manière dont on les attaque aujourd'hui, les contremines en devroient être le principal moyen ; car
de se borner à la défense supérieure ou extérieure,
ce n'est pas assez, et l'assiégé doit toujours y avoir de
l'infériorité. Il est donc de son intérêt, ne pouvant
opposer à l'assiégeant des forces égales, de l'attirer
dans des terrains étroits, où, avec un petit front, il
puisse rendre inutile celui de l'ennemi, qui lui est infiniment supérieur, et le réduire à un front égal au
sien ; c'est ce qu'il peut faire par le moyen des contre-
mines, et c'est presque l'unique ressource qui lui reste.
En effet, il n'est pas avantageux à l'assiégé d'exposer
ses troupes en pleine campagne, dans des sorties où il
y a souvent plus de bravoure que de prudence, et où la
perte qu'il fait, si petite qu'elle puisse être, est infiniment
au-dessus de celle qu'il peut causer à son ennemi. C'est
pourquoi, au lieu de sortir, il devroit plutôt s'enterrer.
Lorsque l'ennemi vient à lui par des tranchées, il doit
aller au-devant de lui par des lignes de contre-approche,
comme nous l'avons dit, page 107, afin de pouvoir l'enfiler et le voir de revers dans ses travaux. Si l'ennemi
vient à lui par la sape, il doit faire de même : si l'ennemi s'enfonce de 10 pieds, il doit s'enfoncer de 15
ou 20, parce que, dans les mines, celui qui a le
dessous, est toujours le maître de celui qui est au-
dessus.

Une escouade de mineurs, qui vont sous une tranchée, sous des logemens, ou sous des batteries, et
qui, en les faisant sauter, déconcertent les troupes et
les travailleurs, font vingt fois plus de besogne que
des bataillons entiers qui sortiroient sur ces mêmes
tranchées ou sur ces batteries, et ils ne risquent pas
tant, ou, pour mieux dire, presque rien. Il semble
donc que les contremines sont le seul champ de ba-

taille où l'assiégé puisse se battre de pair avec l'assiégeant, et même avoir une grande supériorité sur lui;
car celui-ci perd alors son avantage du nombre, et
c'est dans les mines qu'une douzaine de mineurs ou
de travailleurs représente toute une armée; l'assiégé y
recouvre un avantage que réellement il n'avoit pas,
sur-tout si les galeries des contremines sont préparées
d'avance.

Il n'y a personne, pour peu qu'il entende le métier
de la guerre, qui ne convienne des difficultés qui se
rencontrent dans les mines que l'assiégeant est obligé
de faire : d'ailleurs, si ses mineurs sont écrasés ou
tués dans leurs trous, il ne sauroit les remplacer
avec autant de facilité que le peut faire l'assiégé; celui-ci
pouvant aller de plain-pied dans ses galeries de contremines, sans aucun risque d'y être écrasé par l'éboulement des terres. Il n'y a pas même jusqu'à l'imagi-
nat'on qui ne soit contre l'assiégeant, et ne lui forme
mille chimeres, au lieu que l'assiégé n'en a point à
combattre, parce qu'il connoît d'avance tous les tours
et détours de ses labyrinthes souterrains, et qu'il peut
y faire le brave, tandis que le mineur ennemi a le
malheur d'en faire la découverte à ses risques, d'autant plus, que presque toujours il ne sait ni où il est ni
où il va. D'ailleurs, le mineur ennemi est obligé, le
plus souvent, de travailler d'une main et à genoux,
et d'attaquer ou se défendre de l'autre. Non seulement
ses mains, mais tous ses sens sont partagés : la vue lui
sert bien foiblement pour conduire son travail dans
des routes si obscures : l'ouie est appliquée à écouter
si le mineur de l'assiégé travaille pour venir au devant
de lui, et souvent il est embarrassé à ne pouvoir
juger de quel côté il vient : l'odorat y est souvent
blessé par les vapeurs souterraines, ou par la respi-

ration interceptée par la trop grande condensation de l'air.

Du côté de l'assiégé, la position est toute différente; ses mineurs peuvent attendre en toute sureté ceux de l'assiégeant, sur-tout si la place est contreminée d'avance. Si elle ne l'est point, il n'est pas fort difficile, avec un peu d'attention et de recherche, de s'assurer du lieu où travaille le mineur ennemi, et de se mettre à portée de l'attendre. Lorsqu'on s'apperçoit qu'il est prêt à donner dans la contremine, on peut le prendre, le tuer, ou l'étouffer dans son trou.

Enfin, l'assiégé a tant d'avantage sur l'assiégeant dans cette guerre souterraine, qu'il est surprenant qu'on en fasse si peu d'usage, et que l'ennemi vienne à bout si facilement de s'emparer d'une place par le moyen de la sape et des mines, sur-tout quand la place peut être contreminée. C'est pourquoi les gouvernemens ne devroient pas épargner ni regretter l'argent qu'il peut leur en coûter pour la construction des galeries des contremines, ni pour la solde d'un corps composé de mineurs habiles et exercés, sur-tout pour les places importantes et pour les villes frontieres, qui sont les clefs des états, et dont la perte est d'une grande conséquence. Le tout bien examiné, cette dépense n'est pas absolument bien considérable, eu égard à ce que coûtent les fortifications d'une place, et à l'intérêt qu'on a de la conserver.

Par le moyen des contremines, on peut non seulement défendre opiniâtrement et pied à pied, le glacis et le chemin couvert; mais aussi tous les ouvrages extérieurs, ainsi que ceux du corps de la place. Est-on forcé d'en abandonner quelqu'un, on peut y laisser établir l'ennemi, et l'ensevelir ensuite sous les ruines de l'ouvrage même. Par ce moyen, un gouverneur

intelligent ne sera pas obligé de faire battre la cha-
made aussitôt qu'il voit les bastions de sa place ouverts,
et les passages de leurs fossés presque achevés, comme
cela arrive ordinairement : ce qu'il ne peut faire avec
honneur ; car un bastion à peine entamé n'est pas
un prétexte suffisant pour l'abandonner ainsi.

On m'objectera peut-être que les soldats sont dé-
couragés, lorsqu'ils se voient réduits à leurs derniers
retranchemens ; mais si ces retranchemens sont faits
de longue main, comme ceux qu'on voit aux bastions
du corps de la place (*Pl. VI* et *VII*), il est certain
que ces mêmes soldats défendront la breche avec valeur, sur-tout s'ils sont commandés par de bons officiers, parce qu'ils verront derriere eux un bon retranchement en état de les recevoir, et derriere lequel ils
pourront encore obtenir une capitulation digne de leur
bravoure. Dans ces différentes attaques, l'assiégeant
fera toujours de grosses pertes, parce que l'assiégé
peut lui opposer un front aussi grand que le sien, et
même plus grand, et que le premier est obligé de se
loger sur les décombres d'une breche et d'y faire monter du canon, pour se rendre maître d'un retranchement dont le feu est très voisin, et pour ainsi dire à
bout touchant. D'ailleurs, les contre-mines peuvent le
faire sauter, et s'il a la précaution de se rendre maître
de celles qu'il a lieu d'appréhender, avant que de
monter à l'assaut, comme il est de la prudence de le
faire, il ne le pourra qu'après la perte d'un tems considérable, et qui quelquefois lui est très cher.

De la défense du chemin couvert.

Pour achever de dire ce que je pense sur la disposition des chemins couverts, je ne sais que trois manieres de les attaquer, dont la premiere est de vive

force ; quand l'assiégeant peut envelopper tout le front
de l'attaque, en faisant des places d'armes au pied du
glacis, dont on remplit les revers de tous les matériaux et outils nécessaires, après quoi on prend
ses mesures ; et dans le tems que l'assiégé y pense le
moins, on tombe tout-à-coup sur lui par un très grand
front, qui ne manque jamais de l'emporter avec grande
perte de sa part; mais ce moyen est fort sanguinaire ;
car les assiégeans y perdent aussi beaucoup.

La deuxieme maniere d'attaquer les chemins couverts, est par de petits cavaliers élevés sur la tête des
logemens, à distance de 12 ou 13 toises de la palissade,
où l'on tourne les angles que l'on veut attaquer,
jusqu'à ce qu'on puisse les enfiler; cela fait, on éleve
des cavaliers jusqu'à la plongée des mêmes angles, qui
sont toujours les plus prochains, ce qui s'exécute en
une nuit de travail un peu diligenté, après quoi on fait
monter des grenadiers sur les cavaliers, qui plongent
de leur feu les angles du chemin couvert, de 15 ou
16 toises près, et en chassent les ennemis dans l'instant
même. Cela étant fait, l'assiégeant se loge diligemment sur le haut du parapet ; ce qui s'observe de
même à l'attaque des autres angles : cette attaque est
la plus sûre et la moins sanglante.

La troisieme maniere d'attaquer les chemins couverts, consiste à les prendre pied à pied par l'effet des
mines : c'est la pire de toutes, ou, pour mieux dire,
elle ne vaut rien absolument, parce que les assiégés
sont toujours en état de vous prévenir. On trouvera,
à la fin de ce volume, une dissertation particuliere,
que j'ai composée en 1702 sur le même sujet.

Comme il faut que l'ennemi se rende maître des
travaux avancés, avant que d'attaquer la contrescarpe
à laquelle ils sont attachés, il faut qu'il en chasse l'as-

siégé par la force , ou qu'il aille pied à pied faire son
logement au - dessus , par la sape. Si c'est par la force ,
il faut l'attendre de pied ferme, et l'éclairer avec des
lances et torches à feu , lesquelles, à trente ou quarante pas , jetteront un feu qui s'attachera , et brûlera
tout ce qu'il rencontrera de combustible. Si , malgré
les feux d'artifices et le feu du canon logé dans les pi ··
ces d'armes retranchées (1), qui doit raser les f..ces
attaquées de ces petits dehors , l'ennemi s'obst.ne à s'y
loger, on doit abandonner l'ouvrage, jusqu'à ce que
le logement ait commencé à se faire ; pour lors ne
restant plus que les travailleurs à découvert , il faut
faire sortir cent hommes armés pour attaquer la tête
de la tranchée, tandis que cent autres feront seulement
le tour de l'ouvrage pour le nettoyer.

J'ai remarqué , dans tous les sieges où je me suis
trouvé , que quelque foible qu'ait été une sortie faite
sur le travail des assiégeans , quand ce travail est
proche, elle a toujours fait lâcher le pied aux plus
avancés , lesquels , épouvantés , se renversoient sur
ceux qui devoient les soutenir , et souvent les entraî-
noient dans leur fuite , sur-tout dans les sorties qui se
font de nuit ; l'obscurité grossissant les objets, fait souvent voir à celui qui fuit , un grand nombre d'ennemis
qui le suit ; aussi les sorties de nuit ne se font - elles
presque jamais que pour donner l'épouvante aux assiégeans les plus avancés, sur-tout aux travailleurs : celles
qui se font de jour , étant plus éclatantes , demandent
de plus grands succès. Mais comme , avec le tems , il

____

(1) Vauban entend sûrement ici les retranchemens E , B , des places
d'armes rentrantes, PL. IV et V , qu'il suppose seulement construits
en terre et palissades au moment de l'investissement de la place : les réduits en maçonnerie , construits depuis Vauban dans plusieurs places ,
sont bien plus propres à remplir cet objet.

faut céder le terrain du travail avancé, soit que par la force ou par la sape les ennemis s'en so·ent rendus les maîtres, on doit y avoir fait quantité de petits fourneaux, auxquels on donne le feu en se retirant, et qui par leur effet détruiront le logement et l'ouvrage.

J'ai déja dit qu'il falloit avoir préparé quantité de petits fourneaux sous le glacis, pour s'en servir dans le besoin; voici le tems de les mettre en usage, si ce n'est que l'ennemi, qui aura vu la prise et le bouleversement des premiers travaux, appréh·ndant de semblables accidens, ne porte pas le logement sur le haut du glacis, se contentant de l'environner par la sape, et d'aller par la même sape éventer les fourneaux. A la vérité, ce chemin est le plus sûr, mais aussi il est le plus long.

Quoique l'ennemi ait éventé les fourneaux qui auront été faits sous le glacis, les logemens qu'il aura faits au-dessus ne seront pas en sureté des mines, parce que l'assiégé en pourra faire au-dessous des fourneaux qui auront été éventés (1), et les mines seront d'un plus dangereux et plus surprenant effet, parce qu'elles feront plus d'exécution, et que le péril sera moins attendu. Une sortie faite au même moment, augmentera la surprise et le découragement des ennemis.

On doit observer une chose très essentielle dans la construction de ces mines, qui est de prendre garde que, par leur effet, elles ne renversent le chemin couvert dans le fossé, au lieu de bouleverser le logement voisin des ennemis et la sape, qu'ils auront commencé pour la descente du fossé : pour cela il faut prendre

---

(1) Cela suppose qu'il y a assez d'élévation de terrain : il est certain qu'avec cet avantage on peut, en l'employant avec activité et intelligence, se promettre une sorte d'invincibilité de la résistance des mines.

garde

garde que la chambre de la mine soit plus éloignée du bord extérieur du fossé, qu'il n'y aura de hauteur de terre à enlever au-dessus. Ce n'est pas qu'il faille attendre que l'ennemi ait fait son logement au haut des glacis pour l'inquiéter par des mines, si ce n'est qu'on soit bien assuré que le même ennemi ne s'enfonce point sous terre, pour aller éventer les travaux souterrains qui auront été préparés par les assiégés; en ce cas, il faut amuser l'ennemi autant qu'on pourra, en lui disputant son logement; mais lorsqu'il croira avoir bien avancé la tête des tranchées et ses logemens, il faut les enlever par des mines et des fourneaux, et renverser aussi, s'il est possible, la place d'armes qu'il aura faite pour la sureté de ses travaux avancés, et l'obliger par ce moyen à chercher sous la terre, la sureté qu'il n'aura pu trouver dessus. Ainsi l'ennemi sera forcé de faire quantité de travaux souterrains, auxquels on doit s'opposer par des rameaux entrecoupés, qui auront tous communication à la grande galerie des mines. Les rameaux étant faits à propos, faciliteront la construction des fourneaux et des mines, qui seront faites aux lieux où il en sera besoin, pour renverser les travaux des ennemis, et rendre, par ces mêmes moyens, ces travaux inutiles, ou du moins les retarder.

Comme ces petites chicanes dépendent de la conduite du gouverneur, et que la nécessité des tems, et la commodité des lieux fournissent des moyens d'en inventer de nouvelles, il est certain que, s'il sait et s'il veut se bien défendre, l'ennemi ne gagnera pas un pouce de terrain, depuis qu'il sera arrivé à la portée du pistolet de ses dehors, qu'il ne lui en coûte beaucoup de tems; autrement il seroit inutile de fortifier les places, et de les savoir défendre, si cette même science ne nous faisoit connoître que leur usage est de rendre une médiocre quantité de soldats égale en force à une puissante armée.

Bien que, par ce discours, il semble que je veuille rendre les places imprenables, ou du moins que j'aie dessein de persuader que la fortune doit décider qui des deux doit être le vainqueur, ou du général assiégeant, ou du gouverneur assiégé; ce n'est pas mon sentiment, puisque je suis persuadé qu'une armée qui attaque une place, doit, avec le tems, malgré toute la résistance de l'assiégé, demeurer victorieuse; mais aussi le gouverneur faisant bien son devoir, il peut, pendant une longue défense, arriver des choses qui obligent l'ennemi à lever le siege. Le nombre des morts, celui des blessés, les maladies, le mauvais tems, le manque de fourrages, de vivres et de munitions, la crainte d'un secours, ou des choses encore plus importantes, peuvent forcer l'ennemi d'abandonner le siege d'une place qu'il avoit attaqué dans les formes, mais qui a été bien défendue.

L'assiégeant ayant environné tout le glacis par la sape, et fait son logement au-dessus, n'est pas encore maître du chemin couvert; il faut auparavant qu'il rompe les palissades qui sont plantées dans le même chemin couvert, ainsi que celles du petit travail avancé, ou qu'il passe par-dessous les palissades par d'autres sapes.

Pour s'y opposer, on doit avoir fait dans le chemin couvert plusieurs traverses mobiles, telles que sont les portes des barrieres, lesquelles étant ouvertes, couvriront ceux qui sont auprès des palissades immobiles, et les garantiront du feu des flancs (1). En effet, l'en-

______

(1) C'est-à-dire que de distance en distance, il doit y avoir des vantaux semblables à la moitié d'une barriere. Ces vantaux fixés contre la

nemi s'étant rendu maître de la hauteur du glacis, chacune des faces qui forment les angles flanqués du parapet du chemin couvert, serviront de flanc aux assiégeans contre ceux qui doivent le défendre : et sans ces traverses mobiles, le moindre petit désordre qui arriveroit aux assiégés dans cet endroit, pourroit mettre les choses en tel état qu'il ne seroit plus possible de s'y établir.

Quand l'ennemi voudra entreprendre sur quelque partie du chemin couvert, il n'y tirera plus de pierres ni de bombes, etc.; pour lors il faudra border les parapets, et notamment les lieux attaqués, se disposer à faire jouer les mines du fond, pour faire sauter les batteries et les cavaliers que l'ennemi auroit pu établir sur le chemin couvert, observant de ne pas endommager la palissade, encore moins le parapet du chemin couvert, non plus que les bords du fossé, qu'on doit rétablir soigneusement par des palissades, que l'on doit avoir toutes prêtes, pour remplacer celles qui auront été enlevées. Quand l'ennemi chassera nos troupes du chemin couvert, les dernières parties qu'ils doivent abandonner, ce sont les places d'armes A (*Pl. IV* et *V*), d'où ils se retireront dans les retranchemens *b* ; ils s'y arrêteront et nous donneront le tems de retourner à la charge, ou de nous retirer en bon ordre par le petit chemin *d*. Lorsqu'on ne pourra plus tenir dans les retranchemens, et qu'il n'y aura plus d'apparence qu'on puisse y revenir, il faudra enterrer des bombes en plusieurs endroits des envi-

---

palissade suivant leur plan, dans les circonstances où l'on n'a pas besoin de s'épauler, ne gênent en rien les mouvemens dans le chemin couvert ; mais étant ouverts dans le cas contraire, et fixés perpendiculairement à la direction de la crête du glacis, il est évident qu'ils servent de traverses contre les feux de flancs, venant des saillans du chemin couvert.

rons du retranchement, où elles serviront beaucoup à favoriser cette retraite, en y mettant le feu à
propos.

Comme le feu du chemin couvert doit être fort vif
dans ce tems-là, il faut soigneusement tenir la main
qu'il ne manque point de cartouches, pierres à fusil,
armes de rechange, etc.; faire réparer à tous momens
les ouvertures qui se font au chemin couvert, et notamment l'artillerie doit faire de son mieux, pour n'être
point surprise par les actions extraordinaires qu'on
tente pour lors; c'est pourquoi il faut, encore un
coup, que les palissades ne manquent point, et qu'il y
ait des gens instruits à les bien remplacer.

La meilleure façon de planter la palissade est sur la
banquette, comme en B (voyez le profil au bas de la
Pl. V), la pointe à un pied et demi de distance du
sommet du parapet, mesuré quarrément sur le niveau
dudit sommet, qu'elle surmontera seulement de neuf
pouces, mesurés aussi quarrément : sa pointe sera proprement aiguisée d'un pied de long, et enfoncée de
deux pieds et demi en terre, à cinq ou six pouces de
distance l'une de l'autre, ses pointes bien égalées et
soumises à leur alignement, avec un clou coudé, qui
occupera justement l'entre-deux, de trois à quatre
pouces de pointe, qui sera ébarbée et rivée dans le
linteau, afin qu'on ne puisse pas l'en arracher sans le
rompre. Ce linteau sera attaché en dedans, du côté du
chemin couvert, chevillé à force, et les chevilles re-
fendues ensuite par le petit bout, dans la fente duquel sera fiché un petit coin recogné, et le chevillage
ensuite rasé devant et derriere à fleur de bois; ensorte
que l'ennemi n'en puisse tirer aucun secours. Sept ou
huit pouces plus bas que le sommet du parapet, on
appliquera le linteau ci-dessus, qui aura trois à quatre

pouces de large, sur deux et demi d'épaisseur, les arêtes du dessus rabattues en chanfrein, afin que l'ennemi ne puisse mettre le pied dessus: la palissade ainsi disposée, ne sera que très rarement pincée du canon; elle sera aisée à enter et à rétablir, quand il y en aura quelque partie de rompue, très difficile à sauter, et encore plus à couper et à arracher: il n'y aura que le ricochet qui la puisse rompre.

Premiere maniere d'attaquer le chemin couvert; par une insulte générale.

Revenons à notre défense: supposant une chemin couvert bien fait, et par conséquent traversé à propos, miné et palissadé de même, avec un glacis très soumis au feu des ouvrages supérieurs de la place, mais dont le sommet est labouré et un peu en désordre par l'effet des bombes et du canon des attaques. Supposons aussi la tranchée si fort avancée que l'ennemi soit à portée d'entreprendre la place d'armes, qui doit précéder l'attaque (1); que les tranchées sont liées et non séparées ni désunies par aucun endroit, ensorte qu'elles prennent également le chemin couvert à 15, 18, 20 ou 25 toises près de la palissade; qu'elles embrassent tout le front attaqué; et qu'enfin il y paroît une disposition à une insulte générale.

Je ne suis nullement d'avis de l'attendre ni de la soutenir de pied-ferme, puisqu'il est sûr qu'on y sera emporté, notamment si le ricochet s'en est mêlé; il vaut donc mieux prendre le parti de céder, mais en gens de guerre qui savent bien leur métier, plutôt que de hazarder de perdre une partie considérable de la garnison, dans une action où l'on est sûr d'être

----

(1) C'est la troisieme parallele.

battu. Ainsi, au lieu de remplir de troupes le chemin couvert, il faut en affoiblir peu-à-peu les gardes, et ne laisser qu'un capitaine et 150 hommes seulement dans chacun des grands angles saillans, un lieutenant et 30 hommes derriere chacune des traverses, et un lieutenant-colonel, 4 capitaines, et 200 hommes dans chacune des places d'armes; cela, soutenu d'un bivouac presque aussi fort, sera capable de faire un assez grand feu, si la place d'armes des attaques commence à se former en plusieurs lieux, qui ne sont encore que fossillés et non joints.

On pourra continuer le jour suivant avec le même nombre d'hommes, si cette place d'armes est encore imparfaite; mais si la place d'armes paroît jointe et achevée, il n'y aura plus lieu de douter que l'ennemi ne se prépare à une insulte; car, s'il n'avance rien entre la place d'armes et le chemin couvert, et qu'il n'en contourne point les angles saillans de plus près(1), c'est signe qu'il le veut prendre d'insulte. Quand on s'appercevra de toutes ces dispositions, il suffira de laisser vingt hommes dans chacun des angles saillans, avec un lieutenant et un sergent, dix hommes derriere les traverses, commandés par autant de sergens, et cent hommes, commandés par deux capitaines, dans chacune des places d'armes (2), avec ordre précis (3) de faire bonne contenance, jusqu'à ce qu'ils voient l'ennemi pousser les fascines et passer par-dessus le parapet de la place d'armes; pour lors ils lui feront leur décharge le plus près qu'ils pourront, et gagneront ensuite le derriere de la traverse la plus prochaine.

____

(1) C'est à-dire par des cavaliers de tranchée.

(2) C'est-à-dire des places d'armes *rentrantes* : Vauban donne aux places d'armes saillantes, simplement le nom de *saillans*.

(3) A ceux des *saillans* et des premieres traverses.

Là ils retourneront la tête et rechargeront. Si l'ennemi tombe par-tout en grosse troupe, il faut gagner le petit chemin, le long du fossé, par les descentes (1), et se retirer derriere les places d'armes, où il faudra faire ferme. Si on étoit trop poussé, on se retireroit dans les demi-lunes prochaines, et derriere les tenailles, si le fossé est sec. La retraite, par ce petit chemin, ne portera aucun empêchement au feu des remparts, et donnera lieu aux nôtres de se retirer, avec bien moins de péril et de confusion qu'ils ne feroient s'il falloit longer tout le chemin couvert ; parce que disparoissant tout-à-coup, l'ennemi qui sera contenu par le grand feu du rempart, les perdra bientôt de vue, ou ne les verra que fort imparfaitement. Pendant ce tems-là, toute la garnison doit être sous les armes, la demi-lune de l'attaque garnie de trois à quatre cents hommes, les bastions d'autant, et les demi-lunes collatérales d'environ deux cents hommes, c'est-à-dire, tout ce que l'on pourra. Il peut fort bien arriver que les ennemis tombant avec un très grand corps sur toute l'étendue du chemin couvert, l'emporteroient et chasseroient tout ce qui s'y trouveroit, ce qui les en rendra les maîtres ; mais comme il est à présumer que le gouverneur aura bien disposé ses affaires pour le soutien de cette action, et qu'il aura bien instruit tous les officiers de ce qu'ils auront à faire pour diriger leur feu ; aussitôt qu'il verra les ennemis sortir de leur place d'armes et occuper le haut du parapet de son

---

(1) C'est-à-dire descendre l'escalier au pas de souris placé au saillant de la contrescarpe, filer le long de cette contrescarpe pour gagner la place d'armes rentrante par l'escalier semblable placé à sa gorge. Lorsque les fossés sont pleins d'eau, cette manœuvre suppose un petit pont en charpente qui regne le long de la contrescarpe au-dessus de son niveau, et à 6 pieds au-dessous du cordon.

P 4

chemin couvert, les siens chassés et poursuivis, il faudra qu'il fasse donner le signal pour faire feu de toutes parts sur les parties abandonnées, non seulement de la mousqueterie, mais du canon, des pierriers et des mortiers à bombes.

Si l'ennemi attaque vigoureusement, et qu'il s'obstine à soutenir ce qu'il aura occupé, il pourra s'établir, tant bien que mal, sur les angles les plus avancés du chemin couvert; s'il peut l'embrasser tout entier et s'y maintenir, cela abrégera ses affaires de quelques jours; mais si le feu du rempart et des demi-lunes est bien servi, il lui coûtera cher. C'est pourquoi si deux heures après que l'ennemi aura essuyé le feu du rempart, on voit lieu à faire une grosse sortie, on pourra revenir, par la droite et la gauche des attaques, le long des glacis, tandis que les gardes qui auront été chassées du chemin couvert, pourront les attaquer et revenir à leurs postes par le dedans. Ces coups sont beaux; mais fort hazardeux: c'est pourquoi il sera bon de tenir ces détachemens prêts et forts; mais il ne faudra point entreprendre la sortie sans avoir bien examiné l'état où l'ennemi peut être.

Au surplus, dès qu'on se préparera à abandonner le chemin couvert, il faudra en retirer tous les outils et les munitions. On aura grande attention de bien ménager alors le feu du rempart, de maniere qu'il puisse être long-temps continué; ce qui ne se peut faire qu'en le divisant en deux parties égales, qui se relevent d'heure en heure, ou de demi-heure en demi-heure, excepté dans le commencement, à la premiere heure; après quoi, la partie destinée au repos se retirera et nettoiera ses armes, pendant que l'autre continuera le feu, jusqu'à ce que celle-ci reprenne sa place et la releve à son tour. Si, par la sortie, on parvient à chasser

l'ennemi, on reprendra les postes d'où l'on aura été
chassé : il faudra raser tout ce que les ennemis y auront fait, s'il est possible, tâcher de s'y maintenir, et
garder les retranchemens des places d'armes rentrantes, tant qu'on pourra, parce que cela retardera l'ennemi, et pourra donner lieu à quelque retour (1).

---

(1) Ceci prouve de plus en plus combien les réduits des places d'armes
rentrantes sont recommandables.

Lorsque l'on aura à défendre des chemins couverts avec de telles places d'armes, l'ennemi fera de grands efforts pour en détruire les défenses
avant d'oser attaquer le chemin couvert de vive force : il aura dirigé sur
eux des ricochets, des bombes et des pierriers. Pour parer à cet objet, l'on
doit avoir pratiqué sous le rempart de ses flancs deux souterrains à l'épreuve
de la bombe, capables de contenir au moins deux cents hommes : c'est
dans ces souterrains qu'on on retire la garde et même l'artillerie de cet
ouvrage, dès que l'on voit que l'assiégeant y dirige beaucoup de feux. On ne
laisse alors sur le rempart qu'un poste de cinquante hommes, qu'on releve
fréquemment pour veiller et faire feu au premier moment où l'ennemi se
porte en force vers le chemin couvert. A cette epoque il attaquera aussi
le chemin couvert de ces réduits ; ce sera alors le moment de faire sortir
la garde pour garnir le parapet, et de remettre en batterie son artillerie
qui devra être chargée à mitraille. Il est sous-entendu que les ponts de
communication, qui ne sont que des ponts sur chevalets, placés de part et
d'autre de la gorge du réduit vers son chemin couvert, auront été rompus
en retirant les madriers et les longerons dès qu'il aura fallu abandonner
ce chemin couvert ; mais pour y revenir on doit aussi s'être ménagé tous
les moyens de les remplacer. Il est certain que les feux d'artillerie et de
mousqueterie croisés de cet ouvrage et de la demi-lune, rendent la prise
du chemin couvert très difficile et très meurtriere pour l'assiégeant. Les
traverses des branches du chemin couvert, lui offrent à la vérité d'excellens épaulemens ; et comme ces traverses sont nulles pour la défense,
dès que l'ennemi environne la crète du glacis, à laquelle elles présentent
le flanc, je serois d'avis qu'on ne doit laisser subsister que les deux traverses
qui ferment le chemin couvert de la place d'arme rentrante, et que les autres doivent être remplacées par des traverses mobiles, composées de gabions placés sur de fortes bases ou charpentes portées sur des cylindres
tournans, au moyen desquels on les culbuteroit dans les fossés avec des
leviers, dès qu'on ne pourroit plus s'en servir utilement. Ces traverses
serviroient comme les autres contre le ricochet, etc.

C'est ainsi que Blainville défendit le chemin couvert de Keyserwerth , où l'ennemi perdit près de 2500 hommes ; j'en ai les preuves entre les mains : et l'expérience m'apprend que , de tous les chemins couverts que nous avons attaqué de la sorte , nous n'en avons manqué aucun, et toujours avec grande perte de la part des ennemis. Au surplus , ces mémoires ne sont que pour donner des préceptes généraux , auxquels les gouverneurs intelligens ajouteront ou diminueront ce qu'ils croiront nécessaire pour une meilleure défense de leur place , aux dispositions de laquelle il faut toujours s'assujétir.

Seconde maniere ; en y établissant des cavaliers de tranchée.

Si l'ennemi , après avoir établi sa place d'armes , au lieu d'attaquer le chemin couvert par une insulte générale , avance des bouts de tranchée le long des capitales prolongées , pour s'approcher de la palissade jusqu'à mi-glacis , et que de-là il s'étende à droite et à gauche pour contourner les angles saillans ; on pourra prendre cette manœuvre pour un signe certain qu'il veut vous en chasser par le moyen des cavaliers de tranchée , qu'il a dessein de faire pour enfiler et plonger le chemin couvert , comme on le voit en *b* , au bas de la Pl. V.

A ceci on pourra opposer les battries biaises de canons , disposées d'avance sur les faces des bastions Y , Y (*Pl. IV*) ; pour cet effet , il faudra ouvrir les embrasures la nuit même qu'il élevera ses cavaliers , pour être en état de les battre dès le matin. Comme ces cavaliers ne seront faits qu'avec de petits gabions de tranchée posés l'un sur l'autre , et garnis de sacs à terre et de fascines à la hâte , il sera aisé de

les rendre inutiles en peu de tems, la premiere fois ;
mais comme les batteries ennemies ne manqueront pas
d'attaquer les nôtres, et qu'ils trava'lleront de toutes
leurs forces à rétablir et fortifier plus solidement leurs
cavaliers, on n'y gagnera au plus qu'une journée ou
deux de retard. Après cela, il ne restera plus qu'un
moyen aux assiégés, pour retarder la perte des grands
angles saillans ; ce sera de faire sauter les cavaliers
dans le tems que les ennemis les occuperont.

Ce moyen ne peut avoir lieu que par l'effet des mines
du fond, et par les rameaux poussés à l'avance,
jusqu'à l'endroit *a* (*Pl. V*) (1). On peut compter que,
le jour d'après, ou le suivant, les ennemis seront en
état de plonger dans vos angles saillans, et de vous
en chasser peut-être, avant qu'il soit grand jour ;
moyennant quoi, les assiégés seront obligés de dé-
guerpir et de se réfugier derriere les traverses marquées *&* (même **Planche**), pourvu qu'on ne les pousse
pas plus loin.

C'est le dernier remede qu'on puisse y apporter ; car
dès que l'ennemi commencera à tirer des cavaliers,
la garde sera obligée de se retirer, et de laisser au plus
quatre ou cinq hommes des plus assurés à l'extrémité
des angles saillans, bien couverts de paniers et de sacs
à terre, et munis de leurs besoins, pour y pouvoir
encore imposer quelque respect et tenir une journée,
serrant l'angle de fort près. Là ils feront feu du mieux
qu'ils pourront sur ce qui paroîtra s'approcher d'eux,

____

(1) Duvigneau, dans sa défense des places pour l'instruction des elé-
ves du corps du génie, propose dans les places d'armes saillantes un
retranchement en maçonnerie, pour combattre l'établissement du cavalier de tranchée : il nous paroît que l'effet en seroit fort bon, quoique
cet ouvrage présente quelques inconveniens : nous aurons peut-être occasion de le faire connoître ailleurs,

et y jetteront des grenades de tems en tems et des feux d'artifices, jusqu'à ce qu'ils soient contraints d'abandonner et de gagner les traverses prochaines.

Sitôt que l'ennemi vous aura chassé de ces grands angles saillans, il ne manquera pas de s'y loger, et de s'y maintenir, par les avantages qu'il s'y sera pratiqué; il s'étendra ensuite à droite et à gauche, pour s'approcher des traverses &; ce qui ne se fera qu'à la demi-sape et pied à pied. S'il suit la palissade de trop près, et qu'il ne laisse pas une épaisseur convenable du côté de la place, il faudra canonner des batteries biaises X (*Pl, V*); lui tirer des bombes et beaucoup de pierres, prenant garde toutefois que leur chûte n'aille pas tomber jusque sur les derrieres des traverses plus prochaines F. Si son logement est encore imparfait, et qu'il n'ait point assez de plongée dans l'angle saillant, il faudra y faire glisser des grenadiers de tems en tems, qui, en serrant le parapet de près, pourroient s'approcher des angles saillans, et y jeter quelques douzaines de grenades, pour y troubler l'ennemi, et puis s'en revenir; il faudra aussi lui avoir préparé de petites mines à 1, 2 ou 3 toises devant les redans, qui coupent le passage des traverses &, et prendre son tems pour y mettre le feu à propos, quand l'ennemi sera dessus. Je suis assuré que le soutien ferme des traverses, le contiendra à les attaquer par insulte à decouvert, quand il s'en sera mis assez près.

Je considere la prise de ces premieres traverses &, (*Pl. V*), comme des entrepôts d'où l'ennemi partira aussitôt qu'il s'y sera bien établi, pour s'approcher des secondes F, où il sera obligé de répéter la même manœuvre, et les assiégés d'user des mêmes défenses qu'aux premieres. De-là il fera ses approches pour attaquer les places d'armes des angles rentrans A, dessinés plus en grand à la figure 2, dont on voit le profil à la figure 3, au bas de la même Planche V. Comme celles-ci seront bien plus protégées que les traverses et plus garnies de monde, l'ennemi doit y trouver plus de résistance; c'est pourquoi, outre leur feu mêlé de grenades, balles à feu pour éclairer, bombes et pierres, piques et hallebardes, le feu des bastions et des demi-lunes leur sera d'un grand secours; on pourra aussi y ajouter celui des mines, s'il y en a de préparées, et enfin le soutien de pied-ferme et les retranchemens *b*, même Planche.

Si l'ennemi, après s'en être approché d'assez près, se met en état de les insulter, il faut que le monde et les munitions n'y manquent point pour les défendre, parce que l'affaire sera longue, si on les soutient comme il faut, et que l'ennemi y perdra beaucoup de monde avant qu'il s'en soit rendu maître. Si on ne peut l'en chasser, il faudra se retirer peu-à-peu dans les retranchemens, et de-là dans les demi-lunes, par les ponts de communication ou par les ponts à radeaux, bateaux armés, etc. et laisser peu de monde dans le petit couvert E (*Pl. V*, *fig.* 2 et 3), pour favoriser la retraite.

Il seroit fort à désirer que tous les angles rentrans É, (*Pl. V*, *fig.* 2 et 3), des fossés, dans le derriere des places d'armes, fussent tronqués, et que l'espace retranché par cette coupure, fût abaissé à un pied de l'eau, s'il y en a dans les fossés (comme on le voit par le profil *&*, *fig.* 3), ou à mi-hauteur du bord, s'il n'y en a pas; les assiégés se retireroient plus facilement par le petit chemin *d*, et trouvant là un peu de couvert, ils pourroient s'y rallier, pour tâcher de reprendre une partie de ce qu'ils auroient perdu, et donner de l'inquiétude à l'ennemi.

Troisieme maniere d'attaquer le chemin couvert;
par les mines.

Si l'on attaque le chemin couvert par les mines, l'ennemi s'en approchera le plus qu'il pourra, après quoi il poussera plusieurs rameaux et galeries vers le chemin couvert, à dessein de renverser le parapet et la palissade, de rompre et d'enfoncer les galeries, même le bord du fossé, et de s'établir sur l'effet des mines. Mais si vous l'avez prévenu par d'autres mines, plus basses et plus enfoncées que les siennes, ou que vous ayez fait de longue main une galerie majeure sous le chemin couvert, d'où l'on puisse pousser des rameaux en avant sur le terrain où il doit passer, il est constant qu'il ne réussira point, si l'on sait prendre le tems à propos pour y mettre le feu, et que l'on étouffera la plupart de ses mineurs, sans qu'ils puissent l'éviter; car, en fait de mines, celui qui est le premier posté, et qui peut prendre le dessous, est toujours le maître.

Quatrieme maniere, composée des précédentes.

La quatrieme maniere d'attaquer les chemins couverts, est composée des trois autres; car si on y fait plusieurs insultes en détail, tantôt sur une partie et tantôt sur une autre; si on y emploie les cavaliers quand on le pourra, et qu'on approche tellement les tranchées à la sape, qu'à force de les hausser, on parvienne à voir jusque dans le chemin couvert; et enfin que, pour assurer les logemens si prochains, on y emploie non seulement le fusil et la grenade, mais aussi les mines basses et les superficielles, en un mot, tout ce que l'on peut, les assiégés : comme premiers postés, doivent être en état d'opposer à ces attaques tout ce qui a été dit ci-dessus, et doivent y tenir jusqu'à ce qu'une force majeure les en chasse.

Comme il se trouve des places qui ne sont accessibles que par des digues, des chaussées, ou des avenues fort étroites, qui ne laissent pas assez de terrain aux attaques pour embrasser tout le front attaqué auquel elles ont affaire, auquel cas ce terrain se trouvera si resserré, que le front de la fortification aura beaucoup plus d'étendue que celui des attaques; je tiens que, supposé que la garnison soit forte, on peut soutenir l'insulte du chemin couvert de pied-ferme. C'est dans ce cas que la double palissade peut être d'usage, à condition que le ricochet n'aura aucune vue d'enfilade ni de revers sur le chemin couvert, ni sur les fortifications qui les soutiennent; car, s'il y en a, cette palissade n'y servira de rien, et fera plus de mal que de bien.

Il faut préparer toutes sortes de chicanes contre l'ouverture de la sape (je dis de la sape, quoiqu'on en fasse plusieurs pour entrer dans le chemin couvert); et comme ordinairement l'ouverture de celle qui est destinée pour le passage et la descente du fossé, se fait vis-à-vis la face du bastion attaqué, à-peu près un tiers vers la pointe, on doit, si le fossé est sec, avoir préparé des fourneaux pour renverser non seulement la sape, mais encore le logement voisin; et quand même cela ne se pourroit, le fossé étant plein d'eau, l'ennemi ne seroit pas encore le maître du chemin couvert, bien que la sape fût commencée, et même ouverte pour y entrer, puisque l'on ne doit point l'abandonner entièrement, que l'ennemi n'ait logé son canon le long des faces du parapet de ce même chemin couvert, pour détruire les palissades et les traverses mobiles, qui sont plantées au-dedans.

Il faut aussi avoir fait sous les mêmes faces de bons fourneaux pour renverser les batteries, quand elles sont prêtes à tirer; toutefois il ne faut mettre le feu à ces fourneaux que le plus tard qu'il sera possible, et attendre que le canon des flancs, simples ou doubles, de la place, ait tâché de ruiner dans leur construction, ces batteries qui leur sont opposées.

Cependant le chemin couvert ne sera pas entièrement abandonné, puisqu'on pourra toujours y aller et venir de l'un et de l'autre côté, à la faveur des traverses mobiles et des places d'armes retranchées, et lorsqu'on sera forcé de le quitter, sans espoir de retour, on doit mettre le feu aux fourneaux dont il est parlé ci-dessus.

L'assiégeant n'ayant plus d'ennemi à combattre dans le chemin couvert, attaquera les places d'armes retranchées, qui lui donneront de la peine à prendre, si elles sont revêtues de maçonnerie, ou bien fraisées ou palissadées dans le fond de leur fossé (1), l'assiégeant sera obligé de s'en ouvrir le passage par des fourneaux, qui ne se feront pas facilement, si le fossé est bien défendu; ainsi l'attaque de cette petite piece retardera de quelques jours celle des autres plus importantes à la conservation de la place. Celui qui commandera dans ces petits dehors, doit s'y retrancher par de bonnes palissades, pour la sureté de sa retraite. En se retirant, il doit mettre le feu aux fourneaux qui auront été faits pour détruire, s'il se peut, tout l'ouvrage; ou bien, il attendra que l'ennemi ait fait son logement au-dedans, pour l'envelopper dans les mêmes débris.

---

(1) Il semble ici que Vauban entend parler des réduits de ces places d'armes, revêtus en maçonnerie avec rempart et parapet, tels à-peu-près que nous les avons décrits précédemment.

Défense

Défense de l'avant-fossé et de l'avant-chemin couvert.

Il y a beaucoup de places qui ont des avant-fossés à l'extrémité de leur glacis, ce qui suppose nécessairement un avant-chemin couvert; autrement les avant-fossés seroient autant de défauts considérables aux places, en ce qu'ils empêcheroient les sorties et les secours, ce qui peut se réparer par un avant-chemin couvert *a*, *a* (*Pl. II*), qui corrige ce défaut. Comme cet avant-chemin couvert est fort éloigné des ouvrages supérieurs de la place, et qu'il en seroit par conséquent mal protégé; on retranche pour cet effet les places d'armes du premier chemin couvert, dont on a fait de petites demi-lunes basses C , C, de 25 à 30 toises de face , appelées *lunettes* , environnées de bons fossés, bien palissadés , ou d'une haie vive sur la berme, quand elles sont de terre, comme toutes celles qui se font aux places où il y a un fossé plein d'eau. Si elles sont bien entretenues , et gardées par 100 ou 200 hommes, elles protégeront l'avant - chemin couvert , et donneront le tems aux gardes avancées des grands angles de se retirer plus commodément; elles enfilent l'avant-fossé et nuisent beaucoup à son passage , flanquant le premier chemin couvert, à qui elles sauvent l'insulte générale , et elles obligent l'ennemi de les attaquer dans les formes, ce qui retarde d'autant le siege (1).

Voilà ce qu'on peut faire à-peu-près pour la défense des chemins couverts; mais cette défense ne peut

(1) Cette disposition est extrêmement avantageuse ; mais elle développe beaucoup l'enceinte, extérieure et demande une augmentation de garnison.

R.

avoir lieu sans le secours des traverses , qui donnent moyen de la prolonger et de la couper en plusieurs parties.

Les retranchemens revêtus et préparés de longue-main, ne sont pas moins nécessaires à la défense des places que les traverses ; car il n'y à pas moyen d'en faire de nouveaux qui puissent résister à un grand feu de bombes, pendant un siege : on peut dire que les uns et les autres sont nécessaires à un point, que, sans eux, on ne peut pas faire une bonne défense.

Les fossés secs qui ont de la profondeur, sont d'un mé-rite supérieur à ceux qui sont pleins d'eau, parce que les communications de la place sont bien plus soutenables, et que les mines bien ménagées y peuvent être d'un grand secours ; au lieu que les pierres, les ricochets, et les bombes, rompent, à la longue, tous les ponts à fleur d'eau, fixés ou flottans, sans en pouvoir conser-ver aucun, ce qui vous réduit à une impossibilité de bien défendre vos ouvrages, et vous fait perdre bien du tems et du monde pour relever vos gardes et y faire porter les munitions nécessaires, notamment dans les demi-lunes, à moins que d'y faire des petits ports dans les tenailles O (Pl. IV.), et dans les gorges des demi-lunes hh, le tout voûté à l'épreuve de la bombe(1).

Tant que le chemin couvert n'est pas pris, tout l'o-rage des attaques tombe sur lui et sur les pieces qui le protegent, mais sa prise est ordinairement suivie de l'attaque des grands dehors, comme des demi-lunes, ouvrages à corne, ouvrages couronnés, et de toutes les autres pieces revêtues, terrassées, et environnées de fossés. Comme les demi-lunes, les ouvrages à corne et

____

(1) Ce moyen est excellent , mais ne paroît préparé dans aucune place.

ceux à couronne sont les plus avancés dans la campagne et les plus considérables, ils sont ordinairement les premiers attaqués.

Défense des ouvrages à corne et à couronne.

Supposons donc que toutes les opérations précédentes, qui ont causé la prise du chemin couvert, aient été faites à l'ouvrage à corne A (Pl. VI et VII.), qui doit être d'ailleurs bien revêtu, terrassé à l'épreuve, de même que sa demi-lune, et environné d'un fossé revêtu, ou plein d'eau. Supposons aussi que toutes ses parties soient bien retranchées, traversées, et contreminées, et qu'il y ait quantité de souterrains pour mettre les munitions en sureté; car c'est à-peu-près tout ce qu'on peut leur désirer: il faut encore supposer l'ennemi maître et bien établi sur le chemin couvert. Cela étant, il travaillera premièrement à faire des batteries, les unes en *i,i* (Pl. VII.), contre les flancs opposés et la communication; les autres en *c*, pour faire breche à la demi-lune, ou pour y attacher le mineur; et les autres en *h*, simplement pour faire breche aux demi-bastions. 2°. Il ouvrira ses descentes du fossé, tant à la demi-lune qu'aux demi-bastions, remarquant que le vrai lieu de ces descentes est en *d* et en *K*, (Planche VI et VII.); il évite par-là de déboucher dans les enfilades qui pourroient être embouchées du canon ou du mousquet de quelque autre endroit de la place que l'assiégeant ne pourroit maîtriser.

Les oppositions qu'on peut mettre à l'établissement de ces batteries sont, 1°. de les faire sauter, comme nous l'avons dit ci-devant, après avoir disposé les mines pour cet effet, et bien caché leur entrée. 2°. De les bombarder et battre de pierres tant que l'on

pourra. 3°. D'employer les traverses pour leur rompre ou diminuer la vue des objets qui en pourront
être maltraités. 5°. D'élever des batteries biaises qui
peuvent se prendre dans l'ouvrage à corne et sur les autres parties éloignées du corps de la place R, R, (Planche VI.), et d'avoir des ports voûtés à l'épreuve des
bombes, dans la tenaille et dans le réduit, ou derriere
la demi-lune, de six pieds de largeur dans œuvre , sur
24 de longueur, et 3 à 4 pieds de profondeur d'eau
et plus, si on peut leur en donner. Ces ports doivent
être capables de contenir un bateau K (planche V.),
de 20 pieds de long et de 4 de large, ayant 2 pieds
et demi de creux, le tout mesuré dans œuvre ; ce bateau se conduira par le moyen d'une corde tendue
roide, en travers du fossé K (Planche V.), dans laquelle
corde seront passées des poulies attachées par d'autres cordages au bateau. Deux petites cordes amar-
rées au milieu de l'avant et de l'arriere, et tirées tantôt du côté de la tenaille et tantôt de celui de la demi-
lune, le feront aller et venir sans que personne paroisse, pourvu que ceux qui sont dedans veuillent se
baisser un peu ; et en prenant le tems à propos, il sera
difficile à l'ennemi de l'atteindre. Il faudra en avoir
cinq ou six de même grandeur dans les fossés des autres
fronts, et y accommoder les poternes, tant du corps
de la place que des ouvrages à corne, afin que quand
il en manquera, on puisse en substituer d'autres en
les faisant passer par les sorties, et y tirer même ceux
des fossés quand il y aura quelque chose à raccommoder, à quoi l'on ne pourra pas travailler dans les ports :
ces bateaux pourront porter jusqu'à 40 hommes par
voyage avec leurs armes, pourvu qu'ils soient bien arrangés.

Outre ces bateaux, on peut avoir des ponts ordinaires

à fleur d'eau , mais ils ne dureront guere , et seront toujours les premiers rompus. Les radeaux pourront prendre leur place (1); on les fait de bois blanc, comme étant le plus léger, de 9 à 10 pouces quarrés, assemblés par travées de 4, 5 et 6 pieces de 12 pieds de long par la tête, par le milieu desquelles on passe des clefs de charpenterie de même bois, qui les arrêtent ferme, après quoi on les couvre de planches. Si l'on peut y ajouter quelques barils ou tonneaux bien étanchés, ils en porteront mieux ; sinon on les redoublera par d'autres travées de même bois, appliquées par-dessous les superficielles, comme on le voit au haut de la Planche V, figures 4 et 5.

Malgré ces trois moyens de communiquer dans les dehors où il y a des fossés pleins d'eau, il faut avoir l'attention, les premiers jours du siege, d'y faire passer d'avance les gros matériaux nécessaires à leur défense, comme paniers , sacs à terre, brouettes, outils, bonne quantité de poudre, plomb, boulets, etc. avec des plate - formes, du canon, des affûts de rechange, des fascines, des palissades et des vivres ; mais tout cela suppose qu'il y aura des souterrrains où l'on puisse les mettre à couvert.

De la descente du fossé.

Les descentes de fossé se font à ciel ouvert, quand les fossés sont pleins d'eau; et par sape quand ils sont

______

(1) Les radeaux paroissent préférables aux bateaux : ils sont susceptibles d'être manœuvrés de même ; ne sont pas si faciles à couler bas par le feu de l'ennemi ; peuvent être faits de grandeur arbitraire, aisément réparés et garnis , du côté de l'ennemi, d'un bordage à l'épreuve du mousquet : mais il faut en bien calculer le poids ajouté à celui de sa charge, afin que le volume du radeau soit plus grand que celui d'un poids égal d'eau : j'ai fait ce calcul dans mon Traité de la guerre des retranchemens,

secs et profonds ; ceux-ci se font par des mineurs au moyen des souterrains de 4 pieds et demi de large, sur la hauteur de six, et bien étayés par des bois préparés à cet effet.

Si le fossé est sec et profond, on pourra de tems à autres, sur-tout pendant la nuit, faire de petites sorties à la dérobée, où marchant sans bruit le long du petit chemin fait au bas du bord du fossé, on écoutera, et l'on prêtera souvent l'oreille pour découvrir si le mineur est prêt à percer ou non. Quand on aura remarqué l'endroit, il faudra avoir une batterie biaise toute prête, de deux pieces de canon, pour les recevoir au débouchement du passage ; on pourra faire précéder cela par une salve de quelques coups de mousquet chargés de postes, qu'on tirera à propos dans le débouchement, ensuite il faudra bien examiner si l'on ne pourroit pas le tirer encore de revers de quelques endroits.

Si le fossé est plein d'eau, on ne pourra faire de sorties sur le passage de ce fossé, qu'au moyen de quelques bateaux armés, cachés derriere les tenailles, d'où l'on pourra jeter des feux d'artifices sur l'épaulement, pendant que d'autres le prendront brusquement à revers et se retiront aussitôt ; mais si le fossé est sec, on pourra faire plusieurs sorties du derriere des tenailles, et donner en grosses et en petites troupes, par la droite et la gauche, sur le passage du fossé, et souvent l'attaquer sans beaucoup hazarder.

Quand le fossé est plein d'eau, il faut tâcher de plonger sur le commencement du passage du fossé, du haut du rempart, ce qui se fait par de petits bouts de tranchées que l'on avance en portion de cercle dans l'épaisseur du parapet, lesquels vous approchent du bord, et vous mettent à portée de pouvoir plonger sur la partie du passage : voyez la Planche IV, aux endroits marqués C. Il faut de plus rouler des bombes et du feu sur le mineur, forces grenades, des fagots goudronnés, beaucoup de bois, et faire grand feu sur lui des flancs et de la tenaille : la contremine doit aussi faire son effet pendant ce tems-là.

Défense de la demi-lune de l'ouvrage à corne et de son réduit.

L'ennemi s'étant rendu maître de tout le chemin couvert, travaillera au passage du fossé de la demi-lune, le comblera, s'il est plein d'eau, et s'épaulera du côté des flancs opposés, c'est à dire contre les faces des bastions, qui servent de flancs aux faces des demi-lunes. Il faudra brûler l'épaulement, et ce qui pourra être consumé du pont, par les feux d'artifice, et aller au-devant du mineur par les contremines. Si le fossé est sec, l'ennemi ira par une galerie souterraine, ou couverte, au pied de la muraille, attacher le mineur qu'il faut inquiéter par de petites sorties souvent réitérées ; une bonne palissade dans le fond, et des caponnieres aux extrémités, seroient d'un grand secours.

Mais soit que la breche se fasse par la sape, par la mine, ou par le canon, elle deviendra à la fin assez grande pour donner entrée aux ennemis, et ils emporteroient facilement la demi-lune, si elle n'étoit pas bien retranchée, quoique d'ailleurs elle fût bien défendue.

Le retranchement doit être de la même forme, et de la même hauteur, ou un peu plus, que le parapet de la demi-lune, et doit être palissadé dans le fond de son fossé ; ce retranchement ainsi fait, il faut planter plusieurs palissades les unes sur les autres, de distance

en distance ; en partant du parapet de la demi-lune
attaquée jusqu'au bord du fossé de son retranchement,
et que tout ceci soit fait avant la breche faite ; car il ne
seroit plus tems de planter des palissades au moment
qu'il faut songer à se défendre. Elles serviront d'un
flanc intérieur pour la défense de la breche, lorsque
les ennemis voudront, s'y loger, ce qu'ils auront de la
peine à faire, tant que les traverses seront en état
de résister; ils seront enfin contraints de les détruire
les unes après les autres par des fourneaux.

L'ennemi ayant surmonté toutes ces difficultés, se
loge à la fin sur le haut de la breche, et ensuite sur
le haut du retranchement; mais si le fossé de ce retranchement est rempli de bois commun, mêlé de feux
d'artifices, pour l'aider à s'enflammer, je ne vois pas
par où l'ennemi pourroit entrer dans ce retranchement,
et subsister dans le logement qu'il aura fait sur le haut
de la breche de la demi-lune.

Cette sorte de défense ne convient qu'aux fossés
étroits, tels que sont ceux des places d'armes et des
retranchemens dans les angles rentrans de la contrescarpe, et dans ceux qui doivent être faits dans la
demi-lune et dans le bastion attaqué, à cause de leur
peu de largeur; et l'on ne doit pas craindre, tant que
le feu durera, que l'ennemi aille plus avant, si ce n'est
par-dessous terre; mais on doit être précautionné par
des galeries souterraines, contre les travaux souterrains
des ennemis; et quand même la breche seroit faite à
la demi-lune, l'ennemi n'osera jamais hazarder d'y entrer pour s'y loger, tant que la lunette ou place d'armes
subsistera (1).

____

(1) Retranchement, lunette, place d'armes, sont ici des mots différ-
mens appliqués par Vauban au même objet, qui est le retranchement

Si l'on ne veut pas se servir de cette défense pour les petits fossés, il faut avoir recours aux défenses ordinaires, mais peu pratiquées, et obliger l'ennemi de faire la descente avec la même précaution dont il s'est servi pour entrer dans celui de la demi-lune, qui sera défendu de même, si on y à planté des palissades au fond, et fait des caponnieres aux extrémités; les bois des caponnieres doivent être bien joints par-dessous, de crainte que l'ennemi n'y jetât de la poudre, laquelle entrant par les ouvertures, et le feu y étant mis, rendroit ces caponnieres inutiles. Pour éviter ces accidens du feu, il faut non seulement bien joindre les bois, mais encore les couvrir de terre et de peaux d'annimaux fraichement écorchés (1).

Avant que l'ennemi se soit fait un passage pour entrer dans le retranchement, il faut encore s'être retranché par des palissades, qu'on peut défendre quelque tems, et se retirer en sureté, ayant déja fait retirer la plus grande partie des troupes qui servoient à la garde de la demi-lune; et lorsque l'on est obligé de se retirer tout-à-fait, il faut donner le feu aux fourneaux qui auront été faits pour détruire les retranchemens.

---

fait dans le terre-plain de la demi-lune. L'on voit que c'est une sorte de petite demi-lune placée en avant de l'arrondissement de la contrescarpe du réduit, où le terre-plain de la demi-lune fait en effet une espece de place d'armes saillante. Ce retranchement sera très petit, si la demi-lune, déja resserrée par un réduit, n'est pas très grande, mais il empêchera quelque tems le logement dans ce ouvrage.

(1) Ces caponnieres ne sont pas celles à ciel ouvert, dont nous avons parlé dans le premier volume de cet ouvrage : ce sont des galeries formées en bois, avec des creneaux, prenant de l'escarpe à la contrescarpe, à l'épreuve de la balle, et qui défendent le passage du fossé, tant qu'on ne leur oppose point de canon. Leur abord doit être défendu d'un fossé palissadé, afin que l'ennemi ne puisse pas facilement y appliquer la hache.

Si l'ennemi vient à vous par la mine, au lieu de vous attacher à rencontrer ses mineurs, vous devez vous porter le plus avant que vous pourrez sous la breche, et charger en deux ou trois endroits séparés sous son étendue, ce qui vous sera un moyen sûr de lui faire souffler des fougasses à caissons dans le nez quand il vous approchera de trop près. Il est nécessaire que ces manœuvres précedent le tems que l'ennemi pourra se rendre maître du bas des breches, afin que les mines étant chargées, il n'entende point de bruit qui puisse lui donner de la méfiance, et de n'y donner feu que quand il voudra se loger sur les breches, après que la feinte de quelque sortie y aura attiré du monde ; le coup est excellent, mais il doit être bien conduit et ne s'employer qu'en second lieu, quand les fougasses auront joué.

Pendant qu'on travaillera à ces mines, on en préparera d'autres que j'appellerai mines volantes, parce qu'elles seront formées d'un ou plusieurs caissons longs de 5 à 6 pieds, de bois fort, de 2 ou 3 pouces d'épaisseur, capables de contenir trois à quatre quintaux de poudre chacun, bien goudronnés et posés au bas des breches. Dès qu'on verra les premieres batteries disposées pour battre les défenses, il faudra les arranger au pied du mur, le plus bas qu'on pourra, y appliquer les angets et saucissons pour pouvoir y donner feu du derriere de la tenaille, ou de la porte de sortie de l'orillon ; couvrir et bien enterrer le tout dans les ruines, et y ajouter des fascines et du gros bois. Il faut laisser les décombres et ceux qui y tomberont d'en haut, laisser faire la breche et s'y présenter ensuite hardiment, la défendre, l'opiniâtrer, mais céder un peu pour attirer l'ennemi dans le haut, et se donner patience qu'il y ait bien du monde ; après quoi on donnera feu, et on reviendra aussitot sur lui pour achever de culbuter ce qui sera resté dans la breche. Cette opération, vraisemblablement, mettra fin à l'assaut de ce jour-là.

L'effet des mines volantes doit précéder celui des autres, lequel ne doit avoir lieu que quand l'ennemi se sera retabli dans le pied des breches; pour lors s'il y a des mineurs attachés, il faudra faire jouer nos mines. Si l'ennemi ne s'attache qu'à battre de son canon pour agrandir les breches, on pourra l'attendre jusqu'à ce qu'il donne l'assaut, et qu'il se porte dans le sommet des breches. Le coup seroit beau, à qui pourroit les prendre dans le tems qu'ils s'assembleroient dans cette breche.

Les assiégés feront suivre cela par une grande quantité de pierres, de grenades et de bombes, jetant dans les intervalles forces branchages et épines sans être liées, afin que les ruines tombant dessus, fassent un fascinage embrouillé, qui, joint à celui de la fraise faite avec les arbres du rempart élagués, à moitié ébranchés et appointés, feront un empêchement à la montée (1). On pourra encore y rouler des chariots chargés de bois, fourrés de fascines goudronnées et bien allumées, de barils foudroyans pleins de bombes et de grenades, y faire tomber d'autres bombes par le moyen de planches, coulisses, ou petites bascules chargés de pots à feu, et autre choses dont on pourra s'aviser ; le tout exécuté par des gens fermes, qui se présentent bien, soutenu par un grand feu de l'artillerie et de la mousquerie rangées derriere les traverses, et les retranchemens bien garnis de monde : tous ces obstacles présentés ensemble et à propos à l'ennemi, lui feront manquer peut-être la breche pour la troisieme fois.

____

(1) C'est d'un abatis dont il est ici question.

Ce qui est ici proposé pour la défense des breches
de la demi-lune, peut s'appliquer à toutes les pieces
revêtues, aussi bien qu'aux demi-bastions des ouvrages
à corne, aux grandes demi-lunes de la place, contre-
gardes, etc. parce que toutes sont de même nature,
quoique de différente figure. Si les fossés sont secs,
les communications en seront plus aisées, et par conséquent la défense plus vive, mais il faudra bien précautionner les gorges, même quand les fossés seroient
pleins d'eau ; car on peut les vuider par la rupture de
quelque batardeau, d'une écluse, d'une saignée, etc.

Si après toutes ces résistances sagement conduites,
l'ennemi se rend maître des breches de la demi-lune,
et qu'il s'y trouve un bon réduit bien revêtu E, P, (Pl.
VI.), ce réduit soutiendra les traverses de sa droite et
de sa gauche, imposera à la breche qui sera devant
lui, et nécessitera l'ennemi d'aller bride en main, et
de régler la seconde partie de son logement en tirant
une ligne d'une traverse X à l'autre Y ; c'est le mieux
qu'il puisse faire. Je dis d'une traverse à l'autre, parce
que si la résistance à été telle à-peu-près que nous
venons de l'exposer, vraisemblablement celles-ci seront abandonnées, parce que la breche se sera étendue
jusqu'à découvrir leur derriere, et les faire voir de
revers par les logemens du chemin couvert. Les ennemis s'y établiront donc, et travailleront à y faire
une bonne batterie O, composée de trois ou quatre
pieces de canons, qu'il faudra tâcher de faire sauter
par l'effet d'une mine bien mesurée et chargée d'avance. L'ennemi ouvrira en même tems des sapes à droite
et à gauche, pour couler dans les épaisseurs du parapet
er du terre-plain, vers les deuxieme traverses Z, Z,
qui, étant bien flanquées du réduit E, pourroient tenir ferme et obliger l'ennemi à s'avancer pied à pied,

tandis que sa batterie O se mettra bien en état de battre
le réduit E. lequel étant petit et battu de fort près, ne
tardera pas à se rendre.

Pour rémedier à cet inconvénient, il faut avoir disposé d'avance deux batteries biaises de trois pieces chacune sur la courtine R du corps de la place (1), pour
croiser sur celles de l'ennemi, ce qui l'inquiétera fort ,
et encore plus si leur effet peut se joindre à celui de
la mine dont nous venons de parler ; mais il n'en faudra
ouvrir les embrasures que quand l'ennemi aura ouvert
les siennes. Tandis que la demi lune et son réduit se
défendront, l'ennemipourra bien démenteler les flancs de
l'ouvrage à corne , faire sa déscente et avancer le passage du fossé , rompre les communications, établir plusieurs batteries sur les pointes h, i, s, et sur les angles rentrans du chemin couvert de la demi-lune de
l'ouvrage à corne , maltraiter la tenaille et ouvrir les
faces des deux demi bastions de cet ouvrage , et même
la courtine d'entre deux , mais il n'aura osé y faire de
logement. C'est pourquoi, aussitôt que le réduit F , qui
faisoit son principal obstacle, sera abandonné, et qu'il se
sera logé dans sa gorge et dans celle de la demi-lune,
il achevera ses passages du fossé de l'ouvrage à corne,
et de bien épauler ses ponts. Quand tout cela sera prêt ,
vraisemblablement l donnera l'assaut aux deux demi-bastions de cet ouvrage, par plusieurs détachemens de grenadiers l'un devant l'autre ; soutenus par des corps entiers, et par tout le feu des logemens. On pourra y faire
les mêmes oppositions qu'à la demi-lune de l'ouvrage
à corne ; et quand on ne pourra plus y tenir, on se

______

(1) Vauban appelle ici *corps de la place*, celui de l'ouvrage à corne
qu'il considere comme tel, relativement à l'attaque dirigée sur cet ouvrage.

retirera de traverse en traverse jusqu'aux retranche-mens ; c'est-là où l'ennemi trouvera un nouveau front de fortification composé d'une grande demi-lune et de deux contregardes de la droite et de la gauche (1), que nous supposons toutes bien revêtues, ainsi que leur fossé, leurs remparts terrassés, contre-minés, et garnis de souterrains et des communications nécessaires : voilà donc une nouvelle attaque à faire par un endroit très difficile, à la suite d'une autre qui aura déja occupé l'ennemi long-tems.

Défense de la demi-lune du corps de la place et de son réduit.

Supposons après cela que l'ennemi soit assez maître de l'ouvrage à corne pour y établir des batteries, il sera obligé d'en faire une sur la courtine de cet ou-vrage en A (*Pl. VI*), et dans les deux gorges i, i, pour battre la demi-lune H et les deux contregardes F, G, et d'établir aussi deux batteries à ricochet sur les pointes du même ouvrage à corne, n, n, de trois pièce chacune. Cet établissement sera difficile et de-mandera beaucoup d'industrie, du tems et du travail. Pendant que l'ennemi sera occupé à ces pénibles ma-nœuvres, les assiégés prépareront d'avance des fou-gasses en caissons au bas des breches, chargeront les mines qu'ils auront sur et au-delà des coupures des retranchemens sur les pointes de la demi-lune H, et des deux contregardes F, G, garniront les souter-rains de la demi-lune et du réduit de toutes les mu-nitions de guerre et de bouche nécessaires, parce que

---

(1) Ces contregardes sont du meilleur effet : il seroit à desirer qu'à l'a-venir on ne fortifiât plus de places, sans en couvrir les bastions et les demi-lunes.

l'on peut bien y être deux ou trois jours sans pouvoir communiquer à l'ouvrage , à cause de la fré-
quente rupture des ponts , si ce sont des fossés pleins
d'eau.

Il faudra aussi apprêter des batteries sur les bastions
de la place, dans les endroits qui peuvent défendre la
demi-lune et les longs côtés de l'ouvrage à corne en
T , et sur les extrémités de la courtine en R , et des
batteries biaises sur les endroits éloignés du rempart,
qui auront vue sur les attaques, notamment sur les
batteries ennemies, *s* , *h* , *i* (*Pl. VI*). Il ne faudra
ouvrir les embrasures des nôtres, que lorsque l'ennemi se sera arrangé , et qu'il aura ouvert les siennes.

On ne doit pas douter qu'il ne commence par battre
vivement la demi-lune H , par la pointe, et les deux
contregardes par les faces, et qu'il n'en mette en peu
de tems les défenses en désordre ; mais si les revêtemens de ces pièces ne sont élevés qu'à mi-hauteur ,
avec une berme de bonne largeur, il ne fera pas sitôt
breche , parce que la plus grande partie des ruines du
haut tombant sur la berme, y seront arrêtées , et augmenteront la résistance du parapet , dont le bas se
trouvera mieux garni par la chûte de ces ruines. Cependant l'ennemi , qui vraisemblablement ne s'en sera
pas tenu à l'établissement simple de ces batteries ,
quoique d'une manœuvre dure et pénible , qui lui doit
occuper beaucoup de monde, aura poussé en avant
ce qu'il aura pu à la demi-sape, à peu-près suivant
les alignemens *o*, *o*, qu'il aura perfectionnés peu-à-
peu ; d'où il arrivera que si ces batteries sont bien
servies , en moins de deux fois 24 heures il deviendra
maître du feu , ce qui se perfectionnera les jours suivans. Pour lors il lui sera facile de se porter sur le
bord du fossé de ces pièces, d'y prendre établissement,

et de travailler à faire les descentes en nombre suffisant, ce qui sera bientôt suivi d'un comblement et
du passage des fossés, au moyen de quoi il se portera
au pied des breches, lesquelles vraisemblablement seront
fort avancées.

Au surplus, à mesure que le feu des assiégeans prendra accroissement, celui des assiégés s'affoiblira, de
maniere qu'il n'y aura pas moyen d'empêcher le progrès de l'ennemi à force ouverte ; c'est pourquoi il
faudra avoir recours aux souterrains, c'est-à-dire, aux
mines et aux traverses, en un mot, à la défense des
breches, de la maniere qu'elle a été ci-devant expli-
quée, n'en connoissant point de meilleure. S'il y a
une galerie majeure qui regne le long de la base de
ces pieces, en la gardant bien, on aura souvent moyen
de jouer de fort mauvais tours à l'ennemi par l'effet
des mines.

Si l'ennemi, après avoir bien ouvert les breches,
mis toutes les descentes et les passages du fossé en
état, attaque les trois pieces F, G, H (*Pl. VI*), en
même tems, soutenu qu'il sera de tout son canou bien
disposé et de sa mousqueterie, il est sans difficulté qu'il
en gagnera le haut avec assez de facilité ; mais si on
se sert bien des mines et des fougasses, et que l'assiégé
soit assez heureux pour que l'ennemi ne les ait point
éventées, elles pourront l'incommoder considérablement : le surplus de cette défense doit se conduire
comme celle qui a été proposée pour la premiere demi-
lune de l'ouvrage à corne.

Mais supposons que l'ennemi se soit logé sur l'angle
flanqué de la demi-lune H, et sur les deux contre-
gardes d'à côté F, G, dès la deuxieme attaque, comme
je n'en doute pas, si les batteries *i*, *A*, *i*, de l'ouvrage
à corne sont bien servies, il doit en établir d'autres

O

O , O (*Pl. VI*), sur les angles flanqués de ces trois pieces , et après qu'il se sera introduit dans les gorges et qu'il s'y sera établi, il travaillera aux descentes du fossé de la demi-lune, pour, de-là, en perçant toute l'épaisseur de son rempart , se porter sur le bord du fossé du réduit *i ;* tandis qu'à la faveur des sapes, qui feront leur chemin par le haut, il se plongera vers les gorges , tant de la demi-lune H , que des deux contre-gardes F , G, si ses batteries font bien leur devoir.

A tout cela il n'y a point d'autre défense à faire que de disputer le terrain de traverse en traverse , d'employer l'effet des mines suivies de quelques petites sorties faites à propos , et de ne l'abandonner qu'à la force. L'usage de ces trois batteries O , O , (*Pl, VI*), sera, pour celle de la pointe de la demi-lune , de rompre et ouvrir celle du réduit *r*, et pour celles des contre-gardes, d'ouvrir et faire breche à la demi-lune, pour achever de s'en rendre maître , et pour se procurer des vues sur le milieu des faces du réduit ; ce qui ne se pourra qu'en ouvrant et en applanissant les breches du milieu des faces de cette demi-lune , et en abaissant fort bas son terre - plain , afin de donner de la découverte à ses batteries. Cette manœuvre emploiera bien du tems , mais l'effet en est sûr ; car, dès que les breches de la demi-lune donneront assez de jour aux batteries de la pointe des contre-gardes, elles pourront battre le réduit *i*, par le milieu de ses faces, et y faire breche ; de sorte que ce réduit, petit de soi-même, se trouvant ouvert en trois endroits, et sa communication étant peut-être coupée , il n'y aura plus d'autre parti à prendre que de charger ses mines , retirer peu-à-peu le monde et les effets qui seront dedans, et le faire sauter, afin de le rendre le

moins utile et le plus dommageable à l'ennemi qu'il
sera possible.

Défense d'un ouvrage à corne dirigé sur la capitale d'un bastion.

L'ouvrage à corne S (*Pl. VII*), fait en queue d'hi-
ronde, et placé sur la capitale prolongée d'un bastion, n'a pas le même avantage que celui de la Planche VI, pour la défense du dedans, attendu que ce
dernier présente la demi-lune à l'ennemi, au lieu que
l'ouvrage à corne S, lui présente le bastion même,
ce qui semble le conduire par un chemin bien plus
court au corps de la place, à l'ouverture duquel l'ennemi peut travailler dès qu'il aura mis ses batteries
sur la courtine de l'ouvrage à corne. Cependant on
peut dire en faveur de cette situation, qu'elle ne
donne d'accès à l'ennemi que par un seul bastion,
auquel toute la garnison se réunissant, on aura plus
de facilité et d'avantage à se défendre, parce qu'il
ne se fera point de diversion, et qu'elle nécessite l'ennemi à la prise des deux demi-lunes collatérales
D, E, et de leurs réduits F, G, sans quoi l'assiégeant
n'auroit aucun accès à la breche qui pût être soutena-
ble, ce qui répare bien son unique défaut. C'est pourquoi, soit que ces ouvrages se trouvent disposés suivant
l'un ou l'autre de ces desseins, ou de quelqu'autre
approchant, la défense du dedans de ces pieces bien
entendue, occasionnera de longues et périlleuses discussions à l'ennemi, et il n'en sera pas moins obligé
de s'étendre dans la campagne et de marcher aux
grands angles du chemin couvert de droite et de
gauche H, où il pourra bien essuyer quelques sorties,
s'il n'en prévient les accidens, en étendant les places

d'armes qui doivent soutenir les logemens, ou, pour mieux dire, en élargissant toutes les attaques : les angles feront une défense telle qu'il a été dit ci-devant.

Défense d'un ouvrage à corne placé au-devant d'une courtine.

Après que l'ennemi se sera rendu maître de l'ouvrage, et qu'il se sera bien étendu le long de son chemin couvert, il établira ses batteries sur les parapets de ses angles, contre les flancs opposés T, T, d'une part, et pour faire breche de l'autre en X, X; ce qui doit ici s'entendre de la suite des attaques de l'ouvrage à corne A (*Pl. VI*), situé sur la courtine. Le premier effet de ces batteries sera de battre les flancs opposés W; le second, de rompre les ponts de communication du réduit; le troisieme, de déchirer la tenaille M. L'artillerie des flancs ne doit pas durer bien du tems, mais le feu du canon, des bombes, et les pierres de la place pourront interrompre souvent les batteries des ennemis, et donner quelques bons intervalles à celles de la place.

Il n'y aura que les bateaux à cinquenelle, que nous appellerons *paquebot*, pour leur donner un nom distingué, qui pourront s'échapper ; car les ennemis auront bien de la peine à les empêcher d'aller et venir, tant que le réduit subsistera ; et s'il vient à être pris, il ne sera plus question de communication. Jusque-là, on pourra substituer d'autres *paquebots* pour le dedans de la place, pour remplacer ceux qui seront coulés à fond.

Quand toute la gorge de l'ouvrage à corne, de la demi-lune et celle de son réduit, seront occupés par l'ennemi, il y trouvera place à faire de bons logemens pour la mousqueterie ; il ne lui sera pas même impossible, après que les assiégés seront chassés de ces ouvrages, de faire des descentes de fossé par les extrémités des cornes V, V, tandis qu'il en feroit d'autres par le talut des places d'armes du chemin couvert Y, Y ; ce sont même les lieux les plus convenables et où l'on puisse les mieux placer.

Au débouchement des descentes, on ne sauroit opposer que des batteries biaises, préparées d'avance dans la courtine, qui incommoderont d'autant plus les commencemens de ces passages, qu'on ne pourra que très difficilement les démonter, comme on en voit sur la Planche IV, aux endroits de la courtine marqués Z, Z.

A mesure que les ponts et les passages des fossés avanceront, ils se découvriront aux flancs de la place, qui les incommoderont fort par les batteries opposées ; mais l'ennemi ayant occupé tous les dehors qui pourroient lui empêcher les accès de la place, se trouvant bien établi et maître des bords du fossé, s'attachera à son passage, et sera bientôt parvenu au pied des breches.

Ce que l'assiégé peut lui opposer en ce cas, consiste dans le canon de ses flancs, tant qu'il pourra subsister, dans celui des batteries biaises, dans la mousqueterie de la courtine et des tenailles, dans les pierres, et quelques autres moyens dont nous avons déja parlé, surtout dans de fréquentes sorties sur le passage, à la faveur des tenailles.

Au surplus, l'ouvrage à corne A (*Pl. VI*), conduit l'ennemi à deux bastions, ce qui fait l'effet de deux attaques liées ensemble, qui sont beaucoup plus dangereuses pour la place que celles de l'ouvrage à corne S

(*Pl. VII*), qui l'oblige à prendre plus de pieces, et ne le conduit qu'à un seul bastion : parlons encore de cet ouvrage situé au-devant d'un bastion.

Comme ces attaques se réunissent toutes à celles du bastion C (*Pl. VII*), l'ennemi sera obligé, après avoir occupé les gorges entieres de l'ouvrage à corne et de ses deux retranchemens, d'y établir des batteries ; manœuvre longue et difficile. Mais ces batteries étant une fois bien établies, battent rudement les deux flancs opposés qui défendent le bastion, et le bastion même, le fossé entre deux, par la pointe et par ses deux faces, ce qui y produira une grande breche, vis-à-vis de laquelle on pourra faire quatre descentes, et autant de passages de fossé, sans que l'assiégé puisse y remédier, qu'en y tirant quantité de canons, de bombes, de pierres et de grenades, le tout accompagné et soutenu d'une bonne mousqueterie bien dirigée.

Réflexions sur la défense des ouvrages à cornes.

« Vauban cherche, dans les deux chapitres précédens, à soutenir le principe qu'il a avancé, qu'un ouvrage à corne, placé sur la capitale d'un bastion, étoit préférable à un semblable ouvrage établi sur une courtine ; mais on voit qu'il sent lui-même qu'il a besoin de forcer de preuves pour produire la conviction. Quant à moi, j'ose croire, qu'à cet égard, il est dans l'erreur. Il est vrai, sans doute, que la premiere disposition ne mene qu'à deux demi-lunes et un seul bastion, tandis que la seconde conduit à une seule demi-lune et deux bastions. Il est encore vrai qu'un bastion seul peut être défendu plus vigoureusement que deux de ces ouvrages ; cependant, ces

avantages ne prouvent pas rigoureusement qu'en définitif la place sera plutôt mise dans la nécessité de
se rendre dans le dernier cas.

En effet , Vauban convient que l'ouvrage à corne A
Planche VI , se défendra par lui-même avec plus
d'avantages que celui S de la Planche VII; et pour
sentir à cet égard la grande différence des deux dispositions , il ne s'agit que de jeter un coup-d'œil sur
les figures.

Dans la première , l'ennemi , maître de la corne , ne
peut encore rien contre le corps de la place ; la batterie
A ne peut attaquer que la demi - lune H ; et il faut
qu'il attaque aussi, sous le feu très direct de cette
demi-lune , les deux contre-gardes F , G , dont le tracé
est excellent. A la même époque et avec les mêmes
moyens , au contraire, l'ennemi, maître de la corne S,
ouvre l'enceinte du bastion C , et n'a à vaincre que
deux retranchemens , dont les fossés sont très mal
flanqués vis-à-vis leurs faces , et dont la prise offre
des emplacemens vastes aux batteries S , S ; tandis que
les contre-gardes F , G , ne présentent que des pointes
opposées aux épaules des bastions , dans lesquelles tout
établissement de batterie de breche est impossible.

Il résulte de-là une vérité évidente , c'est que la
breche du bastion est aussitôt faite dans le second cas,
que celle de la demi-lune dans le premier; et que si
l'on ne consultoit que l'effet moral, et la marche la
plus ordinaire des défenses , les assiégés seroient déja
dans la consternation , et disposés à la capitulation,
d'un côté , tandis que de l'autre, ils se croiroient
encore forts de leur enceinte ; mais écartant cette
considération de notre comparaison, pour ne raisonner
que selon l'art, il est au moins certain que l'ennemi,
maître plus tard de l'ouvrage à corne A que de celui S,

et ayant deja pu, dans celui-ci, ruiner les flancs qui défendent le bastion C, par les batteries I, aura, d'un côté, une demi-lune et deux bastions à prendre, et de l'autre, deux demi-lunes et un bastion.

Il est d'abord certain, en principe, que deux bastions et une demi-lune au centre, forment un front plus puissant qu'un bastion et deux demi-lunes.

Je dis, en outre, que les deux demi-lunes collatérales forment également, du côté de l'ennemi, deux attaques liées, mais d'autant plus funestes à l'assiégé, qu'elles l'obligent à armer deux fronts entiers pour leur défense : ainsi la diversion est aussi plus grande dans la place, et la résistance des deux bastions et d'une demi-lune plus forte encore par cette raison, que celle de deux demi-lunes et d'un bastion.

Je conçois encore qu'un ennemi vigoureux pourroit s'emparer de l'ouvrage à corne et des deux demi-lunes D , E (*Pl. VII*), en même tems ; toute la résistance sero't alors bornée, à cette époque, au bastion C : tandis qu'il est impossible qu'il songe à prendre les bastions K , L (*Pl. VI*), avant d'avoir enlevé la demi lune H.

L'objection fondée sur un réduit de demi-lune de plus d'un côté que de l'autre, n'a rien de solide. Vauban convient lui-même que ces ouvrages ne peuvent faire qu'une foible résistance, une fois que la demi-lune est emportée. D'ailleurs, l'ennemi fait marcher ses attaques de front ; et comme l'attaque des deux réduits n'est pas successive, elle ne prolonge en rien l'arrivée au corps de place.

Enfin, pour prendre les deux bastions K , L , il faut que l'ennemi, dès le commencement des attaques, embrasse les demi-lunes M , N , des deux fronts voisins ; qu'il multiplie ses batteries à ricochets, ses gardes, tous ses moyens, comme s'il vouloit en effet prendre ces ouvrages; sans quoi il ne pourra que difficilement établir, sur les saillans des chemins couverts desdits bastions, les batteries S, destinées à détruire celles de ses flancs, et fortement battues par les feux des demi-lunes collatérales.

Il est donc démontré, presque géométriquement, que l'ennemi parvient beaucoup plus tard aux deux réduits O, P, des bastions K, L, qu'au réduit unique Q, du bastion C; et c'est à ces points qu'il faut rapporter le terme de la résistance. Qu'il arrive alors ou non, que l'on ait deux points à défendre au lieu d'un; c'est ce qui est à-peu-près égal, parce qu'il est certain que ces ouvrages n'offrent plus que de très petits fronts; parce qu'il est reconnu qu'ils n'ont pour objet que d'assurer la plus longue défense des bastions, et qu'il faut songer à capituler lorsque l'ennemi les a ruinés par le canon établi dans lesdits bastions, ou par le moyen de ses mines, etc.»

Défense des bastions du corps de la place, et de leurs retranchemens.

Les ennemis, selon les apparences, n'ayant plus personne à craindre au-dehors de la place, lorsque l'ouvrage à corne et sa demi-lune seront entièrement abandonnés par les assiégés, et que les assiégeans y auront établi leur logement, ils ne penseront plus qu'à combler le grand fossé, s'il est plein d'eau; et s'il est sec, ils feront une galerie souterraine ou couverte, ou peut-être ils se contenteront de s'épauler contre le flanc opposé pour passer le fossé, et c'est ce passage qu'il faut retarder autant qu'il sera possible.

Si le fossé est plein d'eau, il faut faire ce que j'ai déja dit pour la défense de celui de la demi-lune, qui est d'en ruiner l'épaulement par le canon des flancs, et par des feux d'artifices que des bateaux pourront y appliquer sans péril.

Si le fossé est sec, on pourra beaucoup incommoder l'assiégeant par des sorties de troupes qui partiront du derriere des tenailles, et qui y auront leur retraite. Alors l'ennemi aura sans doute beaucoup de peine à passer ce fossé, et à attacher le mineur au pied de la muraille du bastion, d'autant qu'on doit avoir planté une bonne et forte palissade dans toute l'étendue des faces des bastions attaqués vers le milieu de leur fossé, aux extrémités de laquelle on aura fait de bonnes caponnieres, pour défendre ces mêmes palissades (1); ainsi le mineur ne pourra s'attacher sitôt au corps de la place, et ne le fera qu'avec beaucoup de crainte et de danger, si toute la palissade n'est pas entièrement ruinée; mais elle sera très difficile à ruiner, si le fossé est d'une profondeur raisonnable, et d'une largeur proportionnée à sa profondeur. Tandis que l'ennemi s'occupe à surmonter ces difficultés, il faut lui en préparer de nouvelles, auxquelles apparemment il ne doit plus s'attendre.

Il arrive très rarement que l'assaillant dans son attaque, embrasse plus d'un des côtés de la place : ce qu'il en occupe ordinairement de plus, c'est le terrain nécessaire pour les batreries opposées aux flancs des

---

(1) Ces palissades seroient bientôt détruites par le canon de breche, si elles ne sont pas plantées au fond d'une espece de cunette, ou petit fossé pratiqué dans le milieu du grand, qui en dérobe la vue ; si le fossé du corps de la place est beaucoup plus profond que celui de l'ouvrage à corne le relief de celui-ci sur l'autre pourra cacher ces palissades : voyez la fig. premiere de la Planche additionnelle, aux fossés.

bastions attaqués ; et comme ces batteries ne peuvent subsister sans un épaulement qui les couvre des endroits de la place qui peuvent les voir, et ne sont point attaqués, c'est cet épaulement qu'il faut détruire. Pour y parvenir facilement, on doit pousser une galerie souterraine, partant du fossé de la demi-lune non attaquée, la plus voisine de l'attaque, allant jusque sous les épaulemens, où l'on fera des fourneaux, qui, par leurs effets, laisseront à découvert les flancs des batteries, lesquelles seront bientôt démontées par le canon de la demi-lune non attaquée, et des autres endroits de la place qui pourront les découvrir ; ce qui se peut et doit être fait à la droite et à la gauche des attaques, s'il est possible, en même-tems, afin de surprendre dans ce moment les ennemis par une sortie, soutenue du feu de tous les ouvrages de la place les plus proches de l'attaque.

Il faut encore attaquer les ennemis dans les lieux qu'ils doivent présumer ne pouvoir être attaqués ; et pour le faire sûrement, je souhaiterois qu'il y eût une galerie souterraine partant du milieu de la courtine, allant à l'angle formé par les deux demi-gorges de la demi-lune, laquelle serviroit dans son passage de caponniere pour la défense du fossé, et serviroit aussi de chemin pour conduire à la demi-lune, sous laquelle il faut faire plusieurs mines, auxquelles on ne doit pas donner le feu que l'ennemi ne soit occupé à donner l'assaut au corps de la place. Le feu étant mis aux mines, qu'on aura placé sous le logement des ennemis, qu'elles détruiront, il faut aller se reposer à la demi-lune, et s'y rassurer un logement, s'il est possible. Cette diversion donnera lieu aux assiégés de réparer la breche faite au corps de la place, ou donnera du tems suffisamment pour s'établir dans la

demi-lune ; car on peut douter si l'ennemi aban-
donnera son attaque au corps de la place , ou s'il ira
pour soutenir ses gens attaqués et vaincus dans la
demi-lune (1).

Véritablement deux affaires de cette nature arrivant
en même tems, peuvent donner de l'embarras au plus
habile général ; mais si on fait partir un rameau du
canal des mines faites sous la demi-lune, et que ce
rameau ait été poussé jusque sous les débris de la
brèche de la demi-lune , ces débris pourront être
facilement renversés par un fourneau ; ainsi l'ennemi
n'aura plus de passage pour entrer dans la demi-lune,
et seroit forcé de l'attaquer de nouveau comme auparavant.

Au surplus , comme les batteries de l'assiégeant établies sur le chemin couvert battent le pied du revêtement du corps de la place , elles ne manqueront
pas de l'abattre et de le faire tomber par grosses
pièces , et de tirer en bas une grande partie du parapet après elles. Il faudra y remédier , en retranchant
le terre-plain derriere les brèches. Celle du corps de
la place pourra cependant être réparée ; et , selon les
occasions qui peuvent se rencontrer , il ne sera pas
impossible de faire quantité de choses dans le fossé ,
qui empêcheront le mineur de s'attacher si promptement une seconde fois au corps de la place : mais
comme le grand nombre des assiégeans qui tour-à-tour
se succèdent les uns aux autres , et qui font tous les

-----

(1) Rien n'empêcheroit de pousser des fourneaux sous le trajet des passages des fossés, en y mettant le feu au moment de l'assaut ; puis tombant vigoureusement avec la baïonnette , et les armes de longueur, sur
l'assaillant , il n'est pas douteux qu'il manqueroit le but de son assaut,
et qu'il seroit obligé de recommencer son travail.

jours de nouvelles attaques , force à la fin les assiégés à se retirer dans leur place , et , par leurs travaux différens , leur ôtent jusqu'à l'espoir de joindre le mineur par le dehors , il faut songer par le dedans à éventer son travail par le moyen des contremines.

La breche se fera à la fin par la mine , ou par de petits fourneaux ; elle pourra aussi être faite par le canon , si le fossé est plein d'eau , ou même si , étant sec , il est fort large. Car , comme on vient de le dire , l'ennemi pourra battre le pied de la muraille , par son canon logé sur la contrescarpe opposée. Ainsi la place seroit bientôt prise , quelque défense qui pût être faite , si elle n'étoit pas garantie par un bon retranchement à plusieurs rangs de palissades les unes derriere les autres , allant du parapet du bastion jusqu'au bord de son retranchement , comme nous l'avons dit en parlant de la demi-lune.

Supposons que l'assiégeant soit bien entendu, il se gardera bien de presser l'assaut , il voudra aggrandir les breches , les applanir et en faciliter les montées , soit qu'elles aient été faites par l'effet des mines ou par celui du canon, ou par tous les deux ensemble. Il ne manquera pas de tourmenter les derrieres des breches, en y tirant une fort grande quantité de bombes , à dessein d'y mettre tout en confusion (1). Comme cette défense est d'une grande conséquence, le gouverneur reprendra tous les moyens proposés ci-dessus , et les fera mettre en usage par tout ce qu'il aura de meilleures troupes dans sa garnison , officiers et soldats, qu'il ranimera du mieux qu'il lui sera possible.

______

(1) Des souterrains à l'epreuve sous les remparts des bastions , où l'on rassemble les hommes et les choses nécessaires à leur défense , sont extrêmement utiles contre cet effet.

Cependant il fera monter à cheval toute la cavalerie, qu'il dispersera par troupes dans les places et les carrefours de la ville, pour empêcher les remuemens tumultueux qui pourroient y arriver ; on commandera quelques citoyens pour porter les matériaux et les munitions nécessaires aux breches, remporter les blessés, apporter à manger et à boire aux troupes qui y resteront sur pied jour et nuit, tant que l'ennemi sera en état de donner assaut.

Les Magistrats, dans leur chambre, assemblés à l'ordinaire, auront une plus grande attention encore à fournir tout ce qui leur sera demandé, afin que tout concoure à une vigoureuse défense, que je suppose telle, et par rapport à la bonté de la fortification, et par rapport à l'expérience du gouverneur, et au courage des troupes.

Si l'ennemi, sans se rebuter par tout ce qu'on aura pû lui opposer, persevere toujours à poursuivre ses attaques, il parviendra à la fin à gagner le haut des breches, où il trouvera encore bien des chicanes. Il faudra qu'il ruine ces rangs de palissades dont nous avons parlé ci-dessus, les uns après les autres, par des fourneaux, avant que de pouvoir se loger sur le haut de la breche. Lorsqu'il y sera arrivé et qu'il voudra y établir ses logemens, il trouvera trois ou quatre pieces de canon qui le battront en écharpe, tandis que d'autres pieces d'artillerie placées dans le retranchement, en feront autant de front. Si les bastions attaqués sont entourés d'une double enceinte ou fausse-braye, dont le terre-plain soit d'une longueur raisonnable, l'ennemi y ayant fait breche, aura encore celle du bastion à faire, à laquelle il lui sera très difficile de monter, si le terre-plain de la fausse-braye est bien retranché par plusieurs rangs de palissades, traversant ce même terre-plain, lesquelles ne pourront être détruites par les ennemis, s'ils ne détruisent entièrement toute la face de la fausse-braye.

Le plus sûr et le plus utile de tous les retranchemens, est celui d'un petit ou d'un moyen bastion pratiqué dans les bastions attaqués; parce qu'un retranchement fait de cette maniere forme une seconde place, qui a presque les mêmes défenses, et qui par conséquent peut être défendue de même. D'ailleurs l'attaque en étant plus éloignée, et la défense presque égale à ce qu'elle étoit auparavant, la résistance y doit être plus grande, étant moins pénible, et moins périlleuse que l'attaque du premier bastion.

Celui qui défend, ayant toujours ses forces unies, et peu de terrain à garder, il le garde presque sans péril au lieu que l'assiégeant doit sortir de la tranchée, passer le fossé, et venir à l'assaut à découvert; ce qu'il ne peut faire sans beaucoup de perte, puisque le flanc du bastion ne peut avoir été si fort ruiné que celui du retranchement ou bastion intérieur ne subsiste, n'ayant pas été battu.

Le gouverneur doit avoir fait abaisser le flanc du bastion intérieur; comme aussi dégorger des embrasures, sans les ouvrir par le dehors, lesquelles étant ouvertes, et secondées du flanc du bastion intérieur, étonneront les ennemis, et renverseront à leur tour les batteries qui leur sont opposées, qui alors seront moindres en nombre que celles des bastions attaqués. Elles ruineront ensuite le passage du fossé, s'il n'est souterrain, et raseront les logemens fait au-dedans; après quoi il faut aller aux ennemis logés sur la breche, les combattre, les déloger, et faire servir leur logement de réparation à la breche, en lui donnant plus d'épaisseur, et le garder à la faveur des traverses déja faites, sinon en refaire d'autres, si elles sont détruites.

Cette action n'est pas si difficile qu'elle paroît, et sans doute elle a plus besoin de conduite que de force , puisque les ennemis ne peuvent pas être logés en grand nombre sur le bastion , n'ayant pour se couvrir, et pour étendre leur logement, qu'une petite partie de rempart qui sera restée de l'effet de la mine, le reste du dedans du bastion étant occupé par le retranchement et son fossé.

Les choses étant en cet état, la face du bastion toute déchirée, le fossé tout labouré , la garnison affoiblie , une partie des munitions consommée, les soldats fatigués, et tout espoir de secours presque entièrement perdu , il peut y avoir encore beaucoup d'autres affaires , avant qu'on soit obligé à capituler.

Il faudra alors que les mineurs assiégés se retranchent dans les galeries majeures par de bonnes traverses, et qu'ils préparent à l'ennemi d'autres mines, quand il voudra s'étendre à droite et à gauche. S'ils sont intelligens, et qu'ils remplissent bien leur devoir, ils préviendront toujours les mines de l'ennemi , sans que les nôtres soient prévenues que très difficilement. Malgré tout cela , on doit s'attendre que les assiégeans glisseront le long des faces vers les flancs, où chemin faisant ils pourront être arrêtés par les traverses et les petites sorties que les assiégés feront à la faveur des mines; c'est ce qui leur fera prendre le bas, pour pouvoir s'approcher de tous côtés du retranchement; c'est à quoi leur persévérance les amenera , s'ils cheminent en avant. Pour se faciliter les moyens de s'étendre, ils monteront du canon sur le haut des breches ; mais s'ils en montent peu, il ne leur servira pas de grand-chose, parce qn'il sera battu par celui du retranchement; s'ils y en montent en nombre égal, ou davantage , cela leur causera bien du retard.

Cependant, pour peu qu'ils avancent chemin, ils arriveront sur le bord du fossé du retranchement, et quand ils y seront une fois bien établis, quoique ce bord soit contreminé et les mines prêtes, il ne faudra pas se presser de les faire jouer, parce que le respect qu'elles imposeront pourra servir à modérer l'ardeur des assiégeans, qui d'ailleurs seront rebutés ou bien près de l'être, puisque rien ne ralentit tant l'ardeur du soldat, que le dépit de recommencer un travail qu'il croyoit fini, et d'attaquer de nouveau une place qui, selon la coutume, devroit être prise.

En effet si, comme je l'ai déja dit, les batteries ennemies sont détruites, les logemens dans le fossé rasés, les ennemis chassés de la breche qui sera réparée ; enfin si le commandant ne manque ni d'habileté, ni de valeur, il faut que l'ennemi leve le siege, ou qu'il recommence sur de nouveaux frais, d'attaquer le corps de la place. On peut encore alonger la défense, soit en attaquant la demi-lune, et la gardant, après y avoir ruiné par les mines les logemens des ennemis, soit en faisant au pied de la breche un fourneau, pour en bouleverser les décombres, et la rendre moins pratiquable.

Les ennemis ayant surmonté tous les obstacles, et obligé le gouverneur à quitter le bastion et son retranchement, il doit se retirer dans les autres retranchemens qu'il aura fait de nouveau au-dedans de la place. L'ennemi sera contraint de les prendre par tranchée, par logement, par galerie dans le fossé, après en avoir fait la descente par sape, par fourneaux, par mines, et enfin par assaut, aussi-bien que les retranchemens qui pourront être derriere ce premier. Ainsi l'ennemi, au lieu d'un siege ou d'une attaque, sera obligé d'en faire plusieurs, après quoi le commandant n'ayant plus de terrain pour se retrancher, et ayant détruit tous les re-

retranchemens

tranchemens qu'il aura été contraint d'abandonner, il pourra alors consentir avec honneur, à une capitulation qui ne peut être que glorieuse pour lui et pour les troupes qui auront été sous ses ordres, puisqu'il n'abandonne aux ennemis qu'une place démolie, dont les ruines serviront de monument à sa gloire.

Remarque sur l'établissement des assiégeans au haut de la breche.

On ne doit pas douter, sitôt que l'ennemi aura gagné le haut des breches, et qu'il aura assez d'établissement pour pouvoir s'étendre à droite et à gauche, qu'il ne le fasse peu à peu, tant pour gagner du terrain et se rendre bien le maître des bastions, que pour s'approcher et occuper les flancs, où, si on le laisse faire, il se logera dans l'épaisseur des parapets, pour de-là plonger à revers le derriere de la tenaille, et en chasser les assiégés. En effet, il pourra très bien y réussir, s'il attaque les deux bastions à la fois, suivant le dessein de l'ouvrage à corne A (planche VI.); car s'il est bien maître du feu de la place, celui des flancs se trouvant éteint, et lui logé sur le haut des breches et sur les flancs, la tenaille ne recevra plus de protection que de la courtine, laquelle étant foible et aisée à parer, l'ennemi pourra se faire un chemin dans les ruines tombées aux pieds des bastions, et en s'approchant de la tenaille pour lors abandonnée, se faire des passages au travers des fossés qui la séparent des flancs de la place. De-là, en s'étendant le long de la berme, il s'y fera un établissement considérable, d'où il passera aux breches de la courtine, s'il y en a; à quoi s'attachant, la place se trouveroit fort pressée.

Il n'y a point d'autres remedes à cela que les fougasses, si on s'y prend de bonne heure, sinon le déblai.

du pied des breches pendant la nuit, et les flancs bas, s'il y en a dans les bastions; de faire des secondes mines et de prendre tous les autres moyens proposés pour la défense des mêmes bastions.

Au reste, cette défense ne peut avoir lieu, premièrement que dans les cas où les deux bastions sont occupés par l'ennemi, et après qu'il sera logé sur le haut du rempart, et qu'il en aura gagné les flancs. Secondement, si l'ennemi ne s'est attaché qu'à un bastion, comme il est marqué à la suite des attaques de l'ouvrage à corne S (planche VII.), on pourra conserver la moitié de la tenaille, auquel cas l'assiégeant ne pourra pas profiter de l'autre (1). Troisiemement, ceci ne peut arriver que quand l'ennemi sera tellement maître des bastions, qu'il ne lui restera plus que le retranchement à forcer.

Je ne dirai rien de plus touchant la défense des demi-lunes séparées des ouvrages à corne, attendu qu'il n'y a que la même conduite à tenir, les demi-lunes devant se défendre les unes comme les autres; il n'y a pas non plus d'autre conduite à tenir pour la défense des contre-gardes; ainsi je finis cette troisieme partie jusqu'à ce qu'il me soit venû d'autres pensées qui méritent de trouver place à la suite de ces Mémoires.

---

(1) Cela est bien difficile, pour peu qu'on considere le relief du corps de la place sur cet ouvrage, et l'élévation qu'il faudroit donner à la traverse, pour défiler la partie conservée de la tenaille.

DISSESTATION

SUR LES PALISSADES,

Écrite par Vauban , en 1702.

On plante les palissades des chemins couverts de quatres manieres. La premiere et la plus ancienne est de les établir sur le haut du parapet, à deux pieds près du bord , qu'elles surmontent ordinairement de trois pieds et demi. La seconde, est de les planter en dedans, et joignant le parapet contre lequel elles sont appuyées, le surmontant autant que la précédente. La troisieme , c'est lorsqu'on les plante sur la banquette, près du bas du parapet, à la distance d'un pied et demi du haut, à mesurer de l'intérieur du linteau au sommet dudit parapet , la pointe surmontant d'un pied. La quatrieme est nouvelle; elle n'a été pratiquée que dans trois ou quatre sieges , où l'on prétend s'en être bien trouvé. C'est de les planter à 4 pieds et demi ou 5 pieds près du pied du parapet, dont elle égale la hauteur (1); on la coupe vis-à-vis des barrieres et des petits passages, de 3 pieds et demi d'ouverture, espacés de 10 en 10 toises. J'en ai vu d'une cinquieme espece pendant la campagne d'Hollande , au chemin couvert de Nimegue , sur le haut du parapet. Ce n'étoit que des pieds d'arbres branchus plantés par la tige, avec les principales branches aiguisées, comme elles se trouvoient, de 3 à 4 pieds de long recroisées et embarrassées l'une dans l'autre.

____

(1) Voyez la figure premiere de la Planche additionnelle , au chemin couvert.

Les meilleures qualités des palissades de la premiere espece, sont d'empêcher les bestiaux d'entrer dans le chemin couvert, et de faire obstacle à ceux qui voudroient l'insulter avant l'ouverture des tranchées. Ses mauvaises qualités sont, 1°. de servir de mantelets à l'ennemi, et de lui rompre la plus grande partie du feu de la place, quand il est appuyé contre. 2°. D'être aisée à couper, parce qu'elle peut s'aborder de plain-pied. 3°. De ne pouvoir remplacer les palissades rompues dans une attaque, sans se mettre à découvert. 4°. D'être fort sujette aux éclats du canon. Quand l'ennemi veut attaquer le chemin couvert, il en fait rompre ce qui lui plait par ses batteries pour lui faire des ouvertures, sans que les assiégés puissent y remédier; c'est pourquoi on ne s'en sert plus.

Les bonnes qualités de la deuxieme espece de palissades, sont de pouvoir remplacer à couvert celles qui sont rompues, d'interdire aux bestiaux l'entrée du chemin couvert, et d'en empêcher l'insulte prématurée, comme la précédente : du surplus elle en a tous les autres défauts ; c'est pourquoi elle n'est pas d'usage présentement.

Les bonnes qualités de la troisieme, sont premièrement de ne pouvoir être coupée. 2°. De ne pouvoir être sautée que très difficilement et avec grand péril. 3°. De ne pouvoir être que très difficilement pincée du canon, qui n'en pouvant attraper que les pointes, n'y fait pas grand éclat, ne déplace jamais le corps des palissades, et ne plonge que très rarement jusqu'au linteau . 4°. De pouvoir remplacer et enter en sureté celles qui viennent à manquer, parce qu'on le peut faire à couvert. 5°. De ne faire nul embarras dans le chemin couvert, étant jointe au parapet, auquel elle fait même un bel ornement,

Elle a pour défauts 1°. l'arrangement des sacs à terre, qu'on ne sauroit placer qu'en se mettant à découvert, ou en les soutenant avec des especes de chevalets par derriere ; l'un est difficile et embarrassant, et l'autre est trop dangereux. Le deuxieme défaut est, supposé que les sacs à terre soient arrangés sur le haut du parapet, qu'on ne peut tirer que directement devant soi, parce que l'entre-deux des palissades et les creneaux des sacs à terre ne permettent pas le biaisement du mousquet à droite et à gauche. On lui reproche pour troisieme défaut, les barrieres, qui obligent à défiler les gens commandés aux sorties, les font trop tôt découvrir, et empêchent qu'elles ne soient d'un si grand effet : ce qui n'exclue cependant pas les barrieres, puisqu'il est nécessaire d'en avoir pour les sorties et les entrées de la cavalerie, et souvent aussi pour l'infanterie ; ainsi il ne peut être considéré que comme un défaut mêlé de bonnes qualités ; celle-ci est en usage dans toutes nos places.

La quatrieme espece a pour bonnes qualités. 1°. D'être encore moins sujette aux éclats du canon que la précédente, parce qu'il ne la voit point du tout. 2°. De ne pouvoir être sautée ni coupée, tant que les assiégés la défendront de pied ferme : on remarquera qu'il est absolument nécessaire de la défendre de pied ferme, autrement elle seroit plus aisée à couper que la précédente, parce que l'ennemi en se jetant entre la palissade et le parapet, peut y être à demi-couvert par la palissade même. 3°. La facilité de remplacer à couvert celles qui sont rompues. 4°. Celle de l'arrangement des sacs à terre, qui se peut faire aussi à couvert. 5°. Celle des sorties à l'improviste, pouvant passer par-dessus le parapet et y rentrer de même en s'y rejetant. 6°. Le moyen de pouvoir mieux défendre le chemin couvert de pied ferme, en se tenant collé contre le derriere de la palissade ; celui-ci à la vérité est très hazardeux et peu praticable.

Ses défauts sont, 1°. d'être fort plongée, de front et par les côtés du feu de l'ennemi, quand il a gagné le haut du parapet. 2°. D'exposer les gens qui défendent le chemin couvert de pied ferme, au feu hazardé du rempart et des demi-lunes qui les protegent, dont les parapets étant fort en désordre dans le tems des attaques, il est presque impossible que ceux de la place ne laissent échapper une partie de leurs coups sur les leurs, quand les attaques se font de jour, et à plus forte raison quand elles se font de nuit ; ce qui, joint à la quant té de grenades qui tombent de la part des assiégeans, rend cette défense extraordinairement dangereuse pendant le jour, et absolument insoutenable pendant la nuit. 3°. Elle expose beaucoup les soldats qui sont entre le parapet et la palissade, tant à l'éclat des grenades qu'au péril de ne se pouvoir retirer à tems quand l'ennemi sort de ses places d'armes pour l'attaquer. 4°. Les bords du parapet sont en peu de tems éboulés par les sorties et rentrées des troupes qui s'y précipitent : celui-ci est médiocre et facile à réparer.

A l'égard de la palissade branchue de Nimegue, elle a cela de commun avec celles des lignes de *César* devant Alexia, qu'elles seroient plus propres à de semblables lignes, qu'à border un chemin couvert ; elle a tous les défauts de la premiere et de la seconde espece, c'est pourquoi elle ne mérite pas de tenir place ici.

Il y en a qui doublent les palissades des places d'armes sur les angles rentrans, suivant la méthode de la troisieme et de la quatrieme espece, pour pouvoir les défendre de pied ferme. On prétend qu'on s'en est bien trouvé à Graves, à Mayence, et en dernier lieu à Keyserswert, en cette année 1702.

Il est sans difficulté que les palissades de la troisieme et de la quatrieme especes sont les meilleures ; mais l'une et l'autre ont de très grands défauts. La derniere est à préférer à l'autre (1), parce qu'on hazarde moins à défendre le chemin couvert de pied ferme à celle-ci , la place pouvant en certains cas et en plein jour, hazarder de tirer par-dessus la tête de ceux qui la défendent , parce qu'ils sont plus bas, mais non à l'autre où l'on est plus élevé. La meilleure défense des chemins couverts n'est pas à mon sens celle de pied ferme, il en coûte trop, et tôt ou tard vous en êtes chassé avec perte. J'aimerois mieux les défendre en cédant les parties les plus à portée de l'ennemi, et y revenant après lui avoir fait essuyer une demi-heure ou trois quarts d'heure le feu de la place et des dehors , dont les défenses étant bien bordées et non contraintes, doivent pour lors faire un grand effet. On pourroit au plus soutenir les places d'armes de pied ferme, à la faveur des doubles palissades pendant que le feu de la place pourroit agir à droite et à gauche sur les grands angles saillans, mais il ne laisseroit pas d'être encore fort dangereux, même de jour, parce que le soldat est mal-adroit, et qu'il ne prend pas assez garde où il tire : c'est pourquoi j'estime que le meilleur parti à prendre, du moins le plus sûr, est de ne tenir que peu de monde dans le chemin couvert quand l'ennemi est à portée d'attaquer, avec ordre de se retirer aux places d'armes plus prochaines de la droite et de la gauche des attaques, où il faudroit tenir de forts détachemens prêts pour revenir de part et d'au-

____

(1) Cependant les officiers du génie ne sont point de cet avis, et préferent la troisieme espece : elle est mise en usage par-tout. Lorsque les attaques sont décidées, il est quelque fois possible d'employer les deux à la fois sur les fronts attaqués.

tre, les uns par-dessus le glacis, et les autres par le chemin couvert; ce qui seroit bon à répéter diverses fois tant qu'elles réussiroient. Au surplus, toutes les palissades de quelque maniere qu'on les plante, ne font que très peu d'obstacle aux attaques dirigées comme les nôtres, parce que nos manieres d'attaquer sont fort différentes de celles des ennemis, lesquels jusqu'ici n'ont point du tout excellé dans la conduite des sieges.

Avant que de finir cette dissertation, j'ai voulu apprendre autant que je l'ai pu, ce qui s'est passé à l'attaque du chemin couvert de Keyserswert, touchant l'usage des lissades.

J'ai appris, 1°. que ce chemin couvert avoit été attaqué le 6 juin, à une heure et demie de jour, par un corps de 6 à 7 mille hommes partagés en plusieurs détachemens. 2°. Que l'attaque, qui fut des plus vives et des plus opiniâtres, avoit duré plus de deux heures, très animée de part et d'autre; après quoi le feu s'étant ralenti, le travail des ennemis s'est trouvé établi non sur le haut du parapet, mais à quelques 8 ou 10 pas près des angles saillans, et en quelques endroits plus près, mais aucun sur le haut. 3°. Que les grands angles saillans du même chemin couvert, savoir ceux qui environnoient le bastion et les deux demi-lunes du front de l'attaque, ont été abandonnés après quelque résistance de peu de durée, sans avoir été forcés par la violence de cette attaque, mais parce que les ouvrages avancés des ennemis commençoient à les plonger et à les enfiler dès avant l'attaque; ce qui tuoit et blessoit beaucoup de monde aux assiégés. 4°. Que les deux places d'armes à droite et à gauche d'une des deux demi-lunes du front de l'attaque, on été défendues de pied ferme. 5°. Que les ennemis n'ont pas tenté d'entrer dans le chemin couvert, s'étant contenté de se montrer en bataille et à découvert sur le haut du glacis, où ils ont fait un grand feu de leur côté et essuyé celui de la place à découvert. 6º. Que la haute palissade du chemin couvert étoit plantée dans ce tems-là. 7º. Qu'on n'y a ajouté la basse qu'après les atttaques déclarées, c'est-à-dire après l'ouverture de la tranchée ; ce qui s'est fait à quelques parties des grands angles saillans et aux places d'armes dudit chemin couvert. 8º. Que les palissades ont été très peu endommagées du canon. 9º. Que l'ennemi n'a point tenté de les couper non plus que de les sauter.

Il faut remarquer que tous les officiers d'une des deux places d'armes vis-à-vis la demi-lune dont les enemis s'emparerent après la prise du chemin couvert, ayant été tués ou blessés, elle fut abandonnée, mais que l'autre fut défendue chaudement jusqu'au point du jour, de sorte que Blainville fut obligé d'envoyer à l'officier qui y commandoit, un ordre exprès de se retirer, ce qu'il fit après y avoir perdu beaucoup de monde.

Toutes ces expériences, qui s'accordent parfaitement avec ce que j'en avois pensé, me persuadent que le vrai parti à prendre en ce fait, est de planter la haute palissade, quand on gazonne le parapet du chemin couvert, tout autour de la place, de l'entretenir à perpétuité, et de tenir la basse en réserve dans des magasins, ou en pile de charbonnier couverte de paille, pour ne la planter que dans le tems d'un siege, et seulement quand les attaques seront déclarées sur et le long du front attaqué. Il n'en faudra pas pour cela en mettre davantage en provision, je serois même d'avis de ne doubler la palissade qu'aux places d'armes des angles rentrans, comme les seules parties qu'on peut soutenir de pied ferme, ne me paroissant pas que d'au-

tres que celles-là le puissent être. Quant à la haute
palissade, on peut la rendre d'un meilleur service et
la planter en l'espaçant tant plein que vuide, un clou
coudé avec une pointe relevée de trois pouces, occupant le milieu du vuide, et tenant dans le bois par
une autre pointe à-peu-près de pareille grandeur, bien
ébarbée et enfoncée à force dans le linteau, après avoir
été percé d'un petit trou de tilebrequin, et battu jusqu'à
ce que tout le coude soit entré dans le bois. Pour en faciliter l'entrée, il faudra faire une petite encoche dans
le bois, avec un fermoir ou ciseau, la pointe dudit clou
s'alignant avec la palissade, dont le linteau doit être
chevillé à un pied ou 15 pouces plus bas que le sommet de la palissade, qui sera aussi éguisée d'une pointe
de 12 pouces de long, et plantée à six ou huit pouces
près du pied du parapet; ensorte que de ladite palissade au sommet du parapet, il y ait un pied et demi
de distance, mesurée horizontalement, l'épaisseur de
la palissade non comprise, ce qui fera deux pieds d'é-
loignement du soldat qui tire au sommet du parapet.
Supposant à présent que les sacs à terre un peu ap-
platis occupent un pied de large, le fusil, qui a trois
pieds huit pouces de longueur de canon, passera de
ces huit pouces au-delà des sacs-à-terre, ce qui est ce
que l'on peut désirer de mieux en pareil cas.

A l'égard de la pose des sacs-à-terre, reprochée à
la haute palissade comme un défaut, à cause de la difficulté; je ne sais pourquoi on a oublié de dire qu'il ne
tient qu'aux assiégés de les poser dès le commencement
de l'ouverture de la tranchée, long-tems même avant
que l'ennemi soit à portée d'incommoder ceux qui les
posent. Pour ce qui est du dérangement que le canon
en peut faire, on peut, de tems en tems, faire glisser
quelques soldats entre la palissade et le gazonnage, pour

les réparer au moyen des petites barrieres à passer un homme, qu'on y peut faire; ce qui ira à si peu de chose que cela ne vaut pas la peine d'en faire une difficulté.

Et parce qu'on lui a encore reproché comme un défaut de ne pouvoir assez biaiser du mousquet, je pense l'avoir suffisamment réparé en ouvrant d'avantage l'entre-deux des palissades, et en aiguisant leurs pointes de plus loin. Il n'y a donc que les sorties à faire pardessus le parapet, qui semblent donner quelques avantages à la palissade basse, mais comme elles ne peuvent être que médiocres et de très peu de considération, et que d'ailleurs de telles sorties font pour l'ordinaire plus de mal aux assiégés qu'ils ne peuvent en tirer d'avantage, je ne vois pas qu'on doive en faire grand cas. A l'égard des éclats, puisque la haute palissade plantée à la vielle mode, c'est-à-dire en surmontant le parapet d'un pied et demi, en a fait si peu que la plus grande partie des palissades touchées du canon aux sieges de Philisbourg, Ath et Namur, ont servi une seconde fois, et qu'on ne se plaint point de celles de Keyserswert, on aura encore moins sujet de se plaindre de celles d'Ath, que j'ai fait rabaisser de 9 pouces, et de celles que je propose en cette correction, qui doivent être réduites à la même élévation, de sorte que moyennant cela il n'y a plus de reproche a lui faire, ni aucun lieu de douter que les avantages de la haute ne surpassent ceux de la basse (1). Mais je reviens toujours à dire que l'une et l'autre sont bonnes pour toutes les parties qui peuvent être défendues de pied ferme; voila ce que j'avois à exposer sur les palissades, sur lesquelles il me semble que j'ai épuisé tout ce qu'on peut en dire de meilleur.

____

(1) Vauban se contredit ici lui-même, et fixe l'opinion à laquelle ou s'en est tenu.

DISSERTATION PARTICULIERE,

Sur la défense des chemins couverts, du 20 octobre 1702.

La défense des chemins couverts ne se peut faire de pied ferme sans y employer le quart, le tiers, cu la moitié de la garnison; cette défense est toujours dangereuse et très hazardée, et les défenseurs sont presque assurés d'être emportés avec grande perte, spécialement lorsque l'attaque se fait de vive force, et que les ennemis étant parvenus par leurs travaux à la disposition d'un beau debut, partent à propos avec de forts détachemens, et attaquent par un front capable d'envelopper celui des assiégés. Car bien que les premiers y perdent ordinairement plus que les derniers (ce qui n'arrive pas toujours), la perte n'est pas à beaucoup près si sensible aux assiégeans qu'aux assiégés, parce que ceux-ci n'ont pas de quoi remplacer comme les autres; et la fermeté d'une garnison qui se voit affoiblie par de tels coups, souffre pour lors un déchet considérable de sa premiere vigueur, et se dérange beaucoup par la perte d'un nombre d'officiers et de quantité de braves soldats. Cependant la prise du chemin couvert n'est que le prélude des attaques, où se donnent les premiers coups de main d'un siege; et quand l'ennemi a tant fait que de se rendre maître de ses grands angles, c'est alors que le feu de la place est en état d'agir avec plus de certitude, parce qu'il a pour lors des objets fixes plus près de lui; les flancs et la supériorité de la place sont plus à portée d'incommoder l'ennemi. On peut même ajouter que quand les angles saillans du chemin couvert sont perdus, il y a encore le détail des traverses et des places d'armes à disputer, plusieurs descentes de fossés à faire, les passages des mêmes fossés à traverser, la résistance des demi-lunes à discuter et a faire valoir, et enfin celle du corps de la place. Toutes défenses particulieres qui composent la générale, et qui étant bien ménagées peuvent aller loin. Ce qui n'est pas arrivé à Keyserswert, place dont la résistance à été fort estimée, quoique défectueuse, en ce qu'elle s'est rendue après la perte de son chemin couvert, sans attendre l'attaque de la demi-lune, qui étoit revêtue. On a d'autant plus lieu d'en être surpris que ceux qui l'ont défendue n'ont manqué ni de courage ni d'intelligence; voici, ce me semble, les raisons qu'on peut alléguer de cette foible défense. La premiere est que la place de soi-même est fort petite et très mauvaise. 2°. Que son fossé est peu profond, qu'il étoit presqu'à sec dans ce tems-là, et qu'il n'étoit point revêtu, non plus que les gorges des demi-lunes. 3°. Que la plûpart des ouvrages étoient petits et nouvellement faits. 4°. Que les dernieres sorties avoient fort affoibli la garnison. 5°. Que le grand nombre de pierres que les ennemis y avoient jetées, leur avoient estropié beaucoup de monde, et considérablement diminué le nombre des combattans. 6°. On peut ajouter à cela, la défense du chemin couvert de pied ferme, qui leur mit 350 à 400 hommes hors de combat en deux heures de tems, ce que dix jours de siege de plus n'auroient peut-être pas fait, si le détail de la défense eût été plus ménagé. Mais comment me dira-t-on, voulez vous défendre le chemin couvert? C'est une question difficile à résoudre, vû la différence des places et celle de leur situation, qui toutes ont quelque chose de particulier souvent défectueux; c'est cepen-

dant à quoi il fautavoir égard, aussi bien qu'à la disposition des attaques de l'ennemi, et à la conduite des gens
à qui l'on a affaire. Toutes ces considérations sont nécessaires, et comme elles sont d'une diversité infinie, il faut
être bien présomptueux pour oser entreprendre de décider sur de pareilles questions.

Je ne laisserai cependant pas de mettre ici ce que
j'en pense, à telle fin que de raison. Je dis donc que
de la maniere dont le chemin couvert sera soutenu de
la place et de la disposition de l'ennemi, dépend le
parti qu'on peut prendre sur sa défense. Par exemple,
s'il s'agit d'un chemin couvert aventuré, éloigné du
corps de la place, avec des grands dehors, mal soutenus par conséquent de leur feu et d'ailleurs mal flanqués,
et la superficie de ses glacis non rasée ni commandée de
pieces supérieures; si, dis-je, l'ennemi se trouvoit à portée et bien disposé, je t'ens qu'on ne doit pas se commettre à le soutenir de vive force, ni attendre l'ennemi
jusqu'à la croisée de la pique, mais qu'il faut y laisser
peu de gens, avec ordre de céder quand l'ennemi se
présentera après les premieres décharges, sauf à y revenir par une sortie quand il y aura bien essuyé du feu,
s'il y fait un mauvais établissement.

Si le chemin couvert figure bien par rapport à la
fortification, qu'il soit dominé, soutenu de près, et
bien flanqué de pieces supérieures, et d'ailleurs traversé et palissadé double, et non enveloppé des attaques de l'ennemi, ce qui peut arriver quand la tranchée
fait chemin par des espaces serrés, qui ne lui permettent
pas de s'étendre à droite et à gauche, ou par quelque autre cause qui oblige l'ennemi à défiler pour venir à
vous, on peut alors l'attendre de pied ferme dans le chemin couvert, après s'être bien préparé et après avoir ren-
forcé tous les postes qui peuvent être attaqués. Mais si

les attaques embrassent le front attaqué , et que leur
tête se termine par de grandes paralleles fort près de
vous , d'où l'ennemi puisse sortir de front avec un
grand corps, mon avis est de ne laisser que peu de monde
dans le chemin couvert, avec ordre de n'y rien opiniâtrer,
et de se retirer après les premieres décharges, afin de
faire jour au feu des bastions et des demi-lunes de la
place, lequel n'étant point empêché ni contraint par les
gens qui défendent le chemin couvert, doit bien faire
un autre effet que celui de la contrescarpe, qui l'est pour
l'ordinaire beaucoup et même fort dérangé dant ce tems-
là ; sauf encore à revenir par quelques sorties si l'ennemi se place mal, et qu'on s'apperçoive qu'il y ait perdu
beaucoup de monde.

Si, au lieu d'attaquer de vive force , il continue de
pousser ses sapes en avant, s'il approche et resserre
tellement les angles du chemin couvert, qu'il parvienne jusqu'à les plonger et les enfiler par ses travaux
(chose à quoi ils n'ont encore pû parvenir), pour lors
il faudra céder les angles les plus avancés qui se trouveront dans le cas, se retirer dans les traverses les
plus prochaines, et y tenir bon avec de petits détachemens de 30 à 40 hommes, jusqu'à ce que l'ennemi en
chasse les assiégés par une seconde action ou par des
mines, ou par la continuation de ses sapes, en quoi
les assiégés doivent naturellement être plus avantagés
que lui. Il est aussi à remarquer qu'il ne doit effectivement déplacer que les détachemens des premieres
traverses, et non ébranler ceux des secondes, qui ne
doivent point céder que l'ennemi, par d'autres actions ,
ne les en chasse, non plus que les places d'armes, qui,
pour n'être point si enfilées ni si facilement plongées,
sont plus en etat de soutenir de pied-ferme que les autres.

A cette défense on peut employer les mêmes fougasses

et les sorties, pour regagner quelques angles mal occupés, ou quelques traverses, ou pour obliger l'ennemi à
se montrer et à se découvrir. Toutes ces actions peuvent
s'exécuter de jour ou de nuit, selon que l'ennemi le
donne beau, et que l'on y entrevoit ses avantages, et
cela s'appelle disputer le chemin couvert pied à pied,
qui est la meilleure défense de toutes, et qui expose le
moins la garnison. Au surplus, je ne suis pas d'avis
d'entreprendre de le soutenir de pied ferme contre un
grand corps qui peut l'envelopper, parce que cela
paroît moralement impossible entre le feu de la place
et celui de l'ennemi, qui tous deux tuent presque également ceux qui se défendent, notamment la nuit.

Si vous faites taire le feu de la place, l'ennemi prenant le dessus du vôtre, en le méprisant, vous em-
portera infailliblement, ou vous jettera dans un désordre qui peut être suivi d'une grande perte, au lieu
que cédant peu à peu et se retirant après les premieres décharges, si le feu de la place est bien conduit,
il est certain que l'ennemi y souffrira beaucoup; ce
qui pourroit s'augmenter à tel point que les assiégés
trouveroient jour à faire quelques grandes sorties, qui
chasseroient l'ennemi des postes qu'il auroit pris, et
regagneroient ce que la place auroit perdu en tout ou
en partie.

Voilà quelle est ma pensée à cet égard, je la sou-
mets de bon cœur à qui voudra se donner la peine
de l'examiner.

FRAGMENT

FRAGMENT

D'une Lettre de VAUBAN *sur la défense des avant-chemins couverts.*

IL ne faut pas que vous comptiez défendre votre avant-chemin couvert de pied-ferme, c'est une défense à ménager et à abandonner pied à pied, à mesure que l'ennemi vous serrera de près ; d'ailleurs, je ne suis pas d'avis que vous laissiez-là un corps de troupes considérable, il y seroit sûrement taillé en pieces, principalement si l'ennemi y employoit un corps de troupes qui puisse tomber dessus par un grand front : il faut donc faire valoir cet avant-chemin couvert jusqu'au dégainé; et quand vous serez à portée du logement, vous retirer tout doucement, laissant quelqu'un pour faire tête à l'ennemi, et cependant bien soutenir par les lunettes, que vous abandonnerez encore en tems et lieu, et le plus tard que vous pourrez, quand elles auront de bons fossés. Au surplus, vous ferez bien de demander qu'on décharge votre glacis des pierrailles qui sont dessus.

AUTRE FRAGMENT

D'une lettre du Maréchal Vauban *à le Pelletier, du* 16 *mars* 1705, *sur la défense des avant-chemins couverts.*

IL me paroît que *Despagne* songe à défendre son avant-chemin couvert de pied-ferme, ce qu'il ne faut pas, mais le soutenir jusqu'à ce que l'ennemi soit bien à portée de pouvoir l'insulter, et pour lors laisser fort

T

peu de monde dans les parties opposées , n'abandonner cependant que celles-là, et se retirer dans les autres à droite et à gauche ; bien garnir les lunettes , qui
doivent faire beau feu pendant ce tems-là. Je m'explique : si l'ennemi attaque par un grand front, capable d'envelopper une grande partie de l'avant-chemin
couvert, il faut tenir peu de monde dans les parties
exposées et beaucoup dans celles qui ne le sont pas,
donner jour au feu de la place et des lunettes , et revenir par la droite et la gauche , quand l'ennemi aura été
bien étourdi. Si l'ennemi n'attaquoit que par un front
fort étroit, ce que je ne crois pas qu'il fasse , on pourra
hazarder de le soutenir de vive force, autrement non ;
à s'y prendre d'autre façon, on perdroit bien du monde et
cela ne feroit qu'intimider la garnison. C'est pourquoi
il faut avoir les yeux bien ouverts , et du surplus toujours revenir, dès qu'il y aura la moindre apparence
de pouvoir reprendre quelque piece. Les avant-chemins couverts sont excellens pour approcher son feu
de l'ennemi , et retarder sa marche, donner la main
aux secours, et favoriser les sorties ; mais il sont trop
hazardés, pour pouvoir être soutenus de pied ferme.

FRAGMENT

*D'un Mémoire de défense pour Lille en Flandre,
par le Maréchal Vauban, le 6 août 1706 , le
second jour de la tranchée ouverte devant
Menin.*

Après tous les préparatifs du dedans et du dehors
exécutés, si l'ennemi se présente devant cette place,
qu'il se mette en état de l'assiéger, qu'il l'assiege ef-

fectivement, et qu'il se déclare enfin par ses attaques ; la première chose à faire, sera de régler la disposition des troupes sur le pied d'en avoir le tiers en garde, le tiers au bivouac, et l'autre en repos, pour ne les pas fatiguer, et ne les pas mettre sur les dents.

La seconde, de ménager la distribution des troupes, en faisant faire quantité de petites charges de fer-blanc, étalonnées sur le pied de 32 coups à la livre compris l'amorce. On distribuera ces mesures dans la poche des soldats, avec leur poudre, sans les toucher de la main, et les obligeant à charger avec ; moyennant quoi on épargnera bien de la poudre qui se perd, et beaucoup d'armes qui crevent pour être indiscrettement chargées par poignées et sans mesure (1).

La troisieme, de ne pas toucher les poudres de la main, mais de les puiser dans les barriques avec des mesures de fer-blanc, d'un quarteron, de demi-livre, ou d'une livre, faites exprès, et de la verser dans la poche des soldats sans qu'ils la touchent.

La quatrieme, de ne se pas laisser dérober la première nuit de l'ouverture de la tranchée, comme nous avons presque toujours fait à toutes les places que nous avons attaquées, mais de tenir quantité de petits postes au-dehors, comme autant de petits partis, pour nous avertir de ce que l'ennemi fera.

La cinquieme, de faire peu tirer du mousquet les première et seconde nuits, parce que l'ennemi est trop loin pour le pouvoir beaucoup incommoder ; mais bien du petit canon de 8 et 4 livres de balle.

La sixieme, de ne point hazarder de sortie de loin pour ne pas perdre nos avantages ni donner dans ceux

---

(1) Cet article est devenu inutile par l'usage des cartouches : il en est de même du suivant

de l'ennemi ; remarquant que nos avantages consistent à nous tenir sous la protection du feu de la place , qui soutient les siens avantageusement quand ils en sont près , mais non pas quand ils en sont trop éloignés ; d'autant plus que ces sorties éloignées sont souvent coupées , et presque toujours repoussées fort rudement.

La septieme , de ne point tirer de bombes qu'aux batteries et dans les logemens prochains.

La huitieme , de ne point soutenir les chemins couverts de pied-ferme , quand ils sont embrassés et serrés de près par les attaques, parce que ceux qui les soutiennent souffrent beaucoup par le grand nombre des ennemis, par la supériorité avec laquelle ils leur tombent sur les bras , et par le feu de la place même et des demi-lunes , qui ne peut agir pendant l'action sans faire beaucoup de mal aux leurs par les coups échappés , et que pour surcroit de malheur, ils sont toujours emportés. C'est pourquoi il vaut mieux abandonner le chemin couvert peu à peu sans que l'ennemi s'en apperçoive , et se mettre en état d'achever d'en sortir en bon ordre, quand les premiers des ennemis y arriveront , plutôt que d'opiniâtrer une défense de pied-ferme , quand on prévoit y devoir être infailliblement battu et emporté. On se retirera en ce cas derriere les places d'armes de la droite et de la gauche les plus voisines des attaques, pendant que le feu de la place et des dehors étant bien préparé, agira puissamment et fera sans doute un grand effet. Après quoi on peut revenir par la droite et la gauche par de bons détachemens, et attaquer l'ennemi , pour lors affoibli et encore mal établi dans ses nouveaux logemens.

La neuvieme, supposé que l'ennemi s'y prenne autrement que par une insulte ; le chemin couvert se pourra défendre de pied-ferme, de traverse en traverse , sans jamais lui rien céder qu'on n'y soit forcé.

La dixieme, de se faire une loi de ne rien quitter de tout ce qui nous peut servir, qu'on n'y soit contraint par des actions particulieres qui obligent l'ennemi à se découvrir, et toujours y revenir quand il y aura lieu d'espérer qu'on y pourra réussir.

La onzieme, de ménager son monde en ne l'exposant point sans nécessité, ne souffrant point que sous prétexte de voir volontairement les actions, des gens qui n'y ont que faire y aillent, quand ce n'est pas leur tour à marcher, parce que cela fait perdre de bons hommes mal-à-propos, qui pourroient être ailleurs très utiles.

La douzieme, de tirer fort peu de gros canon, mais bien du petit de 12, 8 et 4 livres de balle, observant de diminuer la charge à mesure que l'ennemi s'avancera.

Et la treizieme, de ne tirer de pierres ni de bombes que de fort près, afin de moins aventurer les coups, et de ne pas, comme l'on dit, tirer la poudre aux moineaux. Il y auroit une infinité de choses à faire et à dire sur la suite des attaques qui ne seroient pas inutiles ; mais en voilà assez pour un homme qui ne faisant que passer, n'a pas le loisir de s'en expliquer davantage. Il y auroit cependant une chose à ajouter à ce mémoire, qui seroit un état présent des munitions de guerre et de bouche de cette place, apostillé de celles dont elle auroit besoin d'être augmentée ; mais cela ne se peut faire qu'avec un peu de loisir, et en supputant la durée de sa défense, le nombre d'hommes qu'il y faudroit employer, et par conséquent, les consommations journalieres qui s'y peuvent faire ; ce qui est un ouvrage de calcul et de méditation, auquel je pourrai m'appliquer quand je serai un peu moins pressé d'autres affaires.

R E M A R Q U E

On n'a rapporté ici qu'un fragment de ce projet de Vauban pour la défense de Lille en Flandre, le reste de ce mémoire n'étant point parvenu à notre connoissance; mais il y a lieu de croire que les instructions particulieres que ce grand ingénieur y donnoit n'ont pas été infructueuses, si l'on en juge par la belle et vigoureuse résistance que fit quelque tems après le maréchal Bouflers contre les attaques vives et redoublées du prince Eugene, qui assiégea cette place en août 1708, à la tête de l'armée des confédérés, lesquels y perdirent plus de douze mille hommes. En effet, Bouflers après avoir défendu la ville pendant plus de deux mois de tranchée ouverte, ne la rendit qu'à la derniere extrémité, et se retira ensuite dans la citadelle avec le reste de sa garnison, où il soutint un nouveau siege qui dura encore près de quarante jours.

R É F L É X I O N S.

De VAUBAN *sur la prise de Menin, dont la tranchée fut ouverte par les alliés, le 5 août 1706.*

IL seroit à souhaiter que les gouvernemens des places ne fussent donnés qu'à des officiers dont la capacité dans la fortification et dans le service de l'infanterie seroit entièrement connue. Elles se défendroient tout autrement qu'elles ne le font aujourd'hui, où les meilleures et celles qui sont fortifiées avec le plus de soin, ne font guero plus de défense que les médiocres.

Quand Menin, l'une des bonnes places de la France

s'est rendue, je me suis laissé dire qu'il y avoit encore deux demi-lunes à prendre (1), les descentes du
fossé à faire, et un flanc de la place qui n'ayant pour
opposé que l'inondation, ne pouvoit être battu. Ce flanc
défendoit le bastion le plus endommagé du front de
l'attaque : celui de sa droite ne l'étoit que très peu.
Plus de réflexions et de connoissances de la fortification auroient pu faire valoir ces deux demi-lunes, toutes deux fort bonnes et très bien revêtues, et ne nous
auroient pas exposé à la honte d'avoir perdu une très
bonne place en si peu de tems. Il y en a peu dans
l'enceinte de laquelle, ou aux environs, on ne puisse
trouver ces propriétés avantageuses, outre et par-dessus
l'usage commun de leur fortification, pour peu qu'on
s'en donne la peine et qu'on ait le soin de les employer à
propos ; mais il faut les étudier de longue main , et ne
pas attendre que les besoins nous pressent. C'est pourquoi il faudroit exiger des gouverneurs, pour empêcher à l'avenir des exemples de cette nature, qu'ils
dressassent un projet de défense (2), après qu'ils auroient fait un an ou deux de séjour dans leur place ;
ce projet serviroit à faire connoître leur capacité dans
la défense. La nécessité de les dresser et d'en rendre
compte eux-mêmes, les mettroit au moins dans l'obligation de donner quelque application à leur métier, et
d'étudier la fortification. Si après plusieurs projets de
défense, on ne leur apperçoit aucune capacité, aucune
connoissance de la bonté de leur place et de la défense
que peut faire chaque ouvrage en particulier , il fau-

___

(1) Voyez le plan des attaques de cette ville , en 1706 , sur la Planche VIII.

(1) Voyez ce qu'on a dit ci-devant au sujet de ces projets de défense ,
dans la seconde partie de cet Ouvrage , page 102.

T 4

droit les priver de leur emploi. On sait assez le bien qui résulteroit d'une pareille conduite, sans qu'il soit nécessaire de l'expliquer (1).

(1) Cet avis est bien sage et bien important ; peut-être faut-il plus de courage et de bonheur que de talens pour vaincre en plaine ; mais dans les places, il est évidemment impossible de rien espérer avec le défaut de lumieres et d'experience.

EXPLICATION

Des lettres de renvoi marquées sur le plan des attaques de Menin, Planche. VIII.

A La riviere de Lis qui passe dans la partie basse de la ville.

B La grande écluse.

C La petite écluse.

D La porte d'Ypres.

B La porte de Bruges.

a Approches ou tranchées.

b Batteries de canons à la droite des attaques.

c Batteries de canons à la gauche des attaques.

d Batteries du centre des attaques.

e Batteries de mortiers et d'obus.

f Breches faites aux faces des deux bastions des Capucins et d'Ypres.

g Breches faites aux deux demi-lunes de la porte d'Ypres et de la grande écluse.

k Logemens sur le glacis du chemin couvert.

m Batteries établies sur le logement du chemin couvert.

REMARQUE

Malgré le mécontentement que Vauban témoigne ici au sujet de la prise de Menin par les alliés, en 1706, si l'on s'en rapporte au plan qu'il en donne sur cette planche VIII, et à la relation de ce siege qu'on trouve dans *l'Histoire Militaire de Louis XIV*, *par Quincy*; on sera pleinement convaincu que cette place a fait toute la résistance qu'on pouvoit en attendre, puisqu'elle ne s'est rendue qu'à la derniere extrémité, après 39 jours d'investissement et 18 de tranchée ouverte. On y verra que les ennemis avoient une artillerie formidable de 70 pieces de canons, et 42 tant mortiers qu'obus, qui ne discontinuoient pas de tirer avec une fureur étonnante, ensorte que dès les premiers jours du siege, toutes les brasseries et les blanchiries, ainsi que plus de la moitié de la ville, furent consumées et reduites en cendres. On y verra encore que le cinquieme jour de tranchée ouverte, ils avoient deja fait au bastion des Capucins une breche considérable de 30 toises de large ; ce qui mettoit la ville en danger d'être prise d'assaut par cet endroit (étant impossible d'y faire aucun retranchement), aussi-tôt que la demi-lune qui couvroit la grande écluse auroit été prise. Il y avoit une pareille breche au bastion d'Ypres. Les ennemis d'ailleurs ne cessoient de tirer des bombes, et il en partoit 30 ou 40 à la fois dans les ouvrages attaqués, qui tuoient ou estropioient tous ceux qui se présentoient sur les défenses: une de ces bombes rompit la grande écluse, et causa une inondation générale dans toute la partie basse de la ville. Enfin les assiégés ne se déterminerent à capituler que par ordre exprès de Vendôme (qui commandoit l'armée de Flandre), après la prise de leur chemin couvert qu'ils défendi-

rent vigoureusement, et après que les ennemis y eurent
établi plus de 5o pieces de canon en batterie. La garnison sortit par la breche le 25 août : avec tous les honneurs de la guerre, et avec perte de 49 officiers tués,
et de 1455 soldats et dragons, tant tués que blessés.
Les Alliés y eurent 53 officiers et 932 soldats tués,
et 38 officiers et 2243 soldats blessés.

R E M A R Q U E.

« Vauban annonce en quelque sorte lui-même que son
Ouvrage sur la Défense des Places n'est point achevé ; et
en effet, il ne parle pas de la distinction des bastions pleins
et des bastions vuides ; il ne dit rien de l'effet des cavaliers :
il ne parle pas non plus de la défense d'un ouvrage à couronne, ni de celle de son système à tours bastionnées.

Ce seroit peut-être ici la place de donner un essai
sur ces deux objets ; mais ayant plusieurs idées à ajouter à cette matiere, indépendamment de la défense
de ces ouvrages, dans la vue d'ajouter à la résistance
des places par des moyens qui nous paroissent prati-
cables, nous ferons de ces divers articles un Mémoire
séparé, que nous placerons à la fin du troisieme
volume, à la suite du Traité des Mines, auquel
nous avons aussi quelques développemens à ajouter,
et qui appartiennent encore plus à la défense qu'à l'attaque des places. Nous ne prétendons pas que de
tous ces objets réunis il en résultera une théorie
complette ; mais au moins leur ensemble laissera-t-il
moins à désirer que ce Traité dans son état actuel.
Nous répétons ici qu'une théorie complette de l'art
fortifiant est un ouvrage à faire, et digne des efforts
des officiers les plus éclairés et les plus expérimentés
dans la guerre des sieges et des retranchemens. »

F I N   D E   L A   D É F E N S E   D E S   P L A C E S.

TABLE

DES ARTICLES (1)

DU TRAITÉ

DE LA DÉFENSE DES PLACES.

(1) Tous les titres des additions faites à cette nouvelle édition, sont imprimés dans cette Table en caracteres italiques.

Toutes les notes répandues dans l'ouvrage sont du Citoyen Foissac, sauf celles des pages 67, 73, 80, 98, 147, qui appartiennent à l'ancienne édition.

SECONDE PARTIE.

TROISIEME PARTIE.

FIN DE LA TABLE.

ERRATA.

Page 1, *ligne* 7, si l'on eut ignoré ; *lisez* si l'on n'eut ignoré.

Pag. 4, *lig.* 18, qu'on lui a opposé ; *lisez* qu'on lui a opposées.

Pag. 7, *lig.* 14 et 15, fournir de de meilleur ; *lisez* fournir de meilleur.

Pag. 15, *lig.* 11, jusque en haut ; *lisez* jusques en haut.

Pag. 44, *lig.* 17, contre-balencer ; *lisez* contre-balancer.

Pag. 61, *lig.* 13, cartouches de papier calibrés ; *lisez* cartouches de papier calibrées.

Pag. 70, *lig.* 20, les plus à portée ; *lisez* le plus à portée.

Pag. 76, *lig.* 29, nous réduirons ; *lisez* nous produirons.

Pag. 122, *lig.* 17, quinze cents à six cent ; *lisez* quinze à seize cents.

Pag. 125, *lig.* 26, où n'ayant que ; *lisez* ou n'ayant que.

Pag. 126, *lig.* 22, à l'état des outils tranchans pour les places de seconde classe et y a 9000 ; *lisez* 900.

Pag. 147, *lig.* 27, qu'ils ne les ont ; *lisez* qu'ils ne le sont.

Pag. 186, *lig.* 23, qu'il a pris nu ; *lisez* qu'il a pris un.

Pag. 196, *lig.* 9 et 10, préparatifs à une prompte défense ; *lisez* préparatifs pour une prompte défense.

Pag. 249, *lig.* 6, à la note : dans ce ouvrage ; *lisez* dans cet ouvrage.

Pag. 270, *lig.* 8, d'alleurs l'attaque ; *lisez* d'ailleurs l'attaque.

AU RELIEUR.

Le relieur n'aura pas attention à la feuille L, dont la signature manque ; il passera de la feuille K à la feuille M : il n'y a aucune interruption pour cela.

TABLE

TABLE

ALPHABÉTIQUE ET RAISONNÉE

Des Matieres contenues dans cet ouvrage.

A

faut pas le défendre de pied-ferme, *ibid.* Usage des lunettes pour sa défense, 290. Dans quelle occasion l'on peut hazarder d'y soutenir une attaque de vive force, *ibid.*

B.

C.

sent alors à leur défense, en ce qu'ils empêchent d'y faire des retranchemens, 28.

V 4

Les petites demi-lunes pratiquées dans les grandes y forment un très
bon retranchement, *ibid.* La défense des demi-lunes est toujours la
même en quelque endroit qu'elles se trouvent situées, 274. Les demi-
lunes ainsi que les autres grands dehors, sont les premieres que l'on attaque après la prise du chemin couvert, 242. Pour quelle raison, *ibid.*

DEMI-LUNE *de l'ouvrage à corne ;* maniere de s'opposer au passage de
son fossé, soit qu'il soit sec, ou qu'il soit plein d'eau, 247. Utilité
des caponnieres pour cette défense, quand le fossé est sec, *ibid.* Nécessité d'un réduit ou d'un retranchement pratiqué dans l'intérieur de
cette demi-lune pour pouvoir y soutenir l'assaut, *ibid.* Forme et dimensions de ce tetranchement, *ibid.* Rang de palissades plantées d'a-
vance dans le fossé de ce retranchement, 247. Bois enflammé, mêlé
de feux d'artifices que l'on jette dans ce fossé pour en empêcher le
passage, *ibid.*

DEMI-LUNE *du corps de la place ;* préparatifs pour sa défense, 254.
Munitions de guerre et de bouche dont elle doit être fournie d'avance,
ibid. Difficultés d'entretenir ses communications avec le corps de la
place, quand les fossés sont pleins d'eau, *ibid.* Descente et passage
de son fossé, 255, 256. Prise de cet ouvrage, *ibid.* Attaque et prise
de son réduit, *ibid.* Maniere de faire sauter cette demi-lune après
que l'ennemi y a établi ses logemens, de la reprendre ensuite et de
s'y rétablir, 267.

DESCENTE DES FOSSÉS *pleins d'eau ;* elle se fait à ciel découvert, 245.
Maniere de s'y opposer, 246.

DESCENTE DES FOSSÉS *secs et profonds ;* elle se fait à la sape par des mineurs, 245. Défense qu'on peut lui opposer, 245, 246.

DIRECTEUR *de l'hôpital ;* soin particulier qu'il doit prendre des malades
et des blessés dans une ville assiégée, 191.

DURÉE *d'un siege ;* suppositions à faire pour en déterminer l'estimation
avec plus d'exactitude, 63. Détails de l'estimation de la durée d'un
siege relativement à chaque opération en particulier, 63 et *suiv.* Réflexions sur les différens ouvrages qui peuvent en prolonger la durée, 65.

On remarquera que Vauban fait monter (page 65) *la durée d'un
siege à 48 jours, au lieu que le calcul de ses Tables n'est fait que sur
le pied de 41 jours, ce qui produit une différence considérable entre la
quantité de munitions dont une ville de guerre devroit être pourvue relativement à ces 48 jours, et celle qui se trouve fixée dans ces Tables,
calculées sur le pied de 41 jours de siege. Voyez à ce sujet la note de la
page 84, et celle qui est au bas de la Table XII.*

E.

F.

G.

H.

I.

K.

en firent en 1702, 280, 281. Maniere dont les assiégés s'y défendirent de pied-ferme, *ibid*. Opiniâtreté des troupes qui défendoient les deux places d'armes vis-à-vis la demi-lune du front de l'attaque, 281.

L.

LANCES et *torches à feu;* usage qu'en doivent faire les assiégés pendant la nuit, pour éclairer les travaux des ennemis et brûler ses logemens, 223.

LIGNE DE CONTRE-APPROCHE ; ce que c'est, 206, 207. En quelle occasion, et comment on en doit faire usage ; ses dimensions ; travaux de l'assiégeant pour rendre cette ligne inutile, *ibid*. Nouvelle ligne de contre-approche pour s'opposer à ces travaux et soutenir la premiere ligne, 207. Avantages de ces deux lignes pour retarder les progrès du siege, *ibid*. Sortie qu'il faut faire le jour de l'ouverture de cette ligne pour détruire les travaux de l'ennemi, 209.

LIGNES ; ce que c'est, 43. Les regles pour leur construction sont les mêmes que celles de la fortification, *ibid*. En quoi elles en different, *ibid*.

LILLE *en Flandre;* mémoire de Vauban pour la défense de cette place, 290 et *suiv*. Ordre pour la disposition des troupes et pour l'économie des poudres et des munitions de guerre, 290, 291. Observations sur les sorties, 291, 292. Ordre qu'il faut suivre pour la défense du chemin couvert, 292, 293. Maximes concernant le ménagement des troupes, 293.

LUNETTES ou *petites demi-lunes* basses retranchées dans les places d'armes du chemin couvert; leur forme; leur situation, 41, 42. Nécessité d'y pratiquer des communications, *ibid*. Maniere de les défiler du canon de l'assiégeant, *ibid*. Avantages et utilité de ces lunettes, *ibid*. Leur usage pour soutenir la défense de l'avant-chemin couvert, et nuire au passage de son fossé, 241, 289. Les lunettes servent aussi à garantir le premier chemin couvert d'une insulte générale, 241.

M.

MAGASINS A POUDRE modernes ; leur inconvénient, 179 et *suiv*. Moyens d'y remédier, *ibid*. Leur largeur et leur dimension ; maniere dont ils doivent être disposés et construits, *ibid*. Arrangemens des barils à poudre dans ces magasins ; leur emplacement ; épaisseur de leur voûte ; usage que l'on peut faire de ces magasins en tems de siege, *ibid*.

MAGASINS-SOUTERRAINS pour les vivres ; il seroit à propos d'en construire tous les ans un ou deux dans une place de guerre, 182 et *suiv*. Précautions à prendre pour les préserver de l'humidité ; on doit y bâtir des fours et des boulangeries, *ibid*.

N.

O.

sous leur glacis, indépendamment des mines placées au-dessous de ces fourneaux; usage qu'il faut faire des uns et des autres pour détruire ces ouvrages, lorsqu'on est obligé de les abandonner, et pour faire sauter les logemens que les assiégeans y ont établis, 223, 224.

Ouvrages *couronnés* ou *à couronne*; ils sont à-peu-près de même nature, et susceptibles de la même défense que ceux à corne: ils servent également aux mêmes usages, 39.

Ouvrages *extérieurs*; difficulté d'en conserver la communication avec le corps de la place, lorsque les fossés sont pleins d'eau, 242.

Ouvriers; dans une ville assiégée il est nécessaire d'en avoir de toute espece, 82.

P.

Pain *de munition*; au lieu d'une livre et demie, il devroit être de deux livres pour le soldat, pendant tout le tems que dure le siege d'une place, 191. Pour quelle raison, *ibid.*

Palissades *du chemin couvert*; il y a quatre différentes manieres de les planter, 275 et *suiv.* Bonnes et mauvaises qualités de chacune de ces différentes manieres, 200 et *suiv.* Qu'elle est la meilleure espece, *ibid.* On doit toujours avoir des palissades toutes prêtes pour remplacer celles qui auront été brisées ou enlevées, soit par le canon, ou par les mines; façon de les planter, 228. Dimensions et construction de ces palissades, *ibid.* Les palissades du chemin couvert ne font que très peu d'obstacles à des attaques bien dirigées, 280. réflexions sur le peu d'utilité des doubles palissades, 42. Façon de planter la haute palissade du chemin couvert, 281 et *suiv.* Sa construction et ses dimensions, *ibid.* Défaut qu'on lui reproche; remedes qu'on peut y apporter; on ne doit planter que la haute palissade à demeure sur le chemin couvert, et réserver la basse dans des magasins pour n'en faire usage que dans le cas d'un siege, et seulement sur le front des attaques, après qu'elles sont décidées; il ne faut doubler les palissades qu'aux places d'armes des angles rentrans du chemin couvert; avantages des hautes palissades sur les basses; la palissade basse peut faciliter les sorties par-dessus le parapet du chemin couvert, *ibid.*

Palissades *branchues de Nimegue*; elles sont les mêmes que celles dont César fit usage à ses lignes du camp devant *Alexia*, 278. Défaut des palissades de cette espece, *ibid.*

Paquebot, ce que c'est, 259. Service qu'on peut retirer de cette sorte de bateau pour la communication de la place aux ouvrages extérieurs, *ibid.*

Parapet *du rempart*; sa construction, 10, 11. Son établissement sur

R.

S.

SAPE ; usage qu'en font les assiégeans pour parvenir au chemin couvert, 239. Ce qu'il faut faire lorsque l'ennemi se sert de cet expédient pour s'emparer du glacis et du chemin couvert, 224, 226. Ouverture de la sape dans le chemin couvert, vis-à-vis la face du bastion attaqué, 239, 240. Défense qu'on peut lui opposer, soit que le fossé se trouve sec, ou qu'il soit plein d'eau, *ibid.*

SIEGE d'*Ath* fait par les Alliés en 1706 ; fautes considérables qu'ils y commirent dans la direction de leurs attaques, 214. Les hautes palissades du chemin couvert de cette place n'ont point été endommagées par le canon, quoiqu'elles fussent élevées d'un pied et demi au-dessus du parapet, 283.

SIEGE DE CHARLEROI ; on y perdit, à la prise des deux redoutes de l'inondation, environ 340 hommes, qui y furent faits prisonniers de guerre, 67, *note.*

SIEGE DE GRAVE, en 1674 ; on y fit usage des doubles palissades dans les places d'armes, aux angles rentrans du chemin couvert, 278.

SIEGE DE GRAVELINE ; préjudice considérable que le chemin des rondes y causa aux assiégés , en empêchant de rien faire tomber sur l'attachement du mineur au bas de la breche , 25.

SIEGE DE KEISERWERT par les Alliés , en 1702 ; vigoureuse résistance que Blainville y fit à l'attaque du chemin couvert, 234. Usage qu'on y fit des doubles palissades pour la défense de pied-ferme des angles rentrans du chemin couvert , 278. La défense de cette place , quoique fort estimée , n'a pas été poussée au point où elle pouvoit aller, 285. En quoi elle a été défectueuse , *ibid.* Raisons qu'on peut alléguer pour excuser la foiblesse de sa défense, *ibid.*

SIEGE DE LANDRECIES ; comme il n'y avoit point de chemins des rondes aux fortifications de la place, les assiégés jetterent tout ce qu'ils voulurent sur l'attachement du mineur , au bas de la brêche, 25.

SIEGE DE LERIDA, en 1647 ; manœuvre des assiégés qui bâtirent une muraille entre les attaques des assiégeans et la ville , 203.

SIEGE DE LILLE *en Flandre* par les Alliés , en 1708 ; vigoureuse résistance qu'y fit le marechal de Boufflers , 294. Projet de défense pour cette ville en cas de siege par Vauban , 290 et *suiv.*

SIEGE DE MAYENCE, en 1689 ; on y défendit le chemin couvert de pied-ferme, au moyen des doubles palissades qui bordoient les places d'armes de ses angles rentrans, 278.

SIEGE DE MENIN par les Alliés , en 1706 ; état de défense où se trouvoit encore cette place lorsqu'elle s'est rendue, suivant Vauban , 294 et

T.

V.

Fin de la Table des matieres.

ATH
Monferron
Grande Innondation
la Dendre R.
Petite Innondation
50 100 200 300 T.

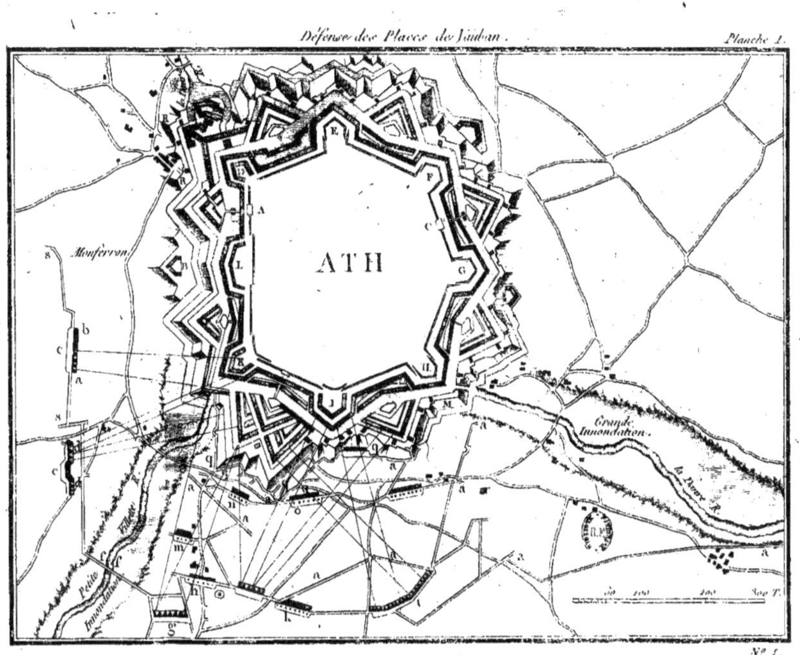

N.º 1.

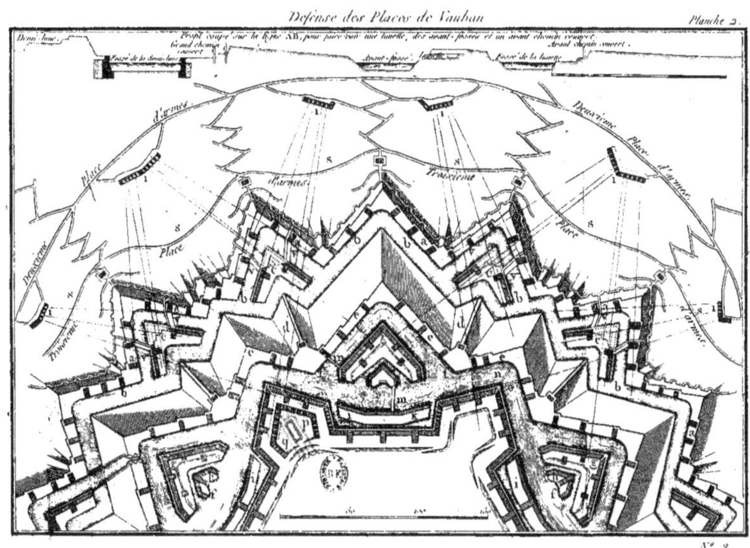

Demi-lune.
Profil coupé sur la ligne XY, pour faire voir une lunette, des avant-fossés et un avant chemin couvert.
Grand chemin couvert
Avant-fossé
Avant chemin couvert
Fossé de la demi-lune
Fossé de la lunette
Première Place d'armes
Deuxième Place d'armes
Troisième Place d'armes

N.º 2.

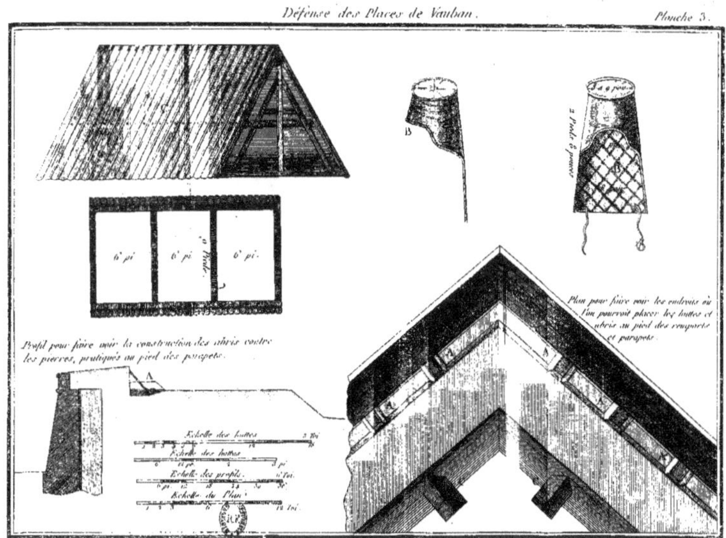

Profil pour faire voir la construction des abris contre
les pierres, pratiqués au pied des parapets.

N.º 3.

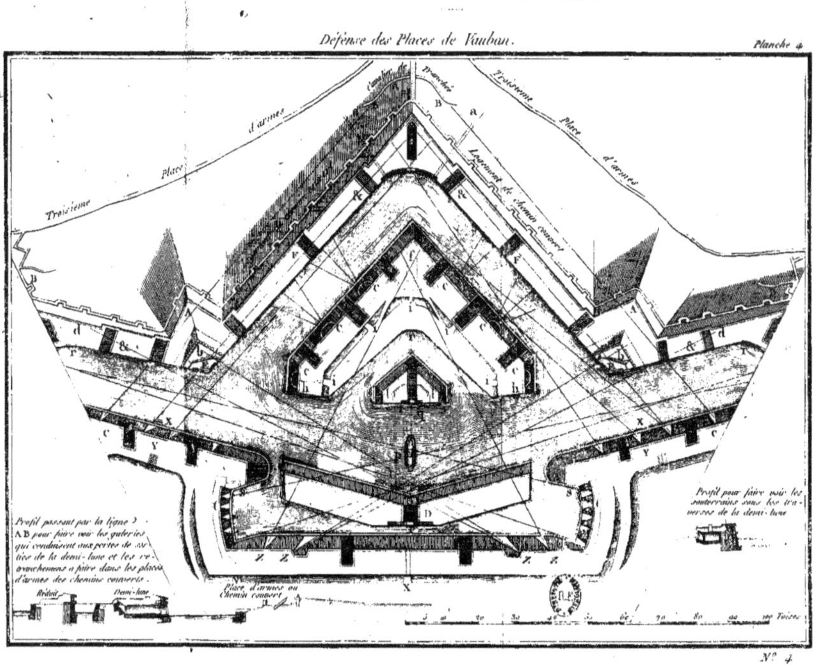

Troisieme
Place
d'armes
Troisieme Place d'armes
Tranchée
B
a
Logement de chemin couvert
Profil passant par la ligne
AB pour faire voir les galeries
qui conduisent aux portes de sor-
tie de la demi-lune et les re-
tranchemens a faire dans les places
d'armes des chemins couverts.
Réduit
Demi-lune
Place d'armes ou
Chemin couvert
Profil pour faire voir les
souterrains sous les tra-
verses de la demi-lune
Toises

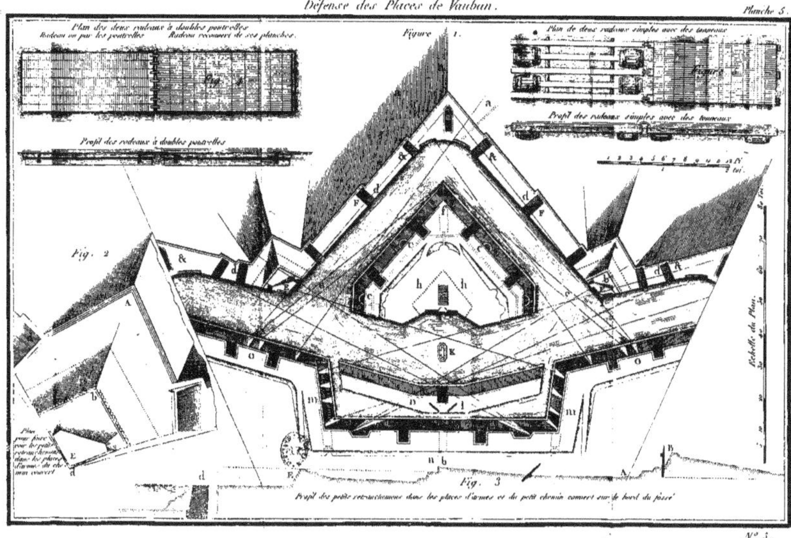

Plan des deux rodeaux à doubles poutrelles
Rodeau ou par les poutrelles
Radeau recouvert de ses planches.
Plan de deux radeaux simples avec des tonneaux
Figure 1.
Profil des rodeaux à doubles poutrelles
Profil des rodeaux simples avec des tonneaux
Fig. 2
Fig. 3
Echelle du Plan.
Profil des petits retranchemens dans les places d'armes et du petit chemin couvert sur le bord du fossé
N.º 5.

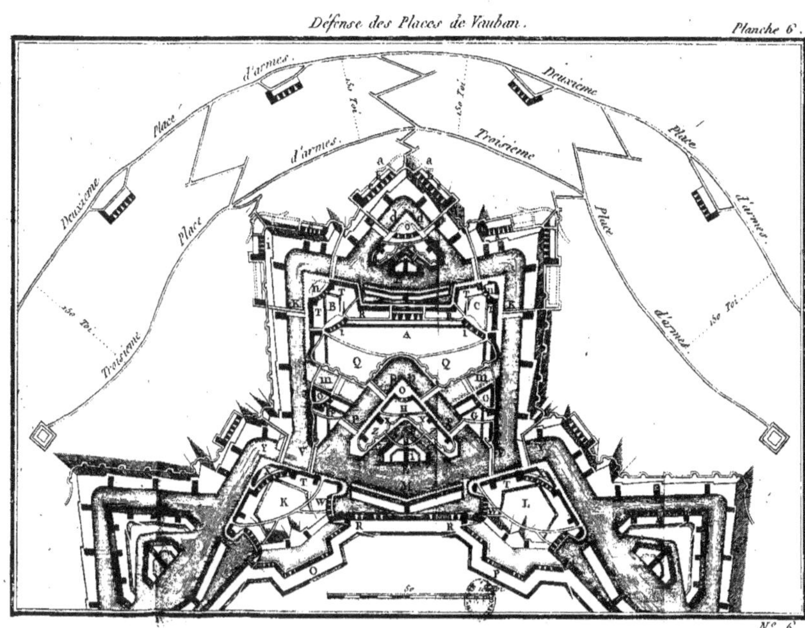
Deuxième
Place
d'armes
Le Toi
Le Toi
Troisième
Deuxième
Place
d'armes
d'armes
Place
d'armes
Troisième
Place
Troisième
d'armes

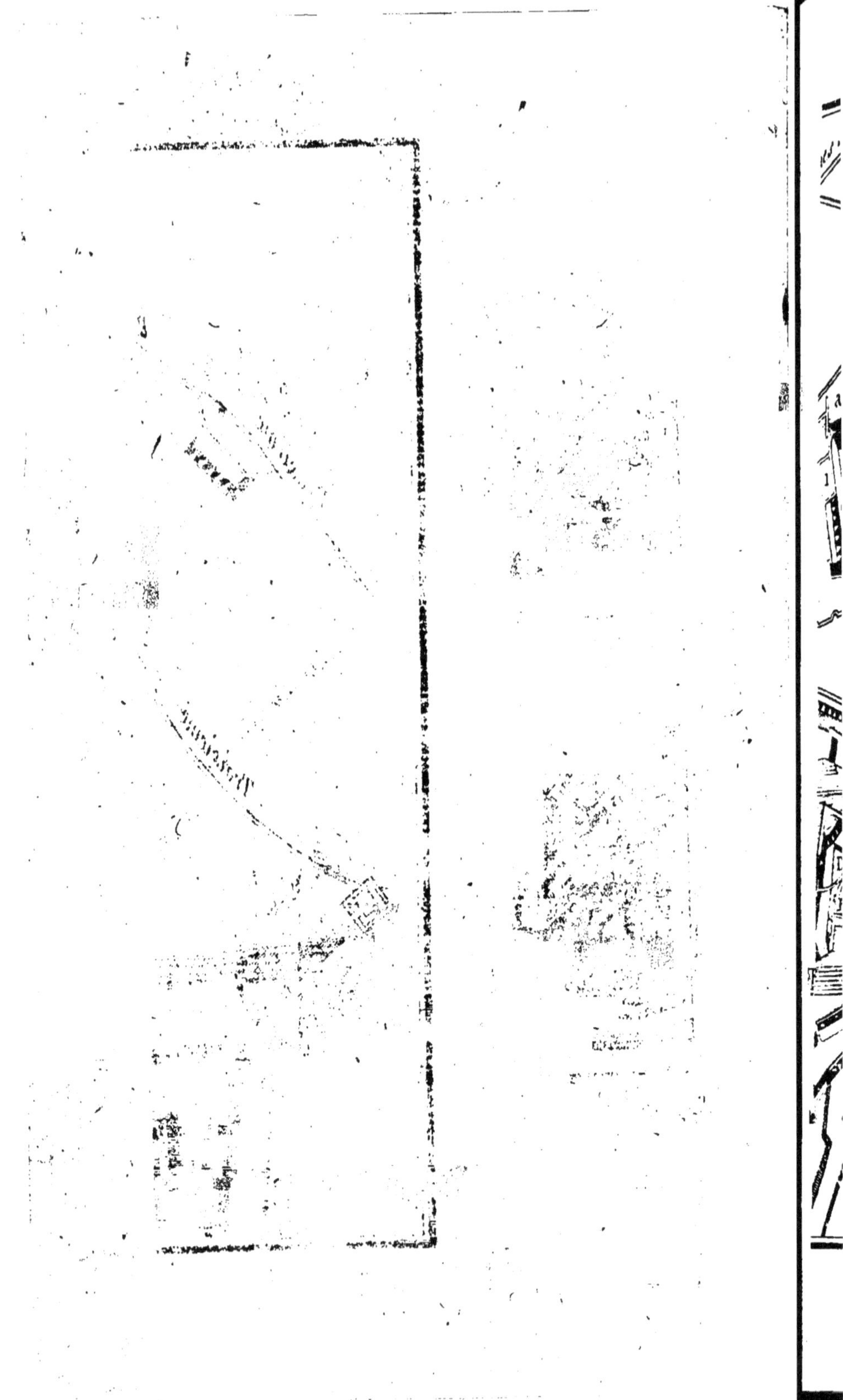

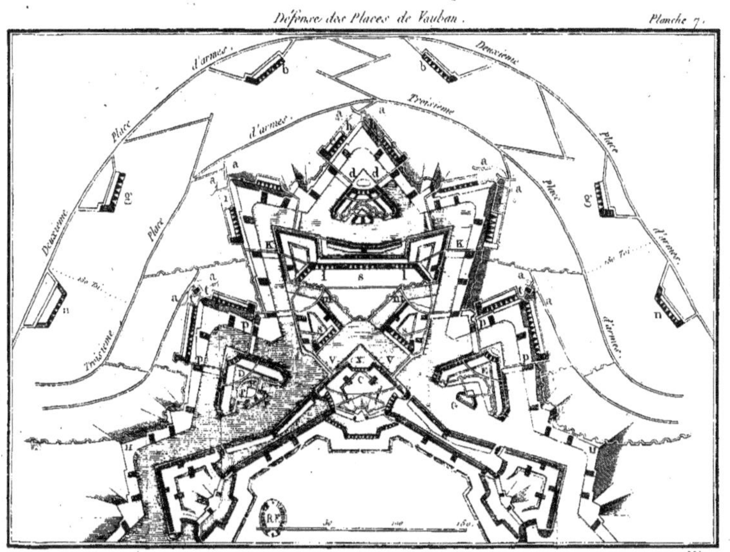
d'armes
b
Deuxième
b
Place
Troisième
d'armes
a
b
a
Place
a
a
d
d
g
Place
g
Deuxième
Place
de Toi
de Toi
dernier
n
K
K
d'armes
I
S
I
a
a
Troisième
a
D
D
a
P
V
V
P
D
C
D
n
G
a
H
u
R.P.
50
100
150

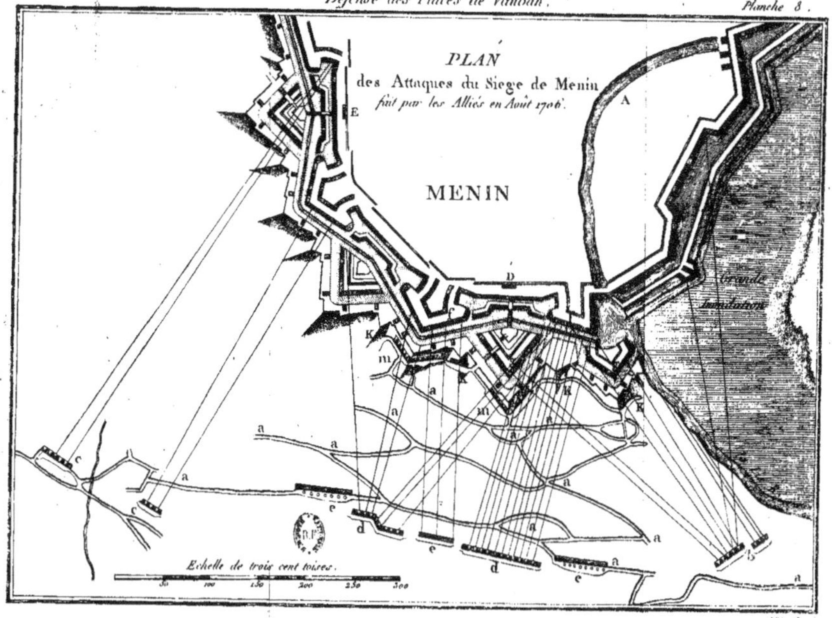

PLAN
des Attaques du Siege de Menin
fait par les Alliés en Août 1706.
MENIN
A
E
D
Grande Inondation
K
m
a
a
a
a
m
a
a
c
c
a
e
d
e
d
a
a
a
a
a
Echelle de trois cent toises.
50   100   150   200   250   300

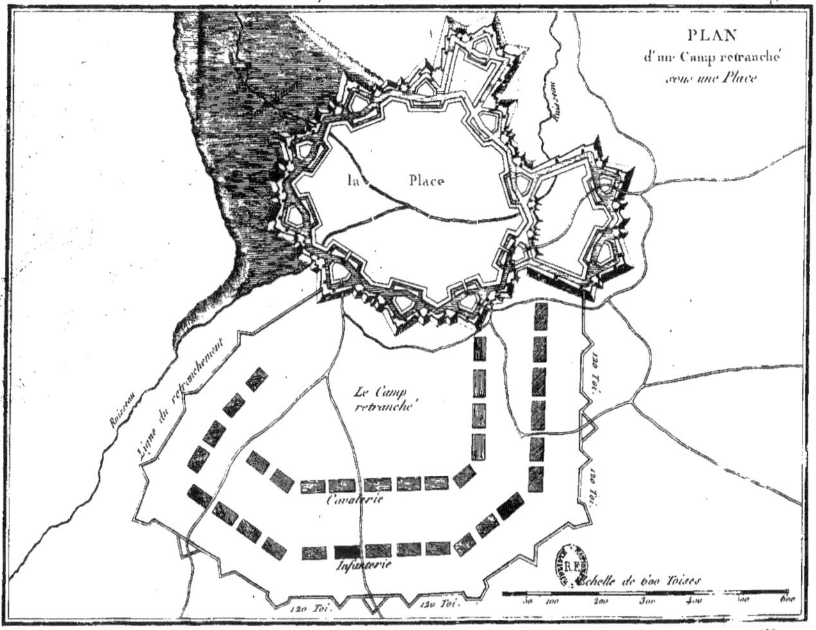

PLAN
d'un Camp retranché
sous une Place
la Place
Ruisseau
Ruisseau
Ligne du retranchement
Le Camp retranché
Cavalerie
Infanterie
120 Toi.
120 Toi.
120 Toi.
120 Toi.
R.F.
Echelle de 600 Toises
50 100 200 300 400 500 600

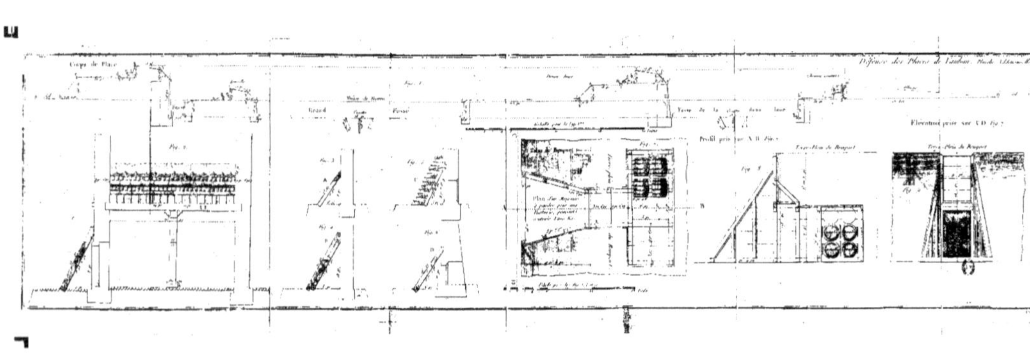

Coupe de Place
Défense des Places de Vauban. Planche
Élévation prise sur CD
Terre-Plein du Rempart